Michael Asher

Zu zweit gegen die Sahara

SERIE PIPER
Band 1710

Zu diesem Buch

Eigentlich ist das Unternehmen, das Michael Asher sich vorgenommen hat, schwierig genug: Er möchte auf dem Kamel die Sahara durchqueren, knapp 7000 km durch Sand und sengende Hitze – etwas, was vor ihm noch kein westlicher Mensch gewagt hat. Aber damit es nicht doch zu leicht wird, funktioniert er die Expedition zur Hochzeitsreise um und nimmt seine Frau Mariantoinetta, die er vor fünf Tagen geheiratet hat, mit. »Ich war gespannt, was sich als das größere Abenteuer herausstellen sollte, die Wüste oder meine Ehe...« Auf alle Fälle hatte er dann Stoff genug für ein hochspannendes und auch amüsantes Abenteuerbuch.

Michael Asher, Fallschirmjäger beim britischen SAS, Lehrer und Entwicklungshelfer im Sudan, heute Schriftsteller. Seine italienische Frau *Mariantonietta Peru* ist Arabistin und Fotografin.

Michael Asher

Zu zweit gegen die Sahara

Aus dem Englischen von
Hanna van Laak

Mit 36 Fotos
von
Mariantonietta Peru

Piper
München Zürich

SERIE PIPER
ABENTEUER
Herausgegeben von Harald Eggebrecht

Außerdem liegen vor:
Joe Simpson, Sturz ins Leere (1247)
Bettina Selby, Ah Agala! (1257)
Lucy Irvine, Eva und Mister Robinson (1274)
Arved Fuchs, Im Faltboot um Kap Hoorn (1327)
Herbert Rittlinger, Ich hatte Angst (1340)
Reinhold Messner, Die Freiheit, aufzubrechen, wohin ich will (1362)
Jean Domalin, Panjamon (1383)
Wilfred Thesiger, Die Brunnen der Wüste (1407)
Jeana Yeager/Dick Rutan, Voyager (1435)
Peter Fleming, Brasilianische Abenteuer (1436)
Mario Richner, Urwald, Gold und Indios (1474)
Olivier de Kesanson, Die Fahrt über den Ozean (1484)
Tété M. Kpomassie, Ein Afrikaner in Grönland (1523)
Leosch Schimanek/Cestmir Sebesta, Durch die Wildnis zum Eismeer (1578)
Lavry E. Rieseberg, Ich tauche nach Schätzen (1688)
Gernot Spielvogel-Herrmann, 2000 Meilen Freiheit (1697)
Reinhold Messner, Antarktis (1711)

Die Originalausgabe erschien 1988 unter dem Titel
»Impossible Journey«
bei Viking Press, London.

ISBN 3-492-11710-4
Deutsche Erstausgabe
Oktober 1993

Deutsche Ausgabe:
R. Piper GmbH & Co. KG, München 1993
Umschlag: Federico Luci
Foto: Michael Asher
Gesamtherstellung: Clausen & Bosse, Leck
Printed in Germany

Inhalt

Vorbemerkung 7

Mariantonietta 9
Sid' Ahmed 29
Mafoudh 58
Moukhtar 104
Sidi Mohammed 130
Udungu 177
Mu'min 212
Jibrin 233
Durch das Land der wilden Tiere 258
Durch das Land der Banditen 287
Am Rande der Dunkelheit 302
Adam 320
Im Bauch der Steine 335

Danksagung 349

FÜR MARIANTONIETTA

Vorbemerkung

Angesichts der beachtlichen Vielfalt an Dialekten in der Sahara erscheint mir die Standardisierung gebräuchlicher Bezeichnungen durchaus angebracht. Das lange, weite Hemd, das in der einen oder anderen Form bei den meisten Saharavölkern zu finden ist, wird hier als *gandourah* bezeichnet. Die Mauren nennen es *dara'a*, ein Wort, das nur wenige Abendländer korrekt auszusprechen vermögen: Das dürfte der Grund dafür sein, wieso die Franzosen es *boubou* tauften, ein Wort, das die Einheimischen nie benutzen und das ich verabscheue. In der östlichen Sahara heißt dieses Kleidungsstück *djellabiya*. Ich ziehe für die Wasserhaut die Schreibweise *girba* der von *guerba* vor, weil letztere in keinem Dialekt einen Bezug zur Aussprache hat. Ich habe nicht die Absicht, mich im Sumpf der in der Sahara existierenden Stammesnamen zu verlieren. Es genügt zu sagen, daß die meisten Namen eine Plural-, Maskulin- und Femininform haben, zum Beispiel: Haratin (Plural), Hartani (maskulin Singular) und Hartaniyya (feminin Singular). Die bedeutendsten Nomadengruppen der Sahara sind (von Westen nach Osten): die Mauren (die sich selbst als *beidan* oder »Weiße« bezeichnen), die Tuareg, die Tubu (korrekter Teda oder Gor'an) und die Araber. Die Nomadenstämme der Ostsahara werden von Leuten, die sich auf die Etikettierung von Rassen verlegt haben, mit dem Etikett »Afro-Araber« versehen. Sie selbst nennen sich schlicht »Araber«.

Bei den Ortsbezeichnungen habe ich mich zumeist an die Karte gehalten. Was die Unterscheidung in West-, Zentral- und Ostsahara anbelangt, so stellen diese Teilbereiche in meinen Augen integrale Bestandteile jener riesigen Wüstenmasse dar, die sich zwischen dem Atlantik und dem Nil erstreckt. Zu Kolonialzeiten war die Ansicht verbreitet, und in manchen Gegenden ist sie das noch, daß die »Sahara« an den Grenzen des Sudans und Ägyptens endet, hinter denen sie sich auf geheimnisvolle Weise in die »Westliche Wüste« oder die »Libysche Wüste« verwandelt. All denen, die diesbezüglich Zweifel hegen, kann ich, nachdem ich jeden Zentimeter davon zu Fuß oder auf dem Rücken eines Kamels zurückgelegt habe, versichern, daß die Große Wüste ein einziges unteilbares Ganzes ist.

Mariantonietta

Sie saß hinter einem Schreibtisch im kleinsten Büro des obersten Stockwerkes des UNICEF-Gebäudes. Ihr Aussehen bestätigte meine schlimmsten Befürchtungen: Sie war schön.

Sie hatte ein eckiges Gesicht mit scharfgeschnittenen, mediterranen Zügen, ihre vollkomene Nase war fast unmerklich nach unten gebogen. Ihre Lippen hatten, wenn sie geschlossen waren, die Form eines plattgedrückten Herzens. Wenn sie den Kopf bewegte, wirbelten ihre glänzenden, zu einem Pagenkopf geschnittenen Haare herum. Das Beste an ihrem Gesicht waren die Augen. Es waren riesige braune Teiche, teilweise hinter einer enormen Brille verborgen. Die Brille hatte etwas seltsam Irritierendes. Man verspürte das Bedürfnis, sie wegzureißen, um einen besseren Blick auf dieses wunderschöne Gesicht werfen zu können.

»Sie sind also der Schriftsteller, der auf Kamele spezialisiert ist!« sagte sie und betrachtete mich von Kopf bis Fuß durch ihre riesige Brille. Mit einem Hauch von Mißbilligung nahm sie mein abgewetztes Hemd, meine Jeans und meine abgetretenen Gummisandalen zur Kenntnis. Instinktiv versteckte ich meine Füße unter dem Schreibtisch, nachdem ich mich auf den angebotenen Stuhl gesetzt hatte. »Haben Sie lange gebraucht, um hier heraus zu fahren?« fragte sie. »Das Büro ist ein bißchen weit ab vom Schuß, nicht wahr?«

»Ich bin nicht gefahren«, antwortete ich. »Ich habe kein Auto. Ich bin zu Fuß gegangen.«

»Oh!« sagte sie und spitzte dabei die Lippen. »Finden Sie es nicht etwas schwierig, ohne Auto herumzukommen?«

»Eigentlich nicht«, sagte ich. »Ich hab' mich nie für Autos interessiert. Kamele liegen mir mehr.«

»Nun, ja«, sagte sie hochnäsig, »aber Sie können wohl kaum ein Kamel mit ins Hilton nehmen, oder? Ich meine, was machen Sie, wenn Sie essen gehen wollen?«

»Ich geh' nicht essen«, gab ich zurück. »Und ich war noch nie im Hilton.«

Sie blickte an meinen Jeans hinab und dachte sich vermutlich, ich würde ohnehin nie ins Hilton eingelassen werden. Ich kam zu dem Schluß, daß ihre Nase geradezu perfekt dazu geeignet war, jemanden von oben herab anzuschauen.

Das Telefon klingelte, und ich fuhr zusammen. Während sie kühl in den Hörer sprach, sah ich mich im Zimmer um. Es war vollgestopft mit Büchern und Druckschriften über die UNICEF. Die Klimaanlage blies mir arktisch kalte Luft ins Gesicht. An der Wand hing ein Poster, das ein engelhaftes afrikanisches Kind mit einem UNICEF-Hut zeigte, und ein Schwarzweißfoto, auf dem ein kräftiger, lateinamerikanischer Polizist einen kleinen Jungen impfte. Von draußen war das beharrliche Läuten anderer Telefone und das Klappern von Schreibmaschinen zu hören.

Erst als sie den Hörer auflegte und aufstand, erkannte ich, wie klein sie war. Aus der Ferne hätte man sie für ein Kind halten können. Sie entschuldigte sich und rannte aus dem Raum.

Mit anmutigen Schritten kam sie schließlich zurück, als wollte sie den kindlichen Eindruck, den ihr hastiger Aufbruch hervorgerufen hatte, verwischen. Bewundernd und von ihrem geschmeidigen, sonnengebräunten Körper gefesselt, sah ich zu, wie sie sich hinter den Schreibtisch zwängte. Dennoch fand ich die Vorstellung, woher diese Bräune stammte, abstoßend. Ich konnte mir die Jachten, Strandpartys und Cocktails gut ausmalen. Ich konnte mir richtig vorstellen, wie sie mit ihrem betuchten Freund Tennis spielte; ich sah den Mercedes vor mir. Die Männer in ihrem Leben trugen polierte Schuhe und Safari-Anzüge. Sie ritten nicht auf Kamelen, dachte ich mir.

»Ach, ja« sagte sie beim Hinsetzen, »der Vertreter sagte mir, ich sollte Sie über meine Tätigkeit aufklären. Ich kümmere mich hauptsächlich um GOBI.«

Mit einem schwachen Grinsen sagte ich: »Die einzige Gobi, die ich kenne, ist die Wüste.«

Sie runzelte die Stirn. »GOBI bedeutet soviel wie Entwicklungsförderung, orale Rehydratation, Stillen und Impfen«, belehrte sie mich. »Es ist das zentrale UNICEF-Projekt, mit dem die Kinder der Welt bis zum Jahrhundertende von den größten Übeln dieser Erde befreit werden sollen.«

»Ich verstehe«, log ich mit finsterer Miene und sah mich nach einem Fluchtweg um. Dieses Büro war mein Tod. Ich fühlte mich vollkommen fehl am Platze hier, und ich war so lange nicht mehr in Gesellschaft von Frauen gewesen, daß ihre Anwesenheit mich nervös machte. Ich stellte ihr ein paar halbherzige Fragen, und sie gab mir verschwommene Antworten. Bald darauf gähnte sie und blickte auf ihre Uhr.

Angesichts dieses Winks mit dem Zaunpfahl sagte ich: »Ich gehe jetzt wohl besser«, und machte Anstalten aufzubrechen. Ich stand auf und reichte ihr die Hand. Sie hatte sehr kleine, weiche und zarte Hände. »Ich freue mich, Sie kennengelernt zu haben«, sagte ich. »Wir werden uns wahrscheinlich in Port Sudan wiedersehen.« Ich wandte mich um und ging zur Tür. Aber ich kam nicht soweit. Beim zweiten Schritt fiel eine meiner Gummisandalen auseinander. Der kleine Plastikknubbel, der den Riemen festgehalten hatte, war offenbar endgültig durchgerissen. Einen Augenblick später baumelte er an meinem Fuß, und ich stolperte unbeholfen.

»Entschuldigen Sie«, sagte eine Stimme, »ist Ihr Schuh nicht kaputt?«

Ich fühlte, wie ich rot wurde. »Das ist mir sehr peinlich«, stammelte ich. »Ich habe nichts dabei, um ihn zu reparieren.«

Marinetta kicherte. Es war ein erfrischendes, kindliches Kichern, das die eisige Atmosphäre mit einem Schlag erwärmte. »Ich wette, daß ich etwas auftreiben kann«, sagte sie und wühlte in einer eleganten Handtasche. Sie brachte eine kleine blaue Anstecknadel mit einem lächelnden Gesicht und der Aufschrift: »UNICEF ist für Kinder« zum Vorschein. Es funktionierte. Als ich ihr die durchgelaufene Sohle mit dem darübergespannten »UNICEF ist für Kinder« zeigte, lachte sie entzückt. Das Lachen machte mich fertig: Es war ein liebenswertes Lachen. »Vergessen Sie nicht, die Nadel zurückzugeben, wenn Sie ein neues Paar Schuhe haben!« kicherte sie. Vermutlich geschah es genau in diesem Augenblick, daß ich mich in Mariantonietta Peru verliebte.

Unser nächstes Zusammentreffen fand in Port Sudan statt, an den Ufern des Roten Meeres. Ich arbeitete dort beim Kamel-Projekt der UNICEF mit, und sie machte eine Bildreportage über den Fortschritt des Unternehmens. Die Fotografie war, wie ich entdeckte, nur eines ihrer vielen Talente. Sie sah entzückend aus.

»Sie haben sich also ein neues Paar Gummisandalen gekauft?« Sie lächelte. »Und wo ist jetzt mein Anstecker?«

»Ich fürchte, er ist denselben Weg gegangen wie der alte Schuh«, gab ich zurück. »Aber ich würde Sie gerne zur Entschädigung zum Essen einladen.«

»Ich dachte, Sie gehen nicht zum Essen aus?« sagte sie spitzbübisch.

»Es gibt für alles eine Ausnahme«, erwiderte ich. »Was halten Sie davon?«

»In Ordnung«, sagte sie.

Wir aßen in einem kleinen Hafenrestaurant im Freien, wo es gebratene Fische und Shish Kebab gab. Es war voller ausländischer Matrosen mit rauhen Stimmen und eritreischer Flüchtlinge, die versuchten, ein Schiff nach Amerika zu finden. Draußen auf dem Meer blinkten Lichter, und das Tuten der Schiffe drang ans Land. Tausende von Sternen standen am Himmel, und überall roch es nach Meer.

Marinetta erzählte mir, sie sei Italienerin und auf Sardinien geboren, doch ihre Heimat sei Rom. Ihr Vater war ein pensionierter Armeegeneral, der in Tobruk gefangengenommen worden war und fünf Jahre in einem britischen Gefangenenlager in Indien verbracht hatte. Ihre Mutter war Englischlehrerin. Sie selbst war eine erfahrene Fotografin, bezeichnete sich jedoch lieber als Linguistin. Sie hatte an der Universität in Rom Arabisch, Französisch und Englisch studiert, und ihre Arabischkenntnisse in Tunis und Kairo vervollkommnet, wo sie ein Jahr in einer ägyptischen Familie gelebt hatte. Sie war zwei Jahre lang im Informationsbüro der UNICEF in Somalia tätig gewesen und hatte auch in Äthiopien und Kenia für sie gearbeitet. Das Reisen war eine Leidenschaft, die sie von ihren Eltern geerbt hatte. Sie war überall in Afrika, Asien, der Karibik und den Vereinigten Staaten gewesen. Trotz meiner anfänglichen Skepsis war ich beeindruckt.

Dann erzählte ich ihr von meinem Leben als Englischlehrer im Sudan und von meinem Entschluß, alles aufzugeben und ganz bei den Nomaden zu leben.

Das interessierte sie. »Wie stellen Sie sich Ihre Zukunft vor?« fragte sie mich später. »Sie können doch nicht ewig in der Wüste leben.«

»Ich habe etwas ganz Großes vor«, sagte ich. »Ich werde die ganze Sahara vom Atlantik bis zum Nil mit dem Kamel durchqueren.« Ich fragte mich, ob sie mich nun wohl für verrückt halten würde. Statt dessen blickte sie mich aufmerksam an. Ich erklärte ihr, daß die Sahara mich faszinierte, seitdem ich vor sechs Jahren zum ersten Mal vom Nilufer aus nach Westen in die unermeßliche Weite geblickt hatte. Ich sagte ihr, es sei mein Traum, die gesamte Wüste, die ganzen knapp fünftausend Kilometer, in einem Stück und mit dem Kamel zu durchqueren. Ich erklärte ihr, daß die Gesamtroute sogar knapp siebentausend Kilometer lang wäre, weil man nicht einfach schnurstracks hindurchmaschieren könnte, und daß man dabei sechs der trockensten Länder der Erde durchqueren müßte, von denen einige politisch instabil seien und eines im Krieg läge.

Marinetta verfiel in Schweigen, und ich dachte, mein Enthusiasmus hätte ihr die Stimmung verdorben. Ich lehnte mich zurück und zündete meine Pfeife an. Im Restaurant war mittlerweile Ruhe eingekehrt. Die meisten Seeleute waren gegangen. Die Eritreer hatten sich am Meer versammelt, rauchten Zigaretten und unterhielten sich mit sanften, flüsternden Stimmen. Marinetta sah mich mit einem verträumten, meditativen Gesichtsausdruck an. In den Ecken ihrer Brille brannten zwei Lichtpunkte. Im Lampenlicht wirkte ihr Gesicht weich und wie eingerahmt vom dunklen Kranz ihrer seidigen Haare. »Ach, Gott, Sie haben es wirklich gut, Maik!« rief sie aus. »Ich wünschte, ich könnte auch so etwas Großartiges machen, etwas wirklich *Aufregendes*. Dann würden die Leute endlich merken, daß ich zäher bin, als ich aussehe!«

Am folgenden Abend aßen wir wieder dort. Und am darauffolgenden wieder. Und am nächsten wieder. Das Restaurant wurde ein ganz besonderer Ort für uns. Niemand um uns herum existierte mehr. Wir genügten uns selbst. Wir redeten und redeten. Wir sprachen über Nomaden, über die Sahara, über Afrika, über die Entwicklungshilfe-Organisationen und über Fotografie.

Tagsüber trafen wir uns und gingen am Meer entlang unter dem Blätterdach der *nim*-Bäume spazieren. Wir schlenderten durch die Straßen, unter den Fassaden der hohen Gebäude im indischen Stil mit ihren Veranden und den mit Rundbögen überdachten Balkonen. Wir lachten über die dicken Kamele, die ungerührt durch den brodelnden Verkehr trabten. Wir beobachteten die Männer vom Stamm der Beja mit ihrem Kopfputz aus verschlungenen Haaren. Wir durchkämmten den Markt auf der Suche nach großen, roten Äpfeln. Wir kauften uns Haken und Angeln und versuchten am Hafen unser Glück. Marinetta fing immer einen Fisch, ich nie.

Es dauerte nicht lange, da kam es mir so vor, als würde sie auf etwas von mir warten. Wie ein Narr hatte ich schreckliche Angst und wagte noch immer nicht, meinen Augen zu trauen. Warum sollte eine so wundervolle Frau wie Marinetta sich für einen Spinner wie mich interessieren? Es waren nur die romantische Stimmung, dachte ich, die Sterne und das Meer. Das war drei Wochen, bevor ich sie unbeholfen auf dem Balkon ihrer gemieteten Wohnung küßte. Es schien ihr zu gefallen. »Maik«, fragte sie mich, »haben wir nun eine Beziehung miteinander?«

»Ja«, sagte ich, »ich glaube schon.«

Es war, als würden alle Liebesfilme, die ich je gesehen hatte, gleichzeitig und mit mir in der Hauptrolle abgespielt. Sechs Jahre hatte ich in abgelegenen Nestern des Sudan verbracht, wo Frauen selten und unerreichbar waren. Nun hatte eine Art ruhiger Verrücktheit von mir Besitz ergriffen. Unser Restaurant war zu einem heiligen Ort geworden. Diese vom Fluß ihrer Worte, vom milden Glanz der Sterne auf dem tintenschwarzen Wasser verwunschenen Augenblicke haben sich wie ein Zauber in meiner Erinnerung eingegraben. Es war lange her, daß ich einen solchen Frieden gefühlt hatte.

Eines Nachmittags kühlte die Luft unvermittelt ab, als wir spazierengingen, und der Himmel überzog sich mit schiefergrauen Wolken. Marinetta wurde ganz aufgeregt. »Es wird gleich regnen!« rief sie. Einen Augenblick später kam der Regen, die Tropfen klatschten in den Sand. Wir lachten wie Kinder. »Das ist der Anfang eines neuen Lebens!« schrie sie. »Ich spüre es! Der Anfang einer neuen Welt!«

Angesteckt von ihrer Erregung ergriff ich ihre Hände. Ich war kurz davor herauszuplatzen, daß ich sie heiraten und für immer mit ihr zusammensein wolle. Aber nach all den Jahren der Vorsicht wollten die Worte nicht aus mir heraus. Wie auf ein Stichwort hin hörte es auf zu regnen. Der Wind trieb die Wolken auseinander. Der Zauber war zerbrochen.

In Khartum kehrte Marinetta in ihr düsteres Büro und zu GOBI zurück. Ich richtete mich in meiner Mietwohnung ein, um an einem Buch über die große Dürre und ihre Auswirkungen auf die sudanesischen Nomaden zu arbeiten. Ich sah sie noch immer recht häufig.

Sie war ruhelos und hatte die Illusionen über ihre Arbeit verloren. »Ich halte dieses GOBI-Zeug nicht mehr lange aus«, sagte sie einmal zu mir. »Ich fürchte mich vor unseren Versammlungen. So ein Haufen Leute, die mit komplizierten Begriffen protzen und große Reden halten, aber wenn man genau zuhört, ist es lauter Bockmist. Ich habe keine Lust, mein Leben damit zuzubringen, daß ich Nomaden Vorträge über das Stillen halte. Ich möchte erfahren, was ich von *ihnen* lernen kann. Ich möchte wissen, wie sie wirklich leben.«

Eines Abends erzählte sie mir: »Ich war immer so klein. In der Schule hat man mich wie ein Baby behandelt – die Lehrer ebenso wie meine Mitschüler. Alles nur, weil ich so klein war. Weißt du, sie haben mich Perina genannt – das bedeutet ›kleine Birne‹. Immer wollte ich irgendwann etwas wirklich Großes unternehmen, um ihnen zu zeigen, was in der ›kleinen Birne‹ steckt.«

Sie muß ein einsames, schüchternes kleines Mädchen gewesen sein, dachte ich mir, das immer in der letzten Reihe im Klassenzimmer hatte sitzen wollen und immer in die erste gesetzt worden war. Ihre geringe Körpergröße und ihre strenge sardische Erziehung unterschieden sie vom Rest der Klasse. Als sie älter wurde, wurde aus ihrer Fremdheit Unnahbarkeit. Sie hatte Rauchen und Trinken, Gelegenheitssex und Drogenexperimente verabscheut. Sie war ein ernsthaftes Mädchen gewesen, Klassenbeste in den Sprachen, empfindsam und künstlerisch begabt, mit einem Kern aus unerbittlichem Stahl. Die anderen Mädchen müssen sich nicht wenig geärgert haben, als sie sich zu einer entzückenden Schönheit entwickelte.

»Sie lachten mich aus, weil ich keinen Freund hatte«, sagte sie, »und weil ich die Ferien mit meinen Eltern verbrachte. Die meisten von ihnen waren mit zwanzig verheiratet. Jetzt ist ihnen das Lachen vergangen.«

Das Buch, an dem ich arbeitete, *A Desert Dies*, näherte sich seiner Vollendung, und das Saharaprojekt rückte in greifbare Nähe. Mir graute vor der Vorstellung, Marinetta zu verlassen, aber der Traum von der Durchquerung der Wüste war schon so lange Teil meiner selbst, daß ich ihn nicht aufgeben konnte. Ich nehme an, daß ich sie früher oder später ohne große Hoffnung auf Erfolg wohl gefragt hätte, ob sie mich begleiten wolle. Wie sich herausstellte, war das nicht nötig.

Eines Abends, nach einem besonders deprimierenden Tag mit GOBI, sagte sie: »Maik, ich möchte mit dir durch die Sahara ziehen.«

»Du willst *was*?«

»Ich meine es ernst, Maik. Ich habe lange darüber nachgedacht. Ich glaube, ich könnte es schaffen. Ich wette, du hättest nicht einmal im Traum an mich gedacht. Du glaubst, ich sei zu weich, wie alle anderen.«

»Das würde bedeuten, daß du die UNICEF verläßt«, gab ich zu bedenken.

»Das ist mir egal!«

»Es wäre sehr gefährlich.«

»Die Gefahr ist mir egal.«

»Nur weiter so«, sagte ich. »Wir werden sehen, was du in ein paar Tagen dazu meinst.«

Eine Woche später bestand sie noch immer darauf. Nichts, was ich sagte, schien sie davon abzubringen. Ich hatte den Eindruck, daß sie keine blasse Ahnung von den Schwierigkeiten hatte, auf die sie sich einlassen würde. »Siebentausend Kilometer auf einem Kamel reiten!« sagte ich. »Unter glühender Sonne, sengenden Winden und in eisiger Kälte. Tagein, tagaus das gleiche Essen und schmutziges Wasser. Den ganzen Tag, jeden Tag, laufen, ohne auch nur eine Pause zum Pinkeln. Kein Mann hat das je gemacht – zumindest kein westlicher. Die Reise dauert länger als die aller Entdeckungsreisenden der Vergangenheit.«

»Die alle Männer waren!« spottete sie.

»Die Sahara heißt: ›Das Land der Männer‹!«

»Scheiße! Ich werde es ihnen schon zeigen.«

Ich zuckte die Achseln und hoffte, sie würde recht behalten. Mein Gewissen setzte mir zu. Die Wahrheit war, daß ich nur deswegen in ihre Teilnahme an der Expedition einwilligte, weil ich in sie verliebt war. War es richtig, nur um meinetwillen dieses kleine Püppchen in diesen Hexenkessel mitzunehmen, in die menschenfeindlichste Region der ganzen Welt? Wie sollte sie das überleben? Sie war überhaupt kein sportlicher Typ. Sie war nie auf Berge gestiegen oder hatte einen Rucksack getragen. Sie hatte nie Hunger, Durst oder körperliche Erschöpfung kennengelernt. Sie sah so klein und verletzlich aus. Was, wenn unser Leben in Gefahr geriete? Was wäre, wenn sie vergewaltigt oder verstümmelt würde?

Mir war klar, daß es auch einige Vorteile hatte, sie mitzunehmen. Sie sprach Französisch und Arabisch. Es war nicht zu leugnen, daß sie eine hervorragende Fotografin war. Und als Frau hatte sie Zugang zur Haremseite der Nomadengemeinschaften, etwas, das mir nie gelungen war. Es war ein faszinierendes Experiment, ein Mann und eine Frau in der Sahara. Ich überzeugte mich halb selbst, daß es eine gute Idee wäre.

Ich bewunderte ihre Hartnäckigkeit. Das war an sich schon ein ermutigendes Zeichen. Und damals war mir noch nicht klar, daß ich es mit sardischer Sturheit vom Feinsten zu tun hatte. Die Sarden sind ein zähes Bergvolk, eine Inselrasse wie die meine. Jahrhundertelang hielten sie Dürre und Armut stand, suchten Zuflucht in ihren wilden Bergen und widersetzten sich allen Invasionsversuchen der Araber. Sizilien fiel, Spanien fiel, aber Sardinien nie. Was könnte es für einen besseren Stammbaum geben, dachte ich später, um gegen die größte Wüste der Erde anzutreten?

Ich zeigte ihr einige der Briefe, die ich von Saharakennern erhalten hatte. Sie führten aus, wie gering unsere Erfolgsaussichten waren. Ein Veteran vieler motorisierter Expeditionen schrieb sogar: »Wenn ich um Geld wetten sollte, würde ich sagen, es ist unmöglich.« Es gab auch einen Brief von Geoffrey Moorhouse, dem englischen Schriftsteller, der 1972 die West-Ost-Durchquerung auf dem Kamel versucht hatte. Sein Ausgangspunkt war die mauretanische Oase Chinguetti gewesen, und nachdem er eine Strecke von über dreitausend Kilometern in Rekordzeit zurückgelegt hatte, mußte er in Tamanrasset, in Algerien, aufgeben. Drei seiner Kamele waren gestorben, und er war unterwegs von Krankheiten heimgesucht worden. Ich hatte Moorehouses hervorragendes Buch mit wachsender Beklommenheit dreimal gelesen. Ich verstand, warum er ihm den Titel *The Fearful Void* gegeben hatte.

Auch ich hatte Chinguetti als Ausgangspunkt vorgesehen. Es lag am Rand der Sahara und war der ideale Ort, um vor dem Beginn der

Reise das Reiten auf Kamelen zu üben. Von dort aus würden wir nach Südosten ziehen, zur sagenumwobenen Karawanenstadt Timbuktu in Mali. Unser nächster Halt wäre Agadez im Niger, das fast direkt östlich von Timbuktu lag und das Zentrum der Tuareg aus den Aïr-Bergen war. Die dritte Station sollte die Salzoase Bilma jenseits des gestaltlosen Sandmeeres des Erg du Ténéré sein. Hinter Bilma würden wir uns durch den vom Krieg zerrissenen Tschad schlagen und uns dann unseren Weg durch den Sudan und schließlich durch Ägypten suchen müssen. Das größte Problem bestand in der Durchquerung des Tschad. Im Norden des Landes tobte ein erbitterter Bürgerkrieg zwischen rivalisierenden Parteien, von denen eine durch Libyen unterstützt wurde. Der Botschafter des Tschad in Khartum warnte uns davor, das Land nördlich des sechzehnten Breitengrads zu betreten, was einen langen Umweg unumgänglich machte.

Der Saharakenner Théodore Monod hatte mir berichtet, daß fünf Kamele und drei Menschen die ideale Karawanengröße für ein solches Unternehmen bildeten. Die meiste Zeit über würden wir einheimische Führer in unsere Dienste nehmen, deshalb war ein fehlerloses Verständnis des Arabischen von wesentlicher Bedeutung. Wir wollten Karten und Kompaß mitnehmen, aber keine raffinierten technischen Geräte, die das Abenteuer geschmälert hätten. Im letzten Augenblick packten wir noch einige Signalraketen für den Notfall ein.

Moorhouse hatte seine Reise im November begonnen, in der kühlen Jahreszeit der Sahara. In dieser Zeit war das Reisen angenehmer, aber meinen Berechnungen nach wäre das ein Fehler: So würden wir das Risiko eingehen, während der darauffolgenden Hitzeperiode in der hyperariden östlichen Sahara zu stecken und wären ausgerechnet in der Phase unserer größten Schwäche der schlimmsten Hitze ausgesetzt. Ich dachte, wir könnten im Durchschnitt gute vierzig Kilometer pro Tag zurücklegen. Wenn man von einem Ruhetag im Verhältnis eins zu drei zum Füllen der Wasservorräte und für bürokratische Gänge ausging, dann mußte die Reise insgesamt etwa neun Monate dauern. Um vor dem Sommer im Osten anzukommen, mußten wir also im August starten. Es wäre dann noch immer glühendheiß, doch der einsetzende Regen, sofern es einen geben sollte, würde für gelegentliche Abkühlung sorgen. Wir waren uns darin einig, daß es einfacher wäre, die größte Hitze zu Beginn der Reise zu ertragen, solange wir noch frisch waren, als am Ende, wo wir ohnehin erschöpft wären.

Täglich joggten und schwammen wir, um unseren Körper auf die bevorstehende Herausforderung vorzubereiten. Marinetta war eine ausgezeichnete Schwimmerin, aber auf der Piste war sie alles andere als glorreich. Eines Tages, als sie zum fünften Mal hingefallen war, brüllte sie: »Wozu soll das alles gut sein? Wir werden doch nicht durch die Sahara laufen!«

»Du bist eine Null!« rief ich. »Du wirst es nie auch nur bis Tidjikja schaffen, und das ist erst der Anfang!«

Ich führte sie in das abstoßendste sudanesische Restaurant, das ich kannte, wo man rohe Leber und von Fliegen umschwirrte Schafsköpfe servierte. Es gab weder Messer noch Gabel. »Du mußt dich daran gewöhnen, mit den Fingern zu essen«, sagte ich zu ihr. »Das ist so Brauch in der Wüste.«

»Ich esse keinen einzigen Mundvoll, bevor ich nicht eine Gabel bekomme«, erwiderte sie. »Warum sollte ich nicht wie ein Christ essen?«

»Was wirst du in der Wüste machen?«

»Wir sind noch nicht in der Wüste.«

Manchmal zweifelte ich, ob wir je dort sein würden. Noch immer fehlte uns das, was wir am meisten brauchten: Geld. Wir hatten alles Mögliche versucht, um Sponsoren aufzutreiben. Eine italienische Zeitschrift hatte Interesse gezeigt, und ihr Direktor hatte Marinetta während ihres Urlaubs nach Mailand eingeladen. Dann wurde der Direktor aus mysteriösen Gründen seines Postens enthoben. Wir hörten nie wieder etwas von der Zeitschrift.

Beinahe aus heiterem Himmel erhielt ich ein Telex von Penguin Books, in dem mir eine annehmbare Summe für die Rechte an meinem Buch über die Reise angeboten wurde. Wir waren im Geschäft. In wilder Aufregung rannte ich mit der Neuigkeit zu Marinetta. Zum ersten Mal sah ich, daß sie beunruhigt war.

»Was ist los?« fragte ich. »Das heißt, der Traum wird Wirklichkeit.«

»Ich weiß«, antwortete sie. »Davor habe ich ja gerade Angst. Jetzt müssen wir wirklich Entscheidungen treffen.«

Meine schlimmsten Befürchtungen schienen sich zu erfüllen. Es war alles nur Gerede gewesen. Sie hatte keinerlei Absicht, ihre sichere und gutbezahlte Stelle bei den Vereinten Nationen wegen eines wilden Abenteuers in der Sahara aufzugeben. Tagelang schwankte sie hin und her, während ich die Wankelmütigkeit der Frauen verfluchte. Dann, es war bereits Mitte November, reichte sie ihren Rücktritt ein. Vier Monate später wurden wir in London getraut, und in derselben Nacht flogen wir nach Paris, *en route* nach Nouakchott in Mauretanien.

Unsere Flitterwochen in Paris waren die schrecklichsten fünf Tage meines Lebens. Jeden Tag fiel der Regen auf die Rue Kepler vor unserem trübseligen Hotelzimmer, aber es war nicht der lebenspendende Regen Afrikas. Jeden Morgen erwachten wir an den entgegengesetzten Enden eines riesigen Bettes und blickten einander an, als würden wir uns zum ersten Mal sehen, zwei Fremde in einem fremden Land am Vorabend eines schrecklichen Abenteuers. Vielleicht war es die Angst, die uns davon abhielt, einander zu lieben. »Ich fühle mich total lustlos«, so drückte Marinetta es aus. »Das letzte, wonach mir zumute ist, ist Sex. Ich fühle mich einfach überhaupt nicht sexy.«

Tagsüber streiften wir erschöpft und deprimiert durch die nassen Straßen. Paris wirkte kalt, die Architektur streng, die Menschen waren zu gut angezogen und unfreundlich. Wir suchten die mauretanische Botschaft in Saint-Germain auf und fanden ein schmuddeliges, baufälliges Gebäude mit verschmierten Wänden, wo eine Schar Schwarzer um einen Schreibtisch versammelt war.

»Was wollen Sie?« fragte einer von ihnen mich schroff.

»Visa für Mauretanien.«

»Warum?« kam die aggressive Antwort.

»Tourismus.«

»Aha, Tourismus!« Verbarg sich hinter dem undurchdringlichen Gesichtsausdruck Spott oder Überraschung? Die malische Botschaft nebenan war etwas imposanter, innen jedoch gab es keine Rezeption, nur ein Labyrinth von Türen ohne Aufschrift. In einem Anfall von Verzweiflung stieß Marinetta eine auf und entdeckte einen riesigen Raum mit einem Mann in einem makellosen Anzug hinter einem Mahagonischreibtisch. »Ist das der Raum, in dem Visa ausgestellt werden?« stieß sie hervor.

»Nein, das ist er nicht!« schnappte der Mann. »Gehen Sie raus und schließen Sie die Tür hinter sich!«

»Glaubst du, daß das der Botschafter war?« flüsterte sie kichernd, als sie die Tür schloß.

Am Abend gingen wir am Boulevard des Italiens spazieren, durch das Lichtermeer der überfüllten Cafés. Überall herrschte ein geschäftiges Treiben, es lag eine gute Laune in der Luft, an der wir keinen Anteil nehmen konnten. Wir kamen uns bereits wie Außerirdische auf dem Weg zu einem weit entfernten Planeten vor. Das Schlimmste jedoch war, daß wir uns selbst so fremd waren. Es war, als ob der Zauber irgendwie hinweggefegt worden wäre wie der Glitzerstaub auf einem Weihnachtsstern. »Herr im Himmel!« sagte Marinetta einmal. »Ich habe immer gedacht, es wäre schlecht, daß alle Mädchen, die ich kannte, nur geheiratet haben, weil sie schwanger waren. *Wir* haben nur wegen einer verdammten Expedition geheiratet!«

Wenn wir des Nachts in unser Hotel zurückkehrten, hüllte die Trostlosigkeit uns wie eine Decke ein. Wir hatten uns einmal geliebt, doch nun war das Feuer verloschen. Ich begann meinen Wunsch, Marinetta mit auf die Expedition zu nehmen, zu bereuen. Ich sah, daß meine Schwäche und meine eigene Selbstsüchtigkeit mich ins Verderben gestürzt hatten. Letzten Endes wäre ich alleine weit besser dagestanden.

Das einzig Tröstliche an diesen Tagen war unser Zusammentreffen mit Professor Théodore Monod, der als der Welt führender Saharaspezialist galt. Er war ein kleiner Mann, leicht gebeugt, aber für seine fünfundachtzig Jahre noch sehr aktiv. Er hatte durchdringende blaue Augen, eine kühle, nicht unhöfliche Art und ließ sich zu gelegentlichen Begeisterungsbekundungen, aber nie zu Überschwang hinreißen. Ich fragte mich, wie viele hoffnungsvolle Saharaforscher bereits in diesem kleinen Büro in der Rue Cuvier ein und aus gegangen waren. Er zeigte uns Landkarten und geologische Proben, die er ans Licht hielt. Als ich Moorhouse erwähnte, seufzte er. »Ach ja, Moorhouse. Er schickte mir eine Postkarte aus Tamanrasset, auf der stand: ›Ich habe genug von Ihrer schönen Wüste gesehen!‹ Aber Moorhouse war ein guter Mann.«

Eine Stunde später fühlte ich mich wie neubelebt. Nach all den Warnungen und Entmutigungen war hier endlich jemand, und noch dazu der führende Fachmann für die Sahara, der glaubte, daß wir Erfolg haben könnten. Beim Weggehen dankte ich ihm für seine Zuversicht.

»Hören Sie«, sagte er väterlich, »nichts ist unmöglich. Nur sind manche Dinge schwierig.«

Ich sah zu meiner neuen Frau. Es war der beste Rat, den man mir hätte geben können.

Später, in der Nacht vor unserem planmäßigen Abflug nach Nouakchott, lagen wir ängstlich und aufgeregt wach, bis das verschwommene Licht der Morgendämmerung zu uns hereindrang. Wir standen an der Schwelle nicht nur eines, sondern zweier Abenteuer: der Sahara und unserer Ehe. In der kalkweißen Morgendämmerung unseres letzten Tages in Europa fragte ich mich, welches wohl das gefährlichere sein würde.

Unter uns lag der Atlantik, preußisch-blau und an den Rändern ausgefranst vom weißen Schaum der Gischt. Mittags überflogen wir das Atlasgebirge, das aussah wie eine Ansammlung riesiger, umgestülpter, grauer und ockerfarbener Jakobsmuscheln, geädert von blassen Streifen aus Schnee und eingehüllt in Nebel. Jenseits davon erstreckte sich die Wüste, eine umbrabraune Ebene, durch die sich Wadis wie eingerollte braune Schlangen wanden. Nichts und niemand bewegte sich dort unten. Ich wünschte, ich könnte beschreiben, wie Nouakchott aus der Luft aussah, wie wir durch das Bullauge die Sahara näherkommen sahen, die sich immer weiter bis zum Nil erstreckt. Die Wahrheit aber ist, daß das Flugzeug nach der Überquerung des Atlas in Nebel gehüllt war und daß wir nichts mehr sahen, bis es am Flughafen landete.

Wir gingen in die drückende Aprilhitze hinaus und standen für die Einwanderungsformalitäten an. Der Flughafen war überfüllt und rief klaustrophobische Gefühle hervor. Hinter den Barrieren, die die Ankunftshalle von der Menge trennten, wogte ein Strom aus Gesichtern hin und her, die zu uns herüberspähten, als wären wir Gefangene. Die Gesichter deckten das gesamte Spektrum afrikanischer Hautfarben ab – Khaki, Kaffeesahne, Braun und Schwarz. Einige waren in leuchtend blaue Kopftücher gehüllt, die nur die Augen freigaben. Sie vermittelten den Eindruck, ihre Besitzer hätten vor einem Augenblick erst die Wüste hinter sich gelassen. (Wahrscheinlicher ist, daß sie auf Fahrrädern aus den einheimischen Slumvororten gekommen waren.)

Die erste Person, die wir in Mauretanien kennenlernten, war ein

Offizier mit gelangweiltem Gesichtsaudruck und schlechtsitzender Uniform. Er stempelte unsere Pässe ab und warf mir zwei grüne Formulare zu. Es handelte sich um Devisenerklärungen, auf denen man weisungsgemäß alle fremden Devisen aufführen mußte, die man bei sich trug. Das stellte mich vor ein kleines Problem. Ich hatte ungefähr fünftausend Dollar in französischen Francs und Reiseschecks dabei, wovon der größte Teil im Geldgürtel unter meinem Hemd verborgen war. Ich wußte die genaue Summe nicht, aber ich war auch nicht geneigt, meinen Gürtel zu öffnen, die Scheine zu zählen und damit dem Meer neugieriger Gesichter preiszugeben, wieviel Geld ich besaß und wo ich es aufbewahrte. Nach einer schnellen Schätzung schrieb ich daher eine Summe auf das Formular. Ich unterlag einem kleinen Irrtum – der uns fast um die Expedition gebracht hätte.

Marinetta und ich waren die letzten in der Schlange. Zwischen uns und der Freiheit lag ein schmuddeliges Kabuff, das aussah wie eine Umkleidekabine an einem drittklassigen Swimmingpool, in dem die Passagiere einer nach dem anderen in Begleitung eines schlitzäugigen Soldaten mit Barett verschwanden. Erst als ich an der Reihe war, wurde mir klar, daß sie nach fremden Währungen durchsucht wurden. Der Mann winkte Marinetta durch, ohne sie zu durchsuchen. Dann wurde ich zu ihm gestoßen, in einen winzigen Raum hinter einem schmutzigen Vorhang, wo er langsam und ungeschickt die Scheine in meinem Gürtel zählte. Er warf einen prüfenden Blick auf meine Erklärung und begann dann von neuem zu zählen. Schließlich sagte er in gebrochenem Französisch: »Hier sind über sechstausend Francs nicht angegeben. Das ist schlecht. Sehr schlecht.« Ich öffnete den Mund, um zu protestieren, aber schon wurde ich wie ein Verurteilter durch die Menge draußen in ein kleines Büro geschoben, wo ein schmalgesichtiger Aufseher saß.

»Sie haben 6100 Francs nicht angegeben«, sagte der Aufseher, nachdem er die Geschichte gehört hatte. »Wir legen keinen Wert auf Devisenschmuggler in Mauretanien. Wir sind jetzt nicht nur berechtigt, den Betrag, den Sie zu schmuggeln versuchten, zu beschlagnahmen, wir können Ihnen auch eine Geldstrafe in fünffacher Höhe dieses Betrags auferlegen. Das sind 30 500 Francs.«

Ich starrte ihn ungläubig an und hätte beinahe den Mund nicht mehr zugebracht. Dreitausend Pfund! Mein Mund wurde trocken, und mein Herz klopfte heftig. In meinem Kopf drehte sich alles. Einen Augenblick lang dachte ich, ich würde in Ohnmacht fallen. Ich versuchte zu erklären, daß ich mich unmöglich so sehr geirrt haben konnte, aber ich brachte keinen Laut heraus. Ich mußte mich an den Schreibtisch klammern, um stehenzubleiben. »Was ist, wenn ich nicht zahle?« brachte ich schließlich stammelnd hervor.

»Dann kommen Sie ins Gefängnis«, schnappte er. »Und ich behalte Ihren Paß, bis Sie gezahlt haben.«

Mit unseren um uns herum verstreuten Gepäckstücken standen wir dann wie Flüchtlinge vor dem Flughafen. Ich konnte es noch immer nicht fassen, daß ich einen solchen Fehler begangen hatte. All die Jahre des Träumens und Planens waren umsonst, zunichte gemacht an unserem ersten Tag in Mauretanien durch einen idiotischen Fehler und sture Beamte. Nie zuvor oder danach hatte ich mich so nutzlos gefühlt.

Marinetta hatte einen Freund in Nouakchott. Sein Name war Charles Habis, und er war der für Gesundheitsprojekte zuständige Konsularbeamte an der amerikanischen Botschaft. Nach einem Telefonanruf eilten Charles und seine reizende ecuadorianische Frau Mariana zu unserer Rettung herbei. Später hatte ich Gelegenheit, in ihrem Haus in einem Vorort das Problem zu klären. Gleichzeitig überprüfte ich noch einmal meine Kopie des Devisenformulars. Es stellte sich heraus, daß etwas nicht stimmte. Ich hatte eindeutig 25 000 Francs auf das Formular geschrieben. Man hatte 26 100 Francs bei mir gefunden. Der größere Irrtum lag auf ihrer Seite. Diese Differenz machte den Unterschied zwischen Erfolg und Scheitern aus.

Charles und Mariana waren sympathisch. Charles war ein stämmiger, gesund wirkender Mann mit schwarzem Bart und einem ernsten, freundlichen Gesicht. Er hatte ein interessantes Leben hinter sich. Als Katholik in Jerusalem geboren, war er mit seinen Eltern nach Ecuador emigriert, als seinem Vater die in Palästina bevorstehenden Konflikte bewußt geworden waren. Er war dort aufgewachsen und hatte Spanisch wie ein Einheimischer gesprochen, und nach der Schule emigrierte er ein zweites Mal, nun in die Vereinigten Staaten. Er war als Sozialkundelehrer tätig gewesen und hatte an Anti-Drogen-Programmen mitgearbeitet. Dann war er vom

Außenministerium für das USAID-Projekt nach Somalia berufen worden, wo er seine Frau Mariana kennenlernte. Es war ein ungeheures Glück für uns, daß Charles und Mariana bei unserer Ankunft in Nouakchott waren.

»So was passiert hier jeden Tag«, sagte Charles. »Ich habe noch nie ein so bürokratisches Land gesehen. Aber mit etwas Diplomatie und Geduld kriegen wir das schon wieder hin.« Charles erklärte, daß in Mauretanien alles über persönliche Beziehungen funktionierte. Einer seiner Mitarbeiter, ein Maure namens Abbas, war der Mann für Notfälle, der gewöhnlich alle delikaten diplomatischen Probleme für ihn löste. »Abbas ist ein weißer Maure«, erklärte er, »und er gehört zu einem adligen Stamm. Es heißt zwar, daß all das Zeug über vornehme Männer der Vergangenheit angehört, aber Sie können mir glauben, daß es noch immer Wunder wirkt. Abbas kennt jeden, der wichtig ist.«

Am nächsten Tag trafen wir mit Abbas zusammen. Er war ein hochgewachsener junger Mann mit feinen Gesichtszügen und einem anmutigen Gebaren. Wie die meisten Mauren, die wir in Nouakchott sahen, trug er eine fließende *gandourah* aus leuchtend blauem Stoff und extrem weite arabische Flatterhosen oder *sarouals*. »Das ist nicht schwierig«, war seine Meinung, als wir ihm unser Problem erläutert hatten, »aber es wird einige Verhandlungen erfordern. Sie müssen ganz unten anfangen und sich nach oben arbeiten.«

Den Rest des Tages über arbeiteten wir uns nach oben: Wir begannen mit dem Flughafenaufseher, der meinen Paß beschlagnahmt hatte, und arbeiteten uns von einem Büro zum nächsten vor, immer weiter nach oben in der Hackordnung der Beamtenschaft. Am Nachmittag wurde uns schließlich ein Gespräch mit dem Leiter des Zollwesens persönlich gewährt.

Er war ein ausgemergelter, schweigsamer Mann mit undurchdringlichem Gesichtsausdruck, und bei ihm befanden sich der Flughafenaufseher und weitere Beamte. Wir vier nahmen wie eine Handelsdelegation in einer Reihe vor seinem Schreibtisch Platz und nahmen dankend die Einladung zum Tee an. Nach einem höflichen Vorgeplänkel begann Abbas sanft über unseren Fall zu sprechen. Er sagte, wir seien als Gäste in diesem Land und hätten im Durcheinander unserer Ankunft einen Irrtum begangen. Ein Irrtum wäre schlecht, aber wir seien gute Menschen, und es hätte auf beiden Seiten Irrtümer gegeben. Im Gesicht des Zolldirektors bewegte sich kein Muskel. Er erhob einige Einwände. Aber Abbas widersprach ihm höflich. Die Diskussion nahm kein Ende, es hatte den Anschein, als hätten sie uns vergessen.

Plötzlich spürte ich, wie die Spannung nachließ. Der Direktor lächelte. Selbst der Aufseher lächelte. »Gäste sind in unserem Land willkommen«, erklärte uns der Direktor, »also, vergessen wir die Angelegenheit. Sie werden die Devisenerklärung noch einmal ausfüllen. Aber dieses Mal machen Sie es richtig.«

Das war meine erste Begegnung mit den Mauren. Diskutieren gehörte für sie zum Leben. Selbst in vorarabischen Zeiten hatte der Adel aus Familien von Vermittlern bestanden. Diese Vermittler waren von kriegerischen Stämmen arabischen Ursprungs gestürzt worden, hatten jedoch schon bald ihren Status wieder behauptet, indem sie zum Islam übergetreten und das klassische Arabisch gelernt hatten, während die Krieger ungebildet blieben. Der gegenwärtige Adel Mauretaniens setzte sich aus eben diesen Elementen zusammen, aus den arabischen Kriegern und den berberischen Vertretern geistiger Mächte, den Marabuts. Zusammen mit einer dritten Gruppe, einer Vasallenkaste, die von den gewöhnlichen Berberhirten abstammte, bildeten diese drei Kasten die *beidan* oder die hellhäutigen Mauren. Ihre Sprache war das Hassanya, ein arabischer Dialekt.

Nouakchott gehörte nicht zum traditionellen maurischen Staatsgebiet. Es war in den sechziger Jahren kurz nach der Unabhängigkeit für die Regierung von Moukthar Ould Daddah erbaut worden. Die Stadt war eine Mischung vieler halbvergessener Stilrichtungen. Wie kleine Versatzstücke aus Afrika duckten sich die Marktstände und Werkstätten unter den Veranden moderner Büroblocks und lagen verstreut an Boulevards im Schatten von Mesquitebäumen. Der Sand der Sahara trieb in den Straßen entlang, blies mit jedem Aufschwingen einer Glastür in die Empfangshallen der Hotels, zog die Schnellstraßen hinunter, puderte die Ampeln mit einer Staubschicht und sammelte sich in den Rinnsteinen.

Die Innenstadt vermittelte einen friedlichen Eindruck, doch der Schein trog. Sie war umringt von Hunderttausenden von provisorischen Hütten aus verrottetem Holz und abgewetztem Blech. Dürre

Ziegen und alte Frauen in zerlumpten schwarzen Kleidern wanderten durch diese Slumstraßen. Die Mauren, die hier lebten, waren Nomaden, die durch die große Dürre der vergangenen fünf Jahre aus der Wüste vertrieben worden waren. Sie hatten ihre Tiere verloren – ihre Kamele, Ziegen und Schafe – und waren nun in der Wüste nicht mehr überlebensfähig. In der Stadt hausten sie wie Flüchtlinge. Mehr als die Hälfte der Bevölkerung Nouakchotts bestand aus vertriebenen Nomaden.

Die Reaktionen auf unsere geplante Reise waren gemischt. Einige dort ansässige Ausländer lachten laut heraus. Ein junger Freiwilliger des Peace Corps sagte uns im Brustton der Überzeugung: »Es ist unmöglich, eine Reise wie die von Moorhouse zu wiederholen. Zu viele Brunnen sind während der Dürre versiegt.«

Ein Angestellter der Vereinten Nationen versicherte uns ebenso überzeugt, daß es in Mauretanien nur noch wenige Kamele gebe. »Die meisten sind in der Dürre verendet«, sagte er.

Das zumindest war nicht richtig. Kamele gab es sogar in der Innenstadt selbst in Unmengen. Als wir eines Tages kurz vor Sonnenuntergang in der Nähe des Fußballstadions spazierengingen, näherte sich uns ein ganzes Bataillon dunkler Gestalten. Es waren drei Kamelherden, mehr als zweihundert Tiere, die in Zweier- oder Dreierreihen unter den Zinnen der Stadt dahinströmten. Sie wurden angetrieben von zwei Männern zu Fuß in blauen Gandourahs und schmierigen Kopfbedeckungen. Auf ihren Schultern trugen sie nach althergebrachter Hirtenmanier Stöcke. Während die Prozession vorbeitrabte, schlugen uns der stechende Geruch der Kamele und die *ssh*-Rufe der Hirten entgegen. Die meisten Kamele waren weiblich, und ihre Euter waren hochgebunden, damit die Jungen nicht daran saugen konnten. Zwischen ihnen lief ein großes, rotes, männliches Tier, das Schaum vor dem Mund hatte und seine schlaffe, rosafarbene Hautblase aus dem Mund stülpte. Hier, unter den Dächern der Innenstadt, ging das alte Leben der Wüste weiter. Als sie verschwunden waren, sagte Marinetta: »Du siehst aus wie ein Kind, das gerade sein Lieblingsessen bekommen hat. Du bist nur zufrieden, wenn du in der Wüste bist. Manchmal denke ich, daß in deinem Leben überhaupt kein Platz für mich ist.«

Wir fieberten unserem Aufbruch in die Oase Chinguetti entgegen, wo wir zur Akklimatisierung die Sommermonate verbringen und Hassanya lernen wollten. Sie lag im Adrar-Gebirge in Nordmauretanien. Die einzige Möglichkeit, dorthin zu kommen, bestand darin, mit sechs oder sieben anderen Personen ein Peugeot-Sammeltaxi zu nehmen, um eng zusammengedrängt nach fünfstündiger Fahrt Atar, die Hauptstadt der Region, zu erreichen. Von dort aus ging es im Landrover über den gewundenen Amogjar-Paß nach Chinguetti.

Doch vor unserem Aufbruch wollten wir zumindest einmal das Meer sehen. Wir besuchten den Fischmarkt. Der Himmel über dem Atlantik war grau, und eine vom Land kommende Brise durchfurchte das Wasser und peitschte eine dicke Brandung auf. Reihen von Schmacken, die den Fischern der Imragen gehörten, waren außerhalb der Strömung zum Fischen aufgezogen, und die Fischer eilten in ihren gelben Ölhäuten mit Tabletts voller Thunfische und Meeräschen hin und her, die sie ausnahmen, filetierten und auf Tapeziertischen in der Sonne zum Trocknen auslegten. Überall roch es nach Meeresfischen. Einige Männer trugen Hummer und andere Schalentiere, die lebend auf salzwassergetränkten Holztischen verkauft wurden, welche von Generationen von Fischermessern in wahre Totems verwandelt worden waren. »Wir werden nichts Ähnliches mehr sehen, bis wir den Nil erreichen«, sagte Marinetta. Als wir umkehrten und die endlose Ausdehnung der Wüste vor uns erblickten, dachte ich daran, wie weit das war.

Sid' Ahmed

Von unserer Haustür in Chinguetti aus konnte man ein Meer aus bernstein-, creme- und elfenbeinfarbenen Dünen erblicken, die in Kaskaden bis ins Wadi hinabstürzten, wo Palmen wuchsen und der Sand weiß und weich wie Schnee war. Das Wadi teilte die Oase deutlich in zwei Hälften, so daß die Bewohner sich selbst als zwei getrennte Unterordnungen betrachteten. Unser Vermieter, Sid' Ahmed Ould Aidud, war der Sheikh des westlichen Teils. Sein Haus war fast das letzte am westlichen Ufer des Wadis, ein Herrenhaus aus Stein, umgeben von den Zelten und Verschlägen aus Sackleinen armer Verwandter und Almosenempfänger. Ich vermute, daß auch wir als Satelliten Sid' Ahmeds betrachtet wurden. Chinguetti klammerte sich an seine feudalen Traditionen, und jeder mußte einen Beschützer haben. Als angestammtem Führer der Awlad Ghaylan, des herrschenden arabischen Kriegerstamms der Oase, war Sid' Ahmed diese Rolle auf den Leib geschrieben.

Der offizielle Herrscher über Chinguetti war der *préfet*. Er war ein Tukulor vom Senegal-Fluß, ein höflicher, gebildeter Mann, der in Paris studiert hatte. Oft sah man ihn mit langem Gesicht auf dem Markt herumspazieren, so daß weiße Mauren wie Sid' Ahmed die Augen verdrehten und sagten: »Dieser Mann ist nicht glücklich hier.« In den Augen des Préfet war Chinguetti so weit wie irgend denkbar von der Zivilisation entfernt, und er sehnte sich nach der intellektuellen Café-Gesellschaft von Paris. Sid' Ahmed sehnte sich nach den alten Zeiten, als die Krieger noch die Macht hatten, doch er wußte, daß sie für immer vorbei waren.

Sid' Ahmed war ein großer Mann mit einem bulligen Nacken und aufrechtem Gang. Unter den Falten seiner Gandourah zeichnete sich ein Wohlstandsbauch ab, aber er trug seine Leibesfülle so majestätisch wie ein Kaiser. Das hinderte ihn nicht daran, die Narben auf seinen Beinen vorzuzeigen, die von einem Kamelsattel stammten. »Ich werde diese Narben mein Leben lang tragen«, sagte er dann. »Ich war ein *méhariste*, ein Dromedarreiter, bei den Franzosen. Ich war überall, wo man auf einem Kamel hinkommen kann. Und ich kann noch immer reiten, bei Gott!«

Als Marinetta und ich in Chinguetti ankamen, schickte der Préfet uns zu Sid' Ahmed. »Ich habe ein Haus für Sie«, sagte der große Mann zu uns. »Genau das, wonach Sie suchen.« Es war ein Steinhaus mit einem einzigen Raum und lag nicht einmal zweihundert Meter von Sid' Ahmeds Herrenhaus entfernt. Auf einer Seite befand sich eine Treppe, die zum Dach führte, und an der Rückseite eine abgetrennte Waschgelegenheit. Abgesehen von einem arabischen Teppich und drei Schaumgummimatratzen gab es keinerlei Einrichtungsgegenstände. Auf zwei Seiten erstreckte sich die Sahara, und an den beiden anderen erhob sich eine Mauer, die aus irgendeinem Grund nie fertiggestellt worden war. Er verlangte dreitausend Ouguiya pro Monat. Wir handelten ihn auf zweitausend herunter und schlugen ein. Es war, wie er gesagt hatte, genau das, was wir wollten.

Sid' Ahmeds Haus war ein strenges, herrschaftliches Gebäude mit mehreren Zimmern in einem von hohen Mauern umgebenen Innenhof. Dort lernten wir seine rundliche Frau Mahjouba sowie zwei sehr rundliche Töchter und einen spindeldürren Sohn namens Boyhin kennen. Boyhin war tatsächlich so mager, daß er aussah, als hätte er schon vor seiner Geburt auf alles überflüssige Fleisch zugunsten seiner Schwestern verzichtet. Sie, wie ihre Stiefmutter, waren dick genug für zwei, aber das war für maurische Frauen ganz normal. In ihren Augen war Leibesfülle etwas Schönes, und keine achtbare Frau ließ sich in der Öffentlichkeit ohne eine ordentliche Fettschicht auf den Knochen blicken. Sie gaben ihren Töchtern sogar eine spezielle Diät aus Milch und Erdnüssen zu essen, damit diese den erwünschten kolossalen Umfang erreichten. Beim Anblick von Marinettas nymphengleicher Figur malte sich Entsetzen auf ihren Gesichtern. Das Mitleid in ihrer Stimme war nicht zu überhören, als sie sagten: »Du ißt zuwenig, bei Gott!«

»Sie wird nie durchhalten«, war Sid' Ahmeds Meinung, als er von unseren Plänen hörte. »Sie ist zu schwach. Warum läßt du sie nicht hier und ziehst alleine weiter?«

»Ich bin nicht schwach«, schaltete Marinetta sich entrüstet ein. »Ich bin nur deswegen nicht so dick, weil ich hart arbeite.« Das ließ uns im Ansehen einer Beidan-Frau vermutlich noch weiter sinken.

Sie taten nichts und waren stolz darauf. Eine von ihnen brüstete sich uns gegenüber: »Ich habe in meinem ganzen Leben noch kein Glas Tee gemacht.«

Es waren die Haratin, die die ganze Arbeit verrichteten. Die Haratin wuschen die Wäsche, machten sauber, kochten das Essen, holten Wasser, kümmerten sich um die Haustiere, bestellten die Palmengärten und oft genug versorgten sie auch die Kinder. Sie waren schwarz, aber nicht negrid, und sie lebten schon länger in der Sahara als die Araber, ja sogar länger als die Berber. »Seit langer, langer Zeit«, sagte Sid' Ahmed zu uns. »Schon bevor die Araber kamen. Vor dem Propheten, Frieden und Segen seien mit ihm.« Aber der Begriff »Haratin« hatte sich verwischt. Früher hatte er eine bestimmte Kaste seßhafter Menschen bezeichnet, die einen höheren Status als Sklaven hatten. Sie waren freie Pachtbauern, die die Palmengärten für ihre weißen Oberherren bestellten. Sklaven dagegen waren an ihre Herren gebunden und arbeiteten als Knechte für sie. Erst 1980 hatte die Regierung die Sklaverei abgeschafft und erklärt, daß hinfort alle ehemaligen Sklaven als Haratin zu gelten hatten. Die echten Haratin waren natürlich außer sich vor Entrüstung. »Mein Vater hatte Sklaven«, sagte Sid' Ahmed, »ebenso wie mein Großvater. Alle meine Vorfahren hatten Sklaven. Ich bin der erste in unserer Familie, der keine Sklaven mehr hat. Ich habe Haratin.«

Der Hartani, mit dem wir in Chinguetti am meisten zu tun hatten, war ein Bursche namens Dada. Täglich holte er uns auf seinem Esel eine Ziegenhaut voll Wasser vom Brunnen. Er war ungefähr fünfzehn Jahre alt, ein hochgewachsener, schlanker Junge, in dessen Gesicht die Arbeit im Freien bereits ihre Spuren hinterlassen hatte. Wir warteten auf den rauhen Singsang, der jeden Morgen sein Kommen ankündigte. Zusammen luden wir dann die schwere *girba* ab und hängten sie an unser wackliges Gestell. Dann zeigte Dada auf seinen Esel und sagte: »Der alte Sowieso ist erledigt. Schaut ihn euch nur an!« Beinahe täglich setzte er hinzu: »Ein neuer Esel kostet mehr als zehntausend Ouguiya. Woher soll ich *soviel* Geld auftreiben?« Dann sprang er schwungvoll auf den hölzernen Packsattel und trieb das Tier in wütendem Galopp Richtung Brunnen. Er kam nie sehr weit. Einen Augenblick später kam der Esel knirschend zum Stillstand und warf Dada ab. Dann stand er wieder auf, fluchte, klopfte den Staub von seinen Kleidern und trieb den Esel zurück, wobei er das gleiche fröhliche Liedchen sang.

Unser Girba-Gestell stand neben der Haustür, und wenn die Wasserhaut nicht sehr stramm zugezogen war, quälte uns den ganzen Tag das nervenzerfetzende Geräusch von Wassertropfen auf Sand. Nachdem ich mir das einige Stunden angehört hatte, explodierte ich jedes Mal. »Marinetta! Hast du immer noch nicht gelernt, wie man eine Girba zumacht?«

Worauf sie höflich erwiderte: »Aber du hast als letzter Wasser geholt.«

Das Gestell ähnelte in gewisser Weise einem Wäscheständer und bestand aus Holzstücken, die mit einer Schnur zusammengebunden waren. Es wirkte nie sehr vertrauenerweckend und wurde mit jedem neuen Aufhängen noch wackeliger. Schließlich fiel es in sich zusammen und deponierte dabei die angeschwollene Girba beinahe auf Marinettas Füßen. Danach hielt ich nach einer anderen Aufhängung Ausschau und entdeckte schließlich einen Metallring an der Rückseite des Hauses. »Das ist zu weit weg!« lautete Marinettas Urteil, nachdem ich mich zwei Stunden lang mit dem Aufhängen abgemüht hatte. Entnervt ging ich hinaus, um die Girba abzuschneiden. Kaum hatte ich den ersten Strang durchtrennt, da stürzte die Wand ein und die ganze phantastische Konstruktion fiel in sich zusammen. Das Messer wurde mir aus der Hand geschlagen und blieb direkt hinter meinem großen Zeh in meinem Fuß stecken. Bestürzt blickte ich auf das aus der Wunde quellende Blut hinab und dachte voll Sehnsucht an Wasser aus dem Wasserhahn.

Als wir mit Holzkohle zu kochen begannen, verstand ich, warum die Mauren sich Haratin als Köche hielten. Selbst das Kochen für zwei war schon ein Full-time-Job. Zunächst mußte man Stroh oder Papier ergattern, was ein angestrengtes Durchforsten der Straßen erforderte. War die Holzkohle einmal angezündet, so mußte man wie besessen mit einem Brett wedeln, bis der orangefarbene Schein des Feuers durch die Kohle erglomm. Wenn kein Wind ging, mußte man immer wieder wedeln, bis einem die Arme schmerzten und der Schweiß von den Augenbrauen rann. Manchmal brauchte man zum Wasserkochen zwanzig Minuten. Ich schlug vor, den eisernen Ofen unters Dach zu transportieren, wo es windiger war. Dort erübrigte sich das Luftzufächern. Statt dessen explodierte die Holzkohle in tausend Funken, die durch unsere Kleider stoben und Brandflecken wie Zigaretten hinterließen. Die Holzkohle wurde so heiß, daß alles, was wir daraufstellten, auf der Stelle zu Staub und Asche verbrannte. Marinetta wurde fast verrückt dabei. »Wie zum Teufel machen die das nur?« grollte sie und präsentierte mir einen Teller mit angekokeltem Reis. Von diesem Zeitpunkt an wurde uns der Geruch von verbranntem Essen zum Sonnenuntergang vertraut, und wenig später erschien sie dann mit einem tapferen Lächeln und einem weiteren Gericht ausgedörrter Kügelchen und sagte: »Ich glaube, heute ist es ein bißchen besser geworden.« Einmal verkündete sie, sie würde nun zur Abwechslung mit dem eintönigen Reis Brot backen. Sie hatte das noch nie zuvor in ihrem Leben gemacht. Nach einer Stunde des Schweigens ging ich nachsehen. Schuldbewußt hob sie eine unserer kostbaren Pfannen hoch, in die unübersehbar ein Loch von gut einem Zentimeter Durchmesser in den Boden gebrannt war.

Die Maurenfrauen, die unser Haus aufsuchten, hatten zwar viele Ratschläge parat, rührten jedoch kaum je einen Finger, um zu helfen. Sie watschelten immer herbei, um die *nsara* (ihre Bezeichnung für Christen) zu inspizieren, wobei ihre plumpen Hinterteile unter dicken Umhängetüchern aus indigoblauer Baumwolle hin und her wogten. Die Baumwolle sah gnadenlos heiß aus, doch sie behaupteten, es sei das kühlste Material auf der Welt.

Sie gaben ihr sogar den Vorzug, obwohl sie einen blauen Schimmer auf ihrer Haut hinterließ, der ihnen eine geisterhafte Erscheinung verlieh. Gut gepolstert auf dem Teppich sitzend, erklärten sie dann immer Marinetta: »Du solltest eine Hartani für die Arbeit anstellen. Eine ehrbare Frau sollte nicht waschen oder kochen.« Ständig drängten sie sie, mehr zu essen. »Dein Mann wird dich nicht begehren, wenn du nicht ein bißchen dicker wirst«, flüsterten sie ihr mehr als einmal zu.

Sex war anscheinend ihr Hauptthema. Sie machten Witze in meiner Anwesenheit und spachen *ad nauseam* darüber, wenn ich nicht da war. »Ist das dein erster Mann?« Die Antwort »Ja« schien sie zu überraschen. Viele von ihnen waren bereits mehrmals verheiratet und geschieden und standen »zwischen zwei Ehen«, was bedeutete, daß sie auf jemanden warteten, der sie sich schnappte. Marinetta dachte, das sei der Grund, warum so viele von ihnen in unser Haus kamen und ohne ein Wort herumsaßen, mit den Augenlidern flatterten und sich bemühten, hübsch auszusehen. »Sie sind hinter dir her!« sagte sie. »Sie erinnern mich an diese lockeren Frauen in Europa.« Ich fühlte mich geschmeichelt; ich wußte zwar, daß sie scherzte, dachte aber auch daran, daß ein Mann nach islamischem Brauch vier Frauen haben darf.

Sie verbrachten außerordentlich viel Zeit mit ihrer Schönheitspflege, probierten Parfums aus, frisierten ihre Haare und trugen in geometrischen Mustern Henna auf Hände und Füße auf. Eines Tages fand ich bei meiner Rückkehr Marinetta mit in Pastiktüten gewickelten Händen und Füßen auf dem Teppich vor. »Sie ließen sich nicht davon abbringen, Henna bei mir auszuprobieren«, erzählte sie. »Sie sagten: ›Du solltest dich für deinen Mann hübsch machen, dann wird er dich mehr begehren.‹« Die Plastiktaschen sollten das Trocknen des Henna beschleunigen, doch als sie die glitschigen Klumpen entfernt hatte, war die Wirkung alles andere als erotisch. Die Frauen überredeten sie jedoch zum Tragen einheimischer Kleidung. Sie verschmähte das Indigo-Kleid mit seinem prestigeträchtigen blauen Schimmer und wählte statt dessen ein orangefarbenes. Es sah elegant aus, solange sie saß, doch sowie sie sich bewegte, wurde es schwierig. Es schleifte ihr um die Füße, wickelte sich um sie, blieb in der Tür hängen, flatterte in die Pfannen und wurde von der Holzkohle versengt. »Niemals werde ich *das* auf einem Kamel anziehen!« sagte sie.

Mir ging es bei meinen Versuchen mit der Gandourah ebenso. Sie sah an den Mauren so würdevoll aus wie eine römische Toga, aber an mir wirkte sie wie ein in der Mitte zusammengeschnürter Sack. Es war wirklich nicht mehr als ein Rechteck aus Baumwolle mit einem Loch für den Kopf und einer außen aufgenähten Tasche. Im Wind blähte sie sich auf und zerrte an mir wie ein Drachen, und an ruhigeren Tagen brachte sie mich ständig zu Fall. Man konnte sich keine schlimmere Bekleidung zum Kamelreiten vorstellen. Bald bemerkte ich, daß die Hirten und Haratin bei der Arbeit kurze arabische Hemden, um den Kopf gewickelte Tücher und weite Sarouals trugen. Wir beschlossen, daß das die ideale Kleidung für uns beide wäre.

Doch auch wenn wir gelegentlich maurische Kleidung anzogen, konnten wir vor den Horden von Kindern, die uns auf Schritt und

Tritt auf den Straßen folgten und dabei: »Nsara! Nsara!« riefen, unsere Fremdheit nicht verbergen. Ohne sie hätten wir sicherlich unsere Freude an der Schönheit dieser kleinen Stadt gehabt, die sich zu beiden Seiten des Wadi hinduckte. Eine Ansammlung von Läden aus Lehmziegeln war um einen Kornspeicher herumgruppiert, und jeder Laden war umringt von den winzigen Buden der Haratin-Frauen, die Eier, getrocknetes Gazellenfleisch, Tomaten und frischgebackenes Brot verkauften. Dahinter befand sich ein sandiger Platz, wo sich Kamele um einen rostigen Wassertank drängten. Auf der anderen Seite wurde er von den Zinnen des im Saharastil erbauten alten französischen Forts mit seinen maurischen Bögen begrenzt. Das Fort beherbergte nun den Préfet und die Stadtpolizei. Hinter dem Fort erstreckten sich die engen, gekrümmten Straßen wie Bänder und breiteten sich fächerförmig bis zu den Sanddünen und dem Ring der Palmenpflanzung aus, der sich unterhalb davon befand.

Doch die Kinder verdarben uns unsere Marktbesuche. Jedes Mal strömten sie hinter uns in die Geschäfte, zeigten auf uns und starrten uns an, wiederholten, was wir gesagt hatten, und bettelten um Geschenke. Vielleicht glaubten sie, wenn sie nur unausstehlich genug wären, würden wir ihnen Geld geben, damit sie weggingen. Ihre grapschenden Hände blieben leer, was dazu führte, daß sie uns, noch immer: »Nsara! Nsara!« singend, bis nach Hause folgten. Sie kampierten in kleinen Trupps im Freien, und die Kühneren machten Streifzüge, auf denen sie durch die Fenster und die Türritzen zu spähen suchten. Wenn es mir dann reichte, setzte ich einen wilden Gesichtsausdruck auf und machte, einen Kamelstock schwingend, einen Ausfall, was sie in die Ferne auseinanderstieben und vor Vergnügen kichern ließ.

Häufig hielten Leute uns an und zogen kleine, säuberlich verschnürte Stoffbündel hervor, in denen eine Ansammlung von Steinaxtklingen, Pfeilspitzen und Verzierungen zu besichtigen war, für die sie horrende Preise verlangten. Sie schienen enttäuscht, wenn wir sie abwiesen, und sagten: »Der andere Nsara hat sie immer gekauft!«

»Welcher andere Nsara?«

»Der Nsara aus dem Film *Fort Saganne*!«

Es stellte sich heraus, daß im vorhergehenden Jahr eine französische Filmgesellschaft die Oase buchstäblich übernommen hatte, um ein Wüstenepos mit dem Titel *Fort Saganne* zu produzieren. Sie hatten die Bewohner zu Hunderten als Statisten eingestellt, Autos, Flugzeuge und Hubschrauber gemietet, Pferde und Kamele importiert und das gesamte einsatzfähige Kontingent des Meharisten-Korps beschäftigt. Die Oase war in den Genuß eines zehn Monate dauernden Festivals gekommen. Sie war zum Schlachtfeld eines erbitterten Kolonialkriegs um den Besitz eines Forts umgewandelt worden, eben jenes Forts Saganne, das dem Film seinen Namen gegeben hatte und das eigens für den Film oben auf dem wasserlosen Amogjar-Paß erbaut worden war, wo niemals ein Fort hätte stehen können. Das richtige Fort von Chinguetti wurde derweilen von der Filmcrew als Hotel benutzt und mit einem Generator, elektrischem Licht und einer Wasserpumpe ausgestattet, die nun stillstand.

Die Franzosen hatten über jedermann einen Geldregen niedergehen lassen, nicht zuletzt über Sid' Ahmed, der eine Statistenrolle bekommen hatte. »Ich sage Ihnen lieber nicht, wieviel sie mir bezahlt haben«, sagte er. »Sie würden es ohnehin nie glauben.« Seine Rolle hatte fünfzehn Minuten gedauert, und er hatte den »Chef« gespielt. Ich fand nie heraus, was für ein »Chef« er gewesen war, aber die Rolle paßte zweifellos zu ihm. Für die Kinder muß es plötzlich sehr still geworden sein, als die Filmtruppe abzog. Chinguetti ist eine der ältesten Siedlungen in der Sahara, eine der sieben heiligen Städte des Islam. Ich traf einmal zwei belgische Touristen dort, die sagten, sie seien nur gekommen, um »Fort Saganne« zu sehen. Ironischerweise lag das echte Fort Saganne jedoch in Algerien.

Selbst die Kinder verschwanden in der sengenden Mittagshitze, wenn die Läden schlossen und die Straßen sich wie durch Zauberhand leerten. Wie Sirup lag die Hitze über den glühendheißen Nachmittagen, drückte durch die Fenster und preßte sich durch die Türritzen. Man konnte spüren, wie die heißen Steine wie Ofenziegel waberten, und die Hitze sickerte durch jeden Muskel und jede Faser, blockierte die Bewegung des Körpers und ließ den Kopf schwindeln. Es war eine Herausforderung, auch nur einen Kilometer in dieser Hitze zu gehen. Siebentausend Kilometer durch die trockenste Region der Welt per Kamel zurückzulegen, die längste Tour zu planen, die je von einem Abendländer in der Sahara unternommen worden war – all das schien unter diesen Umständen ein unglaublich überhebliches Vorhaben zu sein.

Trotz des Interesses ihrer Frauen an Sex, folgten die Mauren nicht der Gepflogenheit der Mittelmeeranrainer, während der Siesta mit ihren Frauen zu schlafen. Unser Sexualleben, nach einigen wenigen, kläglich gescheiterten Versuchen bereits im Hinscheiden begriffen, war in Chinguetti angesichts der Fliegen, der Hitze und der fehlenden Privatheit endgültig zum Tode verurteilt. Statt dessen stritten wir wie Hunde im Käfig. »Du hast mich nur wegen dieser Expedition geheiratet!« war Marinettas bevorzugte Angriffslinie. Sie vermißte das sorglose Leben des alleinstehenden Mädchens. Sie hatte Heimweh. »Ich hätte nie heiraten sollen«, sagte sie. »Ich habe meine Eltern im Stich gelassen. Ich hätte sie nie verlassen dürfen, als sie mich am meisten brauchten.« Sie gestand mir, daß sie immer Hemmungen vor der Sexualität verspürt habe. Selbst mit knapp zwanzig war sie noch rot geworden, wenn in ihrer Gegenwart über Schwangerschaft oder Kinderkriegen gesprochen wurde. Die derben Witze in der Klasse waren wie Rauch über ihren Kopf hinweggegangen. Am Ende des Tages hatte sie sich immer danach gesehnt, endlich diesen von Begierden getränkten Ort zu verlassen. Die anderen sagten, sie lebe in einem Wolkenkuckucksheim.

Sie war immer entschlossen gewesen, keinen Italiener zu heiraten. Sie hatte Freunde gehabt, natürlich, viele. Da war der amerikanische Anthropologe in Pago-Pago gewesen und der österreichische Gynäkologe in Indien. In Somalia hatte es einen Schweden und einen Iraner und einen Franzosen und noch einen Amerikaner gegeben, aber all das waren nur kurzlebige Affären gewesen. »Wenn es zu ernst wurde, machte ich Schluß«, sagte sie. »Ich liebte es, mich hübsch anzuziehen und mit einem attraktiven Mann in ein nettes Restaurant zu gehen. Ich liebte die Vorstellung einer romantischen Beziehung. Aber wenn es irgendwie darüber hinausging, bin ich kilometerweit davongelaufen.«

Sie weinte oft. Manchmal schrie sie: »Es ist ein einziger Alptraum. Ich wünschte, es wäre alles nur ein Traum. Ich wünschte, ich könnte aufwachen und mich daheim in meinem Zimmer im Hause meiner Eltern wiederfinden.« Sie sehnte sich nach Sicherheit, dachte ich, sie wollte dem Wissen entfliehen, daß nun eine Verantwortung auf ihr lastete, die vielleicht die Expedition überdauern könnte.

»Meine Mutter hat mich gewarnt«, erzählte sie mir. »Sie sagte, ich hätte keine Ahnung von den wirklichen Problemen des Lebens. Sie sagte mir das alles voraus.« Es gab keine Neuauflage der romantischen Episode von Port Sudan, Sie schien nun geradezu ein anderer Mensch zu sein. »Mir ist klar, daß diese Heirat ein Fehler war«, sagte sie. »Sie war ein Riesenfehler. Wir haben den größten Fehler unseres Lebens begangen. Oh, Gott, ich glaube nicht einmal, daß ich dich liebe.«

»Du meinst, du hast nur deswegen in die Heirat eingewilligt, damit ich dich auf diese Expedition mitnehme?«

»Ja«, schluchzte sie. »Nur wegen einer beschissenen Expedition. Wie blöde ich war, dafür meine Freiheit aufzugeben!«

Manchmal, wenn ich die Nase voll hatte von diesen Tiraden, floh ich zu Sid' Ahmed. Er hatte eine erfrischend andere Sichtweise der Dinge.

»Mahjouba ist meine elfte Frau«, erzählte er mir. »Ein Mann braucht Abwechslung. Wenn eine Frau nichts taugt, schaff sie dir vom Hals und nimm eine andere. Es gibt viele Hasen in der Wüste, bei Gott!« Er sagte, der Islam gestatte ihm zwar vier Frauen gleichzeitig, er hätte jedoch lieber immer nur eine und wechsle sie öfter. »Zwei können einem das Leben zur Hölle machen«, meinte er, »besonders wenn man sie nicht gleich behandelt.«

»Selbst eine kann einem das Leben zur Hölle machen«, sagte ich.

»Bei uns gibt es ein Sprichwort«, fuhr er fort. »Nichts tut so weh wie Zahnschmerzen und eine schlechte Frau. Wenn du einen schlechten Zahn hast, reißt du ihn heraus, nicht wahr?«

Nach Sid' Ahmeds Ansicht war es die Pflicht einer Frau, so schnell wie möglich zu empfangen. Marinettas Pflichtversäumnis in dieser Hinsicht muß ihn beunruhigt haben, denn er fragte mich: »Ist sie noch immer nicht schwanger?«

Ich dachte voll Ironie an die wenigen Male, an denen wir tatsächlich miteinander geschlafen hatten, und antwortete: »Nein.«

»Was ist, wenn sie in der Sahara schwanger wird?« fragte er. »Was willst du dann tun?« Ich seufzte, ich wollte nicht an die kapitale Frage der Pille rühren. »Die Wüste ist hart für eine Frau«, meinte Sid' Ahmed. »Schau dir Mahjouba an. Sie ist als Nomadin geboren, und selbst ihr fällt es schwer, auf ein Kamel zu steigen.«

Mir lag die Bemerkung auf der Zunge, das sei angesichts ihres

Leibesumfangs kein Wunder. Statt dessen gab ich zurück: »Ich dachte, ihr wäret Städter, keine Nomaden.«

»Es gibt keine Städter in Mauretanien«, sagte er verächtlich. »Außer wenn du die Haratin dazuzählst. Jeder weiße Maure kommt aus einem Zelt. Unseres liegt noch immer zusammengerollt in dem Laden da, zusammen mit Mahjoubas Kamelsänfte. Ich besitze auch Kamele. Sie weiden im Süden, in der Nähe von Tichit. Wenn es in diesem Jahr ein wenig Regen gibt, dann werden sie hierher gebracht und wir brechen auf und kampieren mit ihnen.«

»Auf Kamelen?«

Er blickte mich schamerfüllt an. »Meistens mieten wir heute einen Landrover«, gestand er. Er erklärte, daß man mindestens fünf Kamele brauchte, um einen Haushalt wie den seinen zu bewegen, mit dem Zelt, zwei massiven Stangen, Wasserhäuten, Kochgeräten, Bettzeug, Teppichen und Läufern und einer Art Tisch, auf dem alles stand, wenn das Zelt erst einmal aufgebaut war. In Chinguetti hatte er nur zwei weibliche Kamele mit ihren Kälbern, die er der Milch wegen hierbehielt. Sie hätten nicht einmal die Zeltstangen tragen können. »Ach, aber es ist nicht das gleiche in einem Auto«, seufzte er. »Ihr könnt eure Autos und Flugzeuge behalten. Gebt mir ein Kamel und eine mondhelle Nacht, eine Wasserhaut voll Milch, einen Beutel voll Tabak und vor mir nichts als Leere. Das ist Freiheit! Die Araber sind Kamelmänner. Das waren sie immer schon.«

Seit den Zeiten von Sid' Ahmeds Jugend, als Chinguetti voller Kamele war und Räuber auf der Jagd nach ihnen sogar aus Spanisch-Sahara gekommen waren, war vieles anders geworden. »Zu Zeiten der Überfälle mußte man ein *Mann* sein!« sagte Sid' Ahmed. Er schlug seine Gandourah zurück und enthüllte eine graue Einschußnarbe auf dem Arm. »1943 war das«, sagte er dann. »Damals haben ein paar Regibat fünfhundert Kamele und einige Sklaven, die sie bei den Eingeborenen gemacht hatten, aus dem Süden hochgetriebem. Wir haben sie verfolgt, und bei Aghouedir haben wir sie eingeholt. Das war eine Schlacht, mein Gott! Wir haben dreißig Regibat getötet und uns alle Kamele zurückgeholt!« Das waren die Zeiten, denen Sid' Ahmed nachtrauerte. Nun waren die Regibat von der Widerstandsbewegung der Polisario angeworben worden, und aus Spanisch-Sahara war die Westsahara geworden. Die Regibat waren mit

Raketenwerfern und Maschinengewehren ausgerüstet. Jetzt spielten sie um einen anderen Einsatz. Die Polisario hatten Chinguetti vor einigen Jahren angegriffen, und die Mauern der Oase trugen noch immer die Spuren des Kampfes. Das Kraftwerk hatte nie wieder funktioniert, seitdem drei saubere Granaten Löcher in seine Flanke gerissen hatten. »Die Libyer haben es aufgebaut, und die Polisario hat es zerstört«, sagte Sid' Ahmed. »Gütiger Gott, was ist das für eine Welt, in der wir leben!«

Ich hatte Sid' Ahmed bereits gebeten, für uns einige Kamele in Chinguetti aufzutreiben. Nach wenigen Wochen der Suche sagte er zu mir: »Es wird nicht leicht sein. Während der Dürre sind so viele Kamele gestorben. Es sind nur noch an die vierzig in der Oase übriggeblieben, und die meisten davon sind weibliche Tiere, die der Milch wegen gehalten werden.« Er riet mir, nach Atar zu gehen. »Dort ist täglich Kamelmarkt«, sagte er.

Doch selbst in Atar waren Kamele knapp. Sie wurden weit aus dem Süden heraufgebracht, und die Preise waren hoch. Wir besuchten zweimal den Markt und fanden nichts außer weiblichen Tieren, Kälbern und untrainierten Bullen. Sie waren für uns nutzlos. Die Mauren trainierten nur kastrierte Tiere als Reittiere. Sie waren einfacher zu handhaben als Bullen, weil sie nicht vom Brunstinstinkt gepackt wurden, der ein fügsames Tier binnen weniger Tage in einen geifernden, teuflischen Männermörder verwandeln konnte. Schließlich fanden wir im Hof eines Schlachters, wonach wir suchten. Dort standen zwei große, kastrierte Tiere, ein rotes und ein weißes. Sie waren geschmeidig, hochgewachsen und gelenkig, mit gutgepolsterten Höckern und muskulösen Beinen. Das waren die Kamele, die uns nach Timbuktu und vielleicht sogar nach Agadez tragen würden. Wir zahlten über 500 Pfund für jedes, was sie eindeutig zu den teuersten Kamelen meines Lebens machte. Das rote nannten wir Shigar, das weiße Gurfaf oder »Hyäne«, denn es war mürrisch und gierig. »Es wurde erst nach der Geschlechtsreife und Paarung kastriert«, erzählte der Schlachter. »Kein Wunder, daß es schlecht gelaunt ist. Wären Sie es etwa nicht?«

Den Rest des Tages verbrachten wir mit dem Kauf von Sätteln und Ausrüstungsgegenständen. Ein ganzer Bereich des Marktes war ausschließlich den Buden und Werkstätten der Schmiede überlassen. Sie stellten alles her, vom Sattel bis zum Schmuck, und bildeten eine weitere abgegrenzte Kaste in der maurischen Gesellschaft. Die anderen Kasten, die weißen Mauren und die Haratin, sahen mit einer Mischung aus Furcht und Mißtrauen auf sie. Kein Maure mit einem Funken Selbstachtung hätte seine Tochter einem von ihnen zur Frau gegeben. »Einem Schmied kann man nicht trauen«, sagte Sid' Ahmed zu uns. »Gib ihm keinen Pfennig, bevor du nicht hast, was du bestellt hast. Sonst kriegst du es nie!«

In Chinguetti riet Sid' Ahmed uns, die Kamele der Obhut eines Mannes namens Mohammed zu übergeben. Er war ein Hartani mit dem Körperbau eines Ringers und hatte die größten Wadenmuskeln, die ich je gesehen hatte. Er war der Stadthirte, der sich um die verbliebenen vierzig Kamele kümmerte, sie jeden Tag vor Sonnenaufgang bei den einzelnen Häusern abholte und sie tagsüber zum Weiden weit in die Ebene hinaustrieb. Bei Sonnenuntergang trieb er sie zum Schlafen in die Oase zurück. Sid' Ahmed erzählte, Mohammed habe seine Muskeln in den Salzbrüchen von Kedyet Ijil erworben, wo er für die *azalai* gearbeitet hatte, für die großen Karawanen, die jahrhundertelang Salz in die westafrikanischen Reiche transportiert hatten. Inzwischen gab es nur noch wenige Azalai. Der größte Teil des Salzhandels war von Lastwagen übernommen worden. Sie benutzten die neue Asphaltstraße, die über Nouakchott führte und auf der sie Nema an der Grenze zu Mali in drei statt in dreißig Tagen erreichen konnten. Mohammed hatte die Arbeit satt gehabt und war auf der Suche nach einer Stelle und einer Frau nach Chinguetti gekommen. Er hatte Dadas Schwester geheiratet, und sie lebten in einem der behelfsmäßigen Zelte, die Sid' Ahmeds Haus umgaben.

Mohammed sagte mir, daß es seit der großen Dürre nur noch wenig Weideland auf der Hochebene gebe, und riet mir, zusätzlich Kamelkuchen zu füttern. Den hatte ein kluger Kopf als Verwendungszweck für Erdnußschalen erfunden. Sie wurden gemahlen, mit Öl vermischt und zu harten Kugeln von zweieinhalb Zentimetern Durchmesser gerollt. Der Kuchen war billig und nahrhaft, man mußte ihn in Wasser einweichen und als Futterbrei den Tieren vorsetzen. Die Kamele liebten ihn. Wenn Sid' Ahmed und ich unsere Kamele abends zusammen fütterten, dann kämpften sie regelrecht darum. Es war eine schmutzige Aufgabe, die Sid' Ahmed leicht seinem Haratin hätte übertragen können. Doch Sid' Ahmed war ein einfacher Mann unter der Sonne, und es machte ihm ebenso Freude wie mir.

Mit der Zeit gewöhnten wir uns an den langsamen Lebensrhythmus der Oase. Wir empfanden unsere Besucher nicht mehr als Eindringlinge. Die Kinder wirkten einfach wie Kinder auf uns. Das einzige, was schlimmer wurde, waren die Hitze und unsere Auseinandersetzungen. Den Nachmittag verbrachten wir wie im Gefängnis in der erstickenden Dunkelheit unseres Zimmers. Es war, als ob die Hitze uns auffressen würde. Wir lagen auf unseren Matratzen ausgestreckt und stritten über die Vergangenheit.

»Ich verstehe einfach nicht, warum du in diese Heirat eingewilligt hast«, sagte ich zu Marinetta.

»Damals sah alles so romantisch aus.« Sie seufzte. »Ich stellte mir ein Abenteuer mit einem Schriftsteller vor, mit einem Forschungsreisenden. Welches Mädchen hätte das nicht aufregend gefunden?« Sie sagte, sie hätte nie eine echte Beziehung gewollt. Echte Beziehungen brachten nur Probleme mit sich. Vorstellungen wie Liebe und Heirat waren romantisch, in Wirklichkeit aber waren sie nur eine Falle. Das einzige, was sie jetzt wollte, war ihre Freiheit.

Manchmal versank ich in schwärzeste Verzweiflung und sehnte mich danach, zu fliehen. Die Liebe, die mich erfüllt hatte, strömte aus mir hinaus. Ich schauderte beinahe vor Furcht beim Gedanken an die unermeßliche Entfernung, die wir zusammen überwinden wollten. »Wenn du am Nil bist, kannst du tun, was immer du willst«, sagte ich. »Aber bis dahin sollten wir zumindest so tun, als wären wir Freunde.«

»Freunde!« schnaubte sie verächtlich. »Wir sind nicht einmal Freunde. Freunde *mögen* einander.«

Am Abend jedoch waren diese Kämpfe vergessen wie ein entschwundener Traum. Wir stellten unsere Betten auf dem Dach auf und aalten uns in der Kühle des Sonnenuntergangs, während zwischen den Häusern Frieden einkehrte. Die Schattenrechtecke wanderten um die Häuser, schwollen an und lösten sich dann im Sand auf. Der graue Himmel war durchzogen von den letzten rosafarbenen Streifen, und die einsetzende Dämmerung verlieh den sich bewegenden Gestalten neuen Elan. Zuerst rückten in unumstößlicher Reihenfolge die Ziegen aus der Wüste ein, jede Abteilung geführt von ihrem Leittier, und die schwächeren Tiere bildeten die

Nachhut. Am Ende kamen die Kamele in Sicht, eine Ansammlung schwarzer Flecken vor dem weißen Sand des Wadis, die näherkamen, bis man die einzelnen Tiere erkannte, gefolgt von der einsamen, dunklen Gestalt ihres Hirten Mohammed. Im Vorbeigehen lösten sich vor jedem Haus zwei oder drei Kamele und wandten sich dem Platz zu, wo ihr abendlicher Futterbrei auf sie wartete. Sid' Ahmeds unscharfe Gestalt verrichtete auf den Dünen das Abendgebet, und von irgendwoher ertönte die klangvolle Stimme des Muezzin.

Wir befanden uns auf einer Ebene mit den Sternen, und jenseits davon gab es nur Wüste. Überall um uns herum und noch jenseits des Horizonts der herabsinkenden Dunkelheit erstreckte sich nichts als Sahara. Wenn man auf dem Dach saß, war es, als säße man am Gestade eines unermeßlichen Ozeans aus Nichts, der sich über die halbe Welt ausdehnte. Seine weit entfernte andere Küste war das fast siebentausend Kilometer entfernte Ufer eines Flusses.

Eine Woche nach der Ankunft unserer Kamele in Chinguetti beschlossen wir, unseren ersten Trainingslauf zu starten. Als Ziel wählten wir den geheimnisvollen Krater Guelb er Richat. Er befand sich direkt am Rande von El Djouf, der großen östlichen Leere, die sich über 1600 Kilometer erstreckt, bis sie mit der Steinebene der Tanezrouft verschmilzt. Inzwischen war es Hochsommer, die schlimmste Zeit des Jahres für eine solche Reise.

Sid' Ahmed war entsetzt. Er tat sein Möglichstes, um uns davon abzubringen. »Es ist verboten, in dieser Jahreszeit in der Sahara zu reisen!« rief er aus. »Kein Maure, der die Wüste kennt, würde das tun. Ihr solltet warten, bis die Plejaden am Himmel stehen.«

Ich wußte, daß die Nomaden den Wechsel der Jahreszeiten am Aufstieg und Niedergang der Gestirne maßen und daß die Plejaden den Einsatz der Regenzeit Ende Juli ankündigten. Zu diesem Zeitpunkt wollten wir bereits auf dem Weg nach Timbuktu sein.

Am Tag unseres Aufbruchs nach Richat tat ich noch etwas, das kein Maure getan hätte, zumindest nicht in Chinguetti. Ich ging zum Brunnen, und Schulter an Schulter mit den Haratin zog ich mein Hemd aus und begann meine Kamele zu tränken. Die Maurenfrauen versammelten sich im Schatten, fuchtelten und gestikulierten, als fänden sie mein Verhalten skandalös. Es erfüllte mich mit tiefer Befriedigung, das kühle, klare Wasser aus den Eingeweiden der Erde hochzuziehen und zuzusehen, wie meine Kamele es mit großem Vergnügen aufschlürften. Es tat gut, sich am Brunnen unter diese mageren Haratin zu mischen und ihrem fröhlichen Geschwätz zuzuhören, wieder zu spüren, wie das Blut die Muskeln belebte, und nach den Tagen der Hitze wieder mit dem Herzschlag der Erde in Einklang zu sein. Ich wußte, daß der Brunnen ein Ort der Haratin war und ich die Konventionen mißachtete. Aber die Kinder von Chinguetti ließen uns nie vergessen, daß wir Nsara waren, und jeder weiß, daß Nsara halb verrückt sind.

Als Sid' Ahmed klarwurde, daß er uns nicht von unserem Vorhaben abbringen konnte, lachte er und sagte: »Das wird eine echte Härteprobe für euch, besonders für Marinetta. Wenn sie das überlebt, wird niemand mehr sagen, sie sei schwach!« Dann zeigte er uns, wie man die eigenartigen maurischen Sättel festschnallte, die wir in Atar gekauft hatten. Sie sahen aus wie Miniaturlehnstühle, waren in grellen Farben, gelb und scharlachrot, bemalt und hatten hohe Seitenborde, wie Flügel von Riesenschmetterlingen. Er führte uns vor, wie die leuchtend bemalten Satteltaschen dahinterpaßten und wie die mit Fell überzogenen Girbas zu beiden Seiten herunterhingen. Diese Wasserhäute waren unsere kostbarsten Ausrüstungsgegenstände. »Ohne Wasser würdet ihr es ungefähr einen Tag in dieser Hitze aushalten«, sagte er. »Denkt immer daran, die Girbas aufzuhängen. Laßt sie nie am Boden stehen, sonst läuft das Wasser sehr schnell aus.«

Nach Beendigung seiner Vorführung geleitete er unsere kleine Azalai bis zur Dünenbarriere am Stadtrand und wies uns die Richtung von Ouadane. Das war die letzte Oase in der Region, und der Richat-Krater lag etwas dahinter. »Geht mit dem Schutz Gottes«, sagte er zu uns und schüttelte jedem feierlich die Hand. Dann waren wir mit der Wüste alleine.

Die Reise nach Guelb er Richat dauerte neun Tage. Nie habe ich eine so gewalttätige, so erbarmungslos heiße Wüste gesehen. Wir zogen durch eine trostlose und gottverlassene Landschaft. Mittags schickte die glühende Sonne ihre Flammenstrahlen durch die Dünen und steckte den Sand mit ihrem gleißenden Licht in Brand. Die Felsen glitzerten wie Stahl über den zerfurchten Ebenen, und der Horizont verschwamm in einem Nebel aus kochendheißem Staub. Die

Bäume in den Wadis waren tot. Kein Fußbreit Schatten blieb in den Dornenbüschen. Der schreckliche, *rifi* genannte Wind begann seinen niederdrückenden Vormarsch nach Süden, versengte die Wüste mit seinem Glutofenhauch und trocknete das noch verbliebene pflanzliche Leben an den offenen Geröllhaldenflanken aus. Er wirbelte in die Täler hinein, wo er an den Nomadenzelten und den Zufluchtsstätten der Haratin zerrte. Die meisten Nomaden waren von den Hochweiden geflohen und trieben ihre Herden nach unten. Sie packten ihre schweren Zelte zusammen und verbargen sie in den Dornbüschen. Sie hatten ihre Zufluchtsorte in den Wadis verlassen, wobei sie ein Durcheinander aus abgebrochenen Zweigen und kaputten Girbas hinterließen, und suchten nun Zuflucht unter den Palmenhainen und in den Felsspalten des Talgrunds.

Jeden Tag standen wir vor Sonnenaufgang auf und mühten uns mit der schweren Ausrüstung und den Wassersäcken ab. Ich war das einfache sudanesische System gewohnt, bei dem man alles einfach über die Sattelknäufe warf. Die Maurensättel hatten nur einen Knauf, und das ganze Zeug mußte durch eine Reihe ineinanderverschlungener Knoten festgezurrt werden. Wenn man einen davon falsch machte, stürzte die ganze Ladung krachend zu Boden, sobald das Kamel aufstand. Das passierte uns mehrmals in den ersten Tagen.

Wenn das Aufladen beendet war, banden wir die Kamele zusammen und begannen unseren Fußmarsch. Zwei oder drei Stunden lang gingen wir in der Morgenhitze. Hinter uns stürmte der Rifi, zerrte an den Dünen und wetzte ihre messerscharfen Kanten mit einer gischtigen Raspel aus Sand. Der Staub schliff unsere Gesichter wie mit Sandpapier ab, während wir uns vorwärtsschleppten und uns die Flanken der großen, halbmondförmigen Dünen hinaufquälten und mit unseren Kamelen im Schlepptau wieder hinunterschlitterten. Die knollige, orangefarbene Sonne des anbrechenden Tages schrumpfte zu einem weiß glühenden Feuerball. Wenn wir nicht mehr weiterkonnten, machten wir halt und stiegen auf die Kamele.

Anfangs hatte Marinetta Schwierigkeiten, in den Sattel zu kommen. Ihre geringe Körpergröße behinderte sie, denn ihre Füße reichten nicht bis zur Schulter des Kamels und fanden daher keinen sicheren Halt. Sie kletterte an der Ausrüstung hinauf, die sie als Leiter benutzte, während ich vor Angst, ihr Kamel, Gurfaf, könnte trotz meines festen Griffs hochspringen, die Zügel straff anzog. Der große Gurfaf schnaubte, als sie sich in den Sattel setzte. Dann stand er auf wie ein Leviathan, und schäumte vor Verärgerung mit hocherhobenem Kopf. Ich reichte ihr die Zügel. »Scheint in Ordnung zu sein«, sagte sie.

Genau in diesem Moment begann Gurfaf davonzutraben, als wäre ihm klargeworden, daß sie eine Anfängerin war.

»Zieh am Kopfseil!« schrie ich ihr zu.

Sie zog so heftig, wie sie es wagte, und gab dabei kleine »Hei! Hei!«-Rufe von sich, die kaum vernehmbar waren. »Du mußt den Idioten anbrüllen!« rief ich ihr zu. »Du mußt ihm zeigen, wer hier der Herr ist! Bohr ihm die Fersen rein!«

Sie versuchte, ihre winzigen Füße auf den Schultern des Kamels aufprallen zu lassen. Ihre Beine waren ein paar Zentimeter zu kurz und es gelang ihr nur, gegen den Sattel zu treten. Das löste bei Gurfaf ungefähr ebensoviel Reaktion aus wie die Fliegen, die sein Maul umschwirrten. Er drehte sich hochnäsig im Kreis und begann sich Richtung Chinguetti in Bewegung zu setzen. »Maik!« rief sie aus. »Halt ihn auf!«

»Zieh seinen Kopf herum!« schrie ich. Sie zerrte vergebens an dem Seil, und einen Augenblick später beging sie die größte aller beim Kamelreiten denkbaren Sünden: Sie ließ das Kopfseil fallen. Das Kamel war nun ihrer Kontrolle enthoben. Starr vor Schrecken saß sie, mit beiden Händen an den Sattel geklammert, da, während Gurfaf seinen Schlängelweg nach Hause fortsetzte. Verzweifelt rannte ich los, um ihn zu erwischen, arbeitete mich in einem Halbkreis vor und betete, er möge nicht durchgehen.

»Gott sei Dank!« sagte sie, als ich das Kopfseil packte.

»Laß nie, niemals das Kopfseil los!« sagte ich.

Nach diesem Vorfall nahm ich Gurfaf ins Schlepptau. Wir setzten unseren Weg bis mittags fort, dann ließen wir die Kamele niederliegen und luden die Ausrüstung ab. Anschließend legten wir ihnen Fußfesseln an. Das war immer eine gefährliche Aufgabe, denn sobald man sich niedergekniet hatte, um das Seil um die Beine zu schlingen, konnte einem das Kamel einen schmetternden Schlag mit dem Hinterlauf verpassen. Marinetta legte eine große Begabung für diese Aufgabe an den Tag. Sie hatte keine Angst. Sie kauerte sich wie eine Puppe im Schatten des riesigen Tieres hin und befestigte einen Lederriemen über den Knöcheln, ohne auch nur einen Gedanken an die zappelnden Beine und die stampfenden Hufe zu verschwenden. Wenn das erledigt war, bauten wir uns ein Schutzdach aus Decken und Stöcken, das uns ein wenig Schatten spendete. Meist war es zum Kochen zu windig, und wir bereiteten statt dessen das maurische Getränk *zrig* zu. Es war eine Mischung aus Milch, die wir mit dem mitgeführten Milchpulver herstellten, Zucker und Wasser. Es war das ideale Getränk unter diesen Bedingungen, und wir schluckten es in tiefen Zügen aus einer Emailschale, wobei wir uns bemühten auszutrinken, bevor sie voller Staub war.

Jede dieser Mittagspausen war eine drei Stunden währende Minihölle. Wir konnten nichts tun, außer uns wie ein Fötus auf den wenigen Quadratzentimetern Schatten einzurollen und zu warten, daß die Zeit vergeht. Der Rifi knatterte über unsere auf dem Bauch liegenden Körper und saugte die wenige Flüssigkeit, die wir soeben aufgenommen hatten, wieder aus uns heraus. Er ließ auch die Wassersäcke austrocknen, und weil wir oft keinen Baum zum Aufhängen fanden, verflüchtigte sich durch Osmose noch mehr Wasser. Der Gipfel war schließlich, daß eine Girba ein Loch bekam. Bestürzt mußten wir zusehen, wie unser Wasser im Sand versickerte.

Wenn die Sonne nachließ, holten wir die Kamele. Meistens ließen sie sich nur widerstrebend beladen. Sie wanden sich, wenn wir versuchten, die Kopfseile durch die Nasenringe zu ziehen, heulten und spuckten und schnappten bedrohlich mit ihren Eckzähnen. Es brauchte schon zwei Leute, um so widerspenstige Kamele wie diese hier anzuseilen. Einer mußte sie an den Nasenlöchern packen, das einzige, was sie fügsam werden ließ, während der andere das Kopfseil sorgfältig durch den Ring fädelte. Marinettas Aufgabe war es, das Seil durchzuziehen. Sie stand dann immer da und wappnete sich, während ich mit den Nüstern der Tiere kämpfte und »Na, los! Na, los!« rief. Ich beobachtete bewundernd, wie sie entschlossen das Seil durch den Ring fädelte.

Der Nachmittag bestand aus einem weiteren Wegstück unter dem Freiluftgrill von Sonne und Wind. Nach Sonnenuntergang machten wir wieder halt und entluden die Kamele. Zu diesem Zeitpunkt waren wir beide erschöpft, steif vom Reiten und wundgescheuert vom Reiben der Sättel. Doch zum Ausruhen war keine Zeit. Die Kamele mußten mit ihrem Getreideschrot gefüttert werden. Wir maßen ihn ab und setzten ihn ihnen auf einem Segeltuch vor. Sie hatten schlechte Tischmanieren. Immerzu stritten sie sich und gingen aufeinander los, jedes versuchte nach Kräften, das andere vom Futter wegzudrängen. Ziemlich häufig fügten sie sich scheußliche Bisse zu, und wenn die schlangengleichen Hälse sich ineinander verdrehten, dann gab es ein Donnergebrüll, und der Sand stob nach allen Seiten. Das Segeltuch schwirrte davon, und das Getreide war im Sand verschüttet.

Wenn die Kamele gefressen hatten, war es Zeit zum Brennholzsuchen. Dieses Gebiet hieß Reg as Sder oder »Ebene der Bäume«, doch der größte Teil des Waldes, der ihm seinen Namen verliehen hatte, war schon seit langer Zeit verschwunden, und übriggeblieben waren nur sporadische Baumstümpfe, die an Vogelscheuchen erinnerten. Oft brauchten wir eine halbe Stunde, um Holz zu finden. Dann folgte der Kampf mit dem Feuer und dem Kochen. Meistens aßen wir Reis, obwohl er qualitätsmäßig kaum besser war als der Reis, den wir in Chinguetti gegessen hatten.

Erst dann ließen wir uns auf unseren Decken nieder und versuchten zu schlafen. »Ich hätte so ein leichtes Leben haben können«, sagte Marinetta zu mir. »Wenn ich tagsüber so erschöpft bin, dann halte ich alles für sinnlose Zeitverschwendung. Aber wenn ich abends dann das Lager aufschlage, habe ich das Gefühl, einen kleinen Sieg errungen zu haben. Dann bin ich froh, daß ich es gemacht habe.«

Nur selten konnten wir nachts ungestört schlafen. Wir wachten von einem neuerlichen Ausbruch der Feindseligkeiten zwischen den Kamelen auf oder vom Trippeln der Mäuse, die nach den im Sand verschütteten Körnerleckerbissen suchten. Vor den schwarzen Käfern fürchtete sich Marinetta am meisten. Wenn sie ihr Kratzen hörte, wachte sie schaudernd auf. »Sie sind wie Monster«, sagte sie. »Wenn ich sie höre, denke ich, sie haben es auf mich abgesehen!«

Wir brauchten drei Tage bis Ouadane, einer Festung mit gemauerten Häusern auf einer Klippe, von der aus sich der Ausblick auf das üppig mit Palmen bewachsene Wadi eröffnete. Diese Oase war einer der ersten Orte in der Sahara, den Europäer erreicht hatten. Die Portugiesen hatten hier im 15. Jahrhundert eine Handelsniederlassung gegründet, um sich den bedeutenden Karawanenhandel zwischen Marokko und Timbuktu zunutze zu machen. Nun wirkte die Oase verlassen. Mehr als die Hälfte der Steinhäuser war verfallen, und ein Hotel, das als Touristenattraktion erbaut worden war, war von der Polisario beschossen worden. Viele Einwohner waren fortgezogen. Heute gibt es keinen Karawanenverkehr durch Ouadane mehr. Unsere war vermutlich die erste Azalai seit Jahren.

Wir verbrachten eine Nacht im Wadi unterhalb der Stadt, wo uns zerlumpte Kinder mit Bündeln von Pfeilspitzen das Leben schwermachten. Am nächsten Tag brachen wir Richtung Guelb er Richat auf. Wir kletterten aus dem Wadi und ritten stundenlang über eine Ebene, bis wir eine senkrecht abstürzende Wand aus silbergrauem Fels erblickten, die aus der Wüste hochragte. Das war Guelb er Richat. Es sah aus wie der Rest eines erloschenen Vulkans, obwohl nirgends Anzeichen vulkanischer Aktivität zu erkennen waren. Monod glaubte, es sei der Krater eines riesigen Meteoriten, der in prähistorischen Zeiten hier eingeschlagen war.

Wir blieben nur wenige Stunden im Krater und waren am folgenden Tag bei Sonnenuntergang wieder im Wadi zurück. Als wir am nächsten Morgen aus der Niederung hochstiegen, traf der Rifi uns mit voller Wucht. Wir wickelten unsere Kopftücher um uns und tauchten in die Staubflut ein.

Mitte des Vormittags stiegen wir wie gewöhnlich auf und ritten schweigend zwei Stunden lang. Die Bewegungen der Kamele hatten etwas beinahe Hypnotisches an sich. Wir verspürten keinen Drang, uns zu unterhalten, was soviel bedeutet hätte wie gegen den Wind anzuschreien. Gelegentlich hörte ich Bruchstücke einer Melodie von Marinetta. Plötzlich ertönte ein ohrenbetäubendes Brüllen, gefolgt von einem gekreischten »Maik! Maik!«. Ich wirbelte gerade noch rechtzeitig herum, um zu sehen, wie Gurfaf sich wie ein Mustang aufbäumte, und Marinetta wie in Zeitlupe aus dem Sattel segelte. Eine Sekunde später kam sie unter lautem Knirschen mit dem Gesicht nach unten im Sand auf. Einen Augenblick lang malte sich auf ihrem Gesicht ein Ausdruck grenzenloser Verblüffung. Dann fiel ein Wassersack zu Boden, ging auf und übergoß sie mit einem Schwall Wasser. Es folgte eine Satteltasche, die platzte und ihren Inhalt in der Wüste verstreute. Ich griff nach dem Kopfseil, doch inzwischen zeigte das Kamel keine Anzeichen von

Kampfeslust mehr. Es blickte mich kühl aus seinen großen, schwarzen Augen an.

Ich stieg ab und half ihr auf. »Ist alles in Ordnung?« fragte ich. Sie sah aus, als wüßte sie nicht, ob sie lachen oder weinen sollte. »Ich glaube schon«, erwiderte sie.

»Was ist denn passiert?«

»Die Satteltasche ist auf eine Seite gekippt. Sie muß ihm einen Stich versetzt haben oder so was.«

Eine Pause entstand, in der wir beide überlegten, wer an diesem Morgen die Satteltasche befestigt hatte. Ich.

»Gott sei Dank war es nur Sand und kein Felsen!« sagte ich.

Mit der Zeit meisterten wir die kleinen Probleme des Aufladens. Marinetta gewann trotz ihres Sturzes Vertrauen zu den Kamelen. Bald konnte sie ebenso gut wie ich Fußfesseln anlegen und aufzäumen, sie fing sogar an, die Feinheiten des Feuermachens zu verstehen. Die extremen Sommerbedingungen, die glühendheiße, gnadenlose Wüste schmiedete uns langsam zu einem verschworenen Team zusammen.

Eines Abends ließen wir die Kamele in der Dämmerung niederliegen, als ich bemerkte, daß meine Kartenmappe fehlte. Der Rifi heulte noch immer über die Landschaft und verwischte blitzschnell unsere Spuren. »Du lädst die Kamele ab und fütterst sie«, sagte ich zu Marinetta. »Ich gehe die Karten suchen.«

»Geh nicht weg!« sagte sie, plötzlich voll Angst. »Du wirst nie hierher zurückfinden.«

»Wir brauchen die Karten«, erwiderte ich und ließ sie in der hereinbrechenden Dunkelheit zurück. Mit Taschenlampe und Kompaß verfolgte ich unsere schwachen Spuren zurück. Bald konnte ich das Lager nicht mehr sehen. Die Spur zog sich immer weiter dahin. Ständig ließ ich den Lichtstrahl umherwandern, obwohl ich mir keine großen Hoffnungen machte, die Karten zu finden. Wie meistens um die Zeit des Sonnenuntergangs legte sich der Wind langsam, und das Gehen wurde leichter. Nach beinahe einer halben Stunde sah ich die durchsichtige Kartenmappe wie ein herabgefallenes Blatt im Sand liegen. Ich schwor mir, daß mir das nie wieder passieren würde.

Ich folgte meinen eigenen Fußspuren zurück zum Lager. Häufig verlor ich die Richtung und mußte kehrtmachen. Dann erblickte ich, zart wie eine Kerze in der Nacht, das Flackern eines Feuers. »Lieber Gott«, dachte ich. »Sie hat ein Feuer gemacht!« Es war das erste Mal, daß Marinetta unter solchen Bedingungen ein Holzfeuer entzündet hatte. In der flachen Landschaft war es wie ein Leuchtfeuer, und ich lief geradewegs darauf zu. Als ich sie fand, stand sie daneben und starrte in die Nacht. Die Kamele waren entladen, mit Fußfesseln versehen und sogar gefüttert.

Das erste, was sie tat, war, mich zu umarmen. »Du warst so lange weg!« stieß sie hervor. »Ich dachte, du hättest dich verirrt.«

»Warum hast du einn Feuer angemacht? Ich habe dir nicht gesagt, daß du das tun sollst.«

»Ich dachte plötzlich, ich könnte dich verlieren«, sagte sie.

Je mehr wir uns Chinguetti näherten, um so mehr litten wir unter einer Erschöpfung, die im ständigen Kampf gegen den tiefen Sand, die Hitze und den erbarmungslosen Wind täglich zunahm. Am Nachmittag des neunten Tages erblickten wir die Schattenrisse von Palmen am Horizont. Wir stiegen ab, beide wundgescheuert von den Sätteln, und gingen zu Fuß weiter. Stundenlang, so schien es uns, kämpften wir uns durch den Sand, aber die Palmen schienen nicht näher zu kommen.

Marinetta mußte anhalten, um sich zu erleichtern, und sagte mir, sie hätte Blut im Urin. Ich betete zu Gott, daß sie bei ihrem Sturz keine inneren Verletzungen davongetragen hatte. Ich sah, daß sie Schmerzen hatte, und fragte mich, wie lange sie sie schon vor mir verbarg. Verzweifelt gingen wir nun auf die Palmen zu. Die grausame Hitze und der Wind hatten uns zermürbt. Meine Beine fühlten sich wie Gelee an, und wir schleppten uns nur noch im Schneckentempo vorwärts. Marinetta mußte sich alle paar Minuten niederkauern. Ich konnte die Qualen auf ihrem Gesicht sehen. Ich fing an, die Palmen für eine Illusion zu halten. Die Sonne begann zu sinken. Vier Stunden lang hatten wir nun schon die Palmen vor Augen.

Plötzlich waren die Palmwedel wie Federbüsche über uns, und Häuser und Menschen umringten uns. Wenige Augenblicke später luden wir vor unserem Haus ab. Die Nachbarn strömten aus den Häusern und begrüßten uns, als wären wir Könige. Sid' Ahmed kam lächelnd und sagte: »Sie meinten, ihr würdet es nie ohne Führer schaffen. Aber ich sagte ihnen: ›Omar ist ein Mann!‹ Das ist ein

Männerwerk!« Und an der Art, wie er Marinetta ansah, konnte man ablesen, daß er ihr damit das höchste aller Komplimente zollte. Er nahm sie in die erhabenste aller Gruppen auf.

*

Es dauerte eine Woche, bis Marinetta vollständig wiederhergestellt war. Auf das Blut folgte eine ausgewachsene Ruhr, die sie unzählige Male am Tag kläglich in die Wüste jagte. Doch ihre Entschlossenheit, die Reise zu bewältigen, war größer denn je. »Es ist alles irgendwie anders jetzt«, sagte sie. »Vorher schien alles so unwirklich, diese Idee, die Sahara von Westen nach Osten zu durchqueren. Die Sahara war irgend etwas da *draußen*. Aber jetzt, nachdem ich unter diesen Bedingungen durchgehalten habe, scheint alles möglich zu sein.«

Wir fühlten uns wachsamer, unsere Sinne waren geschärft, unser Milchfett weg, unsere Stadtkörper waren abgeschliffen, bereit, sich den kommenden Herausforderungen zu stellen. Auch die Leute behandelten uns anders. Sie blieben auf der Straße stehen und sagten: »Seid ihr wirklich ohne Führer bis Richat gegangen?« Die Frauen begegneten Marinetta mit einer neuen Achtung, ja mit Bewunderung. Es fiel uns schwer, uns häuslich einzurichten und das Ende des Sommers abzuwarten, aber wir beschäftigten uns, indem wir Hassanya lernten und unsere Nase in die Angelegenheiten der Stadt steckten.

Zu Sid' Ahmeds Aufgaben gehörte, wie wir entdeckten, die Verteilung von Getreidesäcken mit der Aufschrift: »Geschenk des Volks der Vereinigten Staaten«, die sich in regelmäßigen Abständen in den Lagerhäusern der Stadt auftürmten. Das Getreide war die Erklärung für die zahlreichen Nomadenzelte im Umkreis der Oase. Die Nomaden waren von der Gratisversorgung abhängig geworden, weil die Hälfte ihres Viehbestands, der einst ihre Existenzgrundlage gebildet hatte, in der langen Dürre zugrunde gegangen war. Es schien eine grausame Ironie darin zu liegen, daß diese Menschen, die für ihr Unabhängigkeitsstreben berühmt waren, nun nicht mehr ohne die Unterstützung eines christlichen Landes leben konnten, von dem die meisten von ihnen noch nie gehört hatten.

Das traf zumindest auf die Nomaden vor der Oase zu, die wir

aufsuchten. Sie lebten in vier pyramidenförmigen Zelten aus dicker Ziegenwolle, die im Sand zwischen einigen Dornbüschen aufgestellt waren. Unter ihnen befanden sich ein paar junge Männer mit ihren Frauen und Kindern. Die Männer waren klein und kräftig und hatten das selbstsichere Auftreten von Wüstenmenschen. Ihre Gesichter waren von Bärten überwuchert, und ihre Haare wuchsen wie wildes Gestrüpp. Es gab auch zwei freundliche alte Frauen mit Gesichtern wie verschrumpeltes Leder, die nur in Wickeltücher aus blauer Baumwolle gehüllt waren. Sie luden uns zu sich in den Schatten ein, und eine junge Frau mit einem Baby im Arm bereitete in einer Holzschüssel Zrig zu. Einer der Männer machte Tee. Das war eine feierliche Angelegenheit. Die Mauren trinken grünen chinesischen Tee aus winzigen Gläsern. Er wurde in einer Minikanne gebracht, in die sie ein Stück Zucker fallen ließen, das von einem kegelförmigen Zwei-Kilo-Laib abgehackt wurde. Der Tee war sehr stark und sehr süß. Man bekam immer nur einen Mundvoll, den man in einem Zug hinunterschlucken mußte, so daß jemand anders das Glas benutzen konnte. Selten gab es genügend Gläser für alle. Wenn man fertig war, mußte man das Glas eigentlich mit einem Fingerschnipsen dem Anbietenden zurückwerfen, so daß es neben seinen Knien landete. Ich traute meiner Treffsicherheit zu wenig, um es je zu versuchen. Der Gastgeber servierte immer drei Gläser. Weniger wäre eine Beleidigung und mehr ein Zeichen von Maßlosigkeit gewesen.

Während wir tranken, sah ich mich im Zelt um. Durch die Nähte im Dach, das von massiven, v-förmigen Stangen getragen wurde, drangen Lichtstrahlen in das dämmrige Innere. Der Boden war mit Strohmatten bedeckt. Auf einer Seite stand ein Gestell mit geschnitzten Beinen, auf dem zwei Nylonsäcke mit amerikanischem Getreide lagen. Um den Eingang herum waren einige Packsättel sowie hölzerne Melktrichter mit Milchflecken verstreut. In einer Ecke lehnte ein altes, rostig aussehendes Gewehr, das von Pflasterstreifen zusammengehalten wurde. Draußen in den Dornbüschen hörte man das Drängeln der Ziegen.

»Wir ziehen nicht mehr weit umher«, sagte einer der Männer zu uns. »Früher zogen wir in einem Stück nach Norden bis Bir Moghrein. Das war, als wir noch Kamele hatten. Aber während der Dürre sind die meisten von ihnen gestorben, und den Rest haben wir verkauft. Jetzt sind uns noch diese Ziegen und ein paar Dattelpalmen geblieben. In einigen Wochen ist die Dattelernte, dann verlassen wir die Zelte hier und ziehen in die Schutzhütten in den Palmengärten.«

»Bei Gott, es gibt nichts, das dem Leben in der Wüste gleichkommt«, fiel eine der alten Tanten ein. »Früher gab es Milch und Fleisch, genug für uns und unsere Gäste. Die Kamele fraßen gutes Gras. Wir ritten durch die ganze Wüste, alle Frauen der Familie in Kamelsänften. Aber das ist nun vorbei. Das alte Leben ist zu Ende. Jetzt bekommen wir dieses Nsara-Getreide in Chinguetti, zwei Säcke pro Familie.«

Die jungen Männer hatten als Komparsen in *Fort Saganne* gearbeitet. Sie hatten an einem Tag mehr verdient als normalerweise in sechs Monaten. Sie hatten die Kulisse zu einem Millionen von Dollar verschlingenden Phantasieprojekt gebildet, während gleichzeitig die Wurzeln, die sie in ihrer Umwelt verankerten, durchtrennt wurden. Eines Tages, dachte ich mir, werden sie vielleicht »Museumsnomaden«, die Shows für Touristen vorführen, traurige Erinnerungsstücke an eine Welt, die nicht länger existierte.

Einige Tage später hielt ein Landrover vor unserem Haus. Ein hagerer, hellhaariger Abendländer in Shorts kletterte heraus. Er brachte eine Kamera zum Vorschein, machte schnell zwei Aufnahmen vom Haus und sprang dann wieder in seinen Landrover. Als er abgefahren war, sah ich die Aufschrift »Oasis Tours« darauf. »Das sind die Touristen«, erzählte Sid' Ahmed mir später. »Sie kommen jeden Winter. Sie bleiben ein paar Tage in der Stadt, dann machen sie einen Ausritt auf Kamelen in die Hügel. Dieses Jahr werde ich ihnen mein Haus vermieten. Sie zahlen einen Haufen Geld dafür.« Ich dachte an das rostige Gewehr in der Zeltecke. Man mußte ein *Mann* sein zu Zeiten von Überfällen.

Als ich Sid' Ahmed das nächste Mal sah, war er noch niedergeschlagener. Er erzählte mir, eines seiner Milchkamele sei krank. »Das ist dieser Kamelkuchen«, meinte er. »Der hat ihren Bauch schwellen lassen. Jetzt will sie nichts mehr fressen.« Er bat mich, Mohammed beim Festhalten zu helfen, während er ihr eine übelriechende Medizin aus einem Kessel fütterte. Es war eine traditionelle Mischung aus Öl und Baobabsamen, die als Brechmittel benutzt wurde. Dahinter steckte die Idee, den Magen des Kamels zu entleeren, so daß es wieder fressen konnte. Es keuchte und spuckte, während er ihm das widerwärtige Zeug in die Kehle schüttete, doch es zeigte sich keine Besserung. Am nächsten Tag bat er mich erneut um Hilfe. Dieses Mal wurde die Baobabsauce durch zehn Flaschen Pepsi Cola ersetzt, die er dem kranken Tier verabreichte. Einige Minuten später ächzte es, und aus dem Hinterteil brach ein Schwall dunkelbraunen Unrats. »Siehst du!« sagte Sid' Ahmed. »Manchmal funktionieren die neuen Methoden am besten!«

Der Sommer wollte nicht enden. Unser Hassanya verbesserte sich dank ständiger Übung. Mitte Juli kehrten wir nach Atar zurück und kauften noch ein Kamel. Nach Sid' Ahmeds Ansicht waren drei Kamele genug für uns und einen Führer bis nach Timbuktu. Das neue Kamel gehörte zur kleinen Rasse der Adrar-Region. Wir nannten es Li'shal, wegen seiner blonden Hautfärbung. Wir unternahmen noch einige Trainingsausflüge die Wadis hinauf und über die Hochebene, aber diese Touren befriedigten uns nicht mehr. Wir brannten darauf, die Oase zu verlassen und in die Wildnis der Sahara einzudringen. Ende Juli brachte Sid' Ahmed uns einen Führer. Er wurde Mafoudh genannt und gehörte einem Marabutstamm an, den Laghlal.

Marinetta und ich hatten oft über den idealen Führer gesprochen. Es war lebenswichtig, den richtigen Mann zu finden, denn einmal in der Wüste, wären wir von ihm abhängig, und er von uns. Wir hatten für jeden potentiellen Führer eine Liste von Fragen über seine Ansichten und Vorlieben vorbereitet. Doch als wir Mafoudh vorgestellt wurden, ließen wir diesen Gedanken auf der Stelle fallen. Mafoudh war ein guter Mann. Man sah ihm am Gesicht an, daß er ein guter Mann war.

Er hatte die tiefen, schwarzen, aufmerksamen Augen der Wüste. Wie er so neben Sid' Ahmed stand, war auf den ersten Blick erkennbar, daß er einer anderen Klasse angehörte. An Mafoudh war nicht der Ansatz eines Pölsterchens wie bei unserem Vermieter zu sehen. Er hatte die Muskelstränge und die hagere Gestalt des Nomaden und kein Gramm überflüssiges Fett. Sein Gesicht war breit und hart, braungegerbt vom Leben im Freien, doch es teilte sich leicht zu einem Lächeln. »Früher habe ich bei den Karawanen gearbeitet«, sagte er, »allerdings ist es zehn Jahre her, daß ich diese Route gemacht habe. Aber wenn man sie einmal gesehen hat, vergißt man sie nie wieder. Das einzige Problem wird die Hitze sein.«

»Macht die Hitze dir Sorgen?« fragte ich.

»Nein«, antwortete er. »Mittags drückt sie einen nieder, aber bei Sonnenuntergang ist das Schlimmste vorbei. Alles geht vorbei. Das ist Gottes Wille.«

Mafoudh sagte, er würde sich darauf vorbereiten, uns bis Oualata an die Grenze zu Mali zu bringen. Er schätzte, daß wir weniger als dreißig Tage dafür brauchen würden. Dann bat er um 60000 Ouguiya. Das schien mir ein exzessiver Preis, doch nachdem Mafoudh gegangen war, sagte Sid' Ahmed: »Du kannst ihm keinen Vorwurf machen, daß er soviel verlangt. Es ist eine Qual, in dieser Hitze zu reisen, vergiß das nicht. Er muß elf Palmen bewässern, das heißt, er muß in seiner Abwesenheit einen Hartani einstellen. Außerdem muß er für seine Frau und seine Kinder sorgen und seine Rückfahrt bezahlen. Du müßtest schon großes Glück haben, um so einen ehrlichen Mann für weniger Geld zu finden. Und er ist absolut ehrlich, dafür kann ich mich verbürgen.« Ich sagte, wir würden darüber nachdenken, und verbrachten die nächsten Tage mit der Suche nach einem anderen Führer. Entweder verlangten sie noch mehr als Mafoudh, oder ihre Gesichter mißfielen uns. Am Ende schlossen wir einen Vertrag mit Mafoudh.

Am nächsten Tag bedauerte ich es schon fast. Ich bat ihn, mir beim Brandmarken der Kamele mit dem Symbol zu helfen, das Marinetta sich ausgedacht hatte. Es war eine Verschmelzung der Buchstaben W und E, die »West« und »East« symbolisierten. Mafoudh tauchte auf, um mir zu helfen, doch es widerstrebte ihm zutiefst, selbst das Brandeisen zu nehmen. »Du machst es«, sagte er, »und ich halte die Kamele fest.«

Ich hatte noch nie einem Kamel ein Brandzeichen aufgedrückt, doch Sid' Ahmed zeigte mir, wie man das Brandeisen über der Holzkohle erhitzte. Mit zittrigen Händen preßte ich es auf jedes Kamel, während Mafoudh mit ihren sich windenden Köpfen kämpfte. Es gab keinen Geruch nach verbranntem Fleisch, wie ich erwartet hatte. Das Eisen war zu kalt gewesen und nicht ins Fleisch eingedrungen. Das Ergebnis waren ein paar krakelige Schnörkel am Halsansatz der Tiere.

»Diese Brandzeichen werden keine Woche halten«, sagte Sid' Ahmed nach Mafoudhs Weggehen.

»Ich wollte ja auch, daß Mafoudh es tut, aber er weigerte sich«, sagte ich unwirsch. »Ich bin mir nicht so sicher, ob er so gut ist, wie du tust.«

»Kein Wunder, daß er sich geweigert hat«, kicherte Sid' Ahmed. »Er ist ein Marabut. Brandzeichen sind die Aufgabe eines Schmiedes. Er wäre den ganzen Tag lang ausgelacht worden, wenn er das selbst gemacht hätte.«

Mafoudh

Wir verließen Chinguetti am sechsten August. Mafoudh erschien mit dem ersten Tageslicht, mit nichts als einer Decke, einem Kamelstock und einem vielfach geflickten Proviantbeutel, der eine Teekanne, ein Glas und eine zusätzliche Gandourah enthielt.

Ich beneidete ihn um seine einfache Ausrüstung. Die unsere schien jeden Zentimeter Boden vor dem Haus zu bedecken: Sättel, Schlafsäcke, Kissen, Satteltaschen, Zelte, Stangen und Wasserhäute. Wir hatten sogar einen unserer Schmetterlingssättel gegen eine bequemere Frauensänfte ausgetauscht. Das Aufladen dieser Trage war ein Marathonunternehmen. Eine Schar von Frauen und Kindern versammelte sich um uns und beobachtete das Schauspiel. Sid' Ahmed erschien ebenfalls und begann, Anweisungen zu rufen. Mafoudh schrie zurück, um nicht zurückzustehen, während jedes Kind im lauffähigen Alter fröhlich durch unser Eigentum trampelte, Sachen aufhob und wieder hinlegte und sich mit jedem Erwachsenen stritt, der es daran zu hindern suchte.

Langsam wurde der Ausrüstungshaufen kleiner, ein Gegenstand nach dem anderen wurde auf einem der beiden Kamele verstaut. Wunderbarerweise fand sich für alles ein Platz. Wir ließen die Tiere aufstehen, was sie nur unter Ächzen und Murren taten. »Ist es nicht ein bißchen zu schwer?« fragte ich.

»Unsinn!« erwiderte Mafoudh. »Das ist noch gar nichts. Du solltest sehen, was eine *echte* Karawane tragen muß, bei Gott!« Dann ergriff er das Kopfseil des Leitkamels. »Im Namen Gottes«, sagte er, »der Weg ist lang. Laßt uns aufbrechen!«

Als er das Zeichen zum Aufbruch gab, ertönten Rufe wie: »Zieht in Frieden!«, die mir in diesem Aufruhr seltsam unangebracht erschienen. Sid' Ahmed begleitete uns bis zum Ufer des Wadis und sagte: »Omar ist der Boß. Wenn er sagt: ›Geht‹, dann geht ihr, und wenn er sagt: ›Halt‹, dann macht ihr halt.« Dann schüttelte er uns die Hand und sagte: »Schickt mir einen Brief, wenn ihr den Nil erreicht habt. Möge Gott mit euch sein!« Wir ließen ihn dort zurück, einen stämmigen, stolzen alten Krieger am Rande seines Reiches.

Einige Augenblicke später hatten wir das Flußbett durchquert und überschritten den Dünenkamm, den wir drei Monate lang beim Aufwachen erblickt hatten. Nun waren wir mittendrin, und Chinguetti war ausgelöscht, für immer entschwunden. »Ich komme mir vor wie Jonas im Bauch des Wals«, sagte Marinetta. »Wir sind gerade erst in den Bauch hineingekommen.«

Jeden Morgen trotteten wir durch die Dünen. Sie waren der sichtbare Ausdruck der unsichtbaren Kraft des Windes, sanft geschwungene Wogen aus wäßrigen Pastellfarben. Es gab Stellen, wo der Sand vom Wüstenboden weggefegt worden war und die Felsen überzog, so daß die scharfen Kanten unter dem weichen Teppich wie noch im Kiefer steckende Zähne zu erkennen waren. Wir überquerten Sandbrücken, deren Oberfläche wie Eis knackte und schließlich einstürzte; die Kamele taumelten auf unglaublichen Schrägen bergab und trieben durch enge Korridore, über denen die Dünen sich auftürmten und unsere winzige Azalai mit ihrem überheblichen Vorsatz, die große Sahara zu besiegen, lächerlich klein erscheinen ließen.

Einmal machte ich halt, um eine mit Widerhaken versehene Pfeilspitze aufzuheben. Es war genau so eine, wie sie die Leute aus Chinguetti uns so oft zu verkaufen versucht hatten. Ich fragte mich, seit wie vielen Tausenden von Jahren sie bereits dort lag und darauf wartete, daß ich sie aufhob. Vor langer, langer Zeit, als diese Wüste noch ein Wald gewesen war, hatte sie einem Jäger gehört. Der Wald war verschwunden, und die Jäger mit ihm, doch die Menschen in diesem verwüsteten Land hatten überlebt, indem sie ihre Lebensweise verändert und sich den neuen Gegebenheiten angepaßt hatten. Wenn wir uns den Gesetzen der Sahara unterordneten, dann hatten auch wir eine Chance zu überleben.

Mittags erreichten wir das Palmenwäldchen in Aghayla, wo Mafoudh einige junge Bäume besaß. Die Datteln waren rot und matschig, erntereif. Eine Schar von Menschen half uns beim Abladen und stellte unsere Ausrüstung im Schatten ab. Marinetta nahm die Kochutensilien und ging davon, um das Mittagessen zuzubereiten. Vier alte Männer kamen an und wollten sich unterhalten, sie setzten sich mit gekreuzten Beinen auf unsere Decken, und ich lud sie zum

Essen ein. Sie sahen erfreut aus, aber ich fragte mich, ob das so bleiben würde, wenn sie erst einmal unsere Kochkünste kennengelernt hatten.

Eine halbe Stunde verging. Die Männer rückten unruhig hin und her. Dann zog der unverwechselbare Duft von verbranntem Reis durch die Palmwipfel zu uns herüber. Einen Augenblick später erschien Marinetta und knallte einen Teller voll mit den wohlvertrauten verkokelten Kügelchen vor uns. Verloren in der Wüste aus Reis lagen einige wenige Oasen aus getrocknetem Fleisch verstreut, die nun auf Holzkohlehäufchen reduziert waren. Die Männer blickten auf das Gericht, und ich sah, wie ihnen das Gesicht herunterfiel. Mafoudh grinste mich fröhlich an. »Das ist der Wind«, sagte er, »der macht das Feuer zu heiß. Na los, essen wir!« Die älteren Männer nahmen eine kleine Menge mit den Fingerspitzen und begannen zu essen. Sie kauten und kauten, und die Spannung wuchs, während ich überlegte, ob irgend jemand noch einmal zugreifen würde. Keiner tat es. Einer nach dem anderen flüsterte einen Dank und stand auf. Doch vor unserem Aufbruch brachten sie uns noch reife Datteln als Geschenk. War in ihren Augen ein Funken Mitleid, als sie sie überreichten?

Am Nachmittag war es drückend heiß. Alle halbe Stunde wurde mein Mund so verschleimt, daß ich einen Schluck Wasser aus einer unserer Feldflaschen nehmen mußte. Marinetta erging es nicht anders. »Dieses Wasser schmeckt wie Honig«, stieß sie hervor. »Ich wußte nie, daß Wasser so gut schmecken kann.« Stundenlang stapften wir über eine Reihe von Dünen nach der nächsten, aber vor Sonnenuntergang gelangten wir auf eine Hochebene aus schwarzem Stein, auf der wir zum ersten Mal reiten konnten. Wir ließen die Kamele niederliegen, und ich half Marinetta in ihre neue Kamelsänfte. Ich hatte mich entschlossen, auf dem roten Kamel, Shigar, zu reiten, obwohl es nun einen unbequemen Packsattel mit fast den gesamten Vorräten trug. Mafoudh kletterte auf den kleineren Li'shal, der einen Schmetterlingssattel trug, und übernahm die Führung. Wir ritten schweigend, bis die letzten Sonnenstrahlen verloschen und die Ebene in tiefer Dunkelheit zurückließen.

In dieser Nacht herrschte im Camp einige Verwirrung. Die Anwesenheit eines Dritten irritierte uns, und keiner wußte so recht, was er tun sollte. An Mafoudh allerdings schien das alles spurlos vorüberzugehen. Er sammelte Brennholz, zündete ein Feuer an und machte Tee, während wir noch immer mit dem Sortieren unserer Ausrüstung beschäftigt waren. »Ich muß erst einmal Tee trinken«, sagte er entschuldigend, »oder mir platzt der Kopf. Das macht mich dann ganz wütend.« Wir fühlten uns alle besser, nachdem wir Tee getrunken und einen Teller Makkaroni mit Sardinen gegessen hatten. Wir lehnten uns im warmen Sand zurück und beobachteten den letzten Schein des Feuers. Der dunkle Himmel war mit dem vertrauten Muster der Sterne überzogen. Die Kamele machten in der Dunkelheit, unsichtbar auf ihrer Suche nach Grasbüscheln, schlurfende Geräusche. »Es kann sein, daß es morgen ein wenig regnet«, meinte Mafoudh und schnupperte in der Luft. »Es war heiß heute. Um diese Jahreszeit folgt der Regen auf die Hitze.«

»Hältst du es für einen Fehler, um diese Jahreszeit zu reisen?« fragte ich ihn.

»In mancher Hinsicht ist die Regenzeit besser zum Reisen als der Winter«, sagte er, »denn obwohl es heiß ist, läßt der Regen Wassertümpel in der Wüste zurück. Wenn man Wasser hat, braucht man die Hitze nicht zu fürchten. Wasser ist ein Segen Gottes.«

Bald war es Zeit zum Schlafen, und ich machte mir Sorgen über unser Schlafarrangement. Es schien lächerlich, daß ich mir mitten in der größten Wüste der Welt darüber Gedanken machte. An Platz fehlte es wahrlich nicht, aber ich fühlte einen gewissen Beschützerdrang Marinetta gegenüber. Nur mißtrauisch entfernte ich mich vom Lager, um mich zu erleichtern, denn ich fürchtete, Mafoudh könnte sich meine Abwesenheit zunutze machen. Mafoudh löste das Problem, indem er seine Decke nahm und ein gutes Stück von uns entfernt im Sand schlief. Marinetta und ich breiteten zwischen Sätteln und Ausrüstung unsere Decken aus. Wir kuschelten uns in der Dunkelheit eng aneinander und fühlten uns wohler miteinander als seit vielen Wochen. »Nun, das war der Tag eins«, bemerkte ich. »Glaubst du, wir werden den Nil erreichen?«

»Ja«, antwortete sie. Ein paar Minuten später war sie bereits eingeschlafen.

Beim Durchqueren des Agfeytit-Tals am nächsten Nachmittag sahen wir die ersten Anzeichen des Sturms. Vor uns lag eine weitgezogene Linie grauer Felsklippen, die sich bis an den Rand des Horizonts erstreckte. Der Talgrund ähnelte einer Schlange aus schwarzem Puder, auf der eine Ansammlung hügeliger, kleiner Dünen lag, die mich an an den Strand gespülte Quallen erinnerten. Am Himmel jagten plötzlich Wolken dahin, und der Wind trug einen Hauch von Feuchtigkeit herbei.

Schwaden silbrigen Staubs begannen über den Boden zu fegen, und wir hörten das entfernte Grollen des Donners. Der Himmel war eine zerfetzte, graublaue Steppdecke, und an manchen Stellen schien es fast, als würden die Wolken bis in die Wüste hinabreichen. Der Wind begann uns in ansteigenden und wieder abfallenden Wellen durchzurütteln. Plötzlich war direkt vor uns der nervenzerfetzende Einschlag eines Blitzes zu vernehmen. Für den Bruchteil einer Sekunde sah ich den Blitz wie einen weitverzweigten, elektrischblauen Baum im Zickzack in die Erde hineinfahren. Es folgte ein Donner wie ein Granateneinschlag, der uns aufspringen ließ. »Großer Gott!« rief Marinetta. »Wir werden alle vom Blitz getroffen werden!« Wir warteten auf das Einsetzen des Regens.

»Wir sollten besser ein Lager aufschlagen«, riet Mafoudh.

»Nein«, entgegnete ich. »Riskieren wir es lieber, und marschieren wir bis Sonnenuntergang weiter.«

An diesem Abend errichteten wir für den Fall, daß es zu regnen begänne, unser arabisches Zelt. Erst um fünf Uhr morgens setzte der Regen ein, aber als es soweit war, traf er uns wie eine Explosion. Der Wind fegte durch das Lager und ließ mit einem einzigen Stoß das Zelt einfallen. Die Gewalt des Sturms war beängstigend.

Alle paar Minuten wurde die Dunkelheit von grellen Blitzen zerrissen, und der Donner grollte über unseren Köpfen wie ein Sperrfeuer. Dann ergoß sich in einem Schwall der Regen aus der Nacht, wühlte den Sand auf, durchnäßte alles, lief uns kalt den Nacken hinab und stand mehr als sieben Zentimeter hoch über dem Boden, so daß wir wie Enten in der Strömung dasaßen. Jedesmal, wenn der Donner grollte, stieß Marinetta die Luft aus und versuchte, noch näher an mich heranzukrabbeln. Wir waren bereits vollkommen ineinander verschlungen, und irgendwie war es sehr tröstlich, ihren kleinen, dampfenden, warmen Körper so eng an mich gedrängt zu fühlen. Wie oft schon hatten wir Stürme wie diesen von meiner sicheren, gemütlichen Wohnung in Khartum aus gesehen? Wie anders es doch war, wenn man sich mittendrin befand.

»Mein Gott, die Kameras!« rief Marinetta plötzlich aus. Ich zog die Baumwollplane des Zeltes beiseite und stürzte barfuß aus seinem zweifelhaften Schutz hinaus. Mafoudhs Körper unter seiner Decke war eine nasse Wurst. Er lag auf einer kleinen Sanderhebung über dem dahinströmenden Wasser und hatte die empfindlichsten Teile unserer Ausrüstung mit dort hinaufgenommen und mit einer Plastikhülle zugedeckt. Sein schmales, durchnäßtes Gesicht starrte durch die Nacht zu mir hin. Wir lachten uns an. »Gott ist großmütig!« sagte er. Aber es klang nicht so, als meinte er es ernst.

Kalt und frostig brach die Dämmerung an. Der Regen hörte auf und wurde von schneidendem Wind abgelöst. Wir zitterten unkontrolliert in unseren nassen Kleidern, während Mafoudh versuchte, für den morgendlichen Tee ein Feuer anzuzünden. Der Regen hatte die leichte oberste Bodenschicht weggewaschen und die Farben darunter freigelegt, die die Ebene mit einer Vielfalt von Mustern bedeckten. Unser Tee war tropfnaß, unsere Zuckerlaibe hatten sich aufgelöst und mit Sand und Staub zu einer feuchten Masse vermischt. Marinettas Gummischlappen waren weggeweht, und meine Ledersandalen waren so naß, daß sie zusammenklappten, sowie ich sie anzog. Mafoudh sagte, wir sollten alles vor dem Aufbruch gut trocknen, weil die Sättel auseinanderfallen würden, wenn wir sie in noch nassem Zustand benutzen wollten.

»Ich habe noch nie zuvor eine *solche* Nacht erlebt!« sagte Marinetta lachend.

»Gott ist großmütig!« wiederholte Mafoudh, dann lachte auch er. »Aber der Regen ist höllisch, nicht wahr?«

In den nächsten drei Tagen zogen wir durch eine Landschaft, in der das Wasser die Bildhauerfunktion des Windes übernommen hatte. Die schwarze Ebene hatte sich in einen Klecks aus Blutrot, Bernstein, Orange und Gold verwandelt, mancherorts überzogen mit einem Teppich aus Schlamm, der so weich und cremig wie Milchschokolade war. Der Regen hatte schmale Wasserläufe freigelegt, die sich in Wasserlöcher unter den Felsen ergossen. Wir ließen uns keine Gelegenheit entgehen, unsere Girbas darin zu füllen. Mafoudh fand, Regenwasser sei weitaus besser als Brunnenwasser, weil es nie salzig oder schwefelhaltig war. Daß es nach Kamelurin schmeckte und voller Kamelkötteln war, schien ihn weiter nicht zu stören.

»In fünfzehn Tagen wird überall hier Gras wachsen«, erklärte er uns. »Das war genug Regen für das ganze Adrar-Gebirge.« Später hörten wir, daß das Wadi in Chinguetti sich in einen Fluß verwandelt hatte und daß das Flußwasser in Atar über den Markt hinweggerauscht war und dabei viele Gebäude demoliert und vier Menschen in den Tod gerissen hatte. »Du kannst die Wüste nicht besiegen«, bemerkte Marinetta. »Entweder bekommt man zuwenig Wasser oder zuviel. Wir haben Glück gehabt, daß uns die Blitze nicht getroffen haben.«

»Das ist alles nur Gottes Wille«, erwiderte Mafoudh. »Ich kannte einmal einen Mann, der nichts tat, als in seinem Zelt zu sitzen, und dennoch vom Blitz getötet wurde. Der Blitz hat ein Loch durch das Dach gebrannt, so sauber wie ein Einschuß, bei Gott! Ein anderes Mal habe ich gesehen, wie siebzig Schafe, die unter einem Baum Zuflucht gesucht hatten, vom Blitz getroffen wurden. Sie waren alle tot! Man weiß nie, wann man selbst an der Reihe ist.«

Mit der Zeit gewöhnten wir uns an unsere jeweiligen Eigenarten. Mafoudh hatte eine Menge Unsitten, mit denen man sich abfinden mußte. Manchmal sah er mir morgens beim Aufladen des Gepäcks zu und schüttelte sorgenvoll den Kopf, während ich mich bemühte, die Knoten so gut wie er festzuzurren. »Du wirst dich mit deinen Knoten noch mehr anstrengen müssen, wenn du durch die Wüste ziehen willst«, sagte er einmal zu mir. »Als ich als Junge bei den Karawanen arbeitete, war es Brauch, daß jeder, dessen Knoten aufging, eine Ziege oder einen Laib Zucker kaufen mußte. Das sollten wir auch einführen.« Ich erklärte mich einverstanden und stürzte mich mit neuem Elan auf das Knotenmachen. Am Ende des Tages schuldete ich ihm zwei Ziegen. »Mach dir nichts draus, Omar«, sagte Mafoudh grinsend. »Jeder muß einmal anfangen.«

Am nächsten Tag ging eine Girba auf, die er festgezurrt hatte, und ergoß ihren Inhalt auf den Sand. Später hätten wir beinahe eines der Kamele zurückgelassen, als das Kopfseil sich gelöst hatte. Mafoudh hatte auch diesen Knoten festgezogen. »Ich glaube, jetzt sind es zwei Ziegen für jeden«, sagte ich süffisant.

Er blickte mich an, als würde er es bedauern, daß er davon gesprochen hatte. »Damals waren Ziegen noch viel billiger«, sagte er.

Normalerweise gingen wir in den ersten drei Stunden immer zu Fuß und ritten dann bis Mittag. Wenn die Mittagszeit näherrückte, hielten wir nach einem Baum Ausschau, um den herum wir unseren Unterstand aus Seilen und Decken bauen konnten. Nur von wenigen Bäumen war noch mehr als ein klappriges Gerippe da, aber dennoch stritten wir uns, welcher der beste war. »Der da taugt nichts«, sagte Mafoudh etwa. »Er hat keine Zweige, an denen wir die Wassersäcke aufhängen könnten.«

»Wir können hier kein Lager aufschlagen«, konterte ich. »Es gibt nicht genug Schatten.« Wenn uns die glühende Hitze schließlich dazu brachte, den einen oder anderen zu akzeptieren, ließen wir die Kamele in der Nähe niederliegen. Müde, durstig und heiß wie wir waren, mußten wir uns minutenlang damit quälen, auf den Knoten herumzuhacken, die sich seit dem Morgen zusammengezogen hatten. Selbst Mafoudh, dessen Kopf bereits vor Teemangel dröhnte, wurde wütend und fluchte wie ein Kutscher, wenn er sich mit dem Seil abmühte. Wir tranken Zrig, und dann bereitete Mafoudh Tee zu. Er sah immer angespannt und gequält aus, bis er sein erstes Glas geleert hatte. Dann entspannte er sich, und ein Lächeln breitete sich auf seinem Gesicht aus. Wir tranken Tee und knabberten Datteln oder Kekse.

Marinetta bereitete das Mittagessen zu und traf eine Auswahl aus unserem beschränkten Vorrat an Reis, Nudeln, Couscous, Dosensardinen und getrocknetem Gazellenfleisch. Meist war es mittags zu heiß zum Essen, und oft endete die Mahlzeit damit, daß wir die Überreste mit den Füßen in den Sand beförderten. Mafoudh schüttelte dann den Kopf und erklärte, das sei »verboten«. Noch schlimmer war es, wenn Marinetta überschüssiges Kochwasser aus dem Topf schüttete. »Wasser zu finden ist in der Wüste eine harte Arbeit«, sagte er zu ihr. »Es ist ein Verbrechen, es wegzuschütten.«

Wir aßen mit der rechten Hand aus einem gemeinsamen Blechteller, wie es unter den Arabern Brauch ist. Obwohl die Mauren im allgemeinen nicht mit anderen Frauen als ihren Ehefrauen zusammen essen, verzog Mafoudh nie eine Miene dabei. Einmal erzählte er mir, er hätte durch eine Weigerung Schande über Marinetta gebracht. Was ihn allerdings die Augenbrauen hochziehen ließ, waren ihre entsetzlichen Manieren. Der Reis war durch unsichtbare Linien in »Territorien« aufgeteilt, und es war ebenso unhöflich, sich aus jemandes anderen »Territorium« zu bedienen, wie es bei uns unhöflich wäre, von anderen Tellern zu essen. Marinetta tauchte beständig mit ihrem Löffel in Mafoudhs Portion und holte sich schmackhafte Bröckchen getrockneten Fleisches oder Sardinen. »Bleib bei deinem eigenen Quantum«, mußte ich ihr mehrmals sagen, bis sie endlich begriff.

Mit dem Reisessen hatte sie ihre Probleme. Man mußte mit der ganzen Hand ins Essen greifen und den Reis zwischen Daumen und Fingern zu einem Bällchen drehen. Dann mußte man den Ball zum Mund befördern und mit dem Daumen nach innen stoßen. Es galt als unschicklich, die Finger in den Mund zu stecken. Wenn Marinetta versuchte, einen Ball zu formen, dann bröselte er unweigerlich auseinander, bevor er auch nur in die Nähe ihres Mundes gelangte, und der Reis verstreute sich im Sand. Wütend quetschte sie dann die klebrige Masse in ihre Hand und aß aus der geschlossenen Faust, was ihr entrüstete Blicke von Mafoudh eintrug.

Die Mauren aßen mit der rechten Hand; die linke wurde ausschließlich zur Reinigung nach der Entleerung verwendet. Toilettenpapier fanden sie abstoßend. Wenn Wasser vorhanden war, reinigten sie sich damit; in der Wüste benutzten sie Sand oder Steine. Marinetta versuchte es mit Sand, fand ihn aber schmerzhaft scheuernd. Oft sehnte sie sich nach »kuschelweichem Toilettenpapier«. Es war immer ein Dilemma für sie, dem Ruf der Natur Folge zu leisten. Tagsüber gab es nichts, wo sie sich hätte verbergen können, und ihr blieb nichts anderes übrig, als ihr langes arabisches Hemd über die Knie herabzuziehen und zu hoffen, daß niemand allzu genau hinsah.

Nach dem Essen erledigte Mafoudh in Windeseile sein Nachmittagsgebet. Er betete bei Sonnenaufgang, mittags, nachmittags, bei Sonnenuntergang und am Abend. Das Gebet bestand aus Verbeugen, Niederknien und dem meditationsartigen Aufsagen verschiedener Koranverse. Vor jedem Gebet machte er rituelle Waschungen und bedeckte Hände und Gesicht mit Sand. Er schien es aber immer eilig zu haben mit seinen Gebeten, als ob er sie endlich hinter sich bringen wollte, damit er seinen Tee trinken konnte.

Im Laufe der Zeit zerstreuten sich auch meine letzten Zweifel hinsichtlich Mafoudhs. Er schien vollkommen vertrauenswürdig zu sein. Ich kam mir dumm vor, weil ich Marinettas wegen so überängstlich gewesen war. Allerdings mußten wir sehr förmlich miteinander umgehen, wenn er in der Nähe war, durften uns nie berühren oder unsere Zuneigung auf eine Weise zeigen, die sein Gefühl für Schicklichkeit verletzt hätte. In Chinguetti, wo wir ein gewisses Maß an Intimität gehabt hatten, hatten wir wie Hund und Katze miteinander gestritten, debattiert und getobt. Perverserweise nahm nun, wo es nicht die geringste Privatheit mehr gab, unser Verlangen nacheinander sprunghaft zu, und ich fand Marinetta jeden Tag noch attraktiver, je fleckiger und unordentlicher ihre Kleidung und je wilder ihre Erscheinung wurde. Oft tauschten wir heimlich ein Lächeln aus, wenn Mafoudh uns den Rücken zuwandte, und gelegentlich genossen wir sogar die verbotenen Wonnen eines Kusses. Doch die meiste Zeit über benahmen wir uns distanziert wie Fremde, die kaum zu einem Gespräch in der Lage waren.

Marinetta bedeckte ihre Haare immer gemäß der maurischen Sitten. Eine Maurenfrau, die ihr Haar nicht verbarg, signalisierte den Männern in dieser Kultur ebenso unmißverständlich grünes Licht wie die Zurschaustellung einer nackten Brust in unserer. Sie hatte Hüte jeder Art immer verabscheut, und daß sie ihr dickes Kopftuch immer tragen mußte, war selbst in der Abendkühle die schlimmste Tortur, die man ihr antun konnte. Tagsüber kleidete sie sich wie ein Mann, und das unförmige arabische Hemd sowie der Saroual verbargen alle verführerischen weiblichen Konturen, die sie hätte zeigen können. Auch das brachte Probleme mit sich. Als wir am elften August an einem Brunnen ankamen, weigerten zwei Frauen, die dort ihre Ziegen tränkten, sich, sie zu grüßen. Sie wichen kichernd zurück, als sie die Hand ausstreckte. »Sie halten sie für einen Mann«, gluckste Mafoudh. »Maurische Frauen geben nie einem Mann die Hand.« Beide Frauen waren in verblichene Indigotücher und noch verblichenere Baumwollhemden gekleidet. Eine von ihnen war eine ziemlich alte Dame mit einem Gesicht wie Pergament, aber die andere war jung, schmal und gertenschlank mit zarten, runden Schultern und kecken Brüsten. Auf mich wirkte sie ganz entschieden sinnlich, als sie ihren Eimer in den Brunnen tauchte. Doch Mafoudh würdigte sie kaum eines Blicks. Als ich Marinetta neben ihr erblickte, wurde mir schlagartig bewußt, was für einen bizarren, hermaphroditischen Eindruck sie mit ihrer weiblich kleinen Körpergröße und ihrer männlichen Kleidung auf sie machen mußte.

Als sie erfuhren, daß sie eine Frau war, änderte sich ihr Verhalten grundlegend. Sie eilten zu ihr hin, inspizierten ihre Kleidung und berührten ihre Haut. Sie fingerten an ihrem Ehering und ihren Ohrringen herum, starrten in die Kameratasche und verlangten ohne Unterlaß Geschenke. Sie schienen wie wildgeworden. Als sie dem jungen Mädchen ein billiges Armband aus Chinguetti schenken wollte, sagte diese: »Das ist nichts wert!« und wollte mehr. Als ihre Forderungen immer aggressiver wurden, eilte ich Marinetta zu Hilfe und sagte ihnen barsch, sie sollten sie in Ruhe lassen. Das taten sie auf der Stelle. Ich wunderte mich über diese Kultur, in der Frauen jede andere Frau anfassen konnten, sogar eine völlig Fremde, aber ein Mann nicht einmal seine eigene Frau berühren durfte.

Der Brunnen befand sich im Khatt, jener großen Verwerfung in der Wüstenkruste, die die Adrarregion von Tagant trennt. Das Wasser war salzig, aber die Frauen sagten, es sei alles, was sie hätten, weil es weder hier noch weiter südlich geregnet hätte. »Das heißt, daß wir keine Zelte zum Ausruhen finden werden«, sagte Mafoudh gereizt. »Wir füllen besser unsere Girbas, auch wenn das Wasser schlecht ist. Ein Mann, der seine Wassersäcke nicht auffüllt, wenn sich ihm die Gelegenheit dazu bietet, hat keine Ahnung von der Wüste.«

Die Hitze war mit voller Wucht zurückgekehrt, und ein heißer Wind zerrte an uns, versengte den Sand und ließ Sandschleier aufstieben, die wie Wellenschaum am Himmel dahinrasten und die Sonne verdunkelten. »Das sind die schlimmsten Tage zum Reisen«, erklärte unser Führer. »Es ist heiß, und mit diesem Dunst vor Augen kann man nicht einmal Norden und Süden unterscheiden.« Die Hitze machte uns fertig. Mafoudh wurde kratzbürstig und streitlustig, verfiel unvermittelt in Schweigen, um dann aufzuwachen und zu schreien: »Kommt endlich! Kommt endlich!«, obwohl wir direkt hinter ihm gingen und kein bißchen langsamer als sonst waren. Anstatt zu lachen, starrte er mich nur grimmig an, wenn einer meiner Knoten aufging, und wenn er mir beim Festzurren einer Girba zusah, bemerkte er mürrisch: »Ich dachte, du weißt, wie man eine Girba festmacht. Du solltest sie links festbinden, nicht rechts.«

»Quatsch!« schnappte ich zurück. »Das ist doch völlig egal. Du willst nur alles besser wissen!«

Das war die Hitze: Sie machte uns streitsüchtig. Doch ich wußte, daß hinter diesen Auseinandersetzungen die alte, häßliche Frage lauerte, die allen Männern zu allen Zeiten das Leben schwergemacht hat: »Wer ist der Herr hier?« Niemand, der mit Wüstenbewohnern durch die Wüste zieht, kann dieser Frage auf Dauer ausweichen. Früher oder später wird es, verdeckt oder offen, zum Machtkampf kommen.

Der zwischen uns brach in dieser Nacht aus, als Mafoudh zu mir sagte: »Die Art, wie wir marschieren, ist falsch. Wir sollten zwei Stunden vor Tagesanbruch aufstehen und in der kühlsten Zeit reisen. Das ist für Kamele und Menschen besser. Wir sollten uns den größten Teil des Tages über ausruhen und nachts weiterziehen. Der Tag ist unser Feind in dieser Hitze. Wenn du auf Weideland stößt, solltest du einen oder sogar zwei Tage haltmachen.«

Ich sagte ihm, ich hätte im Sudan mein eigenes Marschsystem entwickelt. Ich wußte, daß die Araber aufs Geratewohl marschierten, zwei Tage blieben, wenn sie einen Weidegrund fanden, und dann wie verrückt zwanzig Stunden im Eiltempo zurücklegten, um die Zeit wieder aufzuholen. Diese Methode taugte nichts für unsere Reise über beinahe siebentausend Kilometer. Es war eine Reise, die die meisten Araber nicht unternommen hätten. Ich war überzeugt, daß diese Entfernung ein methodischeres Vorgehen erforderte, eine Mischung aus orientalischer und westlicher Einstellung. Mafoudh würde nur bis Oualata mit uns kommen, dann würde ein anderer Führer folgen, dann wieder ein anderer und wieder ein anderer. Wir konnten uns nicht ständig den Launen eines neuen Führers anpassen. Unsere Führer würden sich an unsere Art anpassen müssen. Und unsere Art bestand darin, daß wir uns nach Uhr und Kompaß richteten, tagsüber gingen und jeden Tag von Chinguetti bis zum Nil die gleiche Entfernung zurücklegten, ob es stürmte oder die Welt unterging. Ich dachte an die Geschichte von Harry St. John Philby, der das *Empty Quarter* Arabiens erforscht hatte. Seine Beduinenführer hatten gedroht, ihn zu töten, weil er darauf bestand, untertags zu reisen. Er hatte nur durch seine Weigerung, mit ihnen zu essen, die Oberhand gewonnen. Ich bezweifelte, daß bei Mafoudh so drakonische Maßnahmen notwendig waren. Ich erinnerte ihn an das, was Sid' Ahmed vor unserem Aufbruch gesagt hatte, und er stapfte murrend davon, um sich schlafen zu legen. Am nächsten Tag war alles vergessen.

Morgens sahen wir die Palmenhaine von Talmoust aus einer

Senke inmitten einer staubigen, schwarzen Ebene emporsprießen. Die Palmen sahen verlockend grün aus, aber beim Näherkommen erkannten wir, daß sie keine Datteln trugen. Die Mauren, die am Brunnen in dem Hain standen, erzählten uns, daß es seit fünf Jahren nicht mehr geregnet habe und die Datteln nicht mehr gediehen. In Talmoust gab es keine Haratin. Die Menschen hier waren Beidan der Kunta, eines vornehmen arabischen Stammes, den man überall in der westlichen Sahara findet. Sie züchteten Ziegen und Kamele in der Umgebung von Tidjikja und zogen sich zur Zeit der Dattelernte in diese Palmenhaine zurück. Ihre Zelte waren eingerollt und lagerten auf Holzgerüsten vor den Hütten aus Palmfasern, die sie im Sommer bewohnten. Das Hüttendorf machte einen trostlosen Eindruck. Die Behausungen waren grau und verfallen, bevölkert von nackten, braunhäutigen Kindern und scheuen Frauen in dem üblichen verblichenen Blau. Die Männer sahen sehr arabisch aus, zäh wie Dornenbäume, mit Bärten und zerlumpten Gandourahs. Ein paar klapprige Kamele wurden am Brunnen getränkt, und um sie herum lagen einige fleckige, kaputte Schmetterlingssättel und Haufen mit alten Seilen und Satteltaschen.

Die Männer sammelten sich zur Begrüßung um uns, und Mafoudh und ich schüttelten jedem von ihnen die Hand. Die Begrüßung folgte immer dem gleichen Ritual. Als erstes wünschte man der ganzen Menge: »Friede sei mit euch!« Dann wiederholten sie im Chor: »Friede sei mit euch!« Als nächstes packte man jeden Mann fest an der Hand und wiederholte mit dem ernstesten Gesichtsausdruck, den man aufzusetzen vermochte: »Wie geht es dir? Nicht schlecht, so hoffe ich!« »Was gibt es für Neuigkeiten? Nur gute, so hoffe ich!« Das rasselte man herunter, als ob man im Wettstreit mit einem Widersacher läge, und der Gegner erwiderte: »Nicht schlecht, Gott sei Dank!« »Die Neuigkeiten sind gut, Gott sei Lob und Preis!« Die Neuigkeiten waren immer gut, selbst wenn der Vater gestorben war und die ganze Kamelherde die Krätze bekommen hatte.

Wenn all das vorüber war, fragte jemand zaghaft, zu welchem Stamm man gehörte. Das war in Wirklichkeit eine Nachforschung über die eigene gesellschaftliche Stellung, denn in Mauretanien hing der Status eines Menschen davon ab, wie hoch der eigene Stamm in der sozialen Rangordnung stand. Mafoudh gehörte zu einem Marabut-Stamm, eine Zugehörigkeit, die ihn zu dem Titel Schorfa berechtigte. Die Schorfa nahmen den ersten Rang in der maurischen Gesellschaft ein. Seltsamerweise galten auch die Nsara als adlig, weil es hieß, sie stammten von einer Linie des Stamms des Propheten ab, die Arabien vor der Islamisierung verlassen hatte.

War die Statusfrage geklärt, so ging man zu den echten Neuigkeiten über. Die erste Frage galt immer dem Weideland. Hatte es geregnet? Wo, und wieviel? Hatte das Gras schon geblüht? Wo gab es welches, und welche Sorte? Wenn diese Frage erschöpfend behandelt war, kamen die Fragen über Menschen und Orte. Ob man den Sowieso in Chinguetti gesehen hatte? Er war ein Cousin. Ob man so und so ein Kamel gesehen hatte? Jemand hatte es vor einigen Tagen verloren. Immer waren sie begierig auf Neuigkeiten, und ihr Nachrichtendienst war höchst effektiv, aber den Luxus eines Radios schätzten sie über alles. Mafoudh schalt uns ständig, weil wir keines hatten. »Es sagt dir alles«, sagte er, »selbst, wo Regen gefallen ist. Es kann sehr nützlich sein.«

Am nächsten Morgen erblickten wir in einem Strom sirupartiger, lautloser Hitze Tidjikja unter uns. Es lag in einer felsigen Senke inmitten eines Tals, von dem aus sich die Purpurflecken von Dattelpalmen in beiden Richtungen über mehrere Kilometer erstreckten.

»Nun, ihr habt es bis Tidjikja geschafft«, sagte Mafoudh.

»Du sagtest, ich würde es nie schaffen!« lachte Marinetta mich aus.

»Jeder kann sich einmal irren«, entgegnete ich. »Und wir haben noch immer fast siebentausend Kilometer vor uns.«

Wir schlugen unser Lager bei einem Dornbaum oberhalb der Stadt auf. Es war, als liefe man zum Ankern in einen großen Hafen ein, ohne das Ufer zu erreichen. Sobald wir abgeladen hatten, sagte Mafoudh, er wolle einen alten Freund aufsuchen, und machte sich zu Fuß auf den Weg. Marinetta und ich stellten das Zelt auf. Es war unser erster intimer Moment seit dem Aufbruch. Sie sah sehr attraktiv aus, und ich konnte mich nur mit Mühe zurückhalten, sie auf der Stelle ins Zelt zu ziehen. »Wie fühlst du dich?« fragte ich sie und massierte dabei ihre Schultern.

»Jedenfalls fühle ich mich ganz bestimmt nicht mehr lustlos«, gab sie lächelnd zurück.

Ich wollte gerade ein wenig näherrücken, als ein Stimmengewirr zu vernehmen war. Wir blickten auf und sahen eine Horde Haratin-Kinder, die uns sofort einkreisten und dabei kreischten: »Nsara! Nsara mit Kamelen!«

»Das war's dann wohl mit unserem Frieden«, sagte Marinetta. »Wir werden sie jetzt nie los.« Und sie hatte recht. Wir wurden sie nicht los.

Von dem Augenblick an, wo wir am nächsten Morgen die Stadt betraten, wichen die Kinder uns keine Minute mehr von der Seite. Sie folgten uns, sangen, klatschten und warfen sogar mit Steinen. Ich hörte, wie ein Junge, ein Miniaturerwachsener in Gandourah und Kopfbedeckung, zu seinem Freund sagte: »Sie sind Ungläubige, die ganz bestimmt ins Feuer stürzen werden.« Nur wenige Touristen besuchten Tidjikja, aber ein Freiwilliger des amerikanischen Peace Corps lebte dort, der einen muslimischen Namen angenommen hatte und fünfmal am Tag in der Moschee betete. Ich fand das ganz in Ordnung, nur war der Mann Christ und rief vor jedem Gebet: »Es gibt keinen Gott außer Gott, und Jesus ist sein Prophet«, anstatt, wie von einem Muslim gefordert, zu erklären: »Es gibt keinen Gott außer Gott, und Mohammed ist sein Prophet.« Das war nicht dazu geeignet, bei den Mauren viel Sympathie zu erregen, und vielleicht hatte es ihre Vorstellungen über alle Nsara vergiftet.

Wir verließen die Stadt, so schnell wir konnten. Jede Minute in dieser übervölkerten Umgebung schien uns eine Tortur. Wir kauften Datteln, Milchpulver für das lebenswichtige Zrig und einige Pfund Mehl zum Brotbacken. Außerdem erstanden wir noch einen weiteren Sack Getreide für die Kamele, stapelten alles auf einen Eselswagen und ergriffen hastig die Flucht, noch immer verfolgt von den pfeifenden und Steine werfenden Kindern. Ihr Anführer war offenbar dieser Miniaturerwachsene, ein Junge von etwa zwölf Jahren, der all meinen Versuchen, ihn loszuwerden, erfolgreich widerstand. Als wir das letzte Haus hinter uns ließen, folgte er uns noch immer entschlossen. Ich drehte mich wütend zu ihm um. »Wohin gehst du?« fragte ich ihn.

»Ich gehe euch nach!«

»O nein, das wirst du nicht tun!« sagte ich und hätte große Lust gehabt, ihm einen ordentlichen Tritt in den Hintern zu verpassen. Die anderen Kinder reihten sich hinter ihm auf. Ich starrte ihn an, und er starrte zurück. Gerechterweise muß man sagen, daß er nicht ängstlich wirkte.

Ich fragte mich schon, ob ich wirklich Gewalt anwenden mußte, als eine kleine Haratinfrau herbeihumpelte und rief: »Hei, ihr Kinder da, laßt die Fremden in Ruhe!« So unglaublich es schien, sie rannten alle davon.

Als wir unsere Neuerwerbungen abgeladen hatten, erzählte Mafoudh mir, daß einige seiner Verwandten das Lager besucht hätten. »Sie glauben nicht, daß ihr bis nach Ägypten zieht«, sagte er. »Sie sagen, das sei unmöglich.« Ich setzte mich im Schatten hin und zündete meine Pfeife an. Dann holte ich unsere Michelinkarte heraus und folgte mit den Augen unserer geplanten Route. Vor uns lag noch das restliche Mauretanien, Mali, Niger, der ganze Tschad und der größte Teil des Sudan. »Der Weg ist lang!« sagte Mafoudh.

In diesem Augenblick erfüllte mich ein unerklärliches Gefühl von Furcht. Ich kam mir vor, als hätte ich die normalen Grenzen von Zeit und Raum überschritten, als ob ich den Kontakt zur Realität verloren hätte und nicht mehr wüßte, woher ich kam und wohin ich ging. Plötzlich war ich mir absolut sicher, daß ich schon einmal hier gewesen war, alles schon einmal gesehen hatte, daß ich Ägypten bereits erreicht hatte und die Zeit nun zurücklief. Verzweifelt versuchte ich mich zu erinnern, ob all das nur ein Traum gewesen war, aber es entzog sich wie ein Irrlicht meiner Erinnerung, und in panischem Schrecken überschritt ich die Grenzen der Zeit, angefüllt mit Bildern aus der Vergangenheit, mit den Plänen, den Träumen und den Mühen, die notwendig gewesen waren, um hierher zu gelangen. Und dann verschwanden die Bilder. Die panische Angst wich von mir. Ich blickte zu Mafoudh und erkannte, daß nur ein Augenblick vergangen war. »Ja«, erwiderte ich, »der Weg ist in der Tat lang.«

Unser nächstes Ziel war die Oase Tichit. Sie lag im Zentrum des Baatin, einer weiteren gewaltigen Felsverwerfung, die sich fast auf der ganzen Strecke zwischen Tidjikja und Oualata ausdehnte. Wir befanden uns auf dem Kamm der Verwerfung und mußten einen Weg in den Talgrund finden. Die Landschaft war ein Friedhof. Die Bäume waren kahl wie Stahlgerüste, dahingeschmolzen in der Sonne. Andere waren abgebrochen und umgestürzt, ihre Rinde schälte sich wie Fischschuppen, große Stammwurzeln lagen zu nichts mehr nutze im Sand. Der Boden war übersät mit ausgebleichten Kamel- und Ziegenknochen, die sich in die ausgedörrte Oberfläche bohrten. Es gab keinerlei Anzeichen von Menschen, kein Anzeichen von Regen, nichts als verkrüppeltes Gestrüpp, roten Sand, schwarzen Staub, purpurfarbene Felsen und den Tag, der heiß und in tödlicher Stille auf immer weiterging.

Einmal trafen wir auf einen Nomadenjungen vom Stamm der Kunta, und wir hielten an, um ihm Wasser zu geben. Es war ein junger, düster blickender Jugendlicher, dessen Gesicht durch das indigoblaue Kopftuch, das er trug, blau gefleckt war. Er hockte sich nieder und verschlang das Wasser aus der Girba. Mafoudh fragte den Jungen nach der Richtung, um ins Tal des Baatin hinabzusteigen. Der Junge erklärte es uns in aller Ausführlichkeit.

Der Weg führte uns durch ein Labyrinth aus Felsen, durch Korridore zwischen riesigen, aufeinander aufgetürmten Granitplatten, die natürliche Dolmen und Schattenplätze bildeten. Die Felsen waren allgegenwärtig – gefurchte Felsen, geschmolzene Felsen, wie an einer Angel hängende und gerippte Felsen, Felsen, die wie Kohlköpfe auf einem Sockel thronten. Es gab Kugeln und Eier und Felsen, die wie ein menschliches Gehirn gefurcht waren. Die Kamele waren müde und durstig. Unser Wasservorrat ging zur Neige. Selbst Mafoudh ließ ein: »Bei Gott, es ist heiß!« vernehmen. Am Spätnachmittag hatten wir den Rand der Felsen erreicht. Wir ließen die Kamele niederliegen, Mafoudh stapfte zu Fuß davon, und schon bald war er hinter dem Grat verschwunden.

Marinetta sagte: »Gott sei Dank, jetzt ist er endlich weg!« Sie hatte schreckliche Magenkrämpfe und einen schlimmen Durchfall. Den ganzen Tag über hatte sie schon darunter gelitten, aber es war ihr zu peinlich gewesen, in Mafoudhs Gegenwart anzuhalten. Eine halbe Stunde später kehrte unser Führer, kochend vor Wut, zurück. »Dieser Kunta-Junge hat uns angelogen, bei Gott!« tobte er. »Es gibt keinen Weg hier hinunter. Gott verfluche ihn, er wollte sich nur über uns lustig machen. Ich hätte mich an den Weg halten sollen, den ich kenne!« Uns blieb nichts anderes übrig, als in der Hoffnung, auf einen Weg nach unten zu stoßen, die Klippenkante zu umrunden. Das Wasser war knapp, und die Nacht nahte, aber eine Stunde später suchten wir noch immer. Wir waren alle erschöpft, und Marinetta litt doppelt unter ihren Krämpfen. Während wir gingen, zischte Mafoudh: »Bei Gott, ich werde diesen Jungen wiederfinden. Ich werde ihm etwas verpassen, das ihm gefallen wird, Schorfa oder nicht!«

Schließlich fanden wir eine sandige Stelle, an der wir unser Lager aufschlugen, und hängten das verbleibende Wasser sorgfältig an einen Dornbaum. »Wir werden früh aufstehen müssen«, sagte Mafoudh. »Wir müssen ins Tal hinabsteigen, bevor es heiß wird, oder uns geht das Wasser aus.« Er sagte Marinetta, sie solle beim Kochen sparsam damit umgehen. In dieser Nacht schmeckten die Nudeln wie Kaugummi.

Noch vor Tagesanbruch waren wir unterwegs und suchten uns, auf einer Wanderdüne hinab und mit dem Gesicht gegen den Wind, unseren Weg. Rings um uns herum waren die Klippen mit einem Mantel aus goldenem Sand bedeckt, und vom Kamm der Dünen wirbelte ein Hagelschauer rauher Sandkörner hoch. Die Kamele wankten im 50-Grad-Winkel die Hänge hinab und kämpften sich durch lange Tunnels aus tiefem, weißen Sand. Es gab keinen Weg, wir konnten uns nicht einmal darauf verlassen, daß diese ineinander verschachtelten Dünen uns ins Tal hinabführen würden. Dann bemerkte ich in der Ferne, wie schwarze Pickel, eine Gruppe von Kamelen, die direkt die Dünen hinauf auf uns zukam. Aus vier dunklen Pünktchen wurden vier Mauren, die sie führten. Wir rannten schnurstracks auf sie zu und ergriffen ihre Hände zum Gruß. Es waren reisende Regibat auf dem Heimweg in die Westsahara, räuberisch aussehende Männer mit runden Köpfen, klapperdürr und hohlwangig. Nach der Begrüßungszeremonie fragte Mafoudh sie nach dem Brunnen von Ganeb, wo wir Wasser zu finden hofften. »Es ist noch ein weiter Weg bis dorthin«, antwortete einer von ihnen. »Ihr werdet es nie vor Mittag schaffen.«

Ein anderer fragte nach unserem Ziel, und als ich ihm sagte: »Ägypten«, grinste er und erwiderte: »Auch das werdet ihr niemals schaffen.«

»Doch, das werden wir«, entgegnete ich.

»Ja, das werden sie«, sagte Mafoudh, »und wir werden auch vor Mittag in Ganeb sein!«

Nachdem sie gegangen waren, sagte Mafoudh: »Bah! Ich mag die Regibat nicht! Man kann ihnen nicht über den Weg trauen.« Er erzählte, die Regibat seien immer Räuber gewesen und hätten Generationen hindurch die Kamele seines Stammes gestohlen. »Jetzt haben sie neue Waffen und nennen sich Polisario«, sagte er. »Jetzt bringen sie auch Frauen und Kinder um.«

Binnen einer halben Stunde erreichten wir den Talgrund, und der Baatin türmte sich wie eine gigantische, felsige Schulter über uns auf. Hier unten, im Windschutz, war es noch heißer. Wir zogen über weitere Dünen hinweg, taumelten und versanken bis zu den Waden im Sand. Marinetta mußte wegen ihres Durchfalls immer wieder stehenbleiben, und wir mußten die Karawane anhalten. »Es tut mir leid, Maik!« sagte sie jedesmal und eilte zurück.

Nach zwei Stunden setzte Gurfaf sich plötzlich hin und zerbiß sein Kopfseil. Es war das erste Mal, daß eines der Kamele uns Ärger machte. Ich wußte, daß er Schmerzen haben mußte, aber wir konnten seinen Rücken nicht untersuchen, ohne abzuladen. Und wir konnten nicht abladen, bevor wir Ganeb nicht erreicht hatten. Wir zwangen ihn mit Tritten und Schlägen zum Aufstehen und trieben die Karawane verzweifelt zur Eile. Zweimal noch setzte er sich hin. Und zweimal zerriß er sein Kopfseil, so daß wir immer kürzere Stücke zusammenbinden mußten. Wenn es noch kürzer würde, wäre kein Kopfseil mehr übrig.

Die Sonne wurde noch heißer, als sie sich dem Zenit näherte. Meine Kehle und meine Lippen waren so trocken, daß ich kein Wort mehr herausbrachte, und in meinem Magen hatte ich ein Brechreiz erregendes Säuregefühl. Marinetta kletterte hinter der Karawane her, ihr Gesicht war eine Maske aus Schmerz und Qual. Der tiefe Sand saugte an ihren schlanken Beinen und ließ sie nach Atem ringen. Ein Sandsturm setzte ein, legte einen weißen Staubschleier über das Tal und verdunkelte die Sicht auf den Baatin, so daß Mafoudh uns nicht mehr länger geradeaus führen konnte. Eine Weile lang gab ich mit Hilfe meines Kompasses die Richtungsanweisungen. So gingen wir mehrere Stunden lang.

Allmählich wichen die Dünen einer salzigen grauen Ebene, die die Mauren *sebkha* nannten. Beinahe sofort stießen wir auf eine Herde von dreißig Kamelen, die von zwei Frauen getrieben wurde. Die Frauen sagten uns, daß Ganeb noch ein kleines Stück entfernt sei, und wenige Minuten später erblickten wir die schwankende Insel aus Palmen, die den Brunnen anzeigte. »Wie spät ist es?« fragte Mafoudh. Es war zwei Minuten vor zwölf.

Ganeb war wie eine Szene von Dante. Zwei Mauren hoben eine flache Grube aus, um die herum eine Parade leerer Wassertonnen zum Füllen aufgereiht war. Die Wasserstelle lag inmitten einer Geröllhalde, Billionen von seltsam geformten Kieselsteinen, von denen einige winzigen menschlichen Gestalten ähnelten. Ungefähr hundert Meter entfernt ragte der brachliegende Palmenhain wie ein Atoll empor, und seine großen Palmenwedel wogten im Wind. Die Landschaft zeigte den harschen Glanz von Steinsalz, des roten *mirsal*, das die Mauren ihren Tieren fütterten. Der Sand war schneeweiß, aber in pointillistischer Manier mit Klümpchen aus schwarzem Split besprenkelt. Hier und da standen vereinzelte Bäume, verkrümmt und grotesk wie eine Vision aus einer alten Sage. Es war noch immer kochendheiß, und der Wind trug einen dichten Sandregen mit sich, der in den Palmen raschelte. Durch den Sandnebel zogen wie Spukerscheinungen Kamelherden, die von geisterhaften menschlichen Gestalten mit blauen Kapuzen gehütet wurden.

Während Mafoudh mit den Kamelen zu einem salzigen Wasserloch ging, füllte ich, knietief im seichten Graben stehend, den die Mauren ausgehoben hatten, sechs Wassersäcke. Marinetta bereitete unter den Palmen das Mittagessen zu und nahm eine Dosis Intertrix ein. Als Mafoudh vom Tränken zurückkehrte, sahen wir uns Gurfaf an. Er hatte durch das Reiben des Tragegestells zwei entzündete Pusteln an den Flanken, direkt unter dem Widerrist, bekommen. Mafoudh holte sein Taschenmesser hervor, und während ich die Nüstern des Kamels packte und seinen Kopf nach hinten drehte, machte der Führer auf jeder Flanke drei schnelle Einschnitte, bis das Blut herausströmte. Er erklärte uns, daß das Gift nun aus der Schwellung herausfließen konnte. Als ich Gurfafs Kopf losließ, war ich auf einen Tobsuchtsanfall gefaßt, doch er ließ nicht mehr als ein halbherziges Knurren vernehmen.

Am nächsten Tag übernachteten wir mit einigen Nemadi in der Nähe des Brunnens von Zig. Ich hatte schon eine Zeitlang auf ein Zusammentreffen mit den Nemadi gewartet. Sie waren ebenfalls Wüstenbewohner, mit einem Unterschied allerdings. Es hieß, sie lebten einzig von der Jagd und würden das Nomadenleben verachten. Die einzigen Tiere, die sie hielten, waren Hunde, aber sie liehen sich angeblich als Gegenleistung für ihre Fleischversorgung Kamele von den Nomaden. Die Nemadi, die wir in Zig sahen, waren sehr klein und sehr mager. Sie waren barfuß und trugen wilde Haarschöpfe anstelle einer Kopfbedeckung. Ihre Behausungen waren rohe Zelte aus Tierhäuten, die zwischen den Sandwogen errichtet waren, auf denen Büschel von *halfa*-Gras wuchsen. Ich stellte mit Interesse fest, daß um die Zelte einige Ziegen weideten.

Nachdem wir unser Lager aufgeschlagen hatten, kam einer der Nemadi, um uns zu begrüßen, und brachte eine junge Saluki-Hündin mit, die, abgesehen von ihren weißen Pfoten, große Ähnlichkeit mit einem Windhund hatte. Der Mann war klein und würdevoll. Sein Name war Deh. An seiner zerlumpten, geflickten Gandourah war nichts Ungewöhnliches. Nach der Begrüßung reichte ich ihm eine Schüssel Zrig. Ich hatte gehört, daß die Nemadi Milch als Nomadenkost verabscheuten, aber dieser Jäger trank sie mit Genuß. Ich fragte ihn nach den Ziegen und sagte, ich hätte gedacht, daß die Nemadi ausschließlich von der Jagd lebten.

»Das ist vorbei!« sagte er mit einem bitteren Lächeln. »Jagen ist verboten, und selbst wenn es das nicht wäre, gibt es kaum noch Wild zu jagen. Es gibt nur noch Gazellen und Trappen, und auch davon nicht mehr viel. Früher haben wir uns damit überhaupt nicht abgegeben. Mendesantilopen waren unsere Hauptbeute, aber wir nahmen auch Oryx-Antilopen, Mufflons und sogar Strauße.« Er erzählte mir, daß das Wild durch die Jagdausflüge der Polisario-Kämpfer praktisch ausgerottet worden war, die die Wüste auf Motorfahrzeugen durchstreiften und nachts mit Hilfe starker Scheinwerfer jagten, welche die Tiere hypnotisierten und zu einer leichten Beute machten.

»Wir haben dem Wild wochenlang nachgespürt«, sagte Deh. »Wir nahmen die Frauen und Kinder mit, mitten ins Herz der Wüste.« Er schilderte, wie sie in Dreiergruppen zusammenarbeiteten, einer hielt das Gewehr, einer die Hunde, und der letzte kümmerte sich um die Kamele. »Wenn wir auf eine Herde Mendesantilopen stießen, dann erlegte der Mann mit dem Gewehr eine oder zwei davon, den Rest jagten die Hunde. Wir haben sie trainiert, auf die Ohren, die Nasen oder Beine loszugehen, so daß das Tier noch lebte, wenn wir hinzukamen. Dann schlachteten wir es und wickelten das Fleisch in die Haut. Wir haben es nie für Geld verkauft. Was wir selbst nicht essen konnten, tauschten wir in der Stadt gegen Zucker und Tee oder gaben es den Stämmen, die uns ihre Kamele liehen. Wir hatten nie eigene Kamele.«

Die Dürre der vergangenen Jahre hatte das Werk der Massenjäger vollendet. Hunderte von Nemadi-Familien hatten die Wüste verlassen und waren in die Oasen gezogen. Einige Familien waren in der Gegend geblieben, aber sie waren nicht mehr Jäger. Sie waren Hirten wie die Nomaden geworden. »Früher war das Leben am besten«, seufzte Deh. »Aber es wird nie wieder so sein. Außer wenn das Wild zurückkommt. Und das wird nicht geschehen, oder?« Er tätschelte die kleine Saluki-Hündin, die sich neben ihm im Sand eingerollt hatte. »Wißt ihr, ich hatte sechs Hunde, lauter gute Jäger. Jeder von ihnen war soviel wert wie ein Kamel. Nun ist mir nur noch der hier geblieben.« Als er in sein Lager zurückging, mit dem Hund, der um ihn herumtollte, dachte ich, daß er einem abgesetzten Monarchen ähnelte. Ich wußte, daß ich einen der letzten Jäger der Sahara vor mir sah, einen Mann, dessen Geschicklichkeit in direkter Linie bis zum Hersteller jener Pfeilspitzen mit Widerhaken zurückverfolgt werden konnte, die ich am ersten Tag unserer Wanderschaft gefunden hatte. Diese Jäger hatten vor zwölftausend Jahren gelebt. Das ließ das Kamel mit seinen erst zweitausend Jahren Saharaleben als relativen Neuling dastehen.

Als der Jäger gegangen war, zündete Mafoudh ein helles Feuer an. »Ich traue diesen Nemadi nicht«, erklärte er. »Sie haben noch immer Gewehre, da könnt ihr sicher sein. Wir sollten die Kamele heute nacht hereinbringen.«

»Warum traust du ihnen nicht?«

»Sie sind keine echten Muslime. Sie fasten und beten nicht. Sie kennen Zaubersprüche und haben Magier und Zauberer, die ihnen sagen, wo sie Wild finden. Sie können einen mit dem bösen Blick verhexen, ehe man sich versieht, bei Gott!«

Später trieben wir die schlurfenden Kamele in unser Lager hinein. Eine kühle Brise erhob sich, und die Kamele wandten ihr die Flanken zu und ließen ihre massigen Gestalten davon massieren. Während wir sie vorantrieben, dachte ich an die Nemadi und an die vergangene Ära ihres Jägerdaseins. »Alles geht vorüber«, hatte Mafoudh bei unserem ersten Zusammentreffen gesagt. Ich fragte mich, wie lange es wohl noch dauern würde, bis auch die Ära des Kamels für immer vorbei war. »Irgendwann wird all das hier vorüber sein«, sagte ich zu Mafoudh.

»Ja«, antwortete er. »Alle werden nur noch fliegen. Es ist schon zu hart für die Kamele.«

Lange Zeit gingen mir in dieser Nacht Gedanken über die Epochen der Menschheit, über die Unendlichkeit der Zeit und den unablässigen Wandel der Natur durch den Kopf. Die Menschen hatten diese Kamele für ihre eigenen Zwecke gezüchtet, und jahrhundertelang hatten sie die Lebensweise vieler Völker bestimmt. Doch schon bald würde die Vielfalt an Lebensformen, die durch sie möglich geworden war, verschwunden sein.

Am nächsten Tag ritten wir mit einem heißen Wind im Rücken über eine wellige Ebene mit Stoppelgras. Es war der heißeste Tag in der heißesten Jahreszeit. Es war, als wäre das Land in Brand gesteckt. Der Wind blies in Böen wie ein Flammenwerfer. Es war heißer als in Chinguetti im Juni, heißer als alles, was ich aus der östlichen Sahara kannte. Alles war glühendheiß – der Sattel, der Stock in meiner Hand und die Falten meines Hemdes. Meine Hände und Füße waren geschwollen vor Hitze; meine Kehle fühlte sich an wie Schmirgelpapier; mein Zahnfleisch war wie mit Schleim verkleistert. Der Wind hob und legte sich in Böen. Wenn er uns packte, war es, als würde man in heißem, tropfenden Fett geschmort werden. Wenn er sich legte, trieb die stehende Luft uns sofort Schweißperlen auf die Stirn. Ich war dankbar für den Schutz meines dicken Kopftuchs, für mein weites Hemd und meine flatternden Hosen, unter denen noch kühle Luft zirkulieren konnte, aber nichts vermochte etwas gegen meinen ausgetrockneten Mund und den Brechreiz in meinem Magen auszurichten.

Gegen Mittag hielten wir vergeblich Ausschau nach einem Baum. In der ganzen unermeßlichen Weite war kein einziger zu sehen. Wir mußten statt dessen unser Zelt aufstellen. Der Sand war zu heiß, um darauf stehen zu können. Selbst durch die Sandalen konnte man die Hitze spüren. »Man könnte Spiegeleier darauf braten«, sagte Marinetta. Im Zelt war es stickig, aber es war immer noch besser als die Hölle draußen. Marinetta machte in zwei Minuten Zrig. Als Mafoudh trank, waren meine Augen auf den Becher geheftet. Er schien gar nicht mehr aufzuhören. Ich konnte sehen, wie sein Adamsapfel beim Schlucken auf und ab hüpfte. Es kam mir so vor, als würde er mir den Becher nie weitergeben. Als er es endlich tat, dachte ich: *Er hat so viel getrunken!* Dann setzte ich ihn an die Lippen und bemerkte dabei Marinettas mißtrauische, wachsame Blicke, mit denen sie jede meiner Bewegungen verfolgte. Es war unbeschreiblich köstlich zu spüren, wie die dicke, gezuckerte Milch die Kehle hinabströmte, das aufgerauhte Mundinnere glättete und in meinen zusammengeschrumpften Magen floß. Ich gab den Becher an meine Frau weiter. Sie riß ihn mir beinahe aus der Hand und starrte mich anklagend an, als sie sah, wie wenig noch übrig war.

Unsere Körper waren schweißüberströmt, als die Flüssigkeit unsere Zellen wieder hydratisierte, um dann durch den Kühlmechanismus der Schweißdrüsen wieder hinausgespült zu werden. Einen Augenblick lang erfüllte uns ein ungeheuer angenehmes Gefühl von Kühle. Doch dieser Eindruck war schnell vorüber, und schon stellte sich erneut nagender Durst ein. Es war zu heiß zum Kochen, also bereitete Mafoudh Tee zu. Dann lagen wir nur noch wie nasse Haufen da und beteten zu Gott, er möge dieser Hitze ein Ende machen. Ich konnte mir nicht vorstellen, daß irgendeine Klimazone, weder die Polregion noch der Dschungel, noch das offene Meer, schlimmer sein könnte als die Sahara im Sommer.

»Wir müßten eigentlich eine Medaille bekommen für das hier«, sagte Marinetta.

Als wir so schweißnaß dalagen, bemerkte ich, daß die Kamele nicht fraßen. Sie hatten sich hingesetzt und schnüffelten nicht einmal an den grünen Büscheln Halfa um sie herum. »Schaut!« sagte Mafoudh. »Das Futter liegt vor ihrer Nase, aber es ist ihnen zu heiß zum Fressen.«

»Ich sehe immerzu diese Sprite-Werbung vor mir«, sagte Marinetta. »Weißt du, die mit der braungebrannten Frau in einem winzigen Bikini. Sie springt in einen superblauen Swimmingpool, und die Limonade sprudelt aus der Flasche. Und ich sehe die großen, frischen Salate, die meine Mutter immer machte. Ich kann sie geradezu riechen.« Ich mußte lachen, denn sobald sie das gesagt hatte, konnte auch ich sie riechen.

Es war noch immer heiß, als wir an diesem Nachmittag aufbrachen, und es blieb auch so. Während meiner Vorbereitungen war ich auf viele Bücher gestoßen, die schwelgerisch über die »vollkommene Kühle« der Saharanächte berichteten. Diese »vollkommene Kühle« war nichts weiter als ein Mythos der Weißen, die die Sahara nur im Winter erlebt hatten. Ich wünschte mir, einige von ihnen könnten nun hier sein und miterleben, daß die Temperatur nachts kaum noch sank, daß sich die Hitze des Tages unter der Wolkendecke nicht verflüchtigen konnte und dieses aberwitzige Fieber bis zur Morgendämmerung anhielt.

Wir kamen nur langsam voran. Die Ebene mit Halfa-Gräsern wich einer Barriere aus Sanddünen. Im Norden zersplitterte der Schutzwall in Canyons und Kare. Der Sand unter unseren Füßen war zunächst elfenbeinfarben, wurde dann schnell kaffeebraun und schließlich stahlblau. Jede dieser aufeinanderfolgenden Farben blieb rein und makellos, als ob sie gemalt wäre. Als wir den Kamm der Dünen erreichten, bot sich uns ein atemberaubender Anblick. Der Felswall der Verwerfung war durch Verwitterung zu Turmstümpfen, mit Pechnasen bewehrten Zinnen und riesigen, blauen Strebepfeilern zerfallen, die mit orangefarbenem Sand übergossen waren. Darunter erstreckten sich auf dem blaugrauen Talgrund die Palmenhaine von Tichit.

Ich erwachte aus tiefem Schlaf durch den Klang lauter Stimmen und sah Mafoudh, der mit drei Polizisten debattierte. Sie standen in übertrieben aggressiver Haltung über ihm, zwei hochgewachsene Männer mit grünen Baskenmützen und groben Jeans und ein grauhaariger kleiner Sergeant mit einer spitzen Kappe, die für seinen Quadratschädel zu klein war. Ich schloß schnell wieder die Augen, in der Hoffnung, sie würden weggehen, aber es war zu spät. Der Grauhaarige hatte mich erspäht und sprach mich in gebrochenem Französisch an. Er wollte wissen, warum wir uns letzte Nacht nicht bei der *gendarmerie* gemeldet hatten. »Wir sind erst spät angekommen«, log ich.

»Hier«, sagte der Grauhaarige, »gibt es große Probleme mit der *sûreté*.«

Tichit war der letzte Ort, an dem ich Sicherheitsprobleme erwartet hätte. Es schien halbverlassen zu sein, eine Ansammlung von Steinläden und Häusern, die auf einer Seite von den Felsenklippen und auf der anderen von den Palmengärten eingesäumt waren. Es war klein und isoliert; keine Hauptstraße führte hier durch, und nach den Aussagen Mafoudhs zu schließen war es schon beinahe eine Geisterstadt. Der Sergeant erklärte uns alles auf dem Weg zur Gendarmerie. Er sagte, der Préfet sei auf Reisen und hätte ihm strikte Anweisung gegeben, sich alleine um die Sicherheitsprobleme zu kümmern.

Wir wurden in einen riesigen Raum geführt, in dem absolut nichts stand außer einem winzigen Schreibtisch in einer Ecke. Der Schreibtisch und der Boden waren mit einer so dicken Staubschicht überzogen, daß man die Spuren jedes Käfers und jeder Kakerlake, die in den letzten Wochen darüber gezogen war, hätte verfolgen können. Das Sicherheitsbüro von Tichit war nicht gerade ein Hort überschäumender Aktivitäten. Als der Sergeant seine Kappe auf dem Schreibtisch ablegte, hinterließ sie einen präzisen Abdruck.

Er fragte nach unseren Pässen und studierte sie eingehend. »Ein englischer, ein italienischer«, bemerkte er langsam. »Das ist sehr seltsam. Wie kommt es, daß ein Engländer und eine Italienerin zusammen reisen?«

»Wir sind verheiratet«, sagte ich zu ihm.

Er blickte mich mit unverhohlenem Unglauben an. »Verheiratet? Wie kommt es, daß ein Engländer und eine Italienerin verheiratet sind? Das ist sehr seltsam.«

»Ich habe die Heiratsurkunde, wenn Sie sie sehen wollen.«

»Das wird nicht nötig sein. Aber erzählen Sie mir, warum reisen Sie mit Kamelen? Es ist seltsam, daß ein verheiratetes Paar auf Kamelen und mit einem Führer reist. Ich meine, da gibt es doch gar keine *Privatheit*, nicht wahr? Was machen Sie, wenn Sie Lust haben zu... also, ich meine, wo schlafen Sie alle? Zusammen?«

»Meine Frau und ich schlafen zusammen, der Führer für sich.«

»Das ist das erste Mal, daß ich ein verheiratetes Paar sehe, das mit Kamelen unterwegs ist. Sehr seltsam.«

Nachdem offensichtlich zu seiner Zufriedenheit bewiesen war, daß wir keine gefährlichen Spione waren, rief er einem der Soldaten zu, etwas in unsere Pässe zu kritzeln. Als das erledigt war, kramte er im Schreibtisch herum und murmelte etwas von einem Stempel. Schließlich fügte er statt dessen seine Unterschrift hinzu. Dann, nach getaner Arbeit, nahm er seine Kappe zur Hand, hinterließ zum Beweis seiner Tagesleistungen ihren exakten Abdruck im Staub und lächelte. Er lud uns zu Tee und Datteln ein.

Wir saßen auf einem Teppich vor dem Haus und spielten das übliche Ritual der drei Gläser Tee durch. Ein Hartani mit einem riesigen Tablett voller Datteln kam herbei, und der Polizist bestand darauf, jede Dattel selbst auszuwählen und zu entsteinen, bevor er sie uns reichte. Auf einem verrotteten Holzgestell lag zusammengefaltet ein abgewetztes Maurenzelt, und Teile von alten Sätteln hingen an der Mauer herab. Ein dürres Wüstenhuhn rannte gackernd im Hof umher. Ein Maure in einer prachtvollen blauen Gandourah kam herein und setzte sich neben uns. Er war von aufrechter Gestalt, hatte klare Gesichtszüge und nannte sich Mohammidu. Er gehörte zu den Schorfa, so sagte er; dann bot er sich als Führer nach Oualata an. Als ich erwiderte, wir hätten schon einen Führer, versuchte er es anders und fragte uns, was für Vorräte wir bräuchten. Ich sagte ihm, wir bräuchten Getreide für die Kamele, und er strahlte und sagte: »Ich weiß, wo ihr das bekommt.«

Eine halbe Stunde später standen wir in einem Laden und debattierten mit dem dunkelhäutigen Ladenbesitzer über einen Sack Weizen. Der Mann hätte ein Hartani sein können, war aber tatsächlich ein schwarzer Maure vom Stamm der Masna, der in der Oase Tichit lebte. Ich wußte, daß der Sack Weizen 1200 Ouguiya wert war, aber der Händler blieb hart und weigerte sich, ihn für weniger als 1700 herzugeben. Müde, gereizt und krank vor Hitze willigte ich schließlich ein. Als er ihn zu uns hinüberhievte, erkannte ich, unverkennbar aufgedruckt, die vertraute Aufschrift: »Geschenk des Volkes der Vereinigten Staaten von Amerika. Nicht zum Verkauf oder Handel.« »Sie sind ein Gauner«, sagte ich. »Ihr Land bekommt dieses Zeug von den Nsara geschenkt, und Sie verkaufen es einem Nasrani für das Doppelte seines Wertes.« Der Ladenbesitzer und Mohammidu brachen in unbändiges Gelächter aus.

Mohammidu erklärte streng, daß wir einen Hartani anheuern müßten, um den Sack in unser Lager zu transportieren. Mit einem gebieterischen Schwenken seiner aristokratischen Hand winkte er einen herbei.

»Ich werde ihn nicht für weniger als fünfhundert tragen«, sagte der kräftige Schwarze.

»Bevor ich das zahle, trage ich ihn selbst!« erwiderte ich.

»Sie können ihn nicht selbst tragen. Sie sind ein Christ«, entgegnete Mohammidu. Er hatte noch nicht ganz zu Ende gesprochen, da hatte ich den riesigen Sack schon auf meinen Rücken gehievt und torkelte damit davon. Es war eine unglaubliche Schinderei, aber ich war noch immer stocksauer, weil ich soviel dafür bezahlt hatte. Die beiden Männer sahen mir ungläubig zu.

Dieser Nachmittag war die Hölle. Mafoudh zog seine zweite Gandourah an und verschwand mit den Polizisten zum Mittagessen. Zweifellos wollten sie ihm noch mehr Fragen über unsere Schlafgewohnheiten stellen. Marinetta und ich lagen im Schatten der Palmen und hüllten uns zum Schutz vor den Windstößen in Decken ein. Wir hatten geplant, zwei Tage in Tichit haltzumachen. Es war, als würde man eine Pause im Fegefeuer planen. Wir waren bereits vom gleichen Widerwillen gegen Städte beseelt wie die Nomaden. Städte waren kompliziert und verwirrend. Nur die Wüste war einfach. Wir wollten so schnell wie möglich in ihre friedliche Ruhe zurückkehren.

Als wir so dalagen, hörten wir eine Stimme sagen: »Friede sei mit euch!« Es war Mohammidu. Er kauerte sich neben uns nieder und fragte, wo Mafoudh sei. Als ich es ihm sagte, antwortete er: »Hört zu! Nehmt mich anstelle von Mafoudh als Führer nach Oualata. Ich kenne den Weg besser als er. Er ist seit fünfzehn Jahren nicht mehr dort gewesen, und seitdem ist alles anders geworden. Ich mache es für weniger, als ihr ihm bezahlt.«

»Ich bin mit Mafoudh handelseinig, und Mafoudh ist mein Freund«, gab ich zurück. »Es ist nicht sehr ehrenwert, auf Arbeitssuche hier vorbeizukommen, wenn er weg ist.«

»Ich will euch nur helfen. Wartet nur, bis ihr die Sandwüste von Umm Hayjiba seht. So wahr mir Gott helfe, ihr werdet darin zugrunde gehen!«

»Danke, und gute Nacht!« erwiderte ich auf englisch.

»Rufen Sie uns nicht: Wir werden nach Ihnen rufen lassen!« fügte Marinetta hinzu, als der Maure davonschritt.

Der Morgen war sehr still. Unsere Abschiedsparty bestand aus drei schlanken Haratin-Mädchen mit vorwitzigen Gesichtern und kekken Brüsten. Sie stürzten sich auf alles, was wir zurückließen, und quietschten vergnügt, während sie leere Dosen und zerrissene Verpackungen aufhoben. Sie sammelten sogar die Dattelkerne ein, die wir in den Sand geworfen hatten, und sagten, sie würden sie für die Ziegen zerstampfen.

Wir schritten über eine Sebkha aus blauen Steinen. Die Kamele strotzten vor Kraft und Vitalität und flogen wie Quecksilber über den ebenen Boden. Gelegentlich sah man Büsche und Gräser, die wie bei einem Bürstenschnitt auf Stummelgröße herabgestutzt waren. Je weiter der Tag fortschritt, um so mehr füllte die Luft sich mit rosafarbenen Sandschleiern. Die Landschaft begann vor Hitze zu flirren und hüllte sich in Regenbogenfarben. Im Norden konnte ich die zackigen Konturen des Baatin erkennen und im Süden den schwachen Schimmer der Sanddünen. Am Nachmittag marschierten wir auf eine aufgeworfene Sandverwehung zu, die sich an die Felsenwand zu lehnen schien.

Nicht lange nach unserem Aufstieg zogen dunstige Wolken am Himmel auf. Es waren Kumuluswolken: Regenwolken. »Gleich geht's los!« rief Mafoudh, und eine Sekunde später war die Temperatur schon um mehrere Grade gefallen, und ein kalter Wind traf uns mit beunruhigender Wucht. Die Atmosphäre war zum Zerreißen gespannt. Klauenförmige Nebelfinger stießen im Süden auf die Landschaft herab. Über uns rollte der Donner wie eine Breitseite. Dann herrschte eine Sekunde lang Stille – eine unheimlich aufgeladene Stille. Wir hörten, wie der Regen auf uns zukam und dabei immer lauter wurde, wie ein riesenhafter, unsichtbarer Sandwurm vor dem Angriff. Dann prasselte der Regen in eisigen Tropfen auf uns herab, peitschte auf die Kamele ein und durchnäßte alles in Sekundenschnelle. Der unvermittelte Kälteschock war beeindrukkend.

»Los, beeilt euch!« schrie Mafoudh und glitt von seinem Kamel herab. Er zerrte wie verrückt an seiner Satteltasche. »Wir müssen auf diese Erhebung hinauf«, rief er uns zu. Ich sprang ab und ließ Marinettas Kamel zum Absteigen niederknien. Als wir die Kamele zusammenbanden, klatschten um uns herum schwere Regentropfen auf. »Los, gehen wir!« brüllte unser Führer und taumelte barfuß davon. Der Wind traf uns mit neuerlicher Gewalt. Ich legte einen Arm um Marinetta, und wir stemmten uns beide verzweifelt dagegen. Regen und Sandkörner trommelten mit der Macht eines Hurrikans auf uns ein.

Es schien eine Ewigkeit zu dauern, bis wir den Rand der Sanddünen erreichten. Wir kletterten den Hang hinauf, so schnell wir konnten, und begannen abzuladen. Der Regen peitschte nun mit wütenden Hieben auf uns ein, und am Himmel war ein Wirbel scharlachroten Lichts zu sehen. Die Girbas und Satteltaschen fielen zu Boden. Eine große Büchse Trockenmilch krachte auf den Boden und zerbrach. Cremiger Zrig breitete sich wie Schaum auf der Düne aus. Mafoudh kroch in dem nassen, milchigen Sand herum, um den Kamelen die Kniefesseln anzulegen. Marinetta schlug sich mit dem Zelt herum, das kurz vor dem Abheben war. Mafoudh begann nassen Sand um den Rand herum aufzuhäufen, und wir taten es ihm nach. Schließlich legten wir noch eine Plastikdecke darüber und bahnten uns mit den Ellbogen den Weg ins Innere.

Eine Stunde später hielt ich es nicht mehr aus, ich mußte mich unbedingt erleichtern und verließ das Zelt. Der Sturm war fast vorüber; die letzten Tropfen nieselten aus der Dunkelheit. Als ich zum Zelt zurückkam, traf ich auf Marinetta, die mir entgegenkam. »Was ist los?« fragte ich.

»Es ist Mafoudh«, sagte sie.

»Hat er dich angefaßt?«

»Nein.«

»Was dann?«

»Er hat mich angelächelt. Weißt du, so wie ein Mann eine Frau anlächelt.«

Später, als Mafoudh mit seiner durchnäßten Decke zu den Kamelen zum Schlafen gezogen war, holten wir zum ersten Mal unsere Schlafsäcke hervor. Wir tauchten in sie hinein und genossen die wenigen unerwarteten Momente von Privatheit. »Es war nett, wie du den Arm um mich gelegt hast, als der Regen einsetzte«, sagte Marinetta.

»Ich mache es wieder, wenn du willst«, antwortete ich.

In Akreijit füllten wir an einem Brunnen zwischen den hohen Steinhäusern unsere Wasservorräte auf. Die Häuser waren fensterlos und sahen aus wie Festungen. Ein wettergegerbter alter Maure am Brunnen erzählte uns, sie seien sehr alt. »Sie wurden vor sechs Generationen erbaut«, sagte er, »aber die Hälfte davon steht leer. So viele Menschen sind weggezogen.« Er war ein sehr kleiner Mann, fast schon ein Zwerg, einer der wenigen weißen Mauren, die noch in der Oase geblieben waren. »Die, die Kamele besaßen, haben sie nach Ayoun und Tintane gebracht«, sagte er. »Manche Männer sind auf der Suche nach Arbeit nach Nouakchott gegangen. Wir haben noch immer gute Datteln, aber wer will sie jetzt noch haben?«

Wir kletterten den Hang hinter dem Dorf hinauf und hoben Handäxte und Pfeilspitzen auf, die der Regen freigelegt hatte. Eine unglaubliche Menge von Mahlsteinen und Keramikscherben mit dem üblichen Streifenmuster lag herum. Seitdem wir das Aoukar-Tal betreten hatten, waren wir immer wieder auf solche Dinge gestoßen. In der Steinzeit müssen hier unzählige Menschen gelebt haben, dachte ich. Diese Felsen bildeten einst das Ufer eines großen Sees, und die Menschen, die dort lebten, waren Viehhirten. Vor ungefähr siebentausend Jahren hatten die Hirten die Jäger als vorherrschende Kultur in diesem Teil der Sahara zu verdrängen begonnen. Sie lebten von Milch und Fleisch, ergänzt durch Mehl, das sie aus den wilden Gräsern herstellten, die noch heute in dieser Region gediehen. Erst später lernten die Menschen, selbst Getreide anzubauen und zu kultivieren, und aus Nomaden wurden seßhafte Bauern. Die Nachfahren dieser prähistorischen Bauern lebten vermutlich in den Haratin fort.

Hinter Akreijit wurde Mafoudh immer übellauniger. »Von hier bis Oualata, das ist das schwierigste Stück«, sagte er. »Es gibt keine Oasen mehr, und wir werden auch keine Nomadenlager mehr sehen. Von nun an sind wir ganz auf uns gestellt.« Tag für Tag wurde unser Fortkommen mehr durch den Sandnebel erschwert, der manchmal die ganze Landschaft verschlang und uns aller Wegmarken und Anhaltspunkte beraubte. Wir steuerten die Wasserstelle von Toujinit an, die östlich von Tichit lag, aber Mafoudh hielt ständig auf Süden zu. Ich hatte Angst, wir könnten die harte Sebkha verlassen und in die weichen Dünen an ihrem Rand geraten, die sich über Hunderte von Kilometern erstreckten. Eines Morgens blickte ich immer wieder auf meinen Kompaß, während Mafoudh immer weiter nach Süden zog.

»Was ist los?« fragte mich Marinetta.

»Er geht noch weiter nach Süden.«

»Glaubst du, daß er den Weg verloren hat?«

»Man müßte ein Genie sein, um hier genau die richtige Richtung einzuschlagen.«

»Warum sprichst du nicht mit ihm?«

Ich rief Mafoudh zu, er solle anhalten, und erklärte ihm, was ich dachte. Er sah mich geradezu höhnisch mit seinen großen, kohlschwarzen Augen an. »Ich weiß den Weg, Omar«, sagte er ruhig. »Glaubst du, ich kenne meine Arbeit nicht? Wenn wir bis Sonnenuntergang nicht in Toujinit sind, dann kannst du meine Stelle als Führer übernehmen.«

Doch als wir mittags haltmachten, verschwand er zu Fuß im Dunst, sobald die Kamele entladen waren. »Er muß sich Sorgen machen«, bemerkte Marinetta. »Er hat nicht einmal seinen Tee getrunken.« Eine halbe Stunde verging, dann eine ganze. Ich hätte am liebsten nach ihm gesucht, aber Marinetta riet mir davon ab. »Er findet den Weg zurück«, sagte sie.

»Ich hoffe, daß er das tut, oder wir stecken wirklich in einem üblen Schlamassel.«

»Was würden wir tun, wenn er nicht zurückkäme?«

»Ich wette, dir würde etwas einfallen«, gab ich zurück und massierte dabei ihr Knie.

»Vielleicht wäre es sogar ganz nett«, sagte sie.

Just in diesem Augenblick schälte sich Mafoudh aus dem Nichts heraus und begann ohne ein Wort Tee zu machen. Er schluckte ein Glas hinunter wie ein Trinker seinen ersten Schnaps und schlürfte sein zweites, als er unsere Blicke bemerkte. Sein großes Raubvogelgesicht verzog sich zu einem Grinsen. »Macht euch keine Sorgen«, sagte er. »Wir finden unseren Brunnen.«

Eine halbe Stunde nach dem Aufbruch waren wir schon in die Dünen geraten. Der Sandnebel stob umher und vollführte endlose Pirouetten vor unserer kleinen Karawane. Die Kamele keuchten und ächzten, während sie sich die weichen Hänge hinaufquälten und mit der Nase voran wieder hinabtauchten, und stapften tapfer durch den Dunst. Mafoudh schritt mit seinem Schlurfgang voraus, prüfte voller Zuversicht mit seinem Stock den Sand, korrigierte unsere Richtung nach links oder rechts, um den leichtesten Abstieg zu finden. Nur ein einziges Mal machte er halt, als Gurfaf sich wieder hinkniete. Dieses Mal hielt das Kopfseil, aber der Eisenring war aus den Nüstern herausgerissen. Nach zehn blutigen Minuten und einer Portion ausgespuckten Futters war er wieder angebracht. Dann ging es weiter, die Wellenkämme auf und nieder, stemmten wir uns gegen den Wind.

Die Dünen wollten kein Ende nehmen. Nach dem Kompaß hielten wir uns noch immer zu sehr südlich. Ich wollte Mafoudh gerade darauf ansprechen, als der Nebelvorhang aufriß und den Blick auf die massive Wand des Baatin beinahe direkt über uns freigab. Darunter erstreckte sich eine graue Sebkha-Ebene, und etwas weiter stießen wir auf Rillen, die die Füße unzähliger Kamele in zahllosen Generationen hinterlassen hatten. Etwas später fanden wir ein totes Kamel, einen verkrümmten Rumpf aus harter Haut und blanken Knochen. Kurz vor Einbruch der Dunkelheit erreichten wir die Wasserstelle von Toujinit. Mafoudh strahlte mich triumphierend an.

»Gott sei gelobt!« war alles, was ich noch herausbrachte.

Der Brunnen war ungefähr drei Meter tief. Mit unseren übrigen Seilen bastelten wir eine Trosse und ließen unseren selbstgemachten Schöpfeimer hinab. Eigentlich war es eine Butteröldose ohne Deckel mit zwei seitlich eingeschnittenen Löchern. Wir füllten unsere sechs Wasserhäute und schleppten sie prall gefüllt zu einem etwa fünfhundert Meter vom Brunnen entfernten Gebüsch. Mafoudh sagte, es sei *atil*, eine dornige Akazienart. Ich sammelte ein wenig Laub für das Feuer, doch er riet mir davon ab. »Atil-Rauch kann einen blind und verrückt machen«, sagte er. Statt dessen zündeten wir den kleinen Butangaskocher an, den wir für Notfälle mitgenommen hatten, und Marinetta kochte Reis. Als er fertig war, goß sie ein paar Tropfen flüssiger Butter darüber, und wir griffen hungrig zu.

Am nächsten Tag stiegen wir die Hügel hinauf und kreuzten enge Schluchten, in denen leuchtendgrüne *arak*-Bäume wuchsen. Die Blätter der Arak-Bäume waren bitter, doch die Kamele fanden Geschmack daran. Mafoudh hielt sie für schlechtes Futter, er sagte, sie seien wie »Sauce auf dem Pudding«. Die Arak blieben grün, wenn andere Bäume verdorrten, was Mafoudh zufolge an ihren außergewöhnlich tiefen Wurzeln lag.

Jenseits der Hügel lag eine sanft geschwungene Ebene, in der sich der Sand um Billionen holziger Grasbüschel aufhäufte. Die Mauren, die für jede Abstufung der Wüste eine eigene Bezeichnung haben, nennen diese Variante *tarha*. Sie erstreckte sich bis zum Horizont, unterbrochen einzig durch einen undeutlichen Schatten, der eine unheimliche Ähnlichkeit mit einem riesigen Baum hatte. Der Sand war durchkreuzt von Eidechsenspuren, die wie Nahtmuster aussahen, und den geschwungenen Einkerbungen von Schlangen. Wir sahen zwar keine Schlangen, aber Unmengen von Eidechsen, die mit ihren merkwürdigen Sätzen auf langen Zehen umhersprangen, und gelegentlich ein Paar weißer Skinks, die sich in einem wilden Tohuwabohu gegenseitig um die Büsche jagten. Ich konnte nicht herausbekommen, ob sie sich bekämpften oder paarten.

Wir schlugen in der Ebene unser Lager auf. Die Kamele weigerten sich, die holzigen Gräser zu fressen, also fütterten wir sie mit Getreide. Das Futter wurde langsam knapp, denn sie fraßen jeden Abend ungefähr sieben Pfund Getreide, wenn es kein Weideland gab. Ich hoffte, es würde noch bis Oualata reichen. Marinetta wollte gerade Reis kochen, als Mafoudh ihr Einhalt gebot. Er verkündete, er werde heute nacht Brot backen. »Das ist die beste Nahrung in der Wüste«, erklärte er, »weil man dabei nichts vergeudet.« Wir sahen ihm zu, wie er dem Mehl ein wenig Wasser hinzufügte und einen Teig daraus knetete. Liebevoll formte er ein dickes Oval und holte dann ein paar holzige Gräser zum Feuermachen. Als das Feuer bis auf glimmende Späne heruntergebrannt war, hob er eine kleine Grube aus, legte den rohen Laib hinein und streute Sand darüber. Er kratzte die Überreste des Feuers zusammen und schob sie sorgfältig über das Brot.

Marinetta hatte inzwischen nach seinen Anweisungen ein zweites Feuer angezündet und begann mit der Zubereitung einer Sauce aus Zwiebeln und Gewürzen als Beilage zum Brot. Ich sah ihr zu, wie sie mit drei schweren Steinen für die Feuerstelle zum Lager wankte, kaum imstande, sie auf ihren zarten Armen zu balancieren. Mittlerweile war sie kaum noch als das modische Püppchen wiederzuerkennen, das ich in Khartum kennengelernt hatte. Ihre Haut war durch die Sonne fast schwarz, und ihre großen Augen und die weißen Zähne stachen wie Leuchtfeuer daraus hervor. Sie hatte noch nie viel überflüssiges Fett gehabt, aber nun hatte ihr Körper eine stromlinienförmige Härte angenommen. Ihre Waden- und Armmuskeln traten deutlich hervor, und ihre festen Brüste wiesen eine neue Straffheit auf. Vor allem aber war sie in ihrem Wesen selbstbewußter geworden und lebte mit geschärften Sinnen. Sie trug noch immer dasselbe alte arabische Hemd und die ausgebeulten Hosen, deren ursprüngliche Farbe durch aufeinanderfolgende Generationen von Flecken und das tägliche Niederlassen im Sand verblichen war. Sie waren zerlumpt und zerrissen, so daß ein Stück tiefbraunen Oberschenkels zum Vorschein kam, wenn sie sich über den Kochtopf beugte.

Zehn Minuten später bürstete Mafoudh Asche und Sand weg, und heraus kam ein knusprig gebackener Laib, hübsch mit Staub gebräunt. Er schlug mit seinem Kamelstock darauf ein, bis der größte Teil des Sandes abgefallen war, brach ihn dann auseinander und tauchte ihn in die Sauce. Das Brot schmeckte köstlich.

Der riesenhafte Baum, den wir am vorhergehenden Nachmittag gesehen hatten, erwies sich als gigantischer, wie ein Pilz geformter Felskarbunkel. Er hatte sich von einem Massiv aus rotem Granit gelöst, dessen Basis so von Baumstämmen und Pfahlwurzeln untergraben war, daß es den Anschein erweckte, als würde er einer kompakten pflanzlichen Masse am Wüstenboden entspringen.

Etwas weiter bot sich uns ein noch seltsamerer Anblick. Ein gigantischer Granitberg mit großen, herausgeschnittenen ovalen Bögen, durch die man auf die andere Seite hindurchsehen konnte, ragte gen Himmel. Von weitem sah er aus wie das einem kindlichen Alptraum entsprungene Schloß eines Riesen. Aus der Nähe erinnerte er mich an die Ruine einer Kathedrale, über die ein ungeheures Inferno hereingebrochen war, bei dem ihre Fassade geschmolzen war, ihre edlen Rundbögen sich verschoben und ihre Mauern sich mit Rissen und Spalten überzogen hatten und die hohen Säulen und Zinnen ins Groteske verzerrt worden waren.

»Phantastisch!« rief Marinetta bei diesem Anblick aus und postierte Mafoudh davor, um ein Foto zu machen. Es war schon schrecklich heiß, aber sie bekam die Aufnahme nicht richtig hin und zwang den armen Mafoudh, mit den Kamelen in der sengenden Hitze auf und ab zu gehen. Er hatte Angst vor der Kamera, und bei jeder neuen Aufnahme zog er sein Kopftuch noch enger um sein Gesicht.

Wir verbrachten den Mittag in einem kleineren natürlichen Gewölbe etwas davon entfernt. Am Nachmittag begaben wir uns in die Dünen von Umm Hayjiba. Wie Mohammidu uns bereits in Tichit warnend erzählt hatte, war das der gefährlichste Streckenabschnitt unserer Reise nach Oualata. Hier war das Massiv des Baatin außer Sicht, weil es einen Bogen nach Norden machte, bevor es sich wieder südlich Richtung Oualata wandte. Anstatt der Linie der Verwerfung zu folgen und unsere Reise um einen zusätzlichen Tag zu verlängern, hatten wir beschlossen, unseren Weg direkt durch die Sandmassen zu suchen.

Als wir an diesem Nachmittag dahinritten, begann Marinetta, mir etwas über einen Film zu erzählen, den sie einmal gesehen hatte. »Es war eine Geschichte über eine Frau und drei gutaussehende Männer, die auf einer unbewohnten Insel gestrandet waren«, sagte sie. »Die Frau war mit einem der drei Männer verheiratet, aber sie hatte die Nase voll von ihm. Sie wollte herausbekommen, wer von den dreien der Stärkste war, also beschloß sie, mit allen zu schlafen.«

»Und was passierte dann?«

»Sie schlief mit allen dreien, und am Ende kämpfte jeder gegen jeden. Das erinnert mich an die Situation hier. Einsam und verlassen mitten in der Wüste, mit zwei gutaussehenden Männern!«

»Keine Sorge«, erwiderte ich. »Wir sind noch nicht verloren.«

Auch in dieser Nacht fanden die Kamele nichts zum Grasen, also fütterten wir sie mit Getreide und ließen sie auf den Dünen sitzend in der Nähe zurück. Ziemlich früh am Morgen, noch vor der Dämmerung, wurde ich durch etwas Großes und Warmes wach, das an meinem Bein hochkroch. Instinktiv griff ich nach unten und traf auf Marinettas Hand. »Was ist los?« fragte ich.

»Dieser Film«, sagte sie. »Er ist mir nicht aus dem Kopf gegangen.«

»Wir können im Augenblick nichts unternehmen«, erwiderte ich.

Die Hand vollendete ihren Weg auf meinem Bein. »Doch, wir können«, sagte sie. »Mafoudh schläft.« Ich schlang beide Arme um sie. Sie fühlte sich sehr warm und kuschelig an. Ich setzte gerade zu einem Kuß an, als Mafoudhs Decke zurückgeschlagen wurde und unser Führer herausrollte. Ein Riß greller Elektrizität zerriß den Himmel. Eine Sekunde später war ich auf den Beinen, und fieberhaft stopften wir alles unter unsere Plastikplanen. Der Wind versprühte Sand über die Dünen, aber es fiel kein Regen. Plötzlich rief Marinetta: »Die Kamele sind weg!«

Mafoudh und ich blickten uns bestürzt an. Wir hatten es noch nicht einmal bemerkt. »Ich dachte, du hättest ihnen Kniefesseln angelegt!« rief ich unserem Führer zu.

»Ich dachte, du hättest es getan!« warf er zurück.

Wir streiften mit unseren Taschenlampen durch die Dünen. Der

Wind hatte ihre Spuren bereits verwischt. Selbst tagsüber war die Sichtweite durch die versetzten Dünen auf wenige Meter beschränkt. Beim ersten Tageslicht nahm Mafoudh eine Feldflasche mit Wasser und machte sich auf die Suche nach den Tieren. Während Marinetta auf dem Gaskocher Kaffee kochte, kletterte ich auf die nächste Düne und band mein blaues Kopftuch als Wegweiser für Mafoudh an eine Stange. Unsere Habseligkeiten unter mir sahen aus wie eine winzige Insel in einem Meer aus Sand. Kilometerweit kräuselten sich Sanddünen, alle gleich hoch und gleichfarbig, ohne das geringste Unterscheidungsmerkmal. Ich wußte, daß ich hier ohne Kompaß binnen zehn Minuten die Orientierung verloren hätte.

Ich kletterte hinab und kehrte zu Marinetta zurück. Sie starrte in den Sand. »Was hast du?« fragte ich.

»Ich habe mir gerade überlegt«, erwiderte sie, »was ich tun würde, wenn du und Mafoudh getötet würden und ich als einzige übrigbliebe.«

»Und was würdest du tun?«

»Ich würde mit Hilfe des Kompasses zum letzten Brunnen zurückgehen und dort warten, bis Nomaden vorbeikämen.«

»Was würdest du mit unseren Leichen machen?«

»Ich würde dich auf ein Kamel laden und mitnehmen.«

»Und Mafoudh?«

»Na ja... Es klingt gemein, aber Mafoudh gehört nicht zu mir.«

Wir tranken unseren Kaffee. Mehr als eine Stunde war seit Mafoudhs Aufbruch vergangen. Ich wagte mir kaum vorzustellen, was wäre, wenn die Kamele nicht mehr auffindbar wären. Plötzlich war ein Pfeifen zu vernehmen, und als ich aufblickte, sah ich den Führer mit drei Kamelen im Schlepptau über die nächste Düne kommen. Er hatte es irgendwie fertiggebracht, ihre Nasen mit seinem alten Kopftuch zusammenzubinden. »Gott sei gedankt, daß sie nicht zu weit weggelaufen sind«, rief er aus. »Wir wären mit Sicherheit umgekommen.«

An diesem Abend ließen wir die Sandmassen vom Umm Hayjiba hinter uns und kehrten zurück in den Bauch des Baatin. Wir schlugen unser Lager in der Nähe des Brunnens von Tinigert auf, in einer schmalen Felsspalte voller Arak-Bäume und Vögel. Die Wände der Spalte waren mit Felsmalereien bedeckt: Rinder, Kamele, Oryx-Antilopen, Mendesantilopen und Streichholzmännchen. Es gab Inschriften in der Tuareg-Schrift Tifinar und andere, jüngeren Datums, auf arabisch. Ich fragte mich, ob die Tuareg einst dieses Gebiet bewohnt hatten. »Unmöglich!« erklärte Mafoudh. »Du wirst keinen von diesen Barbaren sehen, bevor wir nach Mali kommen. Das hier ist das Land der Beidan.« Auch unsere westliche Zivilisation hatte in Form von im Sand verstreuten Motorradtrümmern ihre Spuren hinterlassen.

Der Brunnen war nicht mehr als zwei Meter tief. Er lag unter einem Felsüberhang, gegenüber befand sich eine verlassene steinerne Brustwehr. Der Brunnen war unverkennbar seit einiger Zeit nicht mehr benutzt worden, denn das Wasser war mit einer dicken Schicht Vogelleim überzogen und schmeckte faulig. Wir führten die Kamele zur Tränke. Marinetta stand bei Gurfaf und versuchte, den Brunnen zu fotografieren, als das Tier plötzlich mit dem Hinterbein ausschlug und sie um Haaresbreite verfehlte. Der Schlag hätte ihr leicht das Bein brechen können. Einen Augenblick später drehten auch die anderen Kamele durch, schlugen blindlings nach rechts und links aus und stampften schmetternd mit den Hufen in den Sand. Wir rannten hin, um die Kopfseile zu packen, voller Angst, sie könnten sich im Sand wälzen und unsere Ausrüstung zermalmen. »Es sind die Zecken!« sagte Mafoudh. »Schaut euch dieses Teufelszeug an!« Der mit Kot getränkte Sand um den Brunnen wurde lebendig vor Tausenden unermüdlich vorwärtsmarschierender Insekten. Sie hievten ihren grauen, lederartigen Körper aus dem Staub und bildeten eine schnurgerade Grenze für alles, was sich bewegte.

»Sie sind schrecklich!« schauderte Marinetta, als wir die Kamele schnell auf steinigen Boden zerrten. Wir stampften mit den Beinen auf, damit die Zecken keinen Halt fanden. Ihre Bisse waren übel.

»Seltsame Tiere«, sagte ich zu Mafoudh. »Sie liegen jahrelang hier im Sand und warten nur darauf, bis eine Blutmahlzeit vorbeikommt.«

»Ach!« meinte er achselzuckend. »Auch sie sind nur eine göttliche Schöpfung.«

Im Morgengrauen kletterten wir aus der Felsspalte hinaus und über das Plateau eines felsigen Hügels namens Eji. Der Sanddunst lag so dick wie immer auf uns. Die ausgewaschenen Farben erinnerten mich an eine englische Moorlandschaft im Winter. Aber die

Hitze hatte nichts auch nur im entferntesten Winterliches an sich. Kurz vor Mittag zogen wir durch eine Art enge Sackgasse. Wir marschierten geradewegs nach Osten. Immer wieder blickte ich auf meinen Kompaß. Unsere Richtung änderte sich nicht im geringsten. Wir hätten uns an diesem Morgen direkt nach Süden wenden sollen. Wenn wir noch lange nach Osten hielten, würden wir mitten in der Mrayya landen, im *empty quarter*. Angesichts meines letzten Erlebnisses widerstrebte es mir, Mafoudh anzusprechen. Ich war sicher, er würde jeden Augenblick nach Süden abdrehen. Aber die Zeit verging, und er tat es nicht.

Schließlich rief ich ihm kurz vor Mittag zu: »Wir gehen nach Osten, Mafoudh! Mein Kompaß sagt mir, daß der Süden rechts von uns liegt!«

»Dein Kompaß sagt dir!« erwiderte er verächtlich. »Da vorne ist Süden!« Er zeigte geradeaus vor sich, direkt nach Osten. Instinktiv blickten wir beide nach oben. Die Sonne hatte fast ihren höchsten Stand erreicht und war teilweise durch Staubwolken verdeckt. Am Ende der Schlucht war ein spärlicher Flecken mit Dornbäumen zu erkennen. Ich schlug vor, dort Mittagspause zu machen.

Nach dem Abladen und einem Becher Zrig sagte Mafoudh: »Nun, wo liegt Süden?« Wieder holte ich den Kompaß hervor und legte ihn in den Sand. Die rote Nadel schwang nach links. Süden konnte nur rechterhand liegen. »Meiner Meinung nach liegt Süden direkt geradeaus«, sagte er und wies die Schlucht entlang. »Ich kann es an den Schatten erkennen.«

»Nein, das kannst du nicht«, widersprach ich. »Mittags gibt es keinen Schatten. Der Kompaß muß stimmen. Er lügt nie. Außer wenn der Boden eisenhaltig ist.«

»Woher weißt du, daß kein Eisen im Boden ist?«

»Ich habe keines gesehen. Und du?«

»Ich sage dir, die andere Richtung ist richtig«, beharrte er. Dann zeichnete er einen groben Sonnenkompaß in Form eines Kreuzes in den Sand. »Da! Norden, Süden, Westen, Osten. Das sind *meine* Richtungen«, sagte er und markierte jede mit einem Zweig. »Wenn die Sonne sich am Nachmittag neigt, dann *wird* es Schatten geben. Dann wirst du sehen, wer recht hat.«

Es war eine Herausforderung. Ich zeichnete ein zweites Kreuz daneben und markierte meine Version, so daß mein Süden die Stelle seines Ostens einnahm. Dann gingen wir in den Schatten und warteten, bis die Sonne zu sinken begann.

Marinetta machte Mittagessen. Das Wasser, das wir aus Tinigert mitgenommen hatten, war so faulig, daß der üble Geschmack sogar das Essen durchsetzte. Ich war sehr durstig, aber es war eine Tortur, dieses Wasser zu trinken. Marinetta allerdings schien es klaglos zu trinken. »Wie bringst du das nur fertig?« fragte ich sie ungläubig. »Es schmeckt wie faule Eier!«

»Weißt du«, sagte sie, »das Wasser von Rom ist das beste Wasser auf der Welt. Es ist so kühl und frisch, daß wir uns nicht einmal die Mühe machen, es in den Kühlschrank zu stellen. Wenn ich dieses schreckliche Wasser trinke, sage ich mir immerzu: ›Das Wasser von Rom! Das Wasser von Rom!‹ Dann schmecke ich es nicht mehr.« Ich war verblüfft von dieser Meisterleistung an Autosuggestion und versuchte es meinerseits damit. Das Wasser schmeckte noch immer nach faulen Eiern.

Wir dösten in der Hitze ein, aber um halb vier weckte Marinetta mich aufgeregt auf. »Schau!« rief sie und zeigte dabei auf die Sonne. Sie sank hinter uns, und der Schatten, der Osten markierte, fiel eindeutig dorthin, wo Mafoudh Süden eingezeichnet hatte. Es war ein schaler Sieg. Als Mafoudh sagte: »In Ordnung, du bist ein besserer Führer als ich«, war ich so verlegen, daß ich mir fast wünschte, ich hätte mich getäuscht.

Doch damit waren unsere Auseinandersetzungen über den richtigen Kurs noch nicht beendet. Am späten Nachmittag war es wieder soweit. Mafoudh sagte, ein Lehrer in Chinguetti hätte ihm beigebracht, daß die Erde rund sei und daß man wieder an den Ausgangspunkt zurückkäme, wenn man immer geradeaus ging. Der Mann hatte ihn außerdem gelehrt, daß die Erde um die Sonne kreise. Als ich versuchsweise meinte, das könnte stimmen, brach der ganze seit dem Morgen aufgestaute Zorn aus ihm heraus. »Das ist alles Quatsch!« rief er. »Lügengeschichten von Kommunisten und Ungläubigen! Im Koran heißt es: ›Die Sonne und der Mond eilen über den Himmel!‹ Das bedeutet, die Sonne bewegt sich, und nicht die Erde. So steht es im Koran. Und niemand kann über den Koran diskutieren.«

»Was würde also passieren, wenn man immer geradeaus gehen würde?«

»Man würde dorthin gelangen, wo die Erde endet und der Himmel beginnt, und wenn man dann noch immer weiterginge, würde man hinabfallen.«

Oft, wenn die öde Mondlandschaft unvermittelt in einer Wolke oder über einer steil abfallenden Felsenschlucht verschwand, hätte ich es beinahe selbst geglaubt.

In der Nähe von Oujaf stießen wir auf ein paar seichte Regenwassertümpel, die wie Quecksilber an den Felsen klebten. Das besserte die Stimmung. »Gott ist gütig!« sagte Mafoudh. »Es gibt nichts Besseres, als in der Wüste Wasser zu finden, wo man keines erwartet.« Das war der letzte derartige Gunstbeweis, den wir fanden.

Die Tage waren ein einziger Kampf mit dem Feuchtigkeit fressenden Wind. Die Kamele waren durstig, wir waren durstig, und die Wasserhäute schwanden durch die Verdunstung dahin. Die Temperatur betrug noch immer an die vierzig Grad. Alle paar Stunden mußten wir anhalten und einen Becher Wasser trinken, um unsere ausgedörrten Kehlen und unsere geschwollenen Lippen zu benetzen. Das metallische Klimpern, mit dem das Wasser in den Becher spritzte, wurde zum erfreulichsten Laut, den ich mir vorstellen konnte, aber die Wasserhäute sahen langsam gefährlich schwabbelig aus. Es gab keine Regentümpel mehr. Bäume waren selten. Es gab keine Spuren von Kamelen oder Menschen. Die einzige Bewegung, die wir auf der vom Wind ausgezehrten Erde sahen, waren drei Gazellen. Sie waren schneeweiß und wirbelten bei ihren Sprüngen über die Sebkha kleine Staubwölkchen auf. »Wir müßten wie Gazellen sein«, sagte Mafoudh. »Sie trinken nur am Freitag.«

Auf einem Wüstenboden, so eben und rot wie ein Tennisplatz, suchten wir nach dem Brunnen von Tagouraret. Auf der einen Seite erstreckte sich die vertraute Silhouette des Baatin und auf der anderen die angsteinflößende Unermeßlichkeit des Sandmeeres. Als die Sonne sank, wechselten die Farben der Erde gleichmäßig von Rot zu Apricot, Umbra, Ocker und Lachsrosa. Die Oberfläche war durchzogen von Granitadern. Eine Falte niedriger Dünen kreuzte unseren Weg, dann folgte eine schwarze Sebkha, dann wieder Dünen. Es gab keinerlei Anzeichen einer Wasserstelle. Es gab weder Spuren noch Kotreste, keine Kamelknochen, keine der vertrauten, in die Felsenoberfläche eingravierten Kamelpfade. Nichts bewegte sich hier draußen. Bei Sonnenuntergang gab Mafoudh zu, daß wir Tagouaret verfehlt hatten. Uns blieb nur noch eine letzte Wasserhaut.

Mafoudh nahm an, es gäbe zwei Brunnen vor uns, Ayoun al Khudr und Hassi Fouini. Ich wollte Kurs darauf halten, aber das war unmöglich, weil ich unsere genaue Position nicht kannte. Uns blieb nichts anderes übrig, als unser Wasser aufzusparen und auf Anzeichen eines Brunnens zu hoffen. Durstig erwachten wir und blieben es den ganzen Tag über. Mitte des Vormittags hingen wir mit ernsthaften Nierenschmerzen in den Sätteln. Die Hitze strömte herab wie kochendes Öl. Der von den Kamelen aufgewirbelte Staub nahm uns den Atem und ließ unsere Augen brennen. Mein Mund fühlte sich geschwollen und unförmig an, und meine Lippen rissen ein. Einen beschwerlichen Kilometer nach dem anderen schlurften die Kamele dahin, doch es gab nicht das geringste Anzeichen eines Brunnens. Einmal blickte ich auf und sah einen Mann auf einem Kamel weiter südlich in der Wüste reiten. Ich zeigte ihn Mafoudh und dachte dabei, wie langsam der Führer doch sei, weil er ihn nicht bemerkt hatte.

»Das ist kein Mann. Das ist ein Baum«, sagte Mafoudh.

»Es ist ein Mann, sage ich dir!«

»Es gibt keine Menschen hier. Menschen gibt es nur dort, wo es geregnet hat, und hier hat es keinen Tropfen geregnet.«

»Es könnte ein Nomade sein.«

»Nein. Es ist ein Baum.«

Es kam mir wie eine Ewigkeit vor, bis wir dem Mann auf dem Kamel näherkamen. Als wir ihn erreicht hatten, erkannte ich, daß Mafoudh recht gehabt hatte. Es war ein Baum.

Mittags machten wir in einem breiten Wadi halt, wo ein paar Atil und einige wenige Arak-Bäume standen. In der Ferne sah es so aus, als würde die Wand des Baatin dort enden. Anstatt zu kochen, bereiteten wir faulig schmeckendes Zrig zu. Dann verließ Mafoudh zum zweiten Mal auf dieser Reise das Lager vor dem Teetrinken. Ich erklomm eine nahe gelegene Sandbank und versuchte, einige der umliegenden Hügelkuppen auf meiner Übersichtskarte im Maßstab eins zu einer Million zu identifizieren. Es war unmöglich. Mafoudh und ich stießen fast zusammen, als wir das Lager wieder erreichten. Schon an seinem Gesichtsausdruck erkannte ich, daß sein Aufklärungsmanöver nicht verheißungsvoller verlaufen war als meines.

»Was hat der mächtige Kompaß dir denn jetzt gesagt?« fragte er mich.

»Nichts«, gab ich zu. »Überhaupt nichts.«

»Du solltest dich nicht in die Arbeit eines Führers einmischen«, sagte er.

»Es geht um mein Leben und das meiner Frau«, erwiderte ich. »Nicht nur um deines, weißt du.«

»Dann solltest du deine Frau fragen, wie wir den Brunnen finden könnten, denn das ist der einzige Weg, ihn zu finden.«

»Warum haltet ihr nicht beide den Mund und spart eure Energie für Wichtigeres auf?« schnappte Marinetta plötzlich.

Das taten wir dann.

Am späten Nachmittag erreichten wir die Stelle, wo die Felswand zu enden schien, und entdeckten statt dessen, daß sie einen scharfen Bogen nach Osten machte. Mafoudh hielt sein Kamel an und drehte sich zu mir um. Auf seinem Gesicht standen Erschöpfung und vollkommene Niedergeschlagenheit geschrieben. »Ich dachte, der Brunnen sei hier, Omar«, sagte er, »aber ich habe mich getäuscht.«

»Du meinst, wir haben Ayoun al Khudr verfehlt?« fragte ich.

»Nein«, keuchte er, »wir haben beide verfehlt. Ayoun al Khudr und Hassi Fouini. Alle beide.«

Alle beide. Nun machte ich mir ernstlich Sorgen. Marinetta sah so verängstigt aus, wie ich mich fühlte. Mafoudhs Wissen hatte uns in die Irre geführt. Ebenso wie mein Kompaß. Wir hatten drei Brunnen verfehlt – und der nächste – der absurderweise Bir Nsara hieß, »Christen-Brunnen«, lag eine Tagesreise entfernt. Wir hatten noch etwa drei Liter Wasser. Das bedeutete für jeden einmal trinken heute abend; für morgen bliebe nichts mehr übrig. Unsere einzige Hoffnung bestand darin, auf Menschen zu stoßen, aber seitdem wir Akreijit verlassen hatten, hatten wir keine Menschenseele mehr gesehen. Akreijit lag neun Tage hinter uns.

Wir zogen weiter, und der Durst ließ unsere Kehlen rauh werden. Während die Kamele dahinstapften, schweiften meine Gedanken umher, über den Wüstensand hinweg bis zum Nil, unserem Ziel. Ich dachte an das tiefe, schnell fließende Wasser, an die Sonnenstrahlen, die auf dem kühlen Kräuseln der Wellen spielten, das weiße Wasser, das durch die Wasserschnellen gurgelte. Ich dachte an die Flußbewohner, die Krüge voll davon trugen und sie für Vorüberkommende in den Schatten stellten. Meine Gedanken folgten dem Fluß flußaufwärts nach Khartum, wo Marinetta und ich uns kennengelernt hatten. Ich dachte an ihren schlanken, braungebrannten Körper und stellte mir vor, wie sie in den blauen Swimmingpool sprang, mit Flaschen voller sprudelndem Sprite auf den Tischen. Dann dachte ich wieder an den Nil und an meine verzweifelte Sehnsucht, diesen Fluß zu erreichen. Noch immer waren es mehr als viertausendfünfhundert Kilometer bis dahin. Marinettas Rufe: »Die Leute! Die Leute!« ließen mich aus meinen Tagträumen aufschrekken.

Ich blickte auf und sah Gestalten zwischen den Dornbüschen, Frauen in wallendem Blau und Männer mit Kamelen. Esel mit Fesseln lagen im grünen Gras, und eine Herde Ziegen tummelte sich, deren Leiber im Gebüsch aufblinkten. Wir ließen unsere Kamele nicht weit von einem Wollzelt entfernt niederliegen. Ein alter Mann mit langen Zähnen hinkte heraus und schüttelte uns die Hände. »Eh? Nach Oualata? Ihr seid fast angekommen!« Wir hatten kaum unsere Kamele entladen, da drückte er uns schon eine Schüssel frischer Ziegenmilch in die Hand. Als mir die Schüssel gereicht wurde, flüsterte ich: »Gott sei gedankt!« Nie in meinem Leben habe ich es so ernst gemeint.

Als wir am nächsten Tag Bir Nsara erreichten, fanden wir es umgeben von einem Teppich aus grünem Gras, der so weich wie ein Billardtisch war. Mafoudh ritt zum Brunnen und blickte hinein. »Gott sei gedankt, daß wir in der letzten Nacht diese Leute gefunden haben!« sagte er. Als ich mich zu ihm an den Brunnen begab, verstand ich, warum. Bir Nsara war ausgetrocknet.

Wir füllten unsere Wasservorräte an einem verborgenen *gelta* auf, das die Nomaden uns gezeigt hatten, und ritten gemütlichen Schritts nach Oualata. »Auf was hättest du jetzt am meisten Lust?« fragte ich Marinetta.

»Ich hätte gerne einen großen Salat, ein riesiges Eis und einen Orangensaft, und danach möchte ich an einem sauberen Sandstrand liegen und mich vom Wasser überspülen lassen«, antwortete sie.

Oualata selbst lag hinter einer Anhöhe versteckt, aber der Boden in seiner Umgebung war aufgewühlt und voller Spuren. Als wir näherkamen, hörten wir den Klang von Trommeln und Saiteninstrumenten, der in die Wüste getragen wurde. Nach der langen Stille erschien mir das so merkwürdig, daß ich zuerst glaubte, meine Ohren würden mir einen Streich spielen. Unmittelbar vor Sonnenuntergang erblickten wir die Stadt. Das graue, zerbröckelnde Labyrinth aus Steinhäusern schmiegte sich an den Torso eines felsigen Hügels und sah auf ein Wadi herab, in dem Bäume wie japanische Miniaturen standen. Es war schon dunkel, als wir unser Lager errichteten, aber nun schwebte der Klang der Instrumente über der Stadt, ein schwingender, erotischer Rhythmus. Es hörte sich an wie ein Fest.

Als wir unser Zelt aufgestellt hatten, machte Mafoudh Tee. Marinetta und ich konnten die Augen nicht voneinander abwenden. Jedesmal, wenn sie sich bewegte, schien sie mich mit Händen oder Füßen zu streicheln. Die Berührung ließ ein Prickeln mein Rückgrat hinabwandern.

Die Musik war nun deutlich aus der Stadt zu vernehmen. »Glaubst du, es ist eine Hochzeit?« fragte ich Mafoudh.

»Hört sich so an«, meinte er.

»Kümmere dich nicht um uns, wenn du Lust hast hinzugehen«, sagte ich.

Und Marinetta setzte noch eins drauf und sagte: »Ja, das ist sicher nicht schlecht. Es wird eine Menge zu essen und zu trinken geben!«

Ich sah das Verlangen in seinen Augen. »Aber ihr wärt ganz auf euch gestellt«, gab er zurück.

»Mach dir darüber keine Sorgen, Mafoudh. Geh nur und vergnüg dich.«

»Vielleicht werde ich das tun«, meinte er. Einige Minuten später hatte er sich gewaschen und seine Reservekleidung angelegt. Dann verschwand er in der Nacht.

Marinetta beobachtete, wie er wegging. »Endlich!« sagte sie. »Wir sind allein!« Durch die Risse in ihrer Hose schimmerten ihre braunen Oberschenkel. Ich berührte sie. Sie zog mich ins Zelt, und in Sekundenschnelle entledigten wir uns unserer stinkenden Kleider und lagen nackt und ineinander verschlungen auf dem Sandboden.

»Wir haben uns wirklich Zeit damit gelassen!« sagte ich.

Genau in diesem Augenblick hörten wir Schritte, und eine Stimme rief: »Omar! Wo bist du?«

Wir strampelten uns wie verrückt in unsere Kleider. Sekunden später sah ich hinaus und mein Blick fiel auf den verlegen lächelnden Mafoudh.

»Was ist los?« fragte ich ihn.

»Ich konnte nicht gehen«, sagte er. »Ich hielt es nicht für richtig, euch allein zu lassen. Nicht nach allem, was wir durchgemacht haben.«

Moukhtar

Als der marrokanische Reisende Ibn Battuta in Oualata eintraf, wurde er ins Haus des schwarzen Ortsvorstehers, eines Mande, eingeladen, der ihm Hirsebrei und Honig vorsetzte. »Haben uns die Schwarzen deswegen eingeladen?« fragte er nach dem Mahl seine Freunde.

»Ja«, antworteten sie, »und das gilt als die höchste Form der Gastfreundschaft hier.«

»Das überzeugte mich davon, daß von diesen Menschen nichts Gutes zu erwarten sei«, so schrieb er, »und ich entschloß mich, auf der Stelle nach Marokko zurückzukehren.

Das war 1352, als Oualata noch Außenposten in der Wüste des Mande-Reiches Mali gewesen war: 634 Jahre später, bei unserem Besuch der Oase, war Oualata längst keine Mande-Stadt mehr. Passenderweise war immerhin der Préfet ein Mande-Nachfahre. Er war ein sanfter, freundlicher Mann, der lieber Französisch als Arabisch sprach, aber keine Zeit verlor, um uns mitzuteilen: »Mein Volk hat diese Stadt erbaut.« Wie der Préfet von Chinguetti gehörte er zu der neuen Generation von Politikern, die den schwarzen Minderheiten mehr Einfluß bei der Führung ihres Landes verschaffen sollten.

Oualatas Tage waren, ebenso wie die von Ouadane und Tichit, offensichtlich gezählt. Der Karawanenhandel, der der Stadt zu ihrer früheren Bedeutung verholfen hatte, existierte nicht mehr, und der neue Lastwagenverkehr verlief nun südlich davon über die aufblühende, neunzig Kilometer entfernte moderne Grenzstadt Nema und überließ die in der Sahara gestrandete Oase ihrem Schicksal.

Die Hälfte der Häuser, die an den Granitfelsen emporkrochen, war verfallen. Ihr Innerstes war nach außen gekehrt. Die engen Gäßchen, die sich dazwischen hindurchschlängelten, waren so mit zerbröckelndem Mauerwerk übersät, daß man kaum noch Platz zum Gehen fand. Die Wände hatten ihre glatte Haut aus orangefarbenem Lehm verloren und entblößten ihr schartiges Fleisch aus rohen Steinen. Die dicht gedrängten Häuser vermittelten den Eindruck, als wären sie durch bloßen Zufall wie Pilze dem Fels entsprossen und würden nun an manchen Orten wieder mit ihm verschmelzen. Die Dächer fehlten. Die Türöffnungen blinzelten auf uns herab wie blinde Augenhöhlen. Überall auf dem Hügel lagen Geröllhaufen verstreut, die nicht mehr vom ursprünglichen Fels zu unterscheiden waren.

Aber nicht alle Häuser waren ausgestorben. An den gepflegteren Durchgängen befanden sich herrliche Haustüren, die mit ineinanderverwobenen Mustern wie von sich windenden Schlangen verziert waren. Andere waren feiner gezeichnet, mit geschwungenen Kreuzsymbolen in Braun und Blau. Manche Türen standen offen und gaben den Blick auf weitere, ebenfalls geöffnete Türen im Inneren frei, die wie eine Reihe gegenüberliegender Spiegel angeordnet waren, ein Tunnel, der tief in den Bauch der Stadt hineinreichte. Aus dem Dämmerlicht blickten Kindergesichter zu uns heraus. Ein kleines Mädchen saß Kekse kauend auf einer verfallenen Türschwelle und kicherte. Der scheinbar freischwebende Kopf eines Esels starrte neugierig aus einem hohen Fenster herab.

Einige Mauren, Angehörige der Schorfa, schüttelten uns die Hände und luden uns in einen makellosen Innenhof ein. Dort gab es noch mehr verschlungene Malereien und eine massige, rundliche Frau, die auf einem Lager aus Holzlatten ruhte. Sie sah aus, als könnte sie unmöglich je wieder aufstehen. Die jungen Männer waren Studenten, die in den Ferien von ihrer Universität in Nouakchott heimgekommen waren, und zeigten sich entzückt über unsere Hassanya-Kenntnisse. Sie bereiteten Tee zu, und dann brachten sie uns ohne Vorankündigung ein Gericht aus Hirsebrei zu essen. Es schmeckte köstlich.

Am Fuß des Hügels befand sich ein Platz mit Geschäften, von denen einige so mit Sand zugeweht waren, daß wir zuerst über hohe Dünen klettern mußten, um sie betreten zu können. Blaugekleidete Männer saßen dicht gedrängt davor und rauchten kleine Messingpfeifen. Ein paar Kamele mit Packsatteln wurden mit amerikanischem Getreide beladen. Keine Kinder verfolgten uns. Niemand rief: »Nsara!« Im größten und saubersten Laden machten wir die Bekanntschaft von Mulah Ali. Er war eine Bulldogge von Mann, mit schlaffen, schwarzen Hängebacken und einem wilden Gesichtsausdruck, der seine sanften Umgangsformen um so angenehmer erscheinen ließ. In seinem Laden gab es alles, von Nescafé bis zu Dosenpfirsichen, und er verlangte korrekte Preise. Er versprach uns auch, uns bei der Suche nach einem Führer, der Mafoudhs Stelle einnehmen konnte, zu helfen.

Der erste Kandidat traf kurz darauf ein. Er hatte ein glattrasiertes, gerissenes Gesicht mit sehr hellen Augen; seine Haare waren geölt und gebürstet. Sowohl seine Gandourah wie auch seine Sarouals waren makellos rein. Aus der Nähe roch er leicht nach Parfüm. Das allein hätte mir als Warnung genügen sollen. »Sie sind also der Christ, der einen Führer nach Timbuktu braucht«, sagte er und zündete sich eine Zigarette an. Es war eine echte Zigarette, nicht eine der kleinen Messingpfeifen, die die meisten Mauren benutzten. Ich bestätigte ihm, daß das der Fall sei, und er sagte: »Hier bin ich. Wieviel wollen Sie zahlen?«

»Nicht so schnell«, gab ich zurück. »Wir reden erst über Preise, wenn wir den Führer ausgewählt haben.«

»Ich bin der beste Führer in Oualata«, behauptete er. »Und ich will 30000 Ouguiya und die Kosten der Rückfahrt.«

»Ich bezahle keine Rückfahrkarte«, sagte ich. »Die muß der Führer von seinem Lohn bezahlen.«

»Das ist idiotisch!« erklärte er mit wütend blitzenden Augen. »Wer hat je davon gehört, daß ein Führer keine Rückfahrkarte bekommt?« Er zischte und murmelte etwas in seinen Bart hinein. Er schien wirklich verärgert zu sein, als ob er ein Anrecht auf den Auftrag hätte und sich die Bedingungen frei wählen könnte.

»Ich glaube nicht, daß wir handelseinig werden, glauben Sie es?«

Er ließ seine Zigarette fallen und zertrat sie bedeutungsvoll mit seinen schweren Sandalen. »Das werden Sie noch bedauern!« sagte er und verließ mit finsteren Blicken den Laden.

»Das war Sheikh Ahmed«, sagte der Ladenbesitzer entschuldigend. »Er lebte früher in Zough. Jetzt arbeitet er als Führer für die Armee.«

»Da gehört er auch hin«, sagte Marinetta giftig zu mir. »Ein Brechmittel! Man kann keinen Mann einstellen, der so schnell die Beherrschung verliert, nicht wahr?«

Später stellte Mulah Ali mir einen anderen Mann vor. Sein Name war Moukhtar Ould Sidi, und der Händler erzählte mir, er sei gerade mit einigen zum Verkauf auf dem Markt bestimmten Ziegen von seinem Lager in Meya gekommen. Auf den ersten Blick war Moukhtar ein schwacher, zaghafter Charakter. Er war groß und sehr mager, und sein riesiger, gewickelter Turban hing ihm so tief in sein hübsches, zartes Gesicht, daß er ihm den Anschein eines Einfaltspinsels verlieh. Als er mir die Hand gab, blickte er zur Seite, ein Verhalten, das ich auf seine Schüchternheit zurückführte, das aber tatsächlich Ausdruck seiner guten Manieren war. Moukhtar war einer der höflichsten Männer, die ich kennengelernt habe. Als er aufstand, konnte man allerdings die schlanken, muskulösen Arme unter der sonnengebleichten Gandourah erkennen, den exakten, kraftvollen Schritt des Sportlers. Er muß etwa fünfunddreißig gewesen sein. Er hatte das von der Sonne gezeichnete, längliche Gesicht des Wütenaristokraten mit dunklen und nachdenklichen Augen, und sein Körper hatte die einem jagenden Windhund ähnliche Gestalt des Nomaden von altersher.

Er erzählte uns, er hätte sein Lager bei Tagesanbruch verlassen und sei kurz vor Sonnenuntergang in der Stadt angelangt. Als ich später auf meiner Karte nachsah, entdeckte ich, daß Meya fünfundvierzig Kilometer entfernt lag. Es war ein Bravourstück ohnegleichen, zu Fuß in dieser Hitze und mit einer Schar Ziegen diese Entfernung zurückzulegen. Ich kam mir vor wie ein blutiger Anfänger.

Nach einem gewissen Grad an Druck von seiten Mulah Alis, dessen Wort offensichtlich in Oualata einiges Gewicht hatte, erklärte Moukhtar sich bereit, uns nach Timbuktu zu begleiten. »Es gibt nur ein Problem dabei«, sagte er. »Ich kenne den Weg nicht – das heißt, ich habe nicht die ganze Strecke mit dem Kamel gemacht. Ich bin bis Ras el Ma mit dem Kamel gezogen. Den Rest habe ich im Auto zurückgelegt.«

Seine Ehrlichkeit beeindruckte mich noch mehr, und weil Ehrlichkeit immer die Hauptrolle bei unseren Erwägungen spielte, lud ich ihn ein, unser Lager zu besuchen.

Mafoudh begrüßte den Besucher und bereitete Tee zu. Er hatte sich standhaft geweigert, uns zu verlassen, bevor wir einen neuen Führer eingestellt hatten, und hatte uns versprochen, die Kandidaten zu befragen und uns seine Ansicht über ihren Charakter mitzuteilen. Moukhtar fand er offensichtlich sympathisch. Er befragte ihn genau nach seinem Stamm und entdeckte, daß er zu den vornehmen Awlad Billa gehörte, einem Kriegerstamm aus Zough im Süden von

Oualata. Ich erzählte Moukhtar, wir hätten Hassi Fouini verfehlt, und sah ihn zum ersten Mal lächeln. »Das Wasser dort ist ohnehin nicht besonders gut«, sagte er. »Es war von Anfang an salzig. Ich muß es wissen: Es war mein Onkel, der den Brunnen aushob. Fouini war ein Mitglied meiner Familie, und er war Statthalter von Oualata, als der Brunnen angelegt wurde, deshalb wurde er nach ihm benannt.« Mafoudh hörte mit niedergeschlagenen Augen zu.

Als Moukhtar gegangen war, sagte Mafoudh: »Der Mann gehört zu den Besten. Ihr müßtet schon viel Glück haben, um einen ehrlicheren als ihn zu finden. Ich gebe euch den Rat, ihn zu nehmen. Von Ras el Ma aus könntet ihr dem Ufer des Faguibine Sees bis Timbuktu folgen. Das wird kein Problem sein.« Marinetta nickte beifällig. Da wußte ich, wir hatten unseren zweiten Führer gefunden.

Seit Tidjikja, wo ich in Hektik vergessen hatte, Fleisch zu kaufen, hatte ich Mafoudh ein Essen mit frischem Fleisch versprochen. Es war fast einen Monat her, daß einer von uns Fleisch gegessen hatte, und ich wollte als Abschiedsfest ein gemeinsames Mahl ausrichten. Wir suchten den Markt nach einem Metzger ab, aber man sagte uns, Fleisch sei knapp in Oualata. Niedergeschlagen gingen wir zurück, als eine Frau uns zu einem Lehmhaus rief und uns eine Platte mit rohem Fleisch zeigte. Die Frau war eine Bambara aus dem Senegal. Sie hatte ein richtiges Hexengesicht, und ihre langgezogenen Ohrläppchen, an denen schwere Ohrgehänge baumelten, hingen fast bis zu ihrem Kinn herab.

Als sie das Fleisch zu schneiden begann, bemerkte ich einen jungen Mann auf einer Matratze in der Ecke. Er trug nur weiße Shorts, und eines seiner Beine war bis zum Unterleib mit Dung eingekleistert. Der Junge erzählte uns, er leide am Guineawurm. Dieser schreckliche Parasit war offenbar in Oualata weitverbreitet und stammte aus den verunreinigten Brunnen. Der Wurm konnte bis zu zwei Metern lang werden, er bohrte sich durch den Körper, bis er schließlich am Knie, am Fußgelenk oder an den Augen heraustrat. »Warst du nicht beim Arzt?« fragte Marinetta.

»Die Ärzte haben keine Ahnung«, antwortete er. »Sie können die bösen Geister nicht vertreiben.«

Wir bezahlten unser Fleisch und gingen so schnell wie möglich.

Mafoudh war überglücklich über das Fleisch und begann auf der

Stelle, es am offenen Feuer zuzubereiten, wobei er die Stücke mit meinem Messer wendete und ausdrückte, so daß der rote Fleischsaft heraustropfte. Als er fertig war, servierte er es auf unserem Teller. »Kommt!« sagte er. »Einen Monat haben wir darauf gewartet!«

In diesem Augenblick sagte jemand: »Friede sei mit euch!« Wir blickten auf und sahen zwei Männer, Schorfa, neben uns stehen. Sie waren kurz zuvor mit ihren Kamelen und Familien im Wadi angekommen. Ich sah auf das Fleisch und teilte es im Geist durch fünf. Es würde nicht viel für jeden übrigbleiben.

»Willkommen!« sagte Mafoudh und winkte sie herbei. Aber er sah nicht sehr begeistert aus.

In dieser Nacht zahlte ich ihm den Rest seines Verdienstes aus. »Was wirst du mit all dem Geld tun?« fragte ich ihn.

»Das ist schon ausgegeben«, antwortete er. »Das Geld, das du mir in Chinguetti gegeben hast, ging für Vorräte für meine Familie drauf, und der Rest ist für meine Schulden in den Geschäften.« Dann überlegte er einen Augenblick und berührte sein ausgebleichtes Kopftuch. Ich dachte daran, wie er an diesem schrecklichen Morgen in Umm Hayjiba die Kamele damit zusammengebunden hatte. Es schien schon eine Ewigkeit her. »Ich glaube, ich werde mir ein neues Kopftuch kaufen«, sagte er dann. Das schien mir eine klägliche Belohnung für eine solche Reise um diese Jahreszeit. Mafoudh war wie ein Bruder für uns gewesen. Ich war untröstlich, ihn zu verlassen.

*

Eine Menge von Mauren versammelte sich am nächsten Morgen, um uns zu verabschieden. Mafoudh war da und lächelte durch die wächserne blaue Farbe seines neuen Turbans, die sich bereits über sein Gesicht verteilt hatte. »Vergeßt nie, alle eure Girbas zu füllen!« war sein Rat zum Abschied. »Solange ihr Wasser habt, könnt ihr alles machen. Gott gehe mit euch, Omar und Mariam!«

Moukhtar übernahm das Führungsseil. Einen Augenblick lang kam es mir seltsam vor, seine schmale Gestalt an Mafoudhs Stelle zu sehen. »Im Namen Gottes!« sagte er, als die Kamele sich in Bewegung setzten.

Unmittelbar vor dem Verlassen des Wadis trottete noch eine andere Gestalt zu uns heran. Es war Sheikh Ahmed, der Möchtegernführer des vorhergehenden Tages. Auf seinem Gesicht stand nichts als Lächeln und Wohlwollen. Er legte eine Hand auf Moukhtars Schultern. »Nehmt die südliche Route, nicht die nördliche«, sagte er. »Die nördlichen Brunnen sind ausgetrocknet. Haltet euch südlich, und ihr werdet Wasser und Weideland finden. Geht in Frieden!«

»Das ist merkwürdig!« sagte Moukhtar, als der Mann verschwunden war. »Jemand sagte mir, die Brunnen an der Nordroute seien offen, nicht die an der Südroute. Aber er ist immerhin ein Führer. Er muß es wissen.«

Eine Stunde später war Oualata bereits außer Sicht. Wir marschierten durch die stickige Hitze zum Gipfel der Hochebene, wo eine kühle Brise unsere Gesichter streifte. Vor uns dehnten sich endlos wogende, niedrige Sandhügel aus. Man sah Büschel verdorrter Grashalme, und abgestorbene Bäume ragten vernarbt und grau wie Stalagniten hoch. Die spärliche Vegetation war ausgetilgt und erstickte unter Kamelexkrementen. Abdrücke von Kamelen und Ziegen bedeckten jeden Quadratzentimeter Boden und überlagerten sich billionenfach. Es war ein Bild der Schändung, der zerstörten und beschmutzten Natur. »Es gibt Tausende von Kamelen und Ziegen in der Nähe von Oualata«, sagte Moukhtar erklärend. »Zu viele für das Weideland.«

Diese flachen, sanft gewellten Hügel waren eine neue Art von Wüste für uns. Sie wurde *mushla* genannt. Moukhtar sagte, daß das Reisen hier schwieriger sei als in der Fels- und Sand-Wüste, die wir zuvor durchquert hatten. »Hier geht man tagelang dahin, und nichts verändert sich«, sagte er. »Immer die gleichen Bäume, das gleiche Gras, die gleichen Sandhügel. Felsen und Gebirge sind gute Wegmarken, aber in der Mushla gibt es nicht viele. So bleibt es fast den ganzen Weg bis nach Timbuktu. Man verirrt sich leicht.«

Mittags machten wir wie üblich halt. Wir waren das Abladen inzwischen so sehr gewöhnt, daß wir unsere Sättel in Sekunden herunter hatten. Moukhtar war quälend langsam und ungeschickt. Es war ärgerlich, daß er die richtige Reihenfolge der Dinge nicht kannte, daß er andere Gewohnheiten hatte als Mafoudh. Wir hatten uns an eine bestimmte Routine gewöhnt, und diese war zu einem ungeschriebenen Gesetz geworden. Jede Abänderung der Routine schien uns schlicht falsch. Der natürliche Konservatismus des Tiers im Menschen, der Widerwille gegen jegliche Veränderung waren bereits nach einem Monat Reisen tief in uns verwurzelt. Wir waren schon so chauvinistisch wie die Nomaden geworden, wie die Mauren, die Tuareg, die Tubu und die Araber, die alle unterschiedliche Bräuche hatten und alle darauf beharrten, die ihren seien die einzig richtigen. Diese Gewißheit half ihnen zu überleben, und wenn sie sich auf neue Methoden einließen, dann nur unter lang anhaltenden Vorbehalten, bis die neuen Methoden schließlich die alten ersetzten und ihrerseits so unverrückbar wie diese wurden.

Moukhtar fehlte Mafoudhs Temperament. Er war zurückhaltender. Nie brach er in ungeduldiges Fluchen aus, wenn er sich in der erbarmungslosen Hitze mit den Knoten abmühte und sich nach seinem Tee sehnte. Manchmal allerdings vermißte ich Mafoudhs liebenswerte Wutausbrüche. Moukhtar und ich stritten nie. Auch das vermißte ich manchmal. Als Marinetta ihm am ersten Tag den Zrig reichte, versetzte er uns beiden einen Schock, indem er sich bedankte.

Nach dem Essen hatte Moukhtar anscheinend Lust auf eine Unterhaltung. Er fragte, ob ich wirklich Engländer sei, und als ich mit Ja antwortete, bemerkte er: »Ich habe gehört, die Engländer hätten einst die Welt beherrscht.«

»Einst«, sagte ich. »Jetzt nicht mehr. Jetzt beherrschen die Amerikaner die Welt, aber nicht durch Kolonisation, sondern mit Geld.«

»Es war nicht die Kolonisation, die uns zugrunde gerichtet hat, es war die Unabhängigkeit«, erwiderte Moukhtar.

»Wie das?«

»Die Franzosen waren Herrscher über uns, aber wir herrschten über alle anderen. Wir hatten unsere Sklaven und unsere Vasallen, und sie zahlten uns Tribut als Gegenleistung für ihren Schutz. Dann zogen die Franzosen ab. Jetzt, wo wir unabhängig sind, kann man einen Sklaven nicht mehr Sklaven und einen Vasallen nicht mehr Vasallen nennen. Man kann nicht einmal mehr die Kamele sein eigen nennen, weil die Regierung sie wegnehmen will, so sieht es am Ende aus.«

»Aber die Regierung besteht aus eurem eigenen Volk, aus Beidan, oder etwa nicht? Ich meine, ihr seid doch keine Minderheit.«

»Die Regierung ist ein neuer Stamm, der sich aus Teilen alter

Stämme zusammensetzt. Ich will damit sagen, wenn du zur Regierung gehörst, vergißt du, zu welchem Stamm du früher gehört hast.«

Moukhtar fuhr fort und erzählte, er hätte den ersten Präsidenten des Landes, Moukhtar Ould Daddah, der nun im Exil lebte, persönlich gekannt.

»Gehörte er auch zu deinem Stamm?« fragte ich ihn.

»Nein«, erwiderte er. »Ould Daddah war ein Marabut, kein Krieger.« Er erklärte, daß Ould Daddah nach dem Coup, durch den er die Macht verloren hatte, in Nema inhaftiert gewesen sei, als einziger Gefangener in einem Gebäude mit sechsundzwanzig Zimmern. Die Behörden hatten jemanden gebraucht, der ihm Gesellschaft leisten konnte, jemanden aus einer guten Familie, der keine politischen Ambitionen hatte. Einer von Moukhtars Verwandten war für das Gefängnis zuständig gewesen und hatte ihn für diese Aufgabe empfohlen. Er war zum Gesellschafter des Expräsidenten geworden, wobei seine Aufgaben darin bestanden hatten, ihm die Post zu holen und wegzubringen, Tee zuzubereiten und mit ihm zu plaudern, wenn ihm danach zumute war. »Er wurde gut behandelt«, sagte Moukhtar. »Jeden Tag hat man ein Schaf für ihn geschlachtet. Er hat alles zu essen bekommen, was er wollte, und sein Zimmer war immer voll mit Büchern und Zeitungen.«

»Was war er für ein Mensch?«

»Er war ein sehr kluger Mann. Sehr gebildet. Sehr freundlich und höflich. Er war mit der Tochter von General de Gaulle verheiratet und hatte ein paar Kinder. Aber seine Familie war nicht mit ihm inhaftiert. Sie flohen vor dem Coup in den Senegal.«

»Worüber habt ihr euch unterhalten?«

»Über alles mögliche. Manchmal fragte er mich nach meinem Leben. Er sprach über Politik und über verschiedene Länder, über Dinge, von denen ich nichts wußte. Aber ich habe viel dabei gelernt. Er war der intelligenteste Mann, den ich je kennengelernt habe. Deshalb war er auch Präsident.«

Ich hatte nur eine verschwommene Ahnung von der jüngeren Geschichte Mauretaniens, Moukhtar aber erzählte mir, Ould Daddah sei über die Polisario-Frage gestürzt. Am Anfang der Geschichte hatte, wie so oft in Afrika, der Rückzug einer Kolonialmacht aus ihrer ehemaligen Kolonie gestanden, in diesem Fall der Spanier aus Spanisch-Sahara. Ould Daddah und der marokkanische König Hassan waren übereingekommen, daß das befreite Territorium von ihnen beiden gemeinsam regiert werden sollte. Aber die Bewohner dieses Wüstenstreifens waren anderer Ansicht gewesen. Sie hatten die Volksfront für die Befreiung gegründet, genannt Polisario, und waren in die Offensive gegangen, was zum Angriff auf Chinguetti und Ouadana und sogar auf Nouakchott selbst geführt hatte. Die Mauren sympathisierten mit der Polisario, und Ould Daddah verlor zunehmend an Beliebtheit. Der Militärputsch von Oberst Maaouya Taya hatte schließlich zu seinem Sturz geführt.

»Am Ende ließen sie ihn laufen«, schloß Moukhtar seine Geschichte. »Er begab sich zu seiner Familie nach Paris, und ich kehrte zu meinen Ziegen und Kamelen zurück.«

Ich sah mit neuer Hochachtung auf unseren Führer. Das war eine überraschende und unerwartete Geschichte von einem Wüstennomaden.

Als es Zeit zum Weiterziehen war, sagte Moukhtar, er würde die Kamele alleine holen. Sowie er weg war, fragte ich Marinetta, was sie von ihm hielt. »Ich finde, er ist interessant und sehr attraktiv«, sagte sie. »Du nicht?«

»Interessant ja; attraktiv, das weiß ich nicht«, sagte ich, aber es war gelogen. Er war attraktiv. Er war ein feiner, würdevoller, intelligenter Mann und entsprach mehr dem Bild des edlen Wüstennomaden als alle, die ich bislang kennengelernt hatte, und das waren eine Menge. Doch die unverkennbare Anziehung, die er auf meine Frau ausübte, ließ eine bohrende Eifersucht in meinem Kopf erwachen. Es war ein fremdartiges Gefühl. Nie hätte ich gedacht, ich könnte einem analphabetischen Nomaden gegenüber mitten in der Sahara Eifersucht empfinden.

Die Mushla nahm kein Ende. Der Horizont war immer gleich weit vor uns und gleich weit hinter uns zu erkennen. Die Kamele schlurften wie Roboter dahin, mit ihrem monotonen, beschaulichen, unaufhaltsamen Gang. Sie waren zu richtigen Persönlichkeiten für uns geworden: Gurfaf, der die anderen Kamele beim Füttern vor Gier biß; Li'shal, das kleine Kamel aus Adrar, das beständig jaulte und spuckte; und der edle Shigar, der beste von allen, mit seinem weit ausholenden Schritt und seinem geduldigen Charakter. Nur Gurfaf machte uns Sorgen. Die Pusteln an seinen Flanken waren nicht sauber verheilt. Moukhtar schnitt sie erneut auf und drückte eine Menge Eiter heraus. »Du solltest ihn in Timbuktu austauschen«, meinte er. »Ich bezweifle, daß diese Wunden verheilen, solange er geritten wird.«

Gelegentlich war die verbrannte Erde durch Mulden unterbrochen, in die Regen gefallen war und wo grüne Schößlinge sich an den Sand schmiegten. Die Bäume dort trugen Blätter, und die Kamele bewegten sich schleppend darauf zu, um in dem köstlichen Grün zu grasen.

Mit Moukhtar gab es keine Auseinandersetzungen. Bald schon machte er alles mit solcher Perfektion und Gutwilligkeit, daß wir uns kaum noch an die Zeit ohne ihn erinnern konnten. Er war nie müde. Er schlief nie nachmittags. Er stand als erster auf und legte sich als letzter schlafen. Seine Energie schien keine Grenzen zu haben. Er sprach seine Gebete mit Bedacht, anstatt sie in Windeseile vor dem Tee herunterzuhecheln. Er backte mit peinlicher Aufmerksamkeit für jede Einzelheit Brot. Morgens, wenn wir uns auf die Suche nach den Kamelen machten, hatte er sie meist schon entdeckt, während ich noch immer nach ihren Spuren Ausschau hielt. Hinzu kam, daß er in allen Nomadenkünsten bewandert war. Er konnte aus den Wurzeln der stachligen *talha*-Bäume Ringe als Fesseln für die Kamele schnitzen. Er zeigte uns, wie man Feuer machte, indem man ein bleistiftdünnes Stück hartes Holz an einer Fläche weichen Holzes zwirbelte. Er kannte die Namen aller Himmelskonstellationen, die den Wechsel der Jahreszeiten anzeigten. Es waren achtundzwanzig, so sagte er. Er trug keinerlei Besitztümer bei sich, nicht einmal ein Messer oder eine Decke, wie ein Mann, der vollkommen darauf vertraut, daß seine Umgebung ihm alles Erforderliche zum Überleben bieten wird. Er war ein hervorragender Spurenleser und erspähte beim Reiten Spuren, in denen er wie in einem Buch las. Er sagte dann: »Die hier sind von einem weiblichen Kamel. Sie sind einen Tag alt«, und: »Das ist ein Schakal. Er ist erst vor kurzem hier vorbeigekommen.« Gelegentlich wurde ich irrationalerweise seiner Vollkommenheit überdrüssig. Ich vermute, ich fühlte mich deswegen unzulänglich. Und dabei konnte ich mich des Gefühls nicht erwehren, daß er Marinettas wegen den »Klassenprimus« spielte.

Sie war unverkennbar fasziniert von ihm. Oft glaubte ich an ihr einen Blick zu bemerken, der mehr als nur freundliches Interesse ausdrückte. Ich bewunderte den Mann ja selbst. Doch ihr Interesse erweckte in mir ein instinktives Bedürfnis, mich mit ihm zu messen. Ich sagte die Namen der Konstellationen auf. Ich führte die Grundlagen der Kompaß-Navigation vor. Ich versuchte sogar, eine Fessel zu fabrizieren, aber meine Finger erwiesen sich für diese Aufgabe als zu ungeschickt. Manchmal kam ich mir so zu nichts nutze vor, daß ich zynisch wurde. Einmal deutete er auf einige Kamelspuren und sagte: »Die sind drei Tage alt.«

Ich hörte mich selbst sagen: »Sind die Kamele braun, rot oder weiß, und wann haben sie Geburtstag?«

Er blickte mich ernst an. »Niemand kann das sagen«, erwiderte er. »Wer das behaupten würde, ist verrückt.«

Eines Tages nahm Marinetta mittags, als wir uns im Schatten eines Talha-Baumes hinsetzten, um Zrig zu trinken, ihre Kopfbedeckung ab. Es war das erste Mal seit unserem Aufbruch, das sie das vor den Augen des Führers tat. Ihre zu Beginn der Reise kurzgeschnittenen Haare waren inzwischen nachgewachsen. Nun breiteten sie sich in grandiosem Schwung um ihr reizvolles Gesicht aus. Die plötzliche Entblößung war so provozierend wie ein Striptease. Bis zu diesem Augenblick war mir nie klar gewesen, welche Sinnlichkeit Haare ausstrahlen konnten. Ich war wütend. Mein Ärger wuchs noch, als sie sich niederhockte und Moukhtar Milch anbot. Es kam mir vor wie eine absichtliche Zurschaustellung. Der Führer blickte betreten beiseite, aber auch das bestärkte mich nur noch in meiner Eifersucht. Ich wollte sie gerade barsch auffordern, wieder ihr Kopftuch anzulegen, als ich sah, daß der Schweiß ihr in Strömen vom Gesicht herablief. Es war ein außerordentlich heißer Tag. Vielleicht hatte sie es doch nur abgelegt, weil ihr so heiß war. Dann lenkte Moukhtar mich mit den Worten ab: »Diese Talha-Bäume sind die besten Bäume, die Gott erschaffen hat. Wir verwenden jeden Teil davon. Wir benutzen die großen Wurzeln als Zeltstützen und die kleineren für Beinfesseln und Seile. Die Tiere können die Blätter und die Früchte – das Johannisbrot – fressen, und aus den Blättern kann man Medizin gewinnen. Man kann den Gummi essen, und das Holz ist das beste Feuerholz, das wir kennen. Das nenne ich einen nützlichen Baum!«

Der einzige Makel an Moukhtars Vollkommenheit war, daß es ihm nicht gelang, einen Brunnen mit Wasser zu finden. Vier Tage lang folgten wir der Südroute, und die sieben in Oualata gefüllten Wasserhäute waren auf zwei geschrumpft. Moukhtar zeigte erste Anzeichen von Unruhe. Die Kamele blieben durch das gelegentlich auftauchende frische Gras vom Durst verschont, aber für uns wurde die Situation langsam kritisch. Wir waren uns alle nur zu gut dessen bewußt, daß es der in letzter Minute von Sheikh Ahmed gegebene Rat war, der uns veranlaßt hatte, diese Route zu wählen. Ich mußte immerzu an sein »Das werdet ihr noch bereuen!« denken, mit dem er damals aus dem Laden gestürzt war.

Am Nachmittag des vierten Tages sahen wir eine dicke, graue Staubwand, die unheilverkündend über den Horizont wanderte. Sie bestand aus hohen, spiralförmigen Säulen, die wie Rauchschwaden über einem entfesselten Feuer aussahen. Einen Augenblick später war sie über uns. Das Licht verlosch, und wir wurden von einem aschgrauen Staubwirbel eingehüllt. Ich wußte, daß nicht einmal Moukhtar in diesem Inferno die Richtung erkennen konnte. Wir gingen zu Fuß, und ich sagte zu Marinetta, sie solle sich am Sattelgurt ihres Kamels festhalten, egal, was geschehen würde. Ich rannte mit einem Kompaß nach vorne und bat Moukhtar, mir zu folgen. Er willigte sofort ein, und dann taumelten wir zwei Stunden lang durch den mörderischen Sturm, und der Sand drosch auf unsere Kopftücher ein, stach uns in die Augen und verstopfte unsere Nasen.

Bei Sonnenuntergang hatte der Sturm sich gelegt, und wir schlugen auf einer gewundenen Ebene aus ausgedörrtem Bernsteingelb in einem Unterholz aus abgestorbenen Dornbäumen unser Lager auf. Nach dem Essen sprachen wir über die Aussichten, am folgenden Tag auf Wasser zu stoßen. »Ich verstehe einfach nicht, warum Sheikh Ahmed uns sagte, die Strecke sei passierbar«, bemerkte Moukhtar.

»Ich schon!« sagte ich und erzählte ihm, daß ich ihn als Führer abgewiesen hatte.

»Es gibt keinen Gott außer Gott!« rief Moukhtar aus. »Ich habe zwar Geschichten über diesen Mann gehört, aber ich habe sie nie geglaubt. Es heißt, daß er in Zough in die Wüste ging und die Ziegen anderer Leute schlachtete. Es geht das Gerücht, daß er fünfzehn tötete, bevor man ihn erwischte. Dann haben sie ihn aus Zough vertrieben, und er fand Arbeit in der Armee.«

»Das hört sich ganz nach ihm an«, meinte Marinetta.

»Er hat versucht, uns zu töten«, sagte Moukhtar noch immer ungläubig. »Er wußte, wie gefährlich die Mushla ist! Der Mann hat den Teufel im Leib, daran kann kein Zweifel bestehen!« Das war das einzige Mal, daß ich Moukhtar wütend erlebte.

Bald nachdem wir am folgenden Morgen unser Lager abgebrochen hatten, hörten wir den dumpfen Knall eines Gewehrs. Dann einen zweiten. Plötzlich fühlte ich mich sehr verletzlich, doch der Anblick dreier Antilopen, die vor uns davonflitzten, überzeugte mich davon, daß nicht wir Ziel dieser Schüsse gewesen waren. Einen Moment später deutete Moukhtar auf eine einsame Gestalt, die unter einem Busch saß und ein Gewehr in den Armen hielt. »Sieht aus wie ein Nemadi«, sagte er, »aber die Antilopen hat er wohl verfehlt.«

Als wir uns dem Mann näherten, stand er scheu auf. Er trug keine Kopfbedeckung – genaugenommen überhaupt nichts außer einem völlig zerlumpten Hemd aus grauem Stoff, das ihn nur unzureichend bedeckte. Moukhtar fragte ihn, ob die Südroute nach Mali passierbar sei. Der Mann reagierte mit sichtlicher Geringschätzung. »Die Brunnen sind schon seit Monaten tot«, sagte er. »Und euch wird es nicht anders gehen, wenn ihr hier weiterzieht.« Er riet uns, uns nach Norden zu wenden und den neuen Grenzbrunnen bei Umm Murthema anzusteuern. »Wenn ihr schnell reitet, könnt ihr es bis Sonnenuntergang schaffen«, sagte er.

Als wir wegritten, murmelte Moukhtar: »Gott verfluche Sheikh Ahmed! Wenn ich meinem Vater davon erzähle, wird er sich wünschen, den Teufel zu erwürgen!«

Die Sonne war im Sinken begriffen, als wir Umm Murthema erreichten. Der Brunnen lag mitten im Niemandsland, er war erst vor kurzem von Ingenieuren der Regierung gegraben worden. Eine Ansammlung von Haratin-Landarbeitern tröpfelte zur Begrüßung aus ein paar baufälligen Hütten heraus. Sie brachten ein Seil und einen riesengroßen Ledereimer zum Vorschein, und Moukhtar trieb sein Kamel zur Trosse. Der Brunnen war über achtzig Meter tief, und das Wasser konnte ohne tierische Hilfe nicht nach oben befördert werden. Die Haratin versammelten sich um uns, um uns beim Tränken der Kamele und beim Füllen unserer Wasserhäute zur Hand zu gehen. Über dem Brunnen war an einem Eisengestell ein Haspelrad befestigt. Einer der Haratin warf das Seil darüber und ließ den Eimer nach unten. Man hörte ein entferntes Klatschen, als der Eimer auf das Wasser traf. Der Haratin hantierte mit dem Seil, bis er das Gewicht des vollen Eimers spürte. »Zieh!« schrie er dann, und Moukhtar führte das Kamel voran. Die Trosse straffte sich. Das Rad quietschte, als der große Eimer hochkam. Zwei Haratin packten ihn und hievten ihn auf eine alte, eiserne Schubkarre, die sie als Becken benutzten. Das Wasser war schlammig, aber das gurgelnde Geräusch war angenehm vertraut. Der Eimer wurde wieder in den Brunnen hinabgelassen. Und wieder schleppte das Kamel die Trosse.

Marinetta und ich entluden die anderen Kamele und trieben sie zum Trinken zur Schubkarre. Literweise schluckten sie das schlammige Wasser hinunter. Als letztes wurden die sieben Wassersäcke gefüllt, sie lagen danach wie Cervelatwürste im grauen Sand. Die Kamele hatten sich reichlich gütlich getan, und ihre Bäuche waren zum Platzen angeschwollen. Ich fragte einen der Haratin, wieviel wir ihnen für ihre Mühen schuldeten. Er schlug mein Angebot mit einem Abwinken seiner gedrungenen Hand aus. »Das ist der letzte Brunnen in Mauretanien«, sagte er. »Danach seid ihr in Mali. Die Malier sind nicht wie die Mauren. Dort werdet ihr zahlen. Aber hier ist das Wasser für Gäste umsonst.«

Wir verbrachten die Nacht auf einem frischen Grasflecken ein Stück weiter. Die Kamele fraßen gierig daran, ihre Bäuche waren nun gut geschmiert. Die Nacht war mondlos und sehr dunkel, doch beim Abladen erhellte plötzlich ein gleißender, orangefarbener Blitz die Dunkelheit. Einen Moment lang war es taghell. Als er verblaßt war, sagte Marinetta: »Ich dachte, jemand hätte den Strom angeschlossen!«

»Morgen wird es regnen«, sagte Moukhtar.

Im Gras wimmelte es von Insekten und Moskitos. Überall trippelten schwarze Skarabäus-Käfer umher. Sie machten den Ruf der Natur zu einem interessanten Experiment. Kaum hatte man sein Geschäft erledigt, hörte man schon ein Brummen wie von einem Hubschrauber und ein Skarabäus kam angeschlittert, um die Sachlage zu überprüfen. Einen Augenblick später kam der nächste angebrummt, dann war ein aufgeregtes Dröhnen zu vernehmen, mit dem der Rest der Abteilung sein Ziel ansteuerte. Wenn man den dunklen

Haufen im Licht der Taschenlampe inspizierte, konnte man sehen, daß er vor Dutzenden von Tieren wimmelte, die Stückchen wegschleppten, sie aufteilten und segmentierten wie Maurer und miteinander kämpften, um ihre Brocken in Sicherheit zu bringen. In Sekundenschnelle war der Haufen aufgelöst, und die Skarabäen transportierten Brocken von der Größe eines Golfballs mit ihren Hinterbeinen ab. Später gruben sie sie im Sand ein und legten ihre Eier darin ab. Es war das wirkungsvollste Müllverwertungssystem, das ich je gesehen habe.

Ich war fasziniert von dem Geschehen und konnte den eifrigen kleinen Tieren stundenlang zusehen. Ich konzentrierte mich auf eine Heldenschlacht zwischen zwei ebenbürtigen Gegnern, einem Hektor und einem Achilles der Käferwelt (obwohl es sich vermutlich um weibliche Heroinen handelte), die verzweifelt um ein Mistbruchstück kämpften. Sie rangen miteinander, schnappten mit ihren mächtigen Kiefern und krümmten ihre gepanzerten Beine. Sie kabbelten sich mit aufgeregten Fühlern und schlugen Purzelbäume über den Chitinrumpf des anderen. Einmal gelang es Hektor, mit dem Dungball zu entkommen, doch Achilles fing ihn wieder ein und drückte ihn mit seinen winzigen Klauen nieder. Wieder wogte der Kampf hin und her, bis Achilles nach einem letzten Stoß Hektors das Weite suchte und abschwirrte. Triumphierend schob Hektor den Mist zu seiner Sandburg, vor sich den Samen seiner Nachkommen, als eine graue Maus mit überwältigender Heftigkeit ihren Kopf aus dem Mauseloch steckte, und mit einem laut vernehmlichen Knirschen war Hektor verschwunden.

Moukhtars Vorhersage erwies sich als falsch. Es regnete noch in dieser Nacht. Als wir am Morgen erwachten, rasten am Himmel graublaue Wolken dahin, umschlangen einander, rollten sich spiralförmig ein und blähten sich auf wie bei einem Sturm auf hoher See. Es gab keinen Sonnenaufgang. Statt dessen tat sich in einer der Wolken eine Luke auf, und ein einziger goldener Lichtstrahl schoß hindurch. In diesem Licht erblickten wir die in ein Blütenmeer verwandelte Sahara. Die Wüste hatte ihr prachtvollstes Königsgewand angelegt. Eine Million weißer Seelilien hatte sich geöffnet, so groß und vollkommen wie Narzissen. An ihren Stengeln saßen kleine, gelbe Blüten, die wie Knollen kreuz und quer den Boden überzogen. Weit über die Ebene hinweg wurde das Sonnenlicht zurückgeworfen, zerstäubt und reflektiert von Billionen von diamantengleichen Feuchtigkeitstropfen.

Doch die Feuchtigkeit brachte auch unliebsame Gäste mit sich. Beim Aufladen fiel der riesigste Skorpion, den ich je gesehen hatte, unter dem Tragegestell heraus. Es war eine horrende Kreatur, jadegrün und fast durchscheinend. Moukhtar zermalmte ihn mit seinem Stock, und das Tier schlug mit ausgefahrenen Zangen und peitschendem Schwanz um sich. Ein weiterer, beinahe ebenso großer, fand sich unter den Wasserhäuten. Marinetta erstarrte vor Grauen und stieß hervor: »Bring ihn um! Bring ihn um!«, während ich das Monster aufspießte.

»Es gibt nichts Schlimmeres als den Stich eines Skorpions«, sagte Moukhtar, »aber sie bewegen sich sehr langsam. Wenn man sie einmal erspäht hat, kann man sie leicht töten.« Es waren die, die wir nicht erspäht hatten, die mir Sorgen bereiteten. Skorpione lieben dunkle Spalten, insbesondere unter Girbas und Sattelzeug. Ihre drohende Anwesenheit ließ uns von nun an mit doppelter Vorsicht beim Laden vorgehen.

Es war eine ganz neue Erfahrung, durch die Wüste zu laufen und nassen Tau an den Füßen zu fühlen. Wo immer man hinsah, konnte man neue Lebenszeichen entdecken. In den nassen Sand waren viele große Löcher gegraben. Moukhtar sagte, sie stammten von Honigdachsen. »Die Honigdachse haben sehr scharfe Zähne«, erklärte er. »Sie rennen solange, bis man sie in die Ecke drängt. Dann packen sie deinen Fuß und lassen ihn erst wieder los, wenn du sie tötest. Und das ist nicht einfach, glaub mir!« Er fügte hinzu, daß die Dachse bekannt dafür seien, daß sie sich an die Füße von Kamelen klammerten und erst von ihnen abließen, wenn die Kamele zu Boden stürzten. Danach ging ich mit mehr Respekt an ihren Löchern vorüber.

Eine kühle Brise wehte, die der Erde die Feuchtigkeit entzog und sie in die Luft verströmen ließ. Hin und wieder traf uns eine Regenbö. Viele verschiedene Tiere waren durch das neue Kleid der Wüste aus ihren Löchern hervorgelockt worden. An diesem Tag sahen wir fünf Schakale, die in großen Sätzen, alleine oder paarweise, über den dampfenden Boden sprangen und gelegentlich haltmachten, um die Brise zu schnuppern. »Der Schakal ist ein kluges Tier«, sagte Moukhtar zu uns. »Er ist immer da, aber oft sieht man nichts von ihm. Er jagt mit seiner Frau, und sie haben ihre eigene

Sprache. Hör ihnen einmal zu heute nacht. Sie werden Ziegen angreifen, Schafe und sogar junge Kamele.« Wir entdeckten auch eine mittelgroße Schildkröte, die ihre Wege über den Boden zog. Wir hielten an, um sie genauer zu betrachten und ein Foto zu machen. Sie war hellbraun mit einem wunderschön gemusterten Panzer. Ich hob sie hoch, um sie aus der Nähe anzuschauen. »Vorsicht!« rief Moukhtar mir warnend zu. »Die Haratin essen Schildkröten. Wir haben ein Sprichwort: ›Komm her, Schildkröte, ich werde dich essen! Komm her, Sklave, ich werde auf dich pissen!‹« Als hätte die Schildkröte auf dieses Stichwort gewartet, hinterließ sie einen Sprühregen klebrigen Urins auf meiner Hand.

An diesem Abend schlugen wir unser Lager in Mali auf. »Das ist das erste Mal, daß ich ein Land betrete, ohne meinen Paß vorzuweisen«, sagte Marinetta.

»Bis Timbuktu werden wir auf keinerlei Polizei- und Zollstation stoßen«, sagte Moukhtar. »Heute sind die Dinge viel einfacher als früher. Früher gab es überall Grenzposten. Ich muß es wissen: Meine Brüder und ich schmuggelten immer Getreide aus Mali. Das war natürlich illegal. Es hieß, das wäre, als ob man die Regierung bestehle. Aber wir taten es trotzdem.« Er erzählte, wie er und sein Bruder einmal eine Karawane mit fünfunddreißig Kamelen aus Mali geführt hatten, jedes von ihnen beladen mit fünf Sack Getreide. Sein Bruder war in ein Dorf gegangen, um Vorräte einzukaufen, und war von der Polizei verhaftet worden. Moukhtar war mit seinen fünfunddreißig Kamelen alleine weitergezogen. Er war gezwungen, sich nachts fortzubewegen und lebte in der ständigen Befürchtung, die Kamele am hinteren Ende könnten ausbrechen, ohne daß er es in der Dunkelheit bemerkt hätte. »Ich hängte eine Blechbüchse an den Sattel des letzten Kamels«, erklärte er, »und steckte einen Metallbecher hinein. Solange ich das Klimpern des Metallbechers hörte, wußte ich, daß noch alle Kamele da waren. Aber dann mußte ich einen Polizeiposten passieren, also entfernte ich das Metallding. Ich hatte Glück. Die Polizisten schliefen alle. Dann überquerte ich die Grenze und mußte mir keine Sorgen mehr machen.« Sein Bruder war sieben Tage später nach Hause gekommen.

Nach Einbruch der Dunkelheit wurden wir von einem Mückenschwarm angegriffen. Glücklicherweise hatten sie es auf mich noch nie sehr abgesehen, aber sie quälten Marinetta. »Verdammte Mükken!« zuckte sie zusammen, während sie auf Gesicht und Hände einschlug. »Ich weiß wirklich nicht, wozu die erschaffen worden sind.« Dann sah sie mich grinsen und zischte: »Ich versteh gar nicht, warum sie dich nicht beißen. Ich wette, du riechst schlecht oder so was Ähnliches.«

»Sie mögen das Blut mancher Leute mehr als das anderer«, erklärte Moukhtar. »Meines mögen sie am liebsten«, klagte Marinetta. Die ganze Nacht über wurde sie von ihnen gemartert, rollte hin und her und fuchtelte schlaflos herum. Alle halbe Stunde schaltete sie ihre Taschenlampe ein und weckte mich auf, um mir einen großen, übel aussehenden, roten Flecken auf ihrer Haut zu zeigen. »Alles ist besser als das hier«, stöhnte sie. »Sogar die Hitze.«

Und Mücken waren nicht die einzigen unerwünschten nächtlichen Besucher. Es gab Blasenkäfer, die schon eine heftige Hautentzündung auslösen konnten, wenn sie nur über einen hinwegliefen. Es gab Sandfliegen, die Fieber hervorrufen konnten. Die schlimmsten Biester von allen waren die Kamelspinnen. Sie hatten acht Zentimeter lange Beine und riesige Mundwerkzeuge, mit denen sie fürchterliche Bisse verabreichen konnten, schlimmer noch als der Stich eines Skorpions. Am Morgen erwachte Marinetta über und über bedeckt mit Moskitostichen, und selbst Moukhtar sah unglücklich aus, solange die Mücken uns umschwirrten.

Gelegentlich sahen wir Menschen, die mit ihren Kamelen und Ziegen zu den frischen Weidegründen gezogen waren und geschäftig Zelte errichteten. Meist waren es noch die vertrauten pyramidenförmigen Zelte der Mauren, doch immer häufiger stießen wir auf die abgeflachten, ovalen Zelte der Tuareg.

Ich wartete gespannt auf mein erstes Zusammentreffen mit dem verschleierten Volk der Sahara, aber Moukhtar dämpfte meinen Enthusiasmus mit seinen Geschichten. »Einem Tuareg kannst du nicht über den Weg trauen«, erzählte er. »Jeder weiß, daß sie Betrüger sind. Und dabei sind sie alles andere als tapfer. Sie stehlen nachts, wenn man nicht hinschaut. Die schwarzen Tuareg sind am schlimmsten, aber auch die weißen sind als Betrüger berüchtigt.« Er erzählte uns, wie er einmal auf einem Laster nach Mauretanien zurückgefahren war, der in einem abgelegenen Dorf haltmachte. »Ein weißer Targui kam herbeigelaufen und sagte, sein Lastwagen sei ohne Treibstoff irgendwo außerhalb des Dorfes liegengeblieben. Er bat mich, ihm Geld zu leihen, damit er Benzin kaufen konnte, und sagte, er hätte Getreide geladen und würde etwas davon verkaufen, sowie er das Dorf erreicht hätte, und mir dann das Geld zurückzahlen. Natürlich habe ich ihm Geld geliehen«, sagte Moukhtar. »Schließlich war er ein Muslim. Ich wartete, bis der Lastwagen im Dorf ankam. Ich sah, wie die Scheinwerfer sich uns näherten. Der Laster kam direkt auf unseren Parkplatz zu, und ich erkannte den Targui innen drin. Er fuhr schnurstracks weiter und sah nicht einmal zu mir herüber, bei Gott! Die Tuareg sind nicht wie die Araber. Sie glauben, Betrügen sei ein Zeichen von Klugheit.«

Die ersten Tuareg kamen am folgenden Morgen zu unserem Lager. Es waren drei, alle ziemlich jung. Das erste, was mir auffiel, waren natürlich ihre Schleier. Sie trugen indigoblaue Kopftücher genau wie die Mauren, nur daß das Tuch fest um die untere Gesichtshälfte gebunden war und nur noch die Augen frei ließ. Sie waren gertenschlank und hatten vergilbte Hemden und schwarze Umhänge an. Einer von ihnen hatte eine Schrotflinte dabei und einen Patronengurt um die Taille geschlungen. Sie sprachen kein Hassanya, doch ihre ausgestreckten Hände, mit denen sie zu unserem Tee und Zucker hin gestikulierten, machten unmißverständlich klar, daß ihr Besuch nicht rein geselligen Motiven entsprang. Ich hatte das Gefühl, daß es irgendwie ein falsches Spiel war, solche Schleier zu tragen. Man kann so viel am Gesichtsausdruck eines Menschen ablesen, daß dieses Verhüllen den Eindruck erweckt, er wolle absichtlich seine wahre Natur verbergen. Als wir sie verließen, studierten sie einige Lipton-Teebeutel, die wir weggeworfen hatten. Neugierig hielten sie sie gegen das Licht. »Sie werden eine Zeitlang brauchen, um des Rätsels Lösung zu finden!« sagte Marinetta.

Diesen ganzen Nachmittag über rannte Marinetta herum und machte Fotos von Moukhtar, wie er die Karawane führte. Sie schien wie verzaubert von seiner geschmeidigen Gestalt, und mehrmals forderte sie mich auf, aus dem Weg zu gehen. Ich weigerte mich und sagte, wir hätten keine Zeit für solche Albernheiten. Ihre Gefühle für den Führer ließen sich auch daran ermessen, daß sie nur selten mit ihm sprach wie mit Mafoudh, der mehr wie ein Bruder für sie gewesen war. Ihr Zoom überbrückte den Graben, den ihre Schüchternheit gezogen hatte, und unter dem Vorwand des Fotografierens konnte sie sein Gesicht und seinen Körper genau unter die Lupe nehmen. Moukhtar wiederum plusterte sich, seiner Anziehungskraft wohl bewußt, vor der Kamera auf. Nie bedeckte er sein Gesicht, wie Mafoudh es immer getan hatte. »Komm schon, Maik!« rief sie mir erneut zu. »Geh endlich aus dem Bild! Ich will den Führer und die Karawane knipsen!«

»Du wirst das Foto so machen müssen, wie es ist, oder überhaupt nicht!« erwiderte ich wutentbrannt.

»Ich habe es satt, immerzu Fotos von deinem verdammten blöden Gesicht zu machen!« schrie sie. Ein paar Minuten danach packte sie die Kameras beleidigt ein.

Am folgenden Tag nahm Marinetta während unserer Mittagsrast plötzlich die Kameras und marschierte los, um einige Aufnahmen von Moukhtar zu machen, der fünfzig Meter weiter die Kamele hütete. Als ich mich umdrehte, sah ich sie die Kamera auf ihn richten, während er stolz vor den grasenden Tieren posierte. Ich sah, daß sie ihr Kopftuch nicht mehr trug. Es war auf ihren Hals herabgefallen, und sie machte keine Anstalten, es wieder hochzuziehen. Der dunkle Kranz ihrer Haare flatterte frei im Wind. Moukhtar wechselte die Position, und sie krümmte ihren schlanken Körper, um eine weitere Aufnahme zu machen. Das Sonnenlicht fiel auf die geschmeidigen Muskeln ihrer braungebrannten Arme und Beine. Ich war sicher, daß sie das aus Rache tat, und kochte vor Wut.

Als sie ins Lager zurückkam und noch immer leise lächelnd sagte: »Ich habe ein paar hervorragende Fotos geschossen«, brüllte ich sie an: »Zieh dieses verdammte Kopftuch an! Bedecke deine Haare! Du weißt, daß eine Frau in der maurischen Kultur niemals ihre Haare zeigen soll!«

»Warum soll ich dieses Ding die ganze Zeit über tragen?« schrie sie zurück. »Du ziehst deines ja auch aus. Ich gehöre nicht zu dieser Kultur. Ich kann tun, was ich will.«

»Nein, verdammt noch mal, das kannst du nicht! Du bist eine verheiratete Frau und kannst dich verdammt noch mal anständig benehmen!«

»In der Sahara?«

»Besonders in der Sahara. Du solltest nicht mit dem Führer alleine weggehen.«

»Ach, das ist es also«, sagte sie. »Du bist eifersüchtig!«

»Ich bin nicht eifersüchtig! Ich will, daß diese Expedition ein Erfolg wird, und du tust alles, damit sie scheitert.«

»Eifersüchtig!«

»Zieh endlich dein Kopftuch an!«

Sie zog es an, aber danach sprach sie zwei Tage lang kein Wort mehr mit mir.

Den ganzen Nachmittag verharrte sie in beleidigtem Schweigen, und selbst als die Hitze nachließ, weigerte sie sich zu reden. Auch am Abend sprach sie kein Wort. Moukhtar bemerkte, sie müsse müde sein. »Es ist eine harte Reise für eine Frau«, sagte er. Am nächsten Morgen schleppte sie sich hinter den Kamelen her, während wir weitergingen. Dann blieb sie immer weiter zurück, bis es wirklich gefährlich wurde. Ich mußte Moukhtar zum Anhalten auffordern, damit sie uns einholen konnte. Das war das erste Mal, daß sie so zurückgefallen war. Mit einem unverschämten Watscheln holte sie wieder auf, fiel aber sofort zurück, kaum daß wir losgezogen waren. »Marinetta!« rief ich ihr zu. »Um Himmels willen, streng dich ein bißchen an! Wenn du nicht mitkommst, mußt du aufsteigen.« Sie starrte mich verächtlich an. Einige Minuten später mußte ich Moukhtar erneut sagen, er solle anhalten. Dann ließ ich ihr Kamel niederknien und befahl ihr: »Steig auf das Kamel!« Sie weigerte sich. »Steig auf das verdammte Kamel!« tobte ich, nun wirklich außer mir. Ich packte sie am Arm. Moukhtar sah uns mit seltsamem Gesichtsausdruck von der Spitze der Karawane aus zu. Schließlich bestieg sie das Kamel. Aber sie sprach den ganzen Nachmittag kein Wort.

In dieser Nacht errichteten wir unser Lager auf einer Anhöhe mit einem abgeflachten, sandigen Gipfel, der aussah wie eine kleine Festung inmitten der Ebene. Der Mond schien nur noch schwach, er verblaßte bereits, und es gab kaum Licht. Während Moukhtar Brot backte, saß Marinetta auf ihrem Nachtlager, blies Trübsal und schlug stillschweigend Mücken tot. Moukhtar sprach wieder über Tiere und erzählte: »Früher gab es hier auch Leoparden. Der Leopard ist das gefährlichste Tier, das es gibt, bei Gott! Sogar noch gefährlicher als der Löwe. Er ist so schnell, daß er dich mit einem Hieb töten kann. Der Löwe spielt zuerst mit dir, und das gibt dir die Chance, eine Waffe zu erwischen.« Von irgendwoher aus der Mushla ertönte das durchdringende Heulen von Schakalen. »Da sind sie!« rief Moukhtar aus. »Hört, wie sie miteinander sprechen.« Ich lauschte angestrengt, bis mir plötzlich etwas anderes zu Bewußtsein kam. Ich konnte das Kauen der Kamele nicht mehr hören. Es war schon spät. Ich schlug vor, loszugehen und sie vor Einbruch der Nacht einzusammeln, wie wir es seit unserer Einreise in Mali taten.

Moukhtar bot sich freiwillig an, alleine zu gehen, und verschwand alsbald in der Dunkelheit. Der Mond war gesunken, und die Nacht war pechschwarz. Dreißig Minuten später kam er ohne Kamele zurück. »Sie sind weg!« sagte er.

»Du meinst, jemand hat sie gestohlen?« fragte ich ihn fassungslos.

»Ich weiß es nicht. Sie sind nicht in der Nähe des Lagers.«

»Ist es möglich, daß ein Dieb sie mitgenommen hat, während wir uns unterhielten?«

»Möglich ist es. Aber vielleicht sind sie auch auf der Suche nach besseren Weiden weggelaufen. Ich kann keinerlei Spuren finden.«

Marinetta setzte sich aufmerksam hin. Moukhtar bat mich um meine Taschenlampe. »Ihr bleibt hier und paßt auf das Feuer auf«, sagte er. »Ich werde nach ihnen suchen.« Nach seinem Weggang holte ich noch mehr Holz und schürte das Feuer. Jenseits der Weide konnte ich den schwachen Schimmer der Taschenlampe erkennen, der im Zickzack hierhin und dorthin wanderte. Das Unerfreulichste an der Geschichte war, daß uns tatsächlich jemand aus der Dunkelheit mit hinterlistigen Absichten beobachten konnte.

Plötzlich brach Marinetta ihr Schweigen. »Ich habe Angst, Maik«, sagte sie. »Was werden wir tun, wenn sie wirklich gestohlen wurden? Wir stecken mitten im Niemandsland.«

»Wir werden schon zurechtkommen«, erwiderte ich. »Es gibt ein paar Nomaden in der Gegend, die uns helfen können. Besser hier verloren als im Umm Hayjiba.«

Eine Pause trat ein, dann sagte sie: »Maik, mein Kopftuch ist heruntergerutscht. Ich habe es nicht absichtlich weggezogen.«

»Und du hast nicht ein Auge auf Moukhtar geworfen?«

»Er ist attraktiv. Hast du etwa nie die attraktiven Mädchen in Chinguetti angeschaut? Weiter steckt nichts dahinter. Du bist mein Mann.« Es war das erste Mal, soweit ich mich erinnern konnte, daß sie dieses Wort gebrauchte.

Bis zur Rückkehr unseres Führers verging mehr als eine Stunde.

»Der Boden ist zu hart für Spuren«, war alles, was er sagte. »Wir müssen morgen früh nach den Tieren suchen.«

Als ich bei Sonnenaufgang meine Augen öffnete, war Moukhtar weg. Mein erster Gedanke war: »Das war ein Trick!« Dann aber sah ich, daß er seine Sandalen zurückgelassen hatte und barfuß gegangen war. Ich wußte, daß er zurückkommen wollte. Marinetta stand auf und machte Kaffee. Wir saßen am Feuer und ließen unsere Augen über den Horizont wandern. Keine Bewegung, keine Spur eines menschlichen oder tierischen Wesens war zu erkennen. Es gab nichts als trostlose Öde, eine grenzenlose Leere und den Atem des Windes, der über das Ödland strich. Die Sonne stieg höher, unser Feuer brannte nieder. Ich fragte mich, ob wir je den Nil erreichen würden, wenn wir diese drei Kamele verloren. Ich fragte mich, wie wir überleben würden. »Was auch immer geschieht, wir werden nicht aufgeben«, sagte Marinetta. »Nicht jetzt. Wir haben schon zuviel durchgestanden.« Ich verspürte einen plötzlichen Schwall tiefer Bewunderung, der sich langsam in mir ausbreitete. Es war das Tapferste, was ich je aus ihrem Munde gehört hatte. Die Auseinandersetzungen und meine Erbitterung waren vergessen. Ich legte meinen Arm um ihre Schultern. »Schau!« rief sie. »Da draußen!« Weit weg, am Rande der Ebene so schien es, war ein dunkler Fleck. Dann wurde er zu einer Gestalt, die drei Kamele führte. Ich wartete mit angehaltenem Atem, bis ich die unverwechselbare Gestalt Moukhtars erkannte.

»Er hat sie gefunden!« schrie ich. Marinetta schlang ihre Arme um mich. Eine dicke Träne rann ihre Wangen hinab.

Am nächsten Tag erreichten wir Ras el Ma. Seit unserem Aufbruch hatte ich mich darauf gefreut. Es lag an der Westspitze des Faguibine-Sees, eines keilförmigen, blauen Gewässers auf der Landkarte, das sich tagelang nach Osten Richtung Timbuktu erstreckte. Aber ich wurde enttäuscht. Ras el Ma war eine trostlose, graue Ansammlung von Lehmhäusern zwischen Dornbüschen. Einst hatte es am Ende des Sees gelegen, doch nun war der See verschwunden. Der auf der Karte so reizende, blaue Lac Faguibine war vollständig ausgetrocknet. Einige Tuareg, die uns halfen, Wasser aus einem Brunnen im alten Bett des Sees zu schöpfen, sagten, daß seit acht Jahren schon kein Wasser mehr an die Seeoberfläche getreten sei.

Drei Tage lang ritten wir durch Ödland. Wo früher einmal Wasser gewesen war, standen nun hektarweise Sodomsapfelbäume mit wachsigen Blättern und giftigen, einer Grapefruit ähnlichen Früchten. Dazwischen wuchsen niedrige Dornbäume, aber die drei Meter hohen Sodomsapfelbäume mit ihrem weißen Wurzelwerk überragten sie. An manchen Stellen bildeten die Bäume enge Korridore, vor denen die Kamele, verängstigt durch das Knacken der kaktusartigen Blätter und das Rasseln der getrockneten, leeren Fruchthülsen, zögerten. Der Boden des Seegrunds war grau und staubig und mit Muschelschalen übersät. »Früher gab es hier sehr viele Fische«, erzählte uns Moukhtar. »Auf dem See fuhren Boote, auf denen mit Netzen gefischt wurde.« Am Ufer reihten sich noch immer die Hütten der Fischer aneinander, doch dahinter schon erhoben sich drohend die Dünen der Sahara. Hier, so dachte ich, hatte man eine Art Miniaturversion der Geschichte der Sahara vor sich. In der Steinzeit war diese ganze Region, von hier bis zum Baatin, gut mit Seewasser versorgt und von Fischern bewohnt gewesen. Im Laufe der Jahrtausende war das Gebiet immer trockener geworden, und die Austrocknung hatte die Fischer vertrieben und sie zu Nomaden gemacht, die ihre nun an den Ufern eines ehemaligen Sees gestrandeten Dörfer verließen, welche entweder dem Untergang geweiht waren oder sich den neuen Bedingungen anpassen mußten.

Am 16. September erblickten wir die Türme Timbuktus am Horizont. Innerhalb einer Stunde lag die ganze Stadt in weitem Bogen vor uns ausgebreitet. »Ist das wirklich wahr?« fragte Marinetta. »Nach all der Zeit!«

Wir hatten es in zweiundvierzig Tagen geschafft.

Der erste Abendländer, der je Timbuktu erblickt hatte, war 1825 Alexander Gordon Laing gewesen. Laing hatte nicht mehr lange genug gelebt, um seine Geschichte zu erzählen: Er wurde auf dem Rückweg irgendwo in der Wüste von seinen Führern ermordet. Drei Jahre später, 1828, hatte ein junger Franzose namens René Caillié den Ort besucht und die qualvolle Rückreise quer durch die Sahara überlebt, um der Welt von seiner Entdeckung zu berichten. 161 Jahre waren vergangen, seit Laings Blick zum ersten Mal auf Timbuktu gefallen war. Von unserem jetzigen Standort aus hätte es ebensogut gestern sein können.

Am späten Nachmittag erreichten wir die Sanddünen vor der

Stadt. Während wir abluden, eilten einige Araberinnen mit reizvollen orientalischen Gesichtern zu unserer Begrüßung herbei. Moukhtar sagte, sie gehörten zu den Berabisch, der großen arabischen Konföderation Westmalis. Den Frauen folgten Kinderhorden, die die Sanddünen hinabrutschten und riefen: »*Donnez-moi un cadeau!*« Die Stadtmauern sahen abweisend aus, und es widerstrebte uns merkwürdigerweise, die vertraute Sicherheit der Wüste zu verlassen. Die Wüste war bereits ein Teil unserer selbst geworden. Die Stadt lag in einem anderen Land, wo wir Pässe und Visa benötigten, anderen Regeln unterworfen waren.

In dieser Nacht lagerten wir in den Dünen. Nach Einbruch der Dunkelheit nahm die Stadt das Aussehen des 20. Jahrhunderts an. Wir saßen da, tranken Tee und beobachteten die Vierecke wundersamen elektrischen Lichts aus dem neuen Hotel Azalai, das am Stadtrand lag. Von irgendwoher ertönte plärrende Popmusik.

Beim ersten Tageslicht sattelten wir wie immer die Kamele.

»Wohin gehen wir?« fragte noch schlaftrunken Marinetta.

»Ins Hotel«, sagte ich.

»Mit den Kamelen?«

»Warum nicht?« gab ich zurück. »Kamele haben diese Stadt geschaffen.«

Doch als wir unsere kleine Azalai zu den Stadtmauern führten, kam es uns eher vor wie der Marsch der Verdammten.

Sidi Mohammed

Das Hotel Azalai hatte scheinbar den richtigen Namen für uns, war jedoch de facto ein internationales Drei-Sterne-Haus. Es lag ziemlich am Rande des Geschehens in Timbuktu und war ausschließlich auf den Strom von Touristen zugeschnitten, die per Flugzeug ankamen. Wir waren zweifellos die ersten Reisenden, die je dort mit einer Azalai angekommen waren. Wir zogen mit unseren Kamelen direkt in den Hotelvorhof, wo wir unsere heruntergekommene Ausrüstung abluden: die Satteltaschen voller Fett- und Kamelschweißflecken, die kaputten Säcke und Reisetaschen und die mit den Absonderungen der Kamelwunden verschmierten und dreckverkrusteten Decken. Das gesamte Hotelpersonal kam heraus, um uns beim Transport unserer Sättel und sonstigen Habe ins Innere zu helfen. Wie es der Zufall wollte, hatten sie sonst kaum etwas zu tun. Wir waren die einzigen Gäste des Hotels.

Es war ein Bollwerk des Komforts am Rande der großen Wüste, mitten in einem peinlich gepflegten Garten aus Bougainvilleas. Doch durch die mit Fensterläden verschlossenen Fenster konnte man das wahre Timbuktu sehen, lange, durstige Straßen, eine Ansammlung von Zelten aus Dumpalmenfasern, abgemagerte Tuareg-Kamele und kleine Jungen mit Eseln. Der Tuareg-Diener erzählte uns, es gäbe keine Gäste, weil die Flüge von der Hauptstadt Bamako annulliert worden waren. Im vorhergehenden Jahr hatte es ein schlimmes Flugzeugunglück gegeben, bei dem Hunderte von Touristen umgekommen waren. Die Fluglinie existierte nicht mehr.

Nachdem wir unsere Ausrüstung hereingeschleppt hatten, ging Moukhtar weg, um die Kamele zu weiden. Er hatte sich bereits einverstanden erklärt, sich für eine tägliche Extrapauschale weiterhin um sie zu kümmern. Dann begaben wir uns, ohne vorher zu duschen oder uns umzuziehen, auf die Suche nach der Polizeistation. Unsere von der Pariser Botschaft ausgestellten Einreisevisa waren nur zehn Tage gültig und bereits abgelaufen, und wir fürchteten, die Behörden könnten uns nach Bamako schicken, um sie zu erneuern.

Im heruntergekommenen Polizeihauptquartier am Stadtplatz wurden wir herzlich von einem hochgewachsenen schwarzen Beamten in einem bunt bedruckten Baumwollanzug empfangen. Er sah auf unsere Pässe und sagte: »Ihre Visa sind abgelaufen.« Ich wollte schon zu meiner vorbereiteten, leidenschaftlichen Bitte um Nachsicht ansetzen, als er sagte: »Machen Sie sich keine Sorgen. Wir können Ihnen neue ausstellen.« Mit sanftem Lächeln hörte er sich unseren Reisebericht an und fragte dann, was unser nächstes Ziel sei.

»Agadez, im Niger«, sagte ich ihm.

»Ich kenne den besten Führer in Timbuktu«, gab er zurück.

Dann gingen wir in den nächsten Laden. Es gab Strom. Es gab einen Kühlschrank. Es gab stapelweise Büchsen und Päckchen und Schachteln in allen Größen und Farben. Es gab all die Dinge, von denen wir in der Wüste geträumt hatten: Schokolade, Mayonnaise, Trockenmilch, Käse, Thunfisch in Dosen, Limonadenpulver. Wir bestellten zwei Dosen Orangenlimonade. Als der Ladenbesitzer die Kühlschranktür öffnete, spürte ich einen eisigen Luftzug. Die Orangenlimonade war so kalt wie Polarwasser und nur in kleinen Schlucken genießbar. Als wir fertig waren, sagte Marinetta: »Das allein war schon tausend Kilometer wert! Jetzt spüre ich, daß mein Kreislauf wieder am Laufen ist.«

In einer Art erschöpftem Delirium wanderten wir zum Hotel zurück, nur verschwommen drangen die verschlungenen Gassen und der Menschenstrom in unser Bewußtsein: schurkische Tuareg, Araber mit blauen Backen, Songhai-Frauen in knalligen Farben. In einem anderen, mit Fliegeneiern übersäten Hotel, in dem wir zwei amerikanische Touristen kennenlernten, aßen wir Fleisch und Kartoffeln. Es waren proppere College-Knaben in sauberen Buschhemden mit Khakihosen, ergänzt von Wüstenstiefeln. Sie waren von einer entwaffnenden Begeisterung über ihren ersten Besuch in Afrika erfüllt.

»Bis zu eurer Ankunft war kein Mensch in der Stadt«, sagte einer von ihnen. »Wir hatten den Ort für uns alleine. Es war super! Wir interessieren uns auch für das Leben der Menschen. Ich wette, es kommen nicht viele Touristen hierher, die auch nach den sozialen Verhältnissen fragen. Die meisten Amerikaner machen ein paar Fotos und fliegen wieder ab.« Sie waren stolz darauf, auf einem Dampfer den Niger heruntergefahren zu sein.

»Das einzige Problem hier ist das Wasser«, erzählte mir der zweite Jugendliche. »Zwei Ärzte haben uns zu Hause gesagt, wir sollten es nicht trinken. Wir sterilisieren unser Wasser immer.« Jeder von ihnen hatte eine Flasche bei sich, an der er gelegentlich ziemlich schuldbewußt nippte.

Bevor wir gingen, schenkten sie mir noch zwei Bücher. Es waren der *Don Quixote* von Cervantes und *The African Queen* von C. S. Forester. Ich hätte mir kein besseres Geschenk vorstellen können.

Zurück im Hotel betrachtete ich mich im Spiegel. Ich sah aus wie ein Landstreicher. Meine Haare und mein Bart waren ungekämmt, mein Gesicht faltig und lederartig, tomatenrot von der Sonne und vom Staub verunstaltet. Mein Körper war durch die Hitze und die Strapazen der Reise auf die Magerkeit eines Flüchtlings zusammengeschrumpft. Wir schälten uns aus unseren schmutzigen Kleidern und drehten die Dusche an. Das Wasser strömte heraus, klar, frisch und im Übermaß. Es schien uns geradezu ein Akt der Blasphemie, hineinzusteigen. Es kam mir wie sündige Verschwendungssucht vor, Minuten über Minuten in diesem endlosen Strom zu stehen, während der Dreck von zweiundvierzig Tagen von mir abgewaschen wurde. Ich war mit einer einzigen Dusche zufrieden, aber Marinetta kehrte ein zweites und drittes Mal zurück, nachdem ich fertig war.

Danach lagen wir auf einem weichen Bett mit schimmernden, weißen Laken. Es war der Gipfel an Luxus. Jetzt gab es keinen Mafoudh, keinen Moukhtar, keine schreienden Kinder, die uns störten. Endlich waren wir allein. An diesem Abend verließen wir unser Zimmer nur zum Abendessen.

Als wir am nächsten Morgen auf dem Polizeihauptquartier ankamen, saß Sidi Mohammed dort auf einer hölzernen Bank. Er war ein kleiner Mann mit einem leichten Buckel und kraftvollen Gliedmaßen. Seine Hände und Füße waren rot und voller Schwielen wie bei einem Landarbeiter, seine Bewegungen ruckartig und unbeholfen. Er war in eine lange, zerrissene Gandourah und ein blaues Kopftuch gekleidet, das nach Art der Tuareg halb sein Gesicht bedeckte. Der sanfte Beamte vom vorhergehenden Tag erzählte uns, er sei ein Araber, der zu den Berabish gehöre. Seine Muttersprache war Hassanya, aber er hatte einige Zeit bei den Iforas-Tuareg verbracht und sprach fließend Tamaschek. Doch seine Erfahrungen hatten ihm die

Tuareg nicht sympathischer gemacht. »Nur die Araber sind gute Menschen«, war seine Meinung. »Die Tuareg sind ein übler Haufen. Sie sind wie Tiere, wenn es um Sex geht. Sie brauchen eine Frau nur zu sehen, und schon wollen sie sie haben. Ihre Frauen unterhalten sich schamlos mit Männern. Widerwärtig!«

Sidi Mohammed gehörte zur kleinen Elite professioneller Führer in Timbuktu und zu den ganz wenigen, die die Route in den Niger kannten. Heute waren Kamelführer in diese Richtung kaum noch gefragt, so sagte er uns. Weiter südlich verlief eine perfekte Straße nach Gao und weiter nach Niamey, in die Hauptstadt des Niger, und man konnte problemlos mit dem Bus reisen. Nicht einmal Touristen mit eigenem Auto würden durch das Land fahren, das wir durchqueren wollten. Es würde bedeuten, bis zum Knick parallel zum Niger zu ziehen und dann in derselben Richtung weiter durch das große Wadi Azaouagh und die Sakarezou-Berge. Dieses Land war sehr wild und verlassen, sagte er und erging sich in dunklen Andeutungen über schreckliche Tuareg, die dort lebten. »Warum nehmt ihr nicht die Straße nach Gao und Niamey?« fragte er. »Das ist viel einfacher.«

»Wenn wir diese Route einschlagen würden, bräuchten wir keinen Führer, oder?« sagte ich.

Sidi Mohammed erkannte, woher der Wind wehte, und kapitulierte.

Bevor wir schließlich einwilligten, Sidi Mohammed als Führer zu nehmen, sollte er noch Moukhtar kennenlernen, der an diesem Abend mit den Kamelen zurückkommen sollte. Wir holten unsere frisch gestempelten Pässe bei der Polizei ab und begaben uns auf die Suche nach einer Bank, die unsere Travellerschecks gegen CFA-Francs eintauschte. In der Bank befand sich noch eine weitere Weiße, eine sommersprossige Belgierin. Sie trug peinlich enge Jeans, ein schulterfreies T-Shirt, durch das die Warzen ihrer wohlproportionierten Brüste deutlich zu erkennen waren. Ihre rotbraunen Haare ergossen sich in einem feurigen Schwall auf ihren Hals. »Könnt ihr mich nach Gao mitnehmen?« fragte sie uns.

»Nur wenn du per Kamel reisen willst!« sagte Marinetta.

Später sahen wir sie händchenhaltend mit einem hübschen jungen Afrikaner über den Markt gehen, zwei andere folgten im Schlepptau.

Moukhtar traf kurz vor Sonnenuntergang mit den Kamelen am Hotel ein. Wir waren beide glücklich, ihn wiederzusehen. Plötzlich wünschte ich, er würde bis Agadez mit uns kommen. Ich fragte ihn, ob er die Nacht alleine verbracht habe. Er sagte, er hätte ein Araberlager gefunden, doch die Araber hätten ihm nichts zu essen angeboten und seien nicht einmal gekommen, um ihn zu begrüßen. »Sie schickten einen Jungen mit einer Matte raus«, sagte er. »Das ist ihre Vorstellung von Gastfreundschaft. Was für eine Schande!«

Genau in diesem Augenblick kam ein junger Targui an und bot uns ein Kamel zum Kaufen an. Sein Hassanya war schlecht, und das Sprechen kostete ihn Mühe. »Ist das Kamel fett?« fragte Moukhtar.

»Nein, es ist nicht fett.«

»Ist es groß?«

»Nein, es ist nicht groß.«

»Ist es kräftig?«

»Es ist nicht sehr kräftig.«

»Es taugt also nicht viel, oder?«

Der Targui berührte Moukhtar am Arm. »Sieh her«, sagte er, »du bist ein Araber, und ich bin ein Tuareg. Du verstehst etwas von Kamelen, und ich verstehe etwas von Kamelen.«

»Ja.«

»Und... Tuareg-Kamele sind besser als Araber-Kamele!«

Moukhtar ließ ein entzücktes Gelächter ertönen, und der Targui tat es ihm sofort nach.

An diesem Punkt kam Sidi Mohammed hinzu. Er schüttelte Moukhtar die Hand, und sie kauerten sich zusammen im Sand nieder. Wir sahen zu. Die zwei Araber unterschieden sich auf seltsame Art. Neben dem aristokratischen Moukhtar wirkte Sidi Mohammed wie ein ungehobelter Barbar. Er war so gedrungen und kräftig, wie Moukhtar hochgewachsen und drahtig war. Sein Kopf wirkte breit und unschön, seine großen Augen leicht hervorquellend, um den breiten Mund lag eine Andeutung listiger Gier. Er lachte nervös und piekste Moukhtar beim Sprechen ständig ins Bein. Doch sein ganzes Verhalten drückte Unterwürfigkeit aus, fast als ob er verzweifelt um Anerkennung buhlen würde. Er war gut zehn Jahre älter als Moukhtar, aber es hätte genau umgekehrt sein können. Irgendwie haftete Sidi Mohammed ein Anflug von tragischer Größe an, fand ich.

Nachdem er gegangen war, sagte Moukhtar: »Er hat ohne Zweifel sehr viel Erfahrung. Er kennt sich mit Kamelen aus. Er war in Mauretanien, im Niger, in Libyen, in Algerien und Marokko, alles mit dem Kamel. Ich sehe nichts Schlechtes an dem Mann, aber sicher weiß man es erst in der Wüste.«

Mir war klar, daß die Auswahl eines neuen Führers wie immer ein gewagtes Spiel war. Marinetta bemerkte: »Er hat Erfahrung, aber er ist nicht gerade das, was man als attraktiven Typen bezeichnet, nicht wahr?« Vielleicht war das der Grund, warum ich mich zur Einstellung Sidi Mohammeds entschloß.

Wir blieben lange genug in Timbuktu, um Vorräte einzukaufen und den kränkelnden Gurfaf auszutauschen. In der Zwischenzeit hatte ich mir einen Spaziergang zu den Häusern von Alexander Gordon Laing und René Caillié vorgenommen. Gordon Laings Haus stand kurz vor dem Einsturz, aber eine Tafel erinnerte an seinen vierzigtägigen Aufenthalt dort. Ich fragte unseren Führer, einen Soninke namens Sanaa, warum Gordon Laing ermordet worden war. »Er war angezogen wie ein Soldat«, erzählte der Junge. »Und die Tuareg dachten, er sei gekommen, um Krieg zu führen. Also folgten sie ihm und töteten ihn. Sie haben ihn mit einem Kopftuch erdrosselt.«

Caillié war es besser ergangen, vielleicht, weil er sich als Araber verkleidet hatte. Bei seiner Ankunft in Timbuktu 1828 war er bitter enttäuscht worden, weil der Ort keinerlei Ähnlichkeit mit der legendären »goldenen Stadt« europäischer Phantasievorstellungen hatte. Mit einer Karawane aus vierzehnhundert Kamelen, die Straußenfedern transportierte, war er in den Norden nach Marokko zurückgereist und hatte sich nach vielerlei Entbehrungen und mancher Flucht in letzter Minute nach Frankreich durchgeschlagen.

Keinem der ersten westlichen Besucher Timbuktus war ein gastfreundlicher Empfang bereitet worden. Es kam mir absurd vor, daß diese Häuser wie Schreine eine wichtige Touristenattraktion werden sollten, eine Einkommensquelle für die Nachfahren derer, die ihre ersten Fremden so schlecht behandelt hatten. Als wir an diesem Abend das Hotel wieder betraten, strahlte ein gigantisches Poster auf uns herab: »Mali, Land des Willkommens.«

Sidi Mohammed erzählte uns, daß es in Mali noch immer so furchterregende Tuareg gäbe wie zu Gordon Laings Zeiten. Erst ein Jahr zuvor war ein französisches Paar im Adrar des Iforas ermordet worden. Sie waren mit einem Landrover gereist und hatten angehalten, um einige Nomaden mitzunehmen. Die Tuareg hatten den Mann gepackt und umgebracht. Die Frau hatte sich im Auto eingeschlossen und es geschafft, eine Beschreibung der Mörder zu hinterlassen, dann wurde auch sie ergriffen. »Wie wurden sie umgebracht?« fragte Marinetta.

»Sie wurden mit einem Kopftuch erdrosselt«, erwiderte Sidi Mohammed.

Er versuchte, mich zum Kauf einer Schrotflinte zu überreden, indem er mir erzählte, an unserem Weg würden Tuareg-Banden ihr Unwesen treiben, die in Opposition zur Regierung stünden und Fremde ermordeten. »Ich habe keine Angst vor Dieben«, sagte er, »aber diese Leute sind anders. Sie werden dir an einen einsamen Ort folgen, und dann bringen sie dich um.« Er erzählte, daß es in Mali oft Kämpfe zwischen Arabern und Tuareg gäbe. Beide waren Nomaden, doch während die Tuareg Rinder, Ziegen und Kamele züchteten, waren die Araber in erster Linie Kamelzüchter und zogen weiter im Land umher. Erst vor einer Woche, so sagte er, hätte es ganz in der Nähe von Timbuktu eine Auseinandersetzung zwischen ihnen gegeben, bei der fünf Tuareg verletzt und zwei Araber getötet worden seien. Die Tuareg lagen noch immer im Krankenhaus in Timbuktu.

Timbuktu war vielleicht nie jene goldene Stadt europäischer Legendenbildung gewesen, aber bei Sonnenuntergang legte sich eine prächtige Goldaura über die Straßen und die hohen Steinhäuser. Die Straßen waren eine Arabeske aus Windungen und Gassen, die wie Seitenflüsse ineinanderströmten und sich mit den breiten Boulevards vermischten, die am zentralen Platz zusammentrafen. Die Hauptstraßen verliefen ungerade und waren mit den Knochen toter Tiere und mit Topfscherben übersät. Die Topfscherben mochten seit Stunden oder auch seit Jahrhunderten dort liegen. Ich sah, wie eine alte Frau einen angeschlagenen Topf auf die Straße warf; eine Bande von Kindern benutzte ihn als Fußball und machte schnell Kleinholz daraus. Im Laufe der Jahre würden die Bruchstücke noch kleiner werden, zermalmt und begraben unter den Füßen der Vorübergehenden und den Hufen der Esel, in den grauen Staub gestampft, bis sie damit verschmolzen. Staub zu Staub. Vom Platz aus führte die Straße, eine ölige, blaue Schlange, hinter den neuen Palästen der Macht hinaus, den Hauptquartieren der UNICEF, der USAID, von CARE und von OXFAM, von denen ein jedes eine Funkantenne wie eine herrschaftliche Flagge hißte und einen Stall voller Autos mit Vierradantrieb vor der Tür stehen hatte. Jenseits davon und dazwischen verstreut befanden sich die länglichen Kuppeln der Tuareg-Zelte, Mattengeflechte aus Palmfasern, die über Holzrahmen gespannt waren. Auch sie mochten schon seit Jahrhunderten hier stehen.

Weit entfernt von den räuberischen Banditen aus Sidi Mohammeds Geschichten machten die Tuareg von Timbuktu den Eindruck eingeschüchterter Besiegter. Viele von ihnen waren Flüchtlinge aus der Wüste, die die große Dürre in die Stadt getrieben hatte. Wenn sie überhaupt etwas verdienten, dann durch den Verkauf von Dolchen, Schwertern oder Silberringen an Touristen. Wie die Mauren von Chinguetti und Nouakchott überlebten viele von ihnen nur durch amerikanisches Getreide. Unmittelbar vor dem Beginn unserer Reise hatte ich einen Artikel über die Tuareg in Mali mit der Überschrift: »Söhne des Windes« gelesen. Zumindest für die Tuareg, auf die wir in Timbuktu trafen, hatte der Wind wohl umgeschlagen.

Nach wenigen Tagen schon empfanden wir die Atmosphäre in der Stadt als bedrückend. Es war unangenehm, die einzigen Gäste im Hotel zu sein, und das Personal war nun keine Hilfe mehr, sondern wurde sogar feindselig. Halbwüchsige folgten uns auf den Straßen, beobachteten uns schweigend aus Hauseingängen und Straßenecken heraus, immer im Hintergrund lauernd wie ein schlechtes Gewissen. Unser Zimmer war nicht mehr der Hort der Zuflucht, als der es uns anfänglich erschienen war. Sowie sie seine Lage herausgefunden hatten, belagerten ständig Gruppen von Tuareg unser Fenster, klopften an die Fensterläden und boten uns verschiedenste Verkaufsgegenstände an. Der Hotelbedienstete unternahm nichts, um ihnen Einhalt zu gebieten.

Der alte Streit zwischen Marinetta und mir brach wieder auf. Jeden Tag schien sie sich noch unpassender anzuziehen. Sie trug kein Kopftuch mehr, und ihre arabischen Kleidungsstücke waren durch eine figurbetonte Latzhose ersetzt worden. Die Jugendlichen pfiffen hinter ihr her, und die Kinder flüsterten Obszönitäten, die zu verstehen sie wohl noch zu jung waren. Sidi Mohammeds gierige Augen folgten ihr und erinnerten mich an den überraschten Blick auf Moukhtars Gesicht, als er sie zum ersten Mal in westlicher Kleidung gesehen hatte. Am Tag vor unserem geplanten Aufbruch riet ich ihr, auf dem Markt ein Kopftuch zu tragen. »Das wird uns zumindest das Pfeifen und die anzüglichen Blicke ersparen«, sagte ich.

»Warum sollte ich?« antwortete sie. »Wir sind hier nicht in der Wüste. Touristen tragen keine Kopftücher. Du brauchst doch nur an dieses belgische Mädchen zu denken.«

»Genau«, gab ich zurück. »Manche europäische Frauen kommen nur der Männer wegen hierher. Sie glauben, sie könnten sich benehmen, wie es ihnen gefällt, weil sie von den Einschränkungen ihrer eigenen Kultur befreit sind. Sie begreifen nicht, daß afrikanische Gesellschaften sogar noch restriktiver sind als ihre eigenen.«

Sie weigerte sich, sich umzuziehen, und in einem Anfall von Wut ging ich ohne sie und nahm den Soninke-Jungen Sanaa als Träger für meine Einkäufe mit.

Wir waren erst wenige Minuten auf dem Marktplatz, als sich über den Häusern ein Klumpen roter Kumuluswolken bildete, der sich in eine Klaue aus schwarzem Staub verwandelte. Auf dem Markt brach ein Tumult aus. Frauen rissen ihre Kinder hoch und wickelten ihre kärgliche Ware ein. »Wir haben fünf Minuten Zeit, bis es losgeht!« sagte Sanaa. Überall sprangen Menschen in blankem Entsetzen in den Schutz der Lehmmauern. Ich sah, wie eine Frau mit einem Baby auf dem Rücken und einer Schüssel Milch auf dem Kopf auf ihrer hastigen Flucht einen kleinen Jungen umstieß. Anstatt ihn aufzuheben, verfluchte sie ihn und stürmte dann vorwärts, ohne einen Tropfen Milch zu verschütten. Sanaa und ich rannten zum Hotel zurück. Wir hatten es beinahe erreicht, als der Regen einsetzte. Eine Gruppe Jugendlicher, die im Toreingang Zuflucht gesucht hatte, erzählte mir, daß Marinetta vor wenigen Minuten das Hotel verlassen habe, um auf den Markt zu gehen. Ich wußte, daß ich sie finden mußte.

Auf meinem Rückweg traf der Regen mich mit der reißenden Gewalt eines Wasserfalls. In den verwinkelten Gassen schäumte er in grauen Blasen. Er spülte die Dächer in einem Schwall davon und schoß wie ein Sturzbach durch die Straßen. Die Marktstände waren verlassen. In jedem Hauseingang, unter jedem Bogen und jedem überdachten Durchgang stand eine Menschenmenge. Hinter Fenstergittern oder aus Lädeneingängen starrten Gesichter auf mich. Marinettas Gesicht war nicht darunter. Der dunkle Strom reichte mir bis an die Waden. Holzstückchen, Papier und Exkremente flossen darin. Von den Dächern ergoß sich Schmutzwasser auf meinen Rücken. Die dunkle Wolke hing über den Straßenschluchten, und der Donner schien die Steinmauern zu erschüttern. Meine Sandalen waren vollgesogen mit Wasser und ließen mich in dem Schlamm am Grunde des Wildbachs ausrutschen und dahinschlittern. Ich taumelte in den großen überdachten Markt, und da war Marinetta. Sie saß gelassen bei einigen Soninke-Frauen und lächelte mir zu. Jedesmal, wenn der Blitz knisterte und der Donner grollte, tauchte die Hälfte von ihnen unter ihre Decken und kreischte. Marinetta zeigte auf ein hübsches Soninke-Mädchen neben sich. Das Mädchen war ungefähr achtzehn, ihre geflochtenen Haare waren zu Schnecken und ineinanderverwobenen Ringellocken gedreht. Wie Marinetta trug sie kein Kopftuch. Ich fragte das Mädchen, wie diese exotische Frisur heiße. »Rasta«, antwortete sie.

»Was?« fragte ich.

»Sie müssen doch etwas von Bob Marley gehört haben!« sagte sie.

Alle Spuren des Sturms waren verschwunden, als Moukhtar am nächsten Tag die Kamele zurückbrachte. Diesmal begleitete ihn ein Araber, der ein herrliches weißes Kamel verkaufen wollte, das zur ruhmreichen Rasse der *mayneg* gehörte. Der Araber willigte in einen Tauschhandel gegen den verletzten Gurfaf ein. Das neue Kamel wurde Seb'i genannt, »der Siebente«. Als der Araber Gurfaf wegführte, kam es mir so vor, als hätte ich einen alten und vertrauten Freund verloren.

Wir holten unsere gesamte Ausrüstung und die neuen Vorratssäcke aus dem Hotellagerraum und verärgerten den Manager, indem wir unsere Wasserhäute in der Küche auffüllten. Moukhtar erzählte mir, er habe mit seinem Lohn ein weibliches Kamel gekauft. »Sie ist keine Schönheit«, gab er zu, »aber in Oualata werde ich sie mit etwas Gewinn verkaufen können.« Ich fragte ihn, ob er keine Angst habe, alleine zurückzureiten. »Nein«, sagte er. »Ich habe einen speziellen Zauber von einem Marabut gekauft. Kein Bandit wird mich sehen.«

Als Sidi Mohammed eintraf, hielt Moukhtar ihm eine unerbittliche Predigt über seine Pflichten. Der ältere Mann hörte mit leicht geneigtem Kopf zu. Dann beluden wir zusammen die Kamele und führten unsere Karawane aus der Stadt hinaus, nach Osten.

Im Tal des Niger hatte es geregnet. Tausende von Nomaden zogen mit dem, was nach Jahren der Dürre von ihren Herden noch übrig war, auf die frisch ergrünten Weiden zurück. Schon aufgegebene Brunnen wurden wieder freigelegt und benutzt. Die Seile knarzten wieder, die Flaschenzüge rumpelten wieder, wenn die schweren Schöpfeimer zum Brunnenrand hochgezogen wurden. Kamele, Ziegen, Esel, Schafe und sogar Ochsen scharrten durstig im Staub um die Wassertröge herum. Überall auf der sanft geschwungenen Ebene waren die Lager der Araber und Tuareg verstreut, und ihre Zelte aus Ziegenhaut ragten wie die Schalen von Riesenschildkröten hoch. Ihre Lager sahen bemitleidenswert arm aus, und Sidi Mohammed sagte, die meisten dieser Nomaden hätten in der großen Dürre ihren Viehbestand verloren. »Sie bleiben nur hier, weil sie es so gewöhnt sind«, sagte er. »Es ist nur noch eine Gewohnheit, weiter nichts.«

Sidi Mohammed hatte selbst einmal in dieser Gegend gelebt. »Ich wohnte in einem Lederzelt genauso wie die da«, sagte er, »und ich hatte ein paar Kamele und Ziegen. Aber dann kam die Unabhängigkeit und die Dürre. Es lief schlecht für die Araber. Ich verlor alles und zog in die Stadt.«

»Hast du irgendwelche internationale Hilfe bekommen?« fragte Marinetta.

»Bah!« sagte er. »Wir bekamen ein bißchen was, ganz am Anfang, aber dann war es aus damit. Die Regierung schnappte sich das meiste davon und verkaufte es an die Großhändler. Deswegen sieht man in sämtlichen Geschäften italienisches Öl, japanische Sardinen, Getreide aus den Vereinigten Staaten. Die ganze Regierung fliegt im Flugzeug in die Schweiz! Sie fahren dicke Autos und sitzen in Häusern mit Klimaanlagen, wo die Ventilatoren nur so dahinrattern. Jedes Kind kennt diese Geschichten, bei Gott!«

Sidi Mohammed war ein Kamelmann aus Erfahrung, aber ein Arbeiter aus Übung. Er hatte Karawanen bis nach Marokko geführt, mit den Regibat in Spanisch-Sahara Kamelhandel betrieben und Kupfer und Decken aus Goulimine zurückgebracht. Er hatte viermal in Marokko gearbeitet, das letzte Mal beim Straßenbau. »Die Marokkaner sind die besten Leute in Nordafrika«, sagte er. »Sie stellen keine Fragen. Sie lassen dich in Ruhe, solange du ihnen keinen Ärger machst. Aber wenn du Ärger machst, dann wirst *du* Ärger bekommen!« Er sagte, er würde gerne zurückkehren, aber die Karawanenroute war jetzt blockiert. »Die Polisario hat alles vermasselt«, sagte er. »Ich mache der Polisario keinen Vorwurf. Die Regibat sind gute Leute, aber heute kann niemand mehr problemlos die Grenze überqueren.«

Er schien ein instinktives Gefühl für Kamele zu haben und suchte immer einen Lagerplatz, an dem sie bestes Weideland fanden. Er machte uns auf einige Fehler in unserer Ladetechnik aufmerksam und rückte meinen Packsattel zurecht, damit er bequemer saß. Er umwickelte die Lederhalsbänder mit Tuch, so daß sie nicht auf der Haut der Kamele scheuerten, und zeigte uns, wie man das Tragegestell weiter vorne aufsetzte, um Schwellungen an den Flanken zu vermeiden. Er schüttelte mißbilligend den Kopf über den Zustand unserer Girbas und ölte sie innen mit Butterfett aus. Wenn wir den Kamelen nachts in der Nähe des Lagers Fesseln anlegten, stand er immer schon vor der Dämmerung auf und ließ sie vor dem Aufladen noch ein wenig grasen. Er kochte nie, aber Minuten nach dem Abladen schon brachte er einen großen Holzhaufen von der richtigen Art und in ausreichender Menge für die Nacht und den nächsten Morgen zum Vorschein. Er fragte Marinetta dienstbeflissen, wo sie die Feuerstelle haben wolle. Als Führer war er vertrauenerweckend und hatte einen untrüglichen Instinkt. Er ließ es sich nicht entgehen, jeden Reisenden anzuhalten und die neuesten Informationen abzufragen. War der und der Brunnen offen oder zu? Hatte es hier geregnet? Mußte man mit Banditen rechnen? Er machte Abstecher, um ein Lager aufzusuchen oder mit einem Reisenden zu sprechen, und oft stürmte er zu Fuß davon und holte uns später wieder ein.

Doch Sidi Mohammed hatte auch eine dunklere, geheimnisvollere Seite. Er war leicht beleidigt und verweigerte häufig die Antwort mit der Begründung: »Das weiß doch jedes Kind!« Und warum beispielsweise verschwand er jeden Morgen kurz nach dem Aufbruch für eine halbe Stunde? Warum tat er das gleiche am Nachmittag wieder? Anfänglich dachte ich, er müsse seine natürlichen Bedürfnisse befriedigen und würde an irgendwelchen Magenbeschwerden leiden, über die er nicht mit uns sprechen wollte. Doch immer wenn ich ihm Medizin anbot, sagte er: »Bah! Mit meinem

Magen ist alles in Ordnung!« Jeden Tag verschwand er zur selben Zeit und holte uns anschließend nach Atem ringend und ohne ein Wort der Erklärung wieder ein. Ein- oder zweimal blickte ich zurück und sah, wie er sich hinter einem Busch hinhockte.

Dann war da noch das Geheimnis um seinen Sack. Er hatte einen unförmigen Sack aus Palmfasern bei sich, den er nur selten öffnete. Wenn er es dennoch tat, dann mit größter Umsicht und in sicherer Entfernung von uns. Er öffnete ihn mit nervöser Bedächtigkeit und band ihn sofort wieder zu. Wir konnten nie erkennen, was er herausnahm.

Einmal fiel mir beim Reiten eine leichte Erhebung im Rückenteil seiner Gandourah auf. Als der Wind das Kleidungsstück aufblähte, sah ich, daß es ein gefährliches, kleines Stilett in einer Bronzehülle war, das er am Hosenbund befestigt hatte. Viele Nomaden haben Messer, aber die Art der Waffe und ihre Verstecktheit schienen charakteristisch für Sidi Mohammed. Er war ein Mann, den Geheimnisse umgaben.

Bei den Mahlzeiten grabschte er schon mit seinen großen, schwieligen Händen nach dem Essen, bevor Marinetta und ich richtig saßen. Er schaufelte den Reis oder Couscous in seinen Mund und spülte ihn mit Wasser hinunter. Er hielt den Wassernapf in der linken Hand, während er mit der rechten ins Essen patschte. Er schaufelte in sich hinein, bis das letzte Körnchen verschlungen war, dann schob er den Teller mißmutig weg und murmelte: »Es war nicht genug Butter dran, Marinetta!« oder: »Der Reis war nicht ordentlich gekocht!« Dann hob er den Wassernapf wieder hoch, räusperte sich und spuckte vor uns in den Sand, rülpste uns laut und ausgiebig ins Gesicht, stocherte in seinen Zähnen herum, erging sich im Schluckauf, spülte den Mund mit Wasser aus und gurgelte und warf den Wasserbecher schließlich verächtlich auf den Boden. Anschließend gab er eine weitere Serie von Rülpsern und Spucken zum Besten. Der einzige unflätige Laut, der in seinem Repertoire fehlte, war Furzen.

Er beklagte sich endlos und unablässig über das Essen. Er haßte Sardinen. Die Ernährung war monoton. Es gab kein frisches Fleisch. In Timbuktu hatte er uns versichert, er würde alles essen, auch Sardinen. Er wartete immer, bis er sah, daß Marinetta offensichtlich Reis zubereitete, und sagte dann: »Warum machst du nicht Couscous heute, Marinetta?«

Sie kochte dann vor Wut und antwortete: »Hau ab! Der Reis ist schon fast fertig.«

»Aber du kochst ihn nicht richtig.«

»Wenn er dir nicht paßt, dann koch ihn dir selbst!«

Marinetta ekelte sich vor den Manieren des Führers. Sie verabscheute sein Spucken und Rülpsen. »Glaubst du, er macht es absichtlich?« fragte sie mich oft. Das war schwer zu sagen. Sidi Mohammed war ein intelligenter Mann, aber die Umstände hatten ihn offenbar verbittert, unflätig und übellaunig gemacht. Marinetta haßte die Art, wie er mit seiner Hand über ihr Gesäß strich, wenn er den Wassernapf hinter ihrem Tragegestell hervorholte, und wie er auf die Schlitze in ihren Ärmeln starrte, durch die ihr Büstenhalter deutlich zu sehen war. Sie vermied es meist, Fotos von Sidi Mohammed zu machen, und reagierte auf seine Kritiksucht mit boshaften Gegenbemerkungen.

Sidi Mohammeds Hauptklage galt dem Mangel an Frischfleisch. Einmal trafen wir in den ersten Tagen auf einen Araberjungen mit einer Ziege, die er auf dem Markt verkaufen wollte. Er bot sie uns zu einem vernünftigen Preis an, und Sidi Mohammed flehte mich an, sie zu kaufen. Ich sagte ihm unumwunden, ich hätte nur eine kleine Summe Bargeld, die bis Agadez reichen müßte, das fünfzehnhundert Kilometer entfernt war. Ich hielt frisches Fleisch so früh auf unserer Reise für eine schlechte Investition. Sidi Mohammed murrte: »Es ist genauso wie im Gefängnis. Nie gibt es frisches Fleisch!«

»Wann warst du im Gefängnis?« fragte ich ihn.

»Letztes Jahr, in Libyen«, sagte er. »Die Libyer haben mich beim Überqueren der Grenze auf einem Kamel erwischt und mich ins Gefängnis geworfen.« Ich wurde neugierig, und im Laufe der nächsten Tage gelang es mir, die ganze Geschichte aus ihm herauszuholen. Nachdem die marokkanische Route unpassierbar geworden war, hatte Sidi Mohammed eine Stelle in Libyen gefunden, zuerst als Hirte, dann als Hausangestellter. Alles war gut gegangen, bis er im Urlaub nach Timbuktu zurückgekehrt war. In dieser Zeit hatten die Libyer die Einreisebestimmungen verschärft, denn ihr Land wurde überschwemmt von mehr als sieben Millionen Fremdarbeitern bei einer einheimischen Bevölkerung von nur zwei Millionen. Da er das Land nicht mehr legal betreten konnte, hatte er mit dem Kamel die

Wüstengrenze zu Algerien passiert und war von libyschen Grenzposten angehalten worden. »Dreimal habe ich es getan«, sagte er. »Beim ersten Mal schickten sie mich einfach nach Algerien zurück, und beim zweiten auch. Beim dritten Mal kam ich mit zwölf anderen. Wir hatten nur ein Kamel dabei, und jeder von uns hatte zwei Kanister voll Wasser. Wir müssen schon dreihundert Kilometer im Landesinneren gewesen sein, als der Hubschrauber uns entdeckte. Wir wußten, das war das Ende. Einige Soldaten kamen, um uns zu verhaften, und die Grenzposten erinnerten sich an mein Gesicht. Sie warfen mich ins Gefängnis.«

»Wie war das?«

»Wie soll es im Gefängnis schon sein? Es war hart, das war es! Wir bekamen nur Brot und Kaffee und ein paar Makkaroni und Reis. Den ganzen Tag lang mußten wir auf den Straßen arbeiten. Wenn wir zu langsam wurden, schlugen sie uns mit einem Gummirohr. Es war kein Vergnügen, das kann ich dir sagen!«

»Wurdest du von einem Richter verurteilt?«

»Von einem Richter! In Libyen! Du bist lustig! Ich wurde ins Gefängnis geworfen. Keiner hat mich irgendwas gefragt. Ich sagte ihnen: ›Ich bin kein Verbrecher!‹ Und sie sagten: ›Du bist ein Straßendieb.‹ So nennen sie einen, wenn man illegal einreist.«

»Wie ging die Geschichte aus?«

»Ich bin geflohen, bei Gott! Ich rannte von einem Arbeitstrupp weg, und sie sahen mich nicht. Das Gefängnis war in Ghat, in der Nähe der algerischen Grenze, und sowie ich die Grenze überquert hatte, konnten sie mir gar nichts mehr anhaben. Dann fand ich einen Lastwagen zurück nach Timbuktu. Jetzt kann ich nicht mehr nach Libyen zurück. Vielleicht erschießen sie mich beim nächsten Mal.«

Oft erging er sich in einer verbitterten Litanei: »Ich bin jetzt achtundvierzig Jahre alt, und mein ganzes Leben war nichts als Schinderei. Acht Jahre lang war ich ein unwissendes Kind, und vierzig Jahre lang habe ich mich abgeschunden. Es nimmt kein Ende, bei Gott! Nichts als Schinderei, das ist mein Leben!«

»Wenigstens wirst du diesmal dafür bezahlt«, sagte Marinetta.

»Bah!« erwiderte er. »Die Hälfte des Geldes, das ihr mir in Timbuktu gegeben habt, hat mir dieser Polizist abgeknöpft, der mich mit euch bekannt gemacht hat. Er sagte, es müßte auch für ihn etwas herausspringen, wo er mir doch die Arbeit verschafft hätte. Wenn ich mich geweigert hätte, hätte er mir niemals den Transitpaß für den Niger ausgestellt. So geht es in Mali heute zu. Nichts als Korruption und Diebstahl, bei Gott!« Der tragische Ausdruck auf seinem Gesicht war so intensiv, daß ich beinahe lachen mußte.

»Man kann verstehen, warum er so ein jämmerliches altes Schwein geworden ist«, bemerkte Marinetta später.

Sidi Mohammed war eine jener merkwürdigen, hybriden Persönlichkeiten, die aus der Kombination von Dürre und politischem Wandel in der Sahara hervorgegangen waren. Als Nomade geboren und ein Experte in Wüstendingen, war er gezwungen gewesen, in der Stadt Zuflucht zu suchen, wo er keine der dort für das Überleben erforderlichen Fähigkeiten besaß. »In der Stadt kann man nicht das Geringste werden, wenn man nicht lesen und schreiben kann«, sagte er. »Und selbst wenn man lesen und schreiben kann, dann wird man als Weißer keine Stelle bekommen. Habt ihr je in einem Büro in Timbuktu einen weißen Mann gesehen? Falls ja, dann war es nur der Hausmeister.«

Eine Facette seiner ambivalenten Haltung war, daß er seine Kinder nicht zur Schule schicken wollte. »Wozu soll das gut sein?« sagte er. »Sie kriegen doch nie eine Arbeit. Wie dem auch sei, es ist nicht richtig, daß die Regierung versucht, uns die Kinder wegzunehmen. Ich habe gesehen, wie sie es in Libyen machen. Mit Gewalt. Ich will nicht, daß meine Kinder aufwachsen, ohne ihren Vater zu kennen.«

Gleichzeitig jedoch fand er Geschmack an einigen Annehmlichkeiten, die das moderne Stadtleben bereithielt. Er war radiosüchtig geworden. »Der Arabiensender des BBC«, sagte er. »Ich habe ihn nie verpaßt. ›Hier ist London... Und nun folgen die Nachrichten... Und nun die Glocken von Big Ben, acht Uhr Greenwich mitteleuropäische Zeit. Dong! Dong! Dooong!‹ Ich erkenne alle Ansager an ihrer Stimme, bei Gott! Boosh Hawse, London WC2!« Ich war gerührt von dieser Offenbarung. Ich dachte daran, wie Marinetta und ich vor unserer Abreise nach Nouakchott in Bush House interviewt worden waren. Durch die Erwähnung dieses ungebildeten Kamelmanns erschien es plötzlich ganz nahe.

Wir brauchten acht Tage, um das Tal des Niger zu durchqueren. Die Regenfälle hatten aufgehört, und wir befanden uns in dem meteorologischen Niemandsland zwischen der heißen Jahreszeit und dem

Saharawinter, wenn die Sommerhitze noch einmal auflebt. Zum ersten Mal spürten wir nun die Folgen der ungeheuren Entfernungen, die schon hinter und noch vor uns lagen. Die Landschaft war eintönig – stachlige Bäume, stachliges Gras, stachlige Felsen, graue Steine, grauer Sand, sanfte Hügel. Bald schon gab es keine Zelte oder Menschen mehr, die die Monotonie durchbrachen. Die Sonne brannte herab. Unser Leben wurde zu einer hirnlosen kybernetischen Routine: Aufstehen, Aufladen, Reiten, Abladen, Essen, Laden, Gehen, Reiten, immer weiter wie nach einer unhörbaren Melodie. Es war, als würden wir nirgendwohin kommen, immer auf derselben Stelle treten. Wir reisten durch die Zeit, ohne im geringsten vorwärts zu kommen. Sidi Mohammed murmelte und brummte, immer zehn Meter vor uns, vor sich hin. Marinetta ritt dicht hinter mir, unkommunikativ und schweigend versunken in die Träume, mit denen sie die gleichförmigen Stunden vertrieb. Die dahinschlurfenden Kamele lullten uns halb in Schlaf. Die Reise wurde eine Illusion. Wir begannen zu vergessen, wer wir waren und was wir hier machten. Die Fäden, die uns mit unserer Kultur verbanden, hörten auf zu existieren. Es war, als stünden wir unter einem Zauberbann.

Meine Gedanken versanken in müßigen Träumen, in einem Strom aus Vergangenheit, Gegenwart und Zukunft. In meinem Kopf lief rückwärts ein endloser Film ab. Das Flugzeug landete in Nouakchott, das Flugzeug setzte in Paris auf. Wir saßen auf der Spanischen Treppe in Rom. Wir saßen in Marinettas römischer Wohnung, und General Peru blickte streng und verständnislos auf uns herab. Wir tauchten in den Swmmingpool des Sudan Club in Khartum. Ich betrat ein Klassenzimmer in Dongola, nervös und vor fünfzig schwarzen Köpfen nur allzu deutlich meiner Person bewußt. Ich saß in einem einfachen Auto in Belfast, und fünf Gewehrschüsse knallten unverkennbar über meinen Kopf. Jemand schrie: »Schwarzer Bastard!«, und dann stand ich an der Hintertür einer C 130, durch die Wind und Abgase hereinpfiffen, einer von sechzig Männern mit Fallschirmen vor dem Absprung. Unter meiner leichenblassen Haut schoß das Blut brandheiß durch die Adern, das rote Licht blitzte auf, und der Aufseher rief: »ROT AN!« Dann vier Sekunden Stille, bis das grüne Licht aufleuchtete: »START!« Das Flugzeug hinter mir. Das Motorengedröhn stirbt langsam ab. Mit einem Klick öffnet sich die Fallschirmklappe. Wie Mohnsamen schwebe ich zur Erde hinab. Ich schwebe mit dem Kamel über die Wüste, aber wohin ziehe ich? Welcher Zukunft reise ich entgegen? Sidi Mohammed ist noch immer zehn Meter vor mir. Es sind vielleicht fünf Minuten vergangen. Geduld. Das ist alles, was wir brauchen. Iß gut. Geh ein wenig. Reite auf deinem Kamel. Bleib gesund. Fülle deine Girbas. Überanstrenge dich nicht. Versuch nicht, den Neunmalklugen zu spielen. Geh weiter, Stück für Stück. Weiter und immer weiter, aufladen, marschieren, aufladen, reiten, aufladen – jeder Lagerplatz eine Eroberung, jede Nacht ein kleiner Sieg.

Wir füllten unsere Wasserreserven im Tilemsi-Tal, wo viele Tuareg ihre Lager aufgeschlagen hatten. Die Ebene war mit weißhäutigen *mayneg*-Kamelen übersät. Wir sahen Männer, die gelbe Wildgräser sammelten und in Körbe steckten, genauso wie ihre Vorfahren es vor siebentausend Jahren schon getan hatten. Einmal beobachteten wir, wie ein Targui ein junges Mädchen an einem Seil, das an ihren Füßen befestigt war, führte. Das Mädchen war von überraschender Schönheit und vollkommen nackt. Als wir näherkamen, bemerkte ich, daß sie humpelte und den leeren Blick der Schwachsinnigen hatte.

Wenn wir an diesen Lagerstätten vorüberzogen, kamen uns nur wenige Menschen zur Begrüßung entgegen. Die, die sich doch näherten, sahen uns feindselig an und flüsterten drohend miteinander. Immer baten sie uns um Tee, Zucker oder Tabak, und immer verweigerte ich ihnen das Gewünschte. Oft hatte ich das Gehabe der Tuareg satt, ihre Feindseligkeit und ihren Mangel an Gastfreundschaft. Sidi Mohammed sagte mir: »In ihnen herrscht Dunkelheit. Sie waren schon immer so. Als ich das erste Mal mit einem Sklaven in dieses Land kam, war ich noch ein Junge. Zwei Tuareg zeigten auf mich und fragten: ›Ist das ein Araber oder ein Mensch?‹ Ich nahm mein Gewehr und setzte mich unter einen Busch. Ich befahl dem Sklaven, unser ganzes Gepäck wegzubringen. Wenn sie ihn angefaßt hätten, hätte ich ihnen den Kopf weggeblasen, bei Gott! Dann tauchte ein alter Mann auf und befahl ihnen, sie sollten uns in Ruhe lassen. Danach hatte ich keinen Ärger mehr mit ihnen.«

»Ist es denn so Brauch bei ihnen, daß sie von Reisenden Dinge fordern?«

Sidi Mohammed lachte. »In ihrer eigenen Sprache nennen sie sich *amahaq* – weißt du, was das bedeutet? Es bedeutet soviel wie: ›Die, die nehmen.‹ Das ist ihr ganzer Adel – Nehmen. Bevor die Nsara kamen, lebten sie von Raubüberfällen auf Karawanen. Die Nsara machten dem ein Ende. Jetzt fallen sie einem statt dessen wegen Tee und Zucker auf die Nerven.« Er erzählte, die Tuareg hätten früher von seinem Volk, den Berabisch, Tribut gefordert. Vier Jahre lang hatten sie gezahlt. Im fünften Jahr hatten sie die Tuareg zu einem großen Festgelage eingeladen und anschließend alle abgeschlachtet und ihre Leichen in einen Brunnen geworfen. »Die Tuareg sind heute einen Dreck wert!« sagte Sidi Mohammed.

Einmal kamen wir kurz vor Sonnenuntergang an einem Lager unterhalb einer Bergkuppe vorbei. Die Tuareg sahen wild aus. Sie waren unverschleiert und hatten borstige Haarmähnen; ihre Schwerter hingen in Lederriemen über ihre Schultern. Sie folgten uns zu Fuß, während wir weiterritten, stellten uns Fragen und verlangten Tabak. Nachdem wir sie losgeworden waren, sagte Sidi Mohammed: »Das waren Tuareg-Vasallen – sie haben Krieger, Marabuts und Vasallen genau wie die Mauren. Es sind ganz sicher Diebe. Sie werden unser Lager heute nacht aufstöbern, wenn wir nicht sehr vorsichtig sind. Omar, du hättest ein Gewehr kaufen sollen.«

Wir lagerten in einem trockenen Wadi in der Nähe einiger niedriger, felsiger Hügel. Der Mond war nicht zu sehen, und wir zogen die Fußfesseln der Kamele stramm zusammen. Während der Vorbereitung des Abendessens hielt immer einer von uns Wache. Uns standen nur wenige Waffen im Fall eines Angriffs zur Verfügung. Wir hatten unsere Survival-Messer, Kamelstöcke, ein ziemlich krummes Beil und unsere Signalraketen für den Notfall. Nach dem Essen trieben wir die Kamele in unser Lager. Stundenlang blieben wir wach und lauschten ihrem Gurgeln und Speien. Eine leichte Brise strich über den Steinboden. Nichts sonst störte die Ruhe dieser Wüstennacht.

Am 15. Oktober stiegen wir ins Tal von Asakrei hinab. Einige Lederzelte standen verstreut herum, und als wir das Mittagessen zubereiteten, kam eine Gruppe von sechs Männern zu Besuch. Mit ihren langen, dunklen Gandourahs und ihren verschleierten Gesichtern machten sie einen gefährlichen Eindruck. Sie hatten Dolche und Äxte bei sich und trugen dicke Ledersandalen. Sie waren undurchschaubar unter ihren Kopfbedeckungen und näherten sich mit der schrecklichen Stetigkeit einer Armee. Plötzlich sagte Sidi Mohammed: »Macht euch keine Sorgen. Das sind keine Tuareg. Das sind Iddao Ishaak. Sie sind jüdischer Abstammung. Sie haben viele Kamele, aber sie sind nicht kriegerisch.«

Die Männer setzten sich im Kreis um uns nieder, und einige von ihnen entspannten sich und lösten ihre Kopfbedeckungen. Zwei von ihnen begannen wenige Meter entfernt ein Feuer zu machen, und Sidi Mohammed wurde sehr aufgeregt. Er sagte zu uns in Hassanya: »Sie werden eine Ziege für uns schlachten!« Doch seine Hoffnung hatte ihn getrogen. Die Männer ließen das Feuer niederbrennen, bis nur noch Asche übrig war, mischten diese mit Kautabak, den sie mit Vergnügen kauten. Sie sagten uns, daß die Dürre hier bis zum letzten Jahr verheerend gewesen sei. Tausende von Tieren seien zugrundegegangen, und Hunderte von Tuaregfamilien seien nach Süden bis Nigeria und nach Norden bis Tamanrasset gezogen. »*Die* werden nicht zurückkommen!« bemerkte Sidi Mohammed trocken. »Sie haben alles verloren. Letztes Jahr in Tamanrasset sah ich unzählige von ihnen, wie sie ihre Ziegen und Kamele verkauften. Beim Propheten, sie werden nie zurückkommen!«

Einer der Ishaak erzählte uns, die Nsara hätten ihnen Öl und Getreide gegeben. »Das einzige, was uns gerettet hat, waren Gott und die Christen«, sagte er. »Die Regierung hat uns nicht geholfen. Sie zieht noch immer die Tiersteuer für Tiere von uns ein, die wir gar nicht besitzen!«

Sidi Mohammed schlug vor, wir sollten ihnen anbieten, eine Ziege zu kaufen, und schließlich stimmte ich zu. Die Männer holten uns ein weißes Kitz, das ich für ungefähr zehn Pfund erstand. Sidi Mohammed sah so glücklich aus wie ein Kind an Weihnachten. »Sollen wir es jetzt schlachten?« fragte er begierig.

»Nein«, sagte ich zu ihm. »Wir werden es heute nacht schlachten. Ich werde es auf meinem Kamel mitnehmen.«

»Das kannst du nicht tun!« protestierte er, und sein Gesicht fiel zusammen. »Es wird sterben, und dann ist es nicht mehr *hillal*. Wir werden es nicht mehr essen können.«

Ich zeigte ihm, wie man es in ein Leintuch wickeln konnte, ein Trick, den ich von meinen Nomaden im Sudan gelernt hatte, doch er blieb skeptisch.

An diesem Nachmittag stiegen wir das Tal hinauf, an einer sanften Hügellandschaft entlang, in der Türme aus blauem Fels aus purpurfarbenen Keilen hervorbrachen und der Weg sich zwischen eiförmigen Felsbrocken wie ein wasserloser Fluß hindurchschlängelte. Den ganzen Nachmittag über war Sidi Mohammed in heller Aufregung wegen der Ziege. Alle halbe Stunde fragte er mich: »Ist sie in Ordnung, Omar?« »Ist sie nicht zu fest zusammengebunden?« »Hängt der Kopf nicht zu weit nach unten?« Als ich ihm vorschlug, den Kopf mit einem Strick hochzubinden, schrie er: »Nein, nein! Du wirst ihr das Genick brechen!«

Wir zogen zum Brunnen von In Telli, wo wir einen Tag zu bleiben hofften. Es sollte die erste Rast seit unserem Aufbruch aus Timbuktu sein, und wir sehnten uns alle danach. Gegen vier Uhr hielt Sidi Mohammed es nicht länger aus. »Komm, Omar«, sagte er. »Laß sie uns töten!«

»Nein«, wiederholte ich, nicht ohne eine gewisse trotzige Befriedigung, »wir werden die Ziege schlachten, wenn wir in In Telli angekommen sind. Nicht vorher.«

Der Sonnenuntergang kam, und In Telli war nicht in Sicht. Wir hielten an, um das Abendgebet zu verrichten. »Warum schlagen wir unser Lager nicht hier auf?« fragte Sidi Mohammed.

»Nein, wir haben ausgemacht, daß wir bis In Telli marschieren.«

»Aber das ist ein guter Platz für die Kamele. Es gibt gutes Weideland hier.«

»Wir gehen weiter!«

»Ich denke nur an die Kamele.«

Wir zogen weiter und stiegen langsam ins Tal von In Telli hinab, wo wir unser Lager errichteten. Sowie wir abgeladen hatten, packte Sidi Mohammed die Ziege und stellte mit hörbarem Seufzen fest, daß sie noch am Leben war. Mit seinem Messer schlitzte er ihre Kehle durch, und ein Strahl Blut färbte den Sand tiefrot. In Sekundenschnelle hatte er sie säuberlich und fachmännisch gehäutet. Er schnitt Leber, Nieren, Herz und Lunge heraus und begann sie über dem Feuer zu rösten. Als die Innereien gebraten waren, legte er sie auf einem Sack aus und begann sie sorgfältig auseinanderzuschneiden. Die unverwertbaren Innereien und die Haut wurden bereits von Hunderten von Skarabäen vertilgt, die sich um die winzigen Karkassenstückchen balgten. Sidi Mohammed teilte das Fleisch in gleiche Portionen auf. Unsere waren erheblich gleicher als seine. »Im Namen Gottes«, sagte er mit wölfischem Grinsen, »laßt uns essen!«

In Telli lag in einer natürlichen Senke, umgeben von schwarzen Felswänden, und im Hintergrund erhoben sich höhere blaue Gebirgszüge. In der Nähe der Brunnen befand sich ein einzelnes Lehmhaus, aber es war verlassen. Zwei mit Segeltuch bedeckte Zelte lagen eingepackt auf Gestellen davor. Neben dem Haus stand ein Pferch, in dem Ziegen gehütet worden waren. Die Brunnen waren seicht und hatten alle Wasser, wenn es auch mit einer Art von Algen verunreinigt zu sein schien. Nicht weit davon entfernt entdeckten wir unter einem überhängenden Felsen feuchten Sand; in nur vierzig Zentimeter Tiefe stieß man bereits auf Wasser. Wir hoben eine Grube aus und tränkten die Kamele, dann schickten wir sie mit Beinfesseln versehen unter die grünen Bäume des Wadi.

Wir stellten das Zelt nach Araberart in der Nähe einiger Büsche auf. Sidi Mohammed, der die Kamele weggebracht hatte, kam zurück und begann mit der Zubereitung einer Ziegenkeule, die er auf niedrigem Feuer röstete. Den Rest des Fleisches schnitt er in Streifen, die er zum Trocknen auf einem Dornbaum auslegte. Während er kochte, erschien ein junger Targui mit einer Axt. »Die können frisches Fleisch über acht Kilometer hinweg riechen!« bemerkte Sidi Mohammed, aber der Brauch wollte, daß er dem Mann etwas Fleisch gab. Nachdem er gegangen war, stopften wir uns selbst wieder voll. Sidi Mohammed aß das meiste von Marinettas Anteil sowie auch seinen eigenen, er hob sogar die Stücke wieder auf, die ich weggeworfen hatte, wobei er erklärte: »Da ist immer noch Fleisch daran!« Er stocherte mit dem Messer an den Knochen herum, zerschmetterte sie an den Felsen und schlurfte das köstliche Mark heraus. Nach dieser Vorstellung rülpste er noch lauter als gewöhnlich und sagte: »Warum bleiben wir nicht zwei Tage hier? Einer ist nicht genug, bei Gott!«

Später ging er weg, um die Kamele einzufangen, und ich machte mich auf die Suche nach süßen Melonen, die an manchen Stellen in der Nähe der Brunnen wuchsen. Sie wuchsen an Kriechpflanzen, ungefähr vierzig Melonen pro Pflanze, waren aber weit seltener als die bitteren Melonen, von denen sie sich nur durch eine geringfügig andere Hautzeichnung unterschieden. Ich hatte gerade eine rundliche kleine Frucht entdeckt, als ich Marinetta rufen hörte: »Maik! Maik!« Ich rannte zurück und umklammerte das Heft meines Messers. Zwei bedrohlich aussehende Tuareg standen über Marinetta gebeugt. Sie war hinter das Zelt gegangen, um sich zu waschen, und schlang verzweifelt ein Handtuch um ihre Beine. »Geht weg!« rief sie den Männern zu, aber in Hassanya. Entweder verstanden sie sie nicht, oder sie taten nur so.

»Hier nicht gut!« sagte ich in meinem radebrechenden Tamaschek zu ihnen. Ich zeigte auf einen Baum in zwanzig Meter Entfernung. In jeder Kultur würde das, was sie getan hatten, als äußerst unanständig gelten. Widerstrebend folgten die Männer meinem Wink. Sie setzten sich im Schatten nieder.

»Ist alles in Ordnung?« fragte ich Marinetta.

»Ja, aber ich hatte gerade meinen Schlüpfer ausgezogen, als ich sie kommen sah. Es war schrecklich unangenehm.«

»Was meinst du, was sie wollten?«

»Sie haben auf das Fleisch gezeigt.«

Später brachte ich ihnen ein wenig Fleisch auf einem Teller. Sie aßen schnell, dann zogen sie davon.

Als Sidi Mohammed zurückkam und die Geschichte hört, murrte er: »Wenn es so weitergeht, wird nichts für uns übrigbleiben!« Das seltsame Aussehen seiner Haare lenkte unsere Aufmerksamkeit auf ihn. Er hatte versucht, sie mit dem Messer zu schneiden, und nun standen sie in bizarren Wirbeln und Büscheln überall vom Kopf ab. Die Wirkung war schrecklich, aber Sidi Mohammed schien sich dessen nicht im mindesten bewußt zu sein. Ganz im Gegenteil, er fuhr immer wieder mit einem stolzen Lächeln mit der Hand über die unebene Oberfläche, wie ein Mann in der Haarölwerbung, und sagte: »He, Omar, was meinst du? Ich habe es gut hingekriegt, nicht wahr?«

»Sehr schön!« grinste ich zurück, und Marinetta kicherte in sich hinein.

Am Nachmittag tränkten wir die Kamele noch einmal und füllten alle unsere Wassersäcke. Nach Sonnenuntergang teilten wir die verbleibende Keule, und Sidi Mohammed teilte das Fleisch wieder in Portionen auf, dieses Mal offenbar nach dem Alter und nicht nach der Schönheit. Sidi Mohammed als der Älteste erhielt am meisten. Wieder kamen wir in den Genuß seines Repertoires aus Saugen,

Knacken, Schmatzen und Rülpsen, und anschließend legte er ein großes Stück übriges Fleisch auf einen Baum. Das Fleisch machte ihn mitteilsam. »Ah«, sagte er, »ich erinnere mich, als ich in Libyen war, da hatte ich einen Freund, der war Polizeichef. Er stellte mich als Gazellenjäger ein. Ich fuhr mit dem Auto, und nie erwischte ich weniger als sechzehn am Tag. Das Fleisch war so zart, bei Gott!«

»Aber das Fleisch ist doch bestimmt nicht *hillal*, wenn du es geschossen hast?« sagte ich in Erinnerung an den Zirkus, den er wegen der Ziege veranstaltet hatte.

»Doch, das ist es, wenn du die Kugeln gesegnet hast!« sagte er. »Die Libyer sind gute Menschen, weißt du. Nur ihre Regierung ist schlecht. Wenigstens sind die Libyer reinblütige Araber. In Mali gibt es Stämme, die mehr wie Affen als wie Menschen aussehen. Sie sind überhaupt keine Menschen. Aber Sklaven gibt es überall, sogar in Libyen. Einmal lieh ich mir, als ich als Hausmeister arbeitete, den Firmenwagen. Ich blieb im Sand stecken und mußte ihn stehenlassen. Ich hatte eine Menge Ärger deswegen. Ich hätte den Wagen nie nehmen dürfen. Mein Vorgesetzter war ein Sklave, und er hatte die Frechheit, mir zu sagen, das wäre das Ende für mich. ›Du bist nichts weiter als ein Sklave‹, sagte ich. ›Du bist ein Nichts!‹ Und ich behielt meinen Job. Er hatte Angst, du verstehst.« Er schilderte, wie ein anderer Vorgesetzter, diesmal ein Ägypter, ihm befohlen hatte, eine Bank zuerst an eine Stelle, dann an eine andere und schließlich wieder an die erste zurück zu schieben. »Ich wußte, er machte das nur, um mich zu ärgern!« sagte Sidi Mohammed. »Also sagte ich zu ihm: ›Wenn du dich nicht entscheiden kannst, breche ich dir das Genick!‹ Danach sprach er nie wieder mit mir! Ha! Ha! Aber die Hälfte der Ägypter, die ich in Libyen traf, war schwul. Sie standen auf andere Männer. Einmal mußte ich mir mit einem schwulen Ägypter das Zimmer teilen. Er faßte mir an die Beine, also zog ich mein Messer raus. ›Wenn du mich noch einmal anfaßt, dann schneide ich dir die Kehle durch!‹ sagte ich zu ihm.« Bevor seine Geschichten noch haarsträubender wurden, beschlossen wir, uns schlafen zu legen.

Als wir am nächsten Morgen erwachten, bemerkte ich, daß das Fleischpaket im Baum verschwunden war. Es hätte zwischen uns geteilt werden sollen. »Ich wette, er hat es in der Nacht aufgegessen!« sagte Marinetta erbost. Uns blieb nur noch das gedörrte Fleisch, das ich sorgfältig in einer meiner Satteltaschen verstaute.

Wir verließen In Telli und kletterten durch eine enge Schlucht hinauf, die gerade breit genug war, um die Kamele passieren zu lassen. Die Wände bestanden aus Geröllhalden schwarzer Steine, die an zertrümmerte Asphaltklumpen erinnerten. In der Schlucht wuchsen süße Melonen. Wir pflückten sie und schälten sie ab, teilten die Schnitze aus und stopften das saftige Fruchtfleisch in den Mund, bis uns der zuckrige Saft das Kinn hinablief. Wir gelangten auf eine Hochebene, wo die Kamele über den weichen, silbrigen Grund eines ehemaligen Bergsees trotteten. Das Salz glitzerte noch immer strahlend im Schlamm des Ortgesteins. Rund um das Ufer lagen sterbende und tote Bäume und Hunderte von zwei Meter hohen Termitenburgen, die so hart wie Granit waren. Über einige rote Dünen, auf denen der Sand mit dem Grün der Melonen gesprenkelt war, stiegen wir wieder hinab. Weit im Osten erblickten wir, tiefblau in der Morgensonne, eine Hügelkette. Das war die Sakarezou-Kette, die wir überqueren mußten, bevor wir den Niger erreichten. Nördlich und östlich davon erstreckte sich kilometerweit Reg, schwarze Steine und Schotter, dazwischen Einsprengsel von Baumgruppen und Büscheln harter Gräser.

Wir gelangten in ein breites, sandiges Wadi, das mäandernd von dem Plateau fortführte, und errichteten unser Lager unter einem schattigen Talha-Baum. Sidi Mohammed war beim Abladen ungewöhnlich still, nahm danach etwas Wasser und stapfte zu einem Busch in der Nähe davon. Einen Augenblick später war das unverkennbare Geräusch von Durchfall zu vernehmen. Er kam zurück, umklammerte seinen Magen und grummelte übellaunig vor sich hin, bis es Zeit zum Essen war. Nach dem Mittagessen griff er sich wieder an den Magen und schlurfte von neuem in die Büsche.

Am Nachmittag verließen wir das Wadi und betraten eine Ebene mit hohen, geschwungenen Wellenkämmen. An manchen Stellen wuchs das distelartige *heskanit*-Gras, dessen stachelige Samen sich an alles heften, was vorbeikommt. Ein riesiger, wolfsgrauer Schakal mit Muskeln wie ein Rennhund sauste vor uns dahin und verschwand aus unserem Gesichtskreis. Danach erblickten wir zwei Tuareg, die auf schnellen Kamelen nordwärts ritten. Sidi Mohammed ging davon, um sie zu begrüßen, und kehrte eine Weile später mit den Worten zurück, wir müßten uns mehr südlich halten, um die Wasserstelle von Ouaritoufolout zu erreichen, wo wir vor der

Überquerung der Hügelkette von Sakarezou die Kamele tränken wollten.

Der Sonnenuntergang nahte. Die Sonne war ein riesenhafter orangeroter Ball, der zu unserer Rechten niedersank. Im gleichen Augenblick ging direkt im Osten der Mond auf. Es war Vollmond, aber es sah aus, als hätte jemand vom oberen Rand ein Stück abgebissen. Als wir anhielten, um abzuladen, schien der Biß größer zu werden, während gleichzeitig das silbrige Licht schwächer wurde. Plötzlich wurde mir klar, daß ich den Schatten der Erde sah, der auf die Leinwand ihres Satelliten geworfen wurde. Es war eine Mondfinsternis. Wie verzaubert stand ich da, während das Mondlicht dahinschwand und nur eine schmale Scheibe am unteren Rand übrigblieb. Nach all den Monaten in der Sahara, in denen ich so nahe am Puls der Erde gereist war, hatte ich ein intuitives Gefühl für die Größe des Planeten, für seine Weite und seine Begrenztheit erworben, so wie es mir in einem Motorfahrzeug, das die Entfernungen schrumpfen ließ, niemals möglich gewesen wäre. Nun mußte ich an die endlose Bewegung im Uhrwerk des Universums denken, an diesen zyklischen Kreis von Anfang und Ende, Geburt und Tod, in dem der Beginn einer Reise nicht mehr war als ein Punkt auf dem Weg zu seinem Ende. Die Bewegung setzte sich in die Unendlichkeit fort, und unsere unbedeutende, weite Reise war nichts weiter als ein winziger Teil dieses gigantischen Werks.

Meine metaphysischen Betrachtungen fanden ein jähes Ende durch die Geräusche eines schlimmen Durchfalls. Bald darauf humpelte Sidi Mohammed aus der Dunkelheit und bat um Arznei für seinen Magen. »Das ist dieses Milchpulver«, stöhnte er. »Ich habe zuviel davon getrunken. Ich vertrag' das nicht.«

»Es ist nicht die Milch«, sagte Marinetta. »Es ist das ganze Fleisch, mit dem du dich vollgestopft hast. Das geschieht dir nur recht, bei Gott!«

Das Wasserbecken lag in einer tiefen Spalte zwischen sandigen Hügeln und war hinter Bäumen und dichtem Unterholz verborgen. In den Zweigen saßen gescheckte Krähen und Ibisse, und die Nester von Webervögeln hingen wie Früchte von ihnen herab. Bei unserer Ankunft war ein junger Targui gerade damit beschäftigt, ungefähr fünfzehn Kamele zu tränken, und er sagte uns, das Wasser sei gut.

Unsere Kamele waren nervös und unbeholfen, sprangen hoch und scheuten, als wir die Girbas aufluden, und warfen die Satteltaschen und Decken ab. Seit dem Angriff der Zecken bei Tinigert hatte ich sie nicht mehr so gesehen, und ich fragte mich, ob sie von Fliegen gepiesackt wurden. »Sie haben vor irgend etwas Angst«, sagte Sidi Mohammed. »Es sind nicht die Fliegen. Aber wenn sie sich so benehmen, dann haben sie bestimmt noch Kraftreserven für weitere drei Monate in sich.« Es kam mir wie ein Wunder vor. Sie hatten bereits eine gigantische Entfernung zurückgelegt, noch dazu in der heißen Jahreszeit, und noch immer schritten sie kraftvoll aus. Kein Wunder, daß die Araber dieses Tier »das Geschenk Gottes« nennen!

Der Targui-Junge zeigte uns die beste Strecke in die Berge, und wir ritten durch die kläglichen Reste der Regenzeit. Die Farbe des Heskanit hatte von sanftem Grün zu Gelb gewechselt, seine fliegenden Disteln hingen reif an den Spitzen geschwollener Ähren. Der Tribulus, noch vor wenigen Wochen grün und saftig, war nun zu grauen Rattenschwänzen vertrocknet, die wie verrottete Seile aussahen, die strahlend gelben Blumen waren verwelkt zu den grausamen, dornigen Stachelnüssen, die noch im Sand steckenblieben, lange nachdem die letzten Spuren der Pflanze verschwunden waren. Man sah Gehölze mit Gänsefußgewächsen, an deren wächsernen Blättern Heuschrecken fraßen und nagten, und weiße Schmetterlinge, die noch immer in ihrem Schatten tanzten.

Sidi Mohammed verkündete, sein Magen habe sich von »der Milch« erholt, und zur Mittagessenszeit fragte er: »Wo ist das getrocknete Fleisch? Ich schneide es für euch auf.«

»Das wirst du nicht tun«, sagte Marinetta kurz angebunden, »weil du mehr essen als aufschneiden würdest.«

In mehreren Fleischstücken wanden sich Maden. Als Marinetta ein angeekeltes Gesicht machte, sagte Sidi Mohammed: »Ich werde sie essen! Ein paar Maden machen nichts. Man muß sie nur mit dem Messer herauskratzen!« Er aß die Madenstücke roh und half dann mit reichlich Reis und gekochtem Fleisch nach. Anschließend rülpste er vernehmlich.

Der Nachmittag zog sich dahin; die immer gleiche Landschaft flog an uns vorüber. »Wie schön es wäre, wenn man es sich sauber und gut angezogen bequem machen könnte«, sagte Marinetta sehnsuchtsvoll. Auf Anhieb schien das eine anziehende Vorstellung, doch ich wußte, daß das nicht stimmte. Ganz egal, in welch strahlendem Glanz ein komfortables Leben erscheint, wenn man seiner beraubt ist, die Realität war nur eine Illusion, die wie Märchengold dahinschwand, sowie man die Wüste verließ. Dann träumte man ruhelos von der Rückkehr dorthin. Ich dachte an Wilfred Thesigers Worte: »Er wird das Verlangen zurückzukehren in sich tragen, schwach oder drängend je nach seinem Temperament. Denn dieses grausame Land kann einen Zauber haben, dem kein gemäßigtes Klima gleichkommt.« Marinetta hatte diese Worte gelesen, aber sie spürte nicht, was sie bedeuteten. Eines Tages, so dachte ich, wenn all das vorbei wäre, würde sie verstehen. In der Zwischenzeit war unser Leben in einem Zyklus von Bewegung, in einer maschinenartigen Routine gefangen. Ohne diese Routine konnte man nichts vollbringen, kein Buch schreiben, kein Reich beherrschen, keine Wüste durchqueren. Wieder mußte ich daran denken, wie ich die Sahara zum ersten Mal vom Ufer des Nils aus gesehen hatte und wie sehr ich mir gewünscht hatte herauszufinden, wie das Land jenseits des Horizonts aussähe, wie mein ganzes Leben wie in einer Vorahnung vor mir ausgebreitet lag und mein Herz in einer rätselhaften Erregung geklopft hatte. Das lag mehr als sieben Jahre zurück. Wie alle Menschen vor mir sinnierte auch ich über die Unendlichkeit der Zeit und die Bedeutungslosigkeit des Menschen. Die Wüste schien einem beständig solche Gedanken einzuflößen. Wie paßte in diesem ewigen Puzzle alles zusammen, Männer zu Frauen, Frauen zu Männern, die Menschheit zur Erde, die Erde zum All? Als die Sonne unterging, grübelte ich noch immer.

Auf einer Plattform aus hartem Reg errichteten wir unser Lager. Sidi Mohammed hatte sein gesprächiges Selbst wiedergefunden. »Alles, was die Araber brauchen, ist Weideland, Wasser und ein schönes Gesicht«, sagte er. Dann starrte er Marinetta an. »Ach, so etwas fehlt hier!« sagte er. Das, so dachte ich, war seine Rache für Marinettas Sticheleien über das Fleisch. Für den Fall, daß sie nicht verstanden hatte, wurde er noch ausführlicher. »Ich habe einmal eine Diskussion im Radio gehört, wo die schönsten Frauen in der Welt zu finden seien. Es hieß, die Entscheidung fiele zwischen den Inderinnen, den Sudanesinnen und den Araberinnen. Ich vermute, die Araberinnen sind die schönsten!«

»Es ist jammerschade, daß es keine Diskussion über das unhöflichste Volk der Erde gab«, sagte Marinetta giftig. »*Da* hätten die Araber mühelos gewonnen!« An diesem Abend lagen im Reis zwei Knochen mit Fleisch daran. Sidi Mohammed schnappte sie alle beide.

Am folgenden Morgen durchquerten wir das Wadi Azaouagh. Es war der größte Wasserlauf in der südlichen Sahara, der von Wasser aus dem Massiv des Hoggar und des Aïr gespeist wurde. Nun führte er kein Wasser, sondern durch das Flußbett zogen sich tiefe Rinnen, in denen der Schlamm steinhart geworden war und tiefe Risse die Erde in brüchige Blöcke gespalten hatten. Wir brauchten eine Stunde, bis wir uns einen Weg durch diese Kanäle gebahnt hatten. Auf der anderen Seite stießen wir auf die Überreste eines Tuareg-Lagers, das erst vor kurzem aufgegeben worden war. Jenseits davon erstreckte sich eine monotone Ebene bis zum Fuß der Berge. Bevor wir unsere Kamele bestiegen, entdeckten wir noch reife Melonen, deren Saft wir dankbar schlürften.

Wir durchquerten die Ebene und begannen mit dem Erklimmen der Hügel. Die Hügel bestanden aus einer Geröllhalde teeriger Felsblöcke, aber unser Führer fand einen sandigen Pfad hindurch, der uns zu einem weiteren schattigen Wadi führte, wo wir unsere Mittagsrast abhielten. Marinetta kochte Reis, und Sidi Mohammed ging ins Wadi hinab, um seine Notdurft zu verrichten. Nachdem er weg war, grinste Marinetta mich an und sagte: »Er wird einen Schock bekommen, wenn er heute wieder nach den Knochen grabscht!« Sie nahm drei Stücke aus dem Vorrat an Dörrfleisch. Eines war groß, die anderen beiden waren viel kleiner. »Welches wird er sich als erstes nehmen?« fragte sie.

»Das größte natürlich«, sagte ich.

»Genau!« sagte sie, und begann vom größten Stück alles Fleisch abzukratzen. Bei Sidi Mohammeds Rückkehr hatte sie bereits alles im Topf. Als sie das Gericht servierte, sah ich, daß sie das fleischlose Stück raffiniert kaschiert hatte, so daß ein sehr verlockendes Ende aus dem Reis hervorragte.

Wir setzten uns zum Essen nieder. Sidi Mohammeds Augen leuchteten auf beim Anblick des verheißungsvollen Stücks. Seine große Hand schoß hervor und griff danach. Während er es herausholte, nahmen Marinetta und ich beiläufig die kleineren Stücke und überließen Sidi Mohammed seinen sehnsuchtsvollen Blicken auf die blanke, weiße Oberfläche eines Knochens, bar des winzigsten Fitzelchens Fleisches. Sein Gesicht sah bemitleidenswert aus. Er warf den Knochen wutentbrannt auf den Boden, murrte angewidert vor sich hin und sah dann neiderfüllt auf die fleischigen Knochen, an denen wir nun mit sichtlichem Vergnügen kauten. »Was ist los?« fragte ich unschuldig.

»Das Fleisch ist weg!« sagte er, während er mit mordlustigem Blick unsere Stücke beäugte und mit der Hand im Reis herumwühlte. Als er später wegging, um die Kamele zu holen, brachen wir in schallendes Gelächter aus und kugelten uns vor Lachen. Es war das Lustigste, was ich seit dem Aufbruch aus Chinguetti erlebt hatte.

Wir brauchten zwei Tage, um die Berge zu überwinden. Danach kamen wir in eine ausgedehnte Grassteppe mit verdorrtem Heskanit-Gras hinab. Es war ein Alptraum, sie zu durchqueren. Die stachligen Kletten lösten sich bei der geringsten Berührung von der Pflanze und verhakten sich unbarmherzig in jeglicher weicher Oberfläche. Binnen weniger Sekunden waren unsere Sandalen und Sarouals so schwer vor Kletten, daß wir anhalten mußten, um sie zu entfernen. Aber auch das war eine heikle Operation, denn dann verhakten die Kletten sich an den Händen und hinterließen winzige Dornen, die man nur mit einer Pinzette entfernen konnte. Am Ende des Tages waren unsere Hände von den darin steckenden Dornen rauh, rot und geschwollen. Eines Morgens, nach einer halben Stunde Heskanit, machte Sidi Mohammed halt und rollte seine Saroual bis zu den Leisten hoch, wobei er zum ersten Mal ein Paar haarlose, weiße und ausgesprochen krumme Beine entblößte. Er sah aus wie ein Komiker, wie er so mit einer Hand seine Hose hochzog und mit der anderen das Kopfseil hielt, fluchend bei seinen vergeblichen Versuchen, sich einen Weg durch die Samen dieser bösartigen Gräser zu bahnen.

Das Heskanit hinderte Sidi Mohammed nicht daran, weiter regelmäßig zu verschwinden. Seine Abwesenheiten dauerten nun länger, und schon seit einigen Tagen hatten wir auf ihn warten müssen, bis er uns wieder eingeholt hatte. Nie gab er die geringste Erklärung über sein Weggehen ab, und die Neugier darüber, was er wohl trieb, peinigte uns. Wenn ich ihn fragte, murmelte er irgend etwas und packte das Kopfseil, um unverhüllt schlechter Laune davonzustapfen. Einmal, als wir darauf warteten, daß er uns einholte, verfing sich Shigars Nasenring in einem Dornbaum und wurde herausgerissen. Der Ring fiel in den Sand, und während ich noch verzweifelt danach suchte, zog das Kamel langsam von dannen. Ich rannte hinter dem Tier her, ohne zu wissen, wie ich es ohne Nasenring oder Kopfseil überhaupt bezähmen könnte. Marinetta hielt die anderen Kamele in Schach und sah zu, wie ich mich immer weiter entfernte. Ich brauchte mehrere Minuten, um das Tier zu dem Dornbaum zurückzutreiben. Als ich zurückkam, war auch Sidi Mohammed wieder da, grinste und sagte: »Alles bestens, oder?«

Ich fühlte, wie der Ärger in mir hochstieg. »Ich habe dich als Führer eingestellt«, sagte ich. »Und du hast nichts von deinem ständigen Verschwinden erzählt. Wir gehen keinen Schritt mehr weiter, bevor du uns nicht sagst, wo du jeden Morgen und jeden Nachmittag hingehst!«

Er blickte mich herausfordernd und unbeeindruckt an. Einen Augenblick lang dachte ich, er würde die Drohung ignorieren. Dann zuckte er die Schultern und sagte: »Es geht euch zwar nichts an, aber ich bin ein Tijani.«

Ein Tijani! Ich wußte sofort, was das war. Die Tijani waren eine geheime Brüderschaft, eine Art Freimaurer der islamischen Welt. Sie waren im 18. Jahrhundert in Algerien aufgekommen und hatten sich in der Sahara und in der Sudanzone jenseits davon ausgebreitet. Staatsoberhäupter, heilige Männer und hochangesehene Lehrer gehörten ebenso dazu wie wandernde Derwische. »Aber was machst du dann?« fragte ich ihn.

»Ich muß zweimal am Tag meditieren«, sagte er. »Wir wiederholen heilige Worte und zählen sie an unseren Rosenkränzen ab.« Plötzlich fiel mir ein, daß ich mehrmals beobachtet hatte, wie er nach seiner Abwesenheit seine Perlen wegsteckte.

»Aber du betest doch schon fünfmal am Tag«, sagte Marinetta. »Ist das nicht genug?«

»Nein.« Sidi Mohammed grinste süffisant. »Weißt du, diese Gebete sagt jeder Muslim auf. Sie stehen im Koran. Diese Gebete sind dein Kapital. Die Extra-Meditationen sind wie deine Kapitalertragszinsen. Je mehr du verrichtest, um so besser sind deine Aussichten nach dem Tod. Deswegen mache ich das. Ich habe wenig genug in dieser Welt. Ich will sichergehen, daß ich in der nächsten im Überfluß lebe.«

Die Hitze ließ nicht nach. Beinahe ständig wehte ein heißer Wind. Wir stießen weder auf Wasserlöcher noch auf Menschen, und die Grenze zum Niger schien menschenleer zu sein. Wir hofften, das Wadi Tillia zu finden, das meiner Ansicht nach die Grenze zwischen Mali und dem Niger bilden mußte. Auf meiner Michelin-Karte und meiner Lagekarte im Maßstab eins zu einer Million war die Grenze an unterschiedlichen Stellen eingezeichnet. Der Streifen entlang der Ostseite war vor kurzem von Mali beansprucht worden, und die Grenze war korrigiert worden. Das Wasser war knapp, und die Kamele wirkten so müde und stumpf wie wir. Bei einer unserer Mittagspausen sagte Sidi Mohammed: »Ich mache mir Sorgen um das Wasser. Die Kamele sind durstig, und es gibt keine Menschenseele hier. Dieser Wind kann uns umbringen.« Noch nie hatte ich ihn so düster gesehen.

Es war unmöglich, geradeaus zu marschieren. Wir kletterten über hintereinander geschobene Sandhügel, einen nach dem anderen, hinauf und hinab wie in einer Achterbahn. Wenn wir in der Erwartung, die Ebene des Niger würde sich endlich unter uns ausbreiten, den Gipfel eines Hügels erklommen hatten, dann bot sich der nächste Hügel unseren Blicken, der den Horizont verdunkelte. Ein grauer, salziger Dunst hing in der Luft und machte es schwierig, mit dem bloßen Auge den Kurs zu bestimmen. Wir mußten häufiger aufsteigen, um dem schrecklichen Heskanit zu entgehen, und die Kamele wurden immer erschöpfter. Ich konnte nur noch an unsere baldige Ankunft in Agadez denken. Der Nil war nur ein verschwommener Traum, irgendwo jenseits der Grenzen der Welt. Ich sehnte mich nur noch nach Ruhe und gutem Essen, nach einem Zufluchtsort vor der erbarmungslosen Hitze und dem bösartigen Heskanit.

Die Zeit verging, aber kein Wadi war zu sehen. Die Sandfalten, die wir durchquerten, öffneten sich wie die aufgeblätterten Seiten eines Buches. Die winzigen Flußbetten dazwischen waren steil und knochentrocken. Dann, eines Nachmittags, riß der Dunst auf. Wir sahen, wie die sandige Hügellandschaft zu einer Ebene aus purpurfarbenem Reg abfiel, die sich zwischen den Hügeln auftat. »Das ist unser Wadi!« rief ich.

Wenige Augenblicke später war das Heskanit verschwunden, und wir bahnten uns unseren Weg über einen harten Felsenpanzer. Wir sahen, daß es im Wadi vor Hunderten von Ziegen wimmelte, deren weiße Haut das Sonnenlicht strahlend reflektierte.

»Gott sei gedankt!« sagte Sigi Mohammed. »Wo Ziegen sind, sind auch Menschen!«

Der Himmel war nun von einem reinen Blau, zarte Wölkchen hingen daran. Als wir ins Tal hinabstiegen, legte sich ein Schwarm Ibisse über uns in die Kurve, kreiste und kurvte umher wie Luftschiffer. Einige Minuten später landeten sie im Wadi und präsentierten sich als Ehrengarde, die uns beim Näherkommen einen Willkommensgruß entbot. Wir erblickten einen Hirten. Es war ein schwarzer Targui, der ein altes, verblichenes, rotes Hemd, schwarze Hosen und selbstgemachte Sandalen trug. Er hatte nur einen Stock und eine alte Ledertasche bei sich sowie eine fette Eselin ohne Sattel. Sidi Mohammed sprach ihn auf Tamaschek an, und der Mann erwiderte in einem weichen Dialekt. »Ich verstehe sein Tamaschek nicht«, sagte Sidi Mohammed. »Er nennt es Tamahak.« Doch er verstand genug, um die Richtung des nächsten Brunnens, In Gouma, herauszubekommen. Wir folgten der Prozession von Ziegen und rötlichen Schafen aus dem Wadi hinaus. Plötzlich stießen wir auf vielerlei Lebenszeichen. Menschliche Gestalten sammelten wilde Gräser. In weiter Ferne konnte man die Umrisse weißer Kamele erkennen. Eine Herde pechschwarzer Rinder kam über die Hügel gestampft, ganz anders als die Buckelrinder, die wir zuvor gesehen hatten. Sie hatten große, silberweiße Hörner mit einer Spannweite von ein bis eineinhalb Metern, die sie beim Laufen wie schwere Kronen trugen. Sie gehörten zur alten Langhornrasse der Sahara, ihre Vorfahren hatten schon hier gelebt, bevor es ein einziges Kamel gab.

Auf der Hügelkuppe standen vier Zelte aus Ziegenhaut. Sie waren bewohnt von schwarzen Männern in zerlumpten Kleidern. Die Nomaden waren freundlich. In ihrem Verhalten waren keinerlei Anzeichen von Feindseligkeit oder Aggressivität zu erkennen. Einer von ihnen, ein hochgewachsener Mann mit sanften Umgangsformen, führte uns zu den Brunnen. Es gab viele seichte, mit der Hand ausgehobene Gruben, die nur sehr langsam Wasser hervorbrachten. Einige Kinder füllten Girbas und befestigten sie unter den Bäuchen ihrer Esel. Nach all dem Mißtrauen, an das wir uns langsam gewöhnt hatten, herrschte hier spürbar ein Gefühl des Friedens. Ich vermutete, daß wir die Grenze bereits überquert hatten.

Als wir uns dem Grenzposten in Tillia näherten, wurde Sidi Mohammed sichtlich nervös. Er riet uns, das Dorf nicht zu betreten. »Sie werden uns ganz bestimmt für Polisario-Leute halten«, sagte er. »Du brauchst nur diese fremden Sättel anzuschauen.« Er sagte uns, die Polizei im Niger sei weitaus strenger als die Malis. »Sie werden uns nicht weiterziehen lassen«, sagte er. Er schien wirklich Angst zu haben, und ich mußte an seine Verhaftung durch die libysche Polizei vor einem Jahr denken.

Seine Furcht ließ einen bohrenden Zweifel in meinem Kopf aufsteigen. Wir hatten keine Genehmigung, den Niger mit dem Kamel zu durchqueren. Vor mehr als einem Jahr hatte ich deswegen an die Botschaft des Niger in Brüssel geschrieben, jedoch nie eine Antwort erhalten. Ich hatte keine Ahnung, welche Art von Empfang man uns in Tillia bereiten würde; ich wußte nur, daß es ein schmachvolles Ende unserer Reise wäre, wenn man uns hier anhalten würde, wo wir gerade erst die zweite Etappe durchliefen. Schließlich ließen wir uns von Sidi Mohammed dazu überreden, den Grenzposten zu umgehen und unsere Durchquerung der westlichen Ebenen in Agadez als *fait accompli* darzustellen.

Wir umgingen die Siedlung, immer gerade so weit entfernt, daß wir sie nicht mehr sahen. Kaum hatten wir sie hinter uns, da erblickten wir vier Zelte im maurischen Stil auf dem Kamm einer Düne. Sidi Mohammed wurde ganz aufgeregt und sagte: »Das sind bestimmt Araber!« Er bestand darauf, ihnen einen Besuch abzustatten. »Seit Wochen habe ich nicht mehr mit Angehörigen meines Volkes gesprochen«, klagte er. Ich zögerte, weil ich fand, das Lager sei zu nah am Dorf, als daß wir uns sicher fühlen könnten. »Vielleicht schlachten sie eine Ziege für uns!« sagte Sidi Mohammed. Da wußte ich, daß er nicht zu halten war.

Als wir näherkamen, lief eine Menge von Männern und Jungen herbei, um uns zu begrüßen. Sie sahen aus wie Tuareg, aber sie trugen keine Schleier und sprachen Hassanya. Es waren Kunta-Araber, und ihr Anführer hieß Sid' Amer, ein mürrisch blickender Mann mit kahlgeschorenem Kopf, Ziegenbart und sehr dunkler Hautfarbe. Sie drängten uns zum Bleiben und riefen: »Willkommen! Die Gäste seien willkommen! Laßt eure Kamele niederlegen und ladet ab!« Sidi Mohammed hatte die Kamele schon am Boden, bevor ich ihn davon abhalten konnte, grinste und schüttelte die Hände. »Diese Leute haben einen langen Weg hinter sich!«

Sidi Mohammeds Augen leuchteten bereits beim Gedanken an Fleisch, als ich ihn beiseite nahm, um ihm etwas zu zeigen, was mir aufgefallen war. Es waren frische Abdrücke einer Landroverspur, die durch das Lager verliefen. Ich vermutete, daß die einzigen Leute, die in dieser Gegend Landrover besaßen, Polizisten waren. »Sie werden der Polizei sagen, daß wir hier waren.«

»Unsinn«, erwiderte er. »Das sind gute Menschen. Araber. Sie werden uns nicht im Stich lassen.«

Wir erreichten unser Lager auf einer Düne in der Nähe der Araberzelte. Sid' Amer und einige Diener führten die Kamele zum Weiden die Dünen hinab. Kaum waren wir von unseren Tieren getrennt, da veränderte sich das Verhalten der Araber. Anstatt zu lächeln, umringten sie uns und starrten uns frostig an. Sie fingen an, Sidi Mohammed gezielte Fragen zu stellen. Wer waren wir? Was wollten wir hier? Dann kam der Clou. Sid' Amer deutete an, daß die Behörden in Tillia ihn gebeten hätten, jeden Fremden oder Reisenden, der diese Route nahm, anzuhalten. »Sie mögen keine ›Straßendiebe‹«, sagte er und starrte Marinetta und mich dabei direkt an. »Ihr müßt euch morgen früh bei der Gendarmerie in Tillia melden.«

»Und wenn wir beschließen, es nicht zu tun?« fragte ich.

»Ich werde ihnen mitteilen müssen, daß ihr hier wart.«

»Das dachte ich mir.«

»Das Leben ist hart hier«, jammerte Sid' Amer schuldbewußt. »Die Regierung macht Weißen wie uns das Leben schwer.« Aus dem Munde Sid' Amers, dessen Haut pechschwarz war, klang das äußerst komisch. Dann überließen uns die Araber uns selbst.

Sidi Mohammed hatte bei dem Wort »Straßendiebe« beinahe angefangen zu zittern, und nun sah er erbarmungswürdig aus. Er machte Tee, starrte ins Feuer und sagte schließlich: »Wenigstens werden wir heute nicht Sardinen essen müssen. Sie sind Araber, und Araber werden uns Fleisch bringen.« Ein Junge mit einem Tablett erschien, das er vor uns absetzte. Unter dem geflochtenen Deckel stieg ein köstlicher Geruch empor. Sidi Mohammed setzte sich auf und leckte sich die Lippen. Ehrfürchtig hob er den Deckel. Dann fiel sein Gesicht zusammen. Innen befand sich eine klebrige, halbrohe Masse aus Brei, durchsetzt mit Staub.

»Ha!« höhnte Marinetta. »Soweit zum Fleisch!«

»Blödsinn!« sagte Sidi Mohammed, schluckte hart und lächelte schwach. »Der Brei ist genauso gut. Dieser Brei ist mein Lieblingsgericht!«

Die Gendarmerie war ein sauberes, ordentlich instandgehaltenes und vor kurzem gestrichenes Gebäude, vor dem an einem Masten die Flagge des Niger flatterte. Wir ließen die Kamele unter ein paar Mesquite-Bäumen in der Nähe niederliegen. Ein Offizier mit grünem Barett kam heraus, um uns zu begrüßen, und fragte nach unseren Pässen. Sidi Mohammed reichte ihm zitternd seinen Personalausweis und sagte: »Ich bleibe hier«, als wir hineingebeten wurden.

Der Adjutant war ein eifrig aussehender Mann mit Brille und einem brandneuen Kampfanzug. Bei unserem Eintritt legte er ein Buch über afrikanische Geschichte beiseite und bat uns, Platz zu nehmen. Genau in diesem Moment trat der verräterische Sid' Amer der vergangenen Nacht ins Zimmer und begann eine unterwürfige Jammertirade in Haussa. Der Offizier hörte ihm einen Augenblick zu und wies ihn dann mit einer Handbewegung hinaus. Ich konnte gut auf seine Anwesenheit verzichten. Der Adjutant blickte uns schweigend an. Dann sagte er: »Ich habe schon Touristen gesehen, die mit Autos kamen. Ich habe Touristen gesehen, die mit dem Flugzeug kamen. Aber noch nie habe ich Touristen gesehen, die den ganzen Weg von Mauretanien *mit den Kamel* zurückgelegt haben!« Ich glaubte fast schon, er würde uns im nächsten Moment gratulieren, doch statt dessen fragte er: »Was wird euch Abendländern als nächstes einfallen?«

Er versank wieder in Schweigen und musterte unsere Ausweise. Sidi Mohammeds Personalausweis unterzog er einer besonders ausgiebigen Überprüfung, er entfernte sogar mehrere Rezepte für Tabletten, die darin zusammengefaltet waren. »Und wo ist diese Person… dieser Malier?« fragte er. Ich sagte ihm, daß unser Führer draußen warte. Er runzelte die Stirn. »Es ist höchst irregulär, im Niger die Dienste eines fremden Führers in Anspruch zu nehmen«, sagte er. »Dasselbe gilt für die Einreise mit dem Kamel. Ich werde dem Préfet in Tahoua über Funk eine Nachricht durchgeben müssen. Es wird mindestens bis morgen dauern, bis ich eine Antwort erhalte.« Als er unseren Gesichtsausdruck bemerkte, fügte er hinzu, es stehe uns frei, eines der leeren Häuser im Dorf zu benutzen, bis die Antwort durchgekommen sei. Dann seufzte er und sagte: »Ach, der Tourismus! Er ist gut für das Land, aber er ist so *ermüdend*!«

Nach dem Abladen der Kamele vor dem Lehmhaus führte Sidi Mohammed sie zum Grasen aus dem Dorf hinaus. Bei seiner Rückkehr fragte er uns ängstlich: »Ihr habt ihnen nicht erzählt, daß ich in Libyen gearbeitet habe, oder? Sie haben etwas gegen die Libyer. Am besten erwähnt man sie hier nicht.« Ich sagte ihm, es sei nicht sicher, ob wir einen ausländischen Führer hier anstellen dürften, und sein Gesicht fiel wieder zu einer Maske des Jammers zusammen. »Ich bin achtundvierzig Jahre alt, und vierzig Jahre davon waren Schinderei«, sagte er. »Das ist mein ganzes Leben, bei Gott! Nichts als Schinderei!«

Am Nachmittag erkundeten Marinetta und ich das Gelände. Ungefähr sechzig rechteckige Häuser aus Lehmziegeln lagen wie Schachteln auf dem vom Wadi aus ansteigenden goldenen Sandboden ausgebreitet. Das Wadi war voller Sodomsapfelbäume und riesiger Akazien, von denen jede wie ein Heiligenschein aus grünem Rauch in den azurblauen Himmel ragte. Dahinter stieg das Land wieder zum Fuß einer Felswand an, die die Farbe und Beschaffenheit eines krustigen Laibs Brot hatte. Am Grunde des Wadi befand sich ein Brunnen, an dem eine Herde Langhorn- und Kurzhornrinder stampfte und brüllte. Dazwischen zwängten sich weiße Kamele und Gruppen von Ziegen und Schafen. Das Schöpfseil wurde von einer mageren Eselin gezogen, die getrieben von den Stöcken einiger schmalgesichtiger Araber vorwärtsstolperte. Sie trugen Schwerter wie die Tuareg, und ihre Gesichter waren gespenstisch blau.

Als wir in unser Haus zurückkehrten, trafen wir Sidi Mohammed, der einem halben Dutzend Arabern Tee servierte, darunter Sid' Amer, der seiner Schändlichkeit dadurch die Krone aufgesetzt hatte, daß er uns in sein Haus zum Essen eingeladen und das anschließend praktischerweise »vergessen« hatte. Nachdem sie alle weg waren, sagte ich zu Sidi Mohammed: »Du machst jetzt für niemanden mehr Tee und am allerwenigsten für Sid' Amer. Er hat uns wahrlich nichts Gutes getan.« Unser Tee und Zucker waren bereits knapp, und ich hatte nur noch zwanzig Pfund, die bis Agadez reichen mußten. Hier im Dorf mußten wir für alles bezahlen, sogar für Wasser und Brennholz. Je länger wir gezwungen waren, hierzubleiben, um so mehr würde diese kleine Summe zusammenschrumpfen.

Als ich später unsere Bestände untersuchte, kam mir der Zuckervorrat überraschend gering vor. Ich fragte mich, wieviel Tee Sidi Mohammed wohl in unserer Abwesenheit gekocht haben konnte. »Hast du seinen Sack gesehen?« fragte Marinetta. »Er sieht runder aus als zuvor.«

Ich sah zu dem Sack hinüber, der in einer Ecke des Raumes stand. Er *sah* runder aus. »Du glaubst wirklich, daß er Zucker stehlen würde?« fragte ich sie.

»Warum nicht? Was ist denn mit dem Fleisch passiert?«

Wir blickten beide auf den Sack. Sidi Mohammed kümmerte sich um die Kamele. »Warum schaust du nicht hinein?« schlug Marinetta vor. Die Verlockung war groß. Der Sack und sein Inhalt nagten schon so lange an uns. Aber ich brachte es nicht über mich, ihn zu öffnen. Statt dessen tastete ich ihn von außen mit den Händen ab. Ich konnte ein Paket mit pudrigem Inhalt fühlen, das leicht Zucker hätte sein können. Aber es konnte schon von Anfang an drin sein. Genau in diesem Moment zischte Marinetta: »Er kommt!« und einen Augenblick später betrat Sidi Mohammed den Raum.

In dieser Nacht schliefen wir kaum, weil Hundegebell und das unvertraute Geräusch schriller Stimmen uns immer wieder aufschrecken ließ. Am folgenden Morgen war von Tahoua keine Rede. Man sagte uns, der Préfet sei zu einer Versammlung gefahren und nicht erreichbar. Nur er konnte uns die Genehmigung zur Fortsetzung unseres Unternehmens erteilen. Das waren schlechte Nachrichten. Ruhelos wanderten wir im Dorf umher, übten mit den Händlern am Markt ein wenig unser bescheidenes Haussa und machten Fotos. An den Hängen und sogar innerhalb der mit Lehmwällen umgebenen Höfe waren viele Ziegenhautzelte aufgestellt. Araber wie Tuareg hatten dort ihre Wohnstatt errichtet.

Schon erschien uns das Dorf wie ein Gefängnis. Ich hatte langsam ernstliche Zweifel, ob wir die Erlaubnis zum Weiterziehen erhalten würden. Es gab kaum eine Alternative zur Durchquerung des Niger, außer wenn wir durch Libyen marschierten, eine Route, die unter den gegebenen politischen Umständen unmöglich schien. »Es sieht nicht so aus, als würden wir am Ende unsere Medaille bekommen«, sagte Marinetta. Dann lachte sie.

Niemand war in unserer Nähe. Ich legte meinen Arm um sie. »Meinst du immer noch, daß unsere Heirat ein Fehler war?« fragte ich sie.

»Ich kann gar nicht glauben, daß ich so etwas je gesagt habe«, antwortete sie. »Ich glaube, wir sind wie füreinander geschaffen. Wann habe ich je etwas anderes behauptet?«

Ich dachte an jene schrecklichen Szenen in Chinguetti. Atemberaubende sechs Monate waren seit unserer Landung in Nouakchott vergangen. Drei Monate war es her, seit wir in Chinguetti mit Mafoudh aufgebrochen waren. Ich zweifelte nicht mehr an Marinettas Fähigkeiten, den Nil zu erreichen. Sie hatte bereits eine einzigartige Reise hinter sich. Außerdem war in diesen sechs Monaten etwas geschehen, für das mir die rechten Worte fehlten. Es war fast, als hätten wir als zwei Individuen begonnen und wären langsam miteinander verschmolzen. »Ich glaube, ich bin jetzt irgendwie an dich *gebunden*«, sagte Marinetta.

Auch am nächsten Tag gab es keine Nachrichten aus Tahoua. Die Langeweile begann alle anderen Gefühle zu überschatten. Sidi Mohammed machte durch sein Gejammer alles noch schlimmer: »Kein anderer Führer müßte sich so etwas gefallen lassen. Ich hätte nie gedacht, daß ich mich noch einmal mit solchen Problemen herumschlagen müßte.« Ich machte mir Sorgen, daß unsere Nahrungsvorräte aufgebraucht wären, bevor wir überhaupt aufbrechen konnten. Uns blieben nur noch wenige Kilo Reis und ein Kilo Makkaroni, einige Stückchen Dörrfleisch und ein paar Sardinendosen. »Ich kann diese Sardinen einfach nicht mehr sehen«, stöhnte Sidi Mohammed beim Abendessen. »Ich bringe sie einfach nicht mehr hinunter.«

»Wir können uns kein Fleisch leisten«, sagte ich zu ihm.

»Ihr brecht mir das Herz«, sagte er.

»Und mir bricht gleich was ganz anderes!« sagte Marinetta. »Erzähl uns doch noch was über tapfere Wüstennomaden!«

Wir waren nun seit sechs Tagen in Tillia, und noch immer war keine Nachricht aus Tahoua eingetroffen. Dann kam eines Nachmittags ein sehr feierlicher Gendarme an, der uns zur Gendarmerie eskortierte. Der Adjutant saß auf einem Stuhl davor und lächelte. Er sagte uns, die Genehmigung sei für uns beide wie auch für Sidi Mohammed erteilt worden, und händigte mir ein gestempeltes *laissez-passer* mit unseren Namen aus.

Ich konnte es kaum erwarten, die Kamele zu satteln, aber Sidi Mohammed wollte nicht so recht aufbrechen. »Können wir nicht morgen losziehen?« fragte er.

»Nein«, erwiderte ich. »Wir haben genug Zeit vergeudet. Von nun an werden wir jeden Tag zehn Stunden marschieren.«

»Die Kamele werden zehn Stunden am Tag nicht durchstehen.«

»Oh doch, das werden sie«, sagte ich. Dann bemerkte ich, daß er seine Gandourah nicht mehr trug. Er war nur mit seinem kurzen Unterhemd und seinen Sarouals bekleidet. Ich fragte, wo sie sei. »Ich habe sie einem Soldaten verkauft«, sagte er verlegen, »und er kann mir das Geld erst morgen geben. Ich wollte etwas Fleisch kaufen.«

Ich blieb hart und schickte ihn los, damit er sein Kleidungsstück wieder auftrieb und die Kamele holte. In der Zwischenzeit füllte ich an der Dorfpumpe sechs Wasserhäute, und Marinetta ging auf den Markt, um Vorräte zu kaufen. Sie kam mit vierundzwanzig Dosen italienischer Sardinen zurück.

In dieser Nacht kampierten wir auf einer Düne nicht weit vom Dorf entfernt. Sidi Mohammed zuliebe, der seine Gandourah wiederhatte, gab es Reis mit Fleisch zum Abendessen. Es sollte der letzte Geschmack von Fleisch bis zu unserer Ankunft in Agadez sein. Am Morgen erwachte ich und entdeckte, daß ein Hund unsere Fleischvorräte weggeschleppt hatte. Der gut durchgekaute Sack lag leer ein paar Meter weiter weg. Als ich ihn Sidi Mohammed zeigte, schüttelte er zutiefst betrübt den Kopf.

Es waren die längsten Tage, die wir bisher erlebt hatten. Abgesehen von einer kurzen Mittagsrast waren wir fast den ganzen Tag unterwegs. Unsere Nahrungsvorräte gingen zu Ende. Nichts war mehr übrig von den praktischen Reserven an Erdnüssen, Keksen und Datteln, die früher unseren ersten Hunger gestillt hatten. Bald waren die Makkaroni aus, und alles, was übrigblieb, waren Reis und Sardinen. Sidi Mohammed murrte und grummelte den ganzen Tag über das Essen. »Bei Gott, diese Sardinen wachsen mir noch zu den

Ohren hinaus!« klagte er. »Es gibt Leute mit kalten Mägen und Leute mit warmen Mägen. Mein Magen ist warm. Sardinen sind nur in einem kalten Klima gut, beim Propheten!«

Er murrte auch über den Fischgeschmack, der nicht von uns wich, und schimpfte, weil er keine Zahnpasta hatte, um ihn aus seinem Mund zu entfernen. »Du willst ein Nomade sein«, sagte Marinetta zu ihm. »Ich habe noch nie von einem Nomaden gehört, der sich die Zähne mit Zahnpasta putzt!« Doch selbst Marinetta und mir standen Sardinen bis oben hin. Im Lauf der Tage wurden die Portionen kleiner, und wir hatten ständig Hunger. Den ganzen Tag lang nagte bohrend ein hohles Gefühl an meinem Magen. Marinetta erging sich in Essensphantasien. »Nur ein Stück frisches Brot und Käse!« sagte sie dann. »Oder Obst – Weintrauben, rote Äpfel oder Mandarinen!« Sie erzählte mir von dem reichhaltigen Mailänder Kuchen, den es in den Geschäften Roms zu kaufen gab, und von dem dicken Nougat, der an Weihnachten auf Sardinien konfektioniert wurde.

Einmal scherzte ich kurz vor dem Essen mit Sidi Mohammed. »Wenn wir erst einmal in Agadez sind, wird keiner von uns je wieder Sardinen essen müssen.«

»Und ich werde nie wieder mit einem Touristen mitgehen, der sie mir vorsetzt«, sagte er giftig. »Das ist nicht richtig, bei Gott! Ich werde dagegen protestieren!« Er hatte mir oft Geschichten über seine Reisen mit anderen Touristen erzählt, die gewöhnlich mit dem Auto stattgefunden hatten. »Ich habe nie mit einem von ihnen gegessen!« behauptete er stolz. »Du bist der einzige Nasrani, mit dem ich je gegessen habe. Aber das Auto ist heutzutage das einzig richtige Beförderungsmittel. Kamele sind nichts als eine Schinderei. So wie mein ganzes Leben, eine einzige Schinderei, Gott sei mein Zeuge! Ich bin ein Tier mit einem Seil um den Hals, das sich für Geld zu Tode plagt.«

»Geld ist nicht alles«, warf ich ein.

»Es gibt nichts, das man für Geld nicht kaufen könnte«, beharrte er. »Wer Geld hat, ist König, bei Gott!«

»Mit Geld kann man keinen Mut kaufen.«

»Aber Leute, die Mut haben«, versetzte er. »Geld ist alles. Jeden Tag bete ich zu Gott, er möge mir viel Geld schenken. Geld ist Macht, Omar, und wenn du das nicht glaubst, dann bist du ein Narr.«

Es war so heiß wie im Sommer. Zirrhuswolken wölbten sich wie Rippen über den Himmel, es war, als würden wir im Leib eines riesigen Tieres reisen. Wir waren erschöpft, und jedes erneute Auf- und Abladen ermüdete uns noch mehr. Mittags klagte Sidi Mohammed, sein Kopf würde sich vor lauter Hitze drehen. Marinetta und ich verschwendeten keinen Gedanken mehr an Sex. Das lag seit langer Zeit jenseits unserer Vorstellungskraft, je schwächer unsere Körper wurden. Marinetta ging weniger zu Fuß und ritt mehr. Sie hatte ihre Attraktivität verloren. Ihr Körper war bis zum Skelett abgemagert, ihr Gesicht krebsrot von der Sonne. Ihre Brille war zerbrochen, und sie hatte einen Baumwolltupfer auf ihren Nasenrücken gelegt. Ihr Äußeres hatte das wilde Aussehen ständiger Übellaunigkeit angenommen. Nachts wurde sie noch immer von Insekten gequält, und morgens schmierte sie sich Zinkspat auf die Haut, der zu pinkfarbenen Flecken eintrocknete. Sie suchte das Gepäck wie besessen nach Skorpionen ab. Inzwischen gab sie eine mitleiderregende Gestalt ab. Ich vermute, bei mir war es nicht anders. Sie wünschte sich, sie wäre in Rom oder auf Sardinien, irgendwo weit weg von der Wüste. »Alles ist leer«, sagte sie einmal zu mir. »Alles ist deprimierend.« Ich spürte, daß sie langsam den Kontakt zu ihrer Identität verlor. Sie konnte sich nicht mehr in jenem begehrenswerten Jetset-Mädchen wiedererkennen, in diesem Stammgast von Modeboutiquen, der Inhaberin eines Diplomatenpasses, der Erste-Klasse-Fliegerin. Statt dessen war sie eine wilde, zerlumpte, primitive Frau geworden, die nur noch knurren und um ihr Überleben kämpfen konnte.

Am ersten November ließen wir das sandige Land hinter uns und betraten eine Wüste aus grauem und schwarzem Reg. Im Norden tauchten schwarze Hügelkuppen auf, und zerborstene Granitplatten erstreckten sich Kilometer um Kilometer. Die Kamele zuckten zusammen, wenn sie ihre geschundenen Füße auf den scharfen Steinen aufsetzten, und Sidi Mohammed verzog das Gesicht. »Ich hasse diese Felsen«, sagte er. »Sie tun den Kamelen an den Füßen weh, und alles, was die Kamele fühlen, fühle ich selbst auch.« Er hielt jetzt häufig an, um seine Blase zu leeren, und sagte mir, er habe Blut im Urin. Ich gab ihm etwas Rehydrationssalz und eine Handvoll Antibiotika. Die neue Behinderung beraubte ihn seiner Kraft und Energie. All seinen Klagen zum Trotz war er immer ein unermüdlicher

Arbeiter gewesen. Nun mußte ich die Kamele jeden Morgen alleine einsammeln und im Dunkeln an ihren Nasenringen herumfummeln. Ich mußte sie fast immer alleine satteln, und oft war die Ladung schlecht ausbalanciert und mußte später wieder zurechtgerückt werden. Nachts kam die zusätzliche Strapaze der Brennholzsuche hinzu, die auf dieser nackten Ebene eine Stunde beanspruchen konnte. Sobald wir gegessen hatten, mußte einer von uns nachsehen gehen, ob die Kamele nicht zu weit weggelaufen waren, und sie zum Weiden in die Nähe des Lagers zurückbringen. Um vier Uhr morgens befreiten wir sie von ihren Fußfesseln, was ihnen vor unserem Aufbruch um fünf Uhr eine Stunde Zeit zum Grasen ließ.

Eines Abends errichteten wir unser Lager an einer Stelle, an der die Spuren vieler Wüstenspringmäuse zu sehen waren. Die Araber essen diese flaumigen Wüstenratten, sie rösten sie samt Fell über dem offenen Feuer. Sidi Mohammed sagte, er würde sich ein paar davon mit seinem Stock schnappen. Er war eine Stunde weg, kam aber mit leeren Händen zurück. »Hast du keine erwischt?« fragte ich ihn.

»Ich habe eine erwischt, Omar«, erwiderte er bedrückt. »Ich habe sie mit meinem Stock getroffen. Aber als ich mich umdrehte, um ihr mit dem Messer die Kehle durchzuschneiden, war sie schon tot. Sie war nicht *hillal*, also konnten wir sie nicht essen.«

Wir durchquerten eine weite, pudergraue Ebene mit der bronzefarbenen Masse eines Hügels im Hintergrund. Über der dunklen Wildnis zogen sich die Spuren goldfarbenen Grases wie Tropfen einer Flüssigkeit dahin. Ich überlegte, ob der Hügel wohl den Rand der Senke von Tiguidit markieren konnte, in der Agadez lag. Wir lagerten eine Nacht in der Ebene, und am Morgen verkündete Sidi Mohammed, er fühle sich besser. Lustlos banden wir die Kamele aneinander und trotteten im Dunkeln durch die Ödnis. Während wir dahinzogen, zerbarst die schwarze Hülle der Nacht zu Rissen, die wie riesige Buchstaben eines seltsamen Alphabets aussahen. Die Risse erweiterten sich zu Spalten, und die Spalten füllten sich mit einer meerblauen Flüssigkeit. Gelbe Öffnungen taten sich am Himmel auf, und die dunklen Nachtwolken lösten sich und enthüllten eine feurige, purpurrote Grundierung. Die gelben Furchen zerschmolzen wieder zu Rauchgrau, die Sonne lugte unter einem Bogen in einem Wolkenschleier hervor und durchbohrte ihn mit zwei dicken Strahlen, die hervorschossen wie die Arme eines Seesterns. Tag. Die Wüste wurde sichtbar, erhaben, primitiv, schön und nackt, nichts als formloses Reg und zerklüfteter Fels bis zum Fuß der Hügel.

Mitte des Vormittags erreichten wir eine grüne Insel, wo einige Tuareg ihr Lager aufgeschlagen hatten. Sie waren freundlich und baten uns anzuhalten. Sie brachten uns eine Schüssel salzige Kamelmilch und sagten uns, daß die Brunnen, nach denen wir suchten, Ighazer Meqqoren, ganz in der Nähe waren.

Zwei Tuareg-Jungen ritten mit uns zu den Brunnen. Einer ritt auf einem rotbraunen kastrierten Tier, der andere auf einem weißen Bullen, aber beide Tiere sahen dürr und unterernährt aus. Die Jungen saßen auf den seltsam aussehenden Tuareg-Sätteln, die aus nichts weiter als einem L-förmigen Sitz mit einer langen Rückenstütze und einem nach oben gezogenen Knauf bestanden, der in einer dreizackigen Metallkralle endete. Die Sättel sahen prunkvoll aus, aber ich wußte, daß sie für den Transport schwerer Lasten wie der unseren untauglich waren. Beide Tuareg trugen Schwerter, die über ihren Sattelrücken geworfen waren. »Ihr wollt nach Ägypten!« rief einer von ihnen aus. »Aber von Agadez aus nehmt ihr das Flugzeug, oder?« Sie schienen nicht zu glauben, daß wir mit Kamelen von Mauretanien bis hierher gekommen waren. Timbuktu war in ihren Augen schon weit genug. Bald schon folgte uns eine Prozession von Eseln. Kleine Jungen und Mädchen ritten darauf, und sie trugen Wassersäcke, die aus den Gummischläuchen von Autoreifen angefertigt waren und die nach Art der Tuareg unter den Bauch der Tiere gebunden waren.

Mittags kamen wir bei den Brunnen an, und Sidi Mohammed ging alleine davon, um die Wasserhäute aufzufüllen. »Man kann ihm nicht vorwerfen, er würde seine Arbeit nicht ordentlich erledigen«, bemerkte Marinetta nach seinem Weggang. Das war richtig. Als Führer und Arbeiter war Sidi Mohammed der Beste, den wir bisher hatten. Als er zurückkam, erzählte er uns, er hätte bei ein paar Tuareg am Brunnen versucht, seine Gandourah gegen eine Ziege zu tauschen. Keiner hatte Interesse gezeigt. »Kannst du dich denn nicht einfach gedulden?« fragte Marinetta mitleidig.

»Ich brauche Fleisch so sehr«, stöhnte er. »Alle Touristen, mit denen ich zusammen war, haben aus Blechdosen wie ihr gegessen.

Aber ich hätte nie gedacht, daß ich einmal jeden Tag Sardinen essen müßte!«

Am nächsten Tag trafen wir einen großspurigen Tuareg-Jugendlichen auf einem reinweißen Kamel. Er war in makellosem Weiß gekleidet und trug eine dunkle Brille. An seinem Kamel hing in einer verzierten Stofftasche ein Transistorradio. Als ich näherkam, fiel mir sein Parfumgeruch auf. »*Mon patron*«, begann er, »gib mir etwas Tee und Zucker.« Als ich mich weigerte, fragte er mich unverblümt: »Warum nicht?« und fügte hinzu: »Es gibt jede Menge davon auf dem Markt vor euch.«

»Warum hast du dann nicht welchen gekauft?« schnitt Marinetta ihm das Wort ab. »Wir sind diejenigen, die aus der Wüste kommen.«

Vor Sonnenuntergang hatten wir die Ausläufer der Felsen von Tiguidit erreicht, und am Morgen erblickten wir die irreale Konstruktion eines Fernsehsendemasten. Er sah seltsam aus hier in der Wüste, aber in gewisser Hinsicht stimmte der Anblick mich froh. Um die Mittagszeit erblickten wir das Dorf In Gall mit seinen grauen Häusern und zwei ansehnlichen Palmenpflanzungen. Agadez lag östlich von uns, noch gute hundert Kilometer auf einer Asphaltstraße. Am Nachmittag trafen wir in In Gall ein und wurden an der Gendarmerie von drei flotten Polizisten angehalten, die unsere Laissez-passers überprüften. Ihr Chef war ein Soninke mit mächtigen Backenknochen, der sehr unnachgiebig aussah. Ich war ziemlich froh, daß wir ein offizielles Papier hatten. Er sah uns sehr langsam von oben nach unten an. Plötzlich wurde mir bewußt, was für einen merkwürdigen Eindruck wir machen mußten, zerlumpt, ungekämmt, schmutzig und maurisch-arabisch gekleidet. »Seit wann sind Sie verheiratet?« fragte er.

»Nicht schon wieder einer von denen!« stöhnte Marinetta.

»Wie ist es möglich, daß eine Frau mit zwei Männern reist? Sie verstehen schon... Ist es nicht schwierig mit dem Sex?«

Wir waren froh, ihm zu entfliehen, und füllten unsere Girbas an einigen seichten Gräben hinter dem Ort. Von dort aus konnten wir eine neue Straße aus glänzendem Asphalt sehen, die über eine Eisenbrücke führte, und auf der anderen Seite davon ein Schild mit der Aufschrift: »Agadez 119 km.«

Drei Tage lang folgten wir der Straße, wir marschierten schnell und hielten kaum an. Rings um uns wurden die Spuren der Zivilisation immer unübersehbarer. Fetzen ausgebrannter Reifen und Trümmer von Motoren lagen auf dem befestigten Seitenstreifen. Wir waren noch immer hungrig und durstig, und die leeren Sprite- und Pepsidosen, die wir sahen, waren eine Tortur für unsere durstigen Münder, so wie die weggeworfenen Fleischdosen unseren Hunger noch mehrten. Gelegentlich fuhren Fahrzeuge an uns vorbei: ein Bauarbeitertrupp im Kipplaster und einmal ein Europäer in einem Auto mit der Aufschrift: Paris-Algier-Dakar. »Da sollten wir auch sein, Omar«, sagte Sidi Mohammed. »In einem bequemen Auto wie dem da und nicht auf diesen Kamelen. Warum quälst du dich und die kleine Mariam mit diesen Kamelen? Das werde ich nie verstehen.«

»Eines Tages wird es in einem Buch stehen«, sagte ich.

»Bah!« gab er zurück. »Bücher! Das einzige Buch, das das Lesen wert ist, ist der Koran. Das Bücherwissen ist schön und gut, aber im Leben danach nützt es dir nichts, oder?«

Wir zogen an der Straße entlang, vorbei an Tuareg-Lagern mit Hütten aus Palmwedeln und Herden gescheckter Kamele mit glänzenden weißen Augen, die laut Sidi Mohammed aus dem Aïr-Gebirge weiter nördlich stammten. Wir kamen an Brunnen vorbei, wo Tuareg magere Pferde tränkten, und einmal sahen wir in der Ferne einige Fulbe-Hirten mit breitkrempigen Hüten, die eine Parade schwarzweißer Rinder anführten und Speere trugen. Am Abend des 6. November, kurz vor Sonnenuntergang, erblickten wir Agadez, oder zumindest das Glitzern seiner Öllagertanks auf der Kuppe eines felsigen Hügels. Wir schlugen unser Lager so weit wie möglich von der Straße entfernt auf, aber den ganzen Abend über wurden wir durch die aufjaulenden Motoren großer Lastwagen, die nach Niamey unterwegs waren, und durch ihren Abgasgestank gestört.

Als wir uns zu unserem letzten gemeinsamen Abendessen niedersetzten, fühlte ich mich wie betäubt. »Ich kann es kaum erwarten, wieder nach Mali zurückzukommen«, sagte Sidi Mohammed. »Es ist das beste Land auf der Welt, bei Gott! Das einzige Problem ist, daß die Wirtschaft nicht funktioniert und daß es von Sklaven regiert wird. Aber wenn es Projekte wie in Libyen gäbe, wo jeder Mann auf seinem eigenen Stück Land arbeitet, dann wäre es so gut. Ich hasse das Leben in der Stadt. Deine Kinder sterben, weil ihre Mütter sie nicht ernähren können. In der Wüste gibt es immer Milch. O ja, in der Stadt gibt es auch Milch, wenn du sie dir leisten kannst, aber nicht für Leute wie uns. Ganz bestimmt nicht für Weiße. Ich hasse die Stadt, aber was soll ich tun? Mein ganzes Leben war eine einzige Schinderei, bei Gott!«

Just in diesem Augenblick verkündete Marinetta, daß der Zucker aus sei. »Morgen früh werden wir keinen Zucker zum Kaffee haben«, sagte sie.

Sidi Mohammed zögerte einen Moment und ging dann zu seinem Sack hinüber. Schuldbewußt erinnerte ich mich, wie ich ihn in Tillia abgetastet hatte. »Zufälligerweise habe ich hier ein wenig Zucker«, sagte er, grinste und entblößte listig seine Zähne. »Ich habe ihn aus Timbuktu mitgebracht. Ich dachte, er würde uns noch nützlich sein vor dem Ende unserer Reise.«

Udungu

Wir brauchten drei Stunden, bis wir am nächsten Morgen die Stadt erreichten. Wir wanderten am Seitenrand der Schnellstraße entlang, während Schwerlaster blind wie Maulwürfe an uns vorbei donnerten. Nur mühsam konnten wir uns nach unserem gemächlichen Kameltrott an die Wucht und das Tempo dieser Fahrzeuge gewöhnen. Die Tiere hatten schreckliche Angst vor diesen Abgase spuckenden Monstern, scheuten und zerrten an den Kopfseilen. Einmal riß Shigars Nasenring aus und mußte wieder eingesetzt werden.

Wir überquerten die Teerstraße, wobei Sidi Mohammed wie ein Polizist auf einer Verkehrsinsel den Verkehr dirigierte, und kamen an einen Hügel, unter dem sich die Stadt vor uns ausbreitete. Sie wirkte so groß wie Nouakchott. Ein neuer Häuserring nach dem anderen legte sich um den Stadtrand, und im Zentrum war das Straßennetz kreisförmig um die berühmte rote Moschee angeordnet, die wie ein abgespreiztes Bein daraus hervorstach. Wir betraten die Nebenstraßen und stießen auf ein geschäftiges Markttreiben. Es wimmelte nur so vor Leuten. An den mit einem Zinkdach versehenen Marktständen stapelten sich billige, bunte Waren, Kleider und farbenprächtige Decken. Auf den Straßen drängte sich ein Strom von Körpern, schwarze, braune und kaffeefarbige. Nach der Ruhe der Wüste fanden wir es ziemlich verwirrend. Einige Tuareg hingen sich an unsere Karawane, während wir dem Verkehr auswichen und uns im Zickzackkurs durch die Menge schlängelten.

In einer Nebenstraße versteckt fanden wir ein kleines Hotel neben einer Tankstelle. Der Manager war ein höflicher junger Targui in westlicher Kleidung, der uns Limonade aus dem Kühlschrank holte. Ungläubig sahen wir zu, wie sich außen an unseren Gläsern ein regelrechter Frostfilm bildete. Wir leerten die Limonade und gingen nach draußen, um die Kamele zum letzten Mal zu entladen.

Als wir sie niederlegen ließen, tauchte an der Tankstelle ein riesiger Campingbus auf. Ein Schweizer Paar in mittlerem Alter saß auf den Vordersitzen. Sie hatten offensichtlich die Sahara durchquert, aber die Wüste hatte kaum Spuren an ihnen hinterlassen. Ihre Kleidung war fleckenlos, und ihre Frisur untadelig. Ich beobachtete den Wechsel ihres Gesichtsausdrucks, der sich bei unserem Anblick auf ihre Gesichter malte, angefangen von: »Kamele! Wie interessant!« bis zu: »Hippies! Wie widerlich!« als ihr Blick auf unsere schmutzige Kleidung fiel. Danach sahen sie weg.

Wir luden ab und brachten unsere Ausrüstung in den Hotellagerraum. Der Manager war sehr hilfsbereit und entgegenkommend. Vertraulich wandte er sich an mich: »Diese Jugendlichen, die Ihnen gefolgt sind, sind sämtlich stadtbekannte Touristenräuber. Vertrauen Sie keinem von ihnen. Ich sage das nur zu Ihrer *sûreté*.« Ich dankte ihm und ging nach draußen, wo ich Sidi Mohammed fand, der von einem Tuareg mit einem Wust abstehender Haare in einem verblichenen Denimanzug bedrängt wurde. Ein paar weitere Typen lungerten hinter ihm herum. Bevor ich noch sprechen konnte, sagte der Tuareg auf Französisch: »Ich werde eure Kamele auf den Markt bringen. Mein Onkel ist der Marktverwalter. Ich werde einen guten Preis für euch herausholen.«

»*Merci*«, antwortete ich. »Wir brauchen keine Hilfe beim Kamelverkaufen. Wir kennen ihren Wert.«

Der Targui sah mich, breitbeinig aufgepflanzt, kampflustig an, während er seine Hände tief in seinem Hosenbund vergrub. »Du kennst dich überhaupt nicht aus hier!« sagte er. »Wir kennen uns aus!«

Sein aggressives Gebaren zündete eine Rakete der Wut in meinem Kopf. »Wenn du nicht sofort abzischst«, sagte ich zu ihm, »dann wickle ich diesen Stock um deinen Hals, und *danach* hole ich die Gendarmes!« Ich fühlte, wie die Adern an meiner Stirn hervortraten. Meine Muskeln waren hart wie Eisen. Ich konnte gar nicht fassen, wie haßerfüllt ich war. Es war, als ob die Auswirkungen von sechs Monaten Entbehrungen am Rande der Existenz mit einem Schlag aus mir hervorbrechen würden. Mit einem höhnischen Lachen rief der Junge nach seinen Freunden, und sie trotteten davon.

Sidi Mohammed blickte mich anerkennend an. »Diebe und Kriminelle!« sagte er.

Als wir den Kamelmarkt erreichten, sauste ein zahnloser alter Mann in einem Rollstuhl auf uns zu und beschimpfte uns. Der Kamelverkauf fand erst am Nachmittag statt, so sagte er uns, und für alle Tiere, die auf den Markt gebracht wurden, war eine Kommission zu entrichten, ob sie nun verkauft wurden oder nicht. Schließlich erlaubte er uns, die Tiere an Pfosten zu binden und bis zur angegebenen Stunde im Schatten seines Strohdachs zu warten. Wir gaben unsere letzten Francs für Brot aus, genossen seine Frische und beobachteten den Lauf der Welt wie einen Film auf der Kinoleinwand.

Die Tuareg hier sahen anders aus als die in Mali. Sie trugen fließende, wallende Gewänder aus Baumwolle, immer hing an ihrer linken Seite ein Schwert, und ihre Kopfbedeckungen und Schleier, die berühmten *tagelmoust*, bedeckten fast vollständig ihr Gesicht. Ihre Kopftücher waren zu kunstvollen Turbanen gedreht, entweder wie ein Heiligenschein um ihren Kopf geschlungen oder in einer spiralförmigen Säule aufgetürmt, und wurden von einer Schärpe oder einem Gürtel gehalten. Die Fulbe, die sich darunter mischten, hätten gut von einem anderen Planeten stammen können. Sie waren dunkler, hatten merkwürdige, knochige Gesichter, und ihre Haare waren zu kurzen Locken gedreht. Sie trugen enganliegende Hosen in knalligen Farben, leopardenscheckig und zinnoberrot, und breitkrempige Sombreros aus Stroh. Ihre Frauen gingen barhäuptig und trugen Unmengen konzentrischer Ohrringe, die beim Gehen klapperten. Es gab auch Araber, Händler maurischer Herkunft, in deren Händen wie üblich der Kamelhandel lag. Einer von ihnen, ein streng blickender Mann namens Najim, äußerte Interesse an unseren Kamelen. »Sie sind sehr schwach«, meinte er.

»Das wärst du auch, wenn du von so weit her gekommen wärst!« sagte ich zu ihm.

Najim lachte. Er willigte ein, alle drei zu kaufen.

Als er sie später wegführte, war mir ganz jämmerlich zumute. Ich hing an allen, besonders aber an dem geduldigen Shigar, der mich seit Chinguetti getragen hatte. Ich bezweifelte, daß wir hier im Niger so ausdauernde Kamele finden würden. Marinetta und ich hatten bereits eine Rekordtour hinter uns, und das in der härtesten Jahreszeit. Doch ich wußte, daß mehr als die Hälfte dieses Sieges auf das Konto der Kamele ging.

Sidi Mohammed sortierte bereits seine Ausrüstung aus. Er hatte vor, noch einen Tag oder zwei bei einem Verwandten in Agadez zu bleiben, bevor er den Bus nach Niamey und anschließend nach Gao und Timbuktu nehmen wollte. Ich zahlte ihm seinen Lohn von dem

Geld, das ich soeben von Najim bekommen hatte, und fügte einen kleinen Bonus hinzu, damit er sich neue Kleider oder Fleisch kaufen konnte. Ich händigte ihm den verbliebenen Reis und das restliche Milchpulver aus. Ich grinste. »Ich nehme nicht an, daß du die Sardinen haben willst?«

»Bah!« sagte er. »Ich werde heute abend Fleisch essen!« Er steckte das Essen weg und zurrte seinen Sack fest. »Wenn du nächstes Jahr zurückkommst, Omar, dann bringe ich dich nach Taoudenni«, sagte er, »aber das nächste Mal nehmen wir ein Auto.«

»So Gott will«, sagte ich, und wir schüttelten einander die Hände. Dann wandte er sich ab und ging davon, so glücklich, wie ihm möglich war, aber dennoch eine einsame, tragische Gestalt, die sich leicht gebeugt mit jenem schlurfenden Gang, der uns so vertraut geworden war, entfernte.

Vor Sonnenuntergang waren wir im Hotel zurück. Ich setzte mich an unseren kleinen Tisch und faltete die Michelin-Karte auseinander. Sie war mittlerweile ein antikes Stück, das an den Falten auseinanderfiel und beinahe gelb war, wo meine Finger daran gerieben hatten. Ich hatte unsere Marschroute mit rotem Filzstift eingezeichnet. Jetzt blickte ich auf diese Linie, die den afrikanischen Kontinent an seiner breitesten Stelle zur Hälfte durchquerte. Ich starrte und starrte und versuchte, unsere Leistung zu fassen, aber die farbigen Pisten und Straßen und Siedlungen verschwammen vor meinen Augen, verschmolzen miteinander und widersetzten sich meinen Bemühungen, sie auseinanderzuhalten. Ich konnte mich nicht einmal daran erinnern, diese unermeßliche Landschaft durchquert zu haben. Alles, woran ich mich jetzt erinnern konnte, waren die Erschöpfung und die quälende Hitze. Wir hatten gut dreitausend Kilometer in der heißesten Jahreszeit in der Sahara zurückgelegt. Nun war unsere Reise nicht mehr als eine Linie auf der Karte.

Sidi Mohammed rief: »Omar! Omar! Hier ist London! Hier sind die Glocken von Big Ben, Bush House, London WC2. Dong! Dong! Dong!« Ich erwachte und merkte, daß die Sonne ins Zimmer schien und jemand an die Türe klopfte. Verschwommen erinnerte ich mich, daß wir vor einem Tag in Agadez angekommen waren. Ich wickelte ein Handtuch um mich und öffnete. Es war Sidi Mohammed. Ich bat ihn, ein paar Minuten im Hotelhof auf mich zu warten.

Als ich die Tür schloß, stöhnte Marinetta: »Es ist wie die Geschichte von Mustafas alten Schuhen«, sagte sie. »Jedesmal, wenn man denkt, man sei sie losgeworden, tauchen sie wieder auf.«

Sidi Mohammed erklärte nervös, daß sein Verwandter ihm geraten hätte, seine Anwesenheit hier bei der Polizei zu melden, und fragte, ob wir zusammen zum Polizeihauptquartier gehen könnten, weil ich die Laissez-passers hatte. Ich sagte ihm, er solle sich ein wenig gedulden, und bestellte Frühstück. Einige ältere französische Touristen traten ein, setzten sich und wünschten uns herzlich *»Bonjour!«* Die Männer waren stämmig, und ihre ausladenden Hinterteile steckten in weiten Shorts. Die Frauen trugen teure Baumwollkleider aus Paris. Sidi Mohammed folgte ihnen mißtrauisch mit den Augen. »Mit Leuten wie *denen* möchte ich überhaupt nichts zu tun haben«, sagte er. »Nicht einmal, wenn sie einen Führer bräuchten. Ich ziehe die jungen, offenen Typen vor.« Auf dem Weg zum Polizeihauptquartier später fragte ich ihn, ob er am vorhergehenden Abend Fleisch gegessen hatte. »Ja, bei Gott!« sagte er. »Ich habe gegessen, bis ich nicht mehr konnte.«

»Du wirst nie wieder Sardinen essen müssen«, sagte Marinetta.

»Bah!« sagte er.

Auf dem Polizeirevier trennten wir uns zum letzten Mal von ihm. Anschließend erkundeten wir die Stadt. Nun, auf dem Höhepunkt der Touristensaison, florierten die Geschäfte. Die meisten Touristen waren auf der Sahara-Schnellstrecke von Tamanrasset, das sie »Tam« nannten, hierher gekommen. Viele von ihnen wollten weiter nach Ouagadougou, der Hauptstadt von Burkina Faso, das sie »Wagga« nannten. Es kam mir vor, als würde man »New« statt New York sagen oder »Lon« anstatt London. Mit ihren flaumigen, gefärbten Haaren, ihren hautengen Jeans und ihren überdimensionalen Stiefeln sahen sie so exotisch wie die Einheimischen aus. Sie fuhren in Toyotas und Landrovern, auf denen Sprüche wie »Afrique 86« oder »Jenseits der Sahara« aufgemalt waren. Ihre Fahrzeuge waren mit Stereoanlagen, aus denen Rockmusik plärrte, mit Kühlschränken, Kochern und Mitteln zur Wassersterilisation ausgerüstet. Sie wirkten abweisender als die Tuareg auf mich.

In der Nähe der roten Moschee entdeckten wir eine echte italienische Eisdiele. Sie gehörte einem bärtigen Mann namens Vittorio. Er hatte dünne, weiße Haare und trug einen marokkanischen Kaftan und Jeans. Marinetta fragte ihn, wie ihm die Arbeit in Agadez gefalle. »Ich arbeite hier nicht. Ich *lebe* hier!« antwortete er herausfordernd. Er war früher Bankangestellter in Rom gewesen und war vor fünfzehn Jahren mit einem anderen Italiener nach Agadez gekommen. Sie hatten ein florierendes Touristikunternehmen mit einem Autofuhrpark eröffnet, doch der andere Mann war gestorben, und die Geschäfte waren zurückgegangen. Nun blieb ihm nichts mehr als die Führung einer Eisdiele. »Handeln bringt nicht viel heute, und der Winter kommt näher«, klagte er. »Kein Mensch ißt im Winter Eis.« Vittorio war mit einer Tuareg-Frau verheiratet und hatte mehrere Kinder mit ihr. Als ich ihn fragte, ob er Tamaschek spreche, erwiderte er: »*Sono insabbiato* – ich bin hier nur steckengeblieben!« Er war kein Muslim. Seine widersprüchliche Art, sich zu kleiden, weder westlich noch wie die Einheimischen, sprach nicht für einen besonderen Anpassungswillen an seine Umgebung, dachte ich.

Vittorio sagte uns, daß wir das Touristenbüro aufsuchen müßten, wenn wir noch weiter reisen wollten. Das war die Stelle, die die Genehmigung zur Weiterfahrt erteilen konnte. Als wir an diesem Nachmittag das Touristenbüro betraten, stießen wir auf unsere erste Hürde: einen traditionell gekleideten Tuareg mit aufgequollenem Gesicht, der das Büro leitete. Sein Tagelmoust war so eng ums Gesicht gezogen, daß nur noch ein schmaler Kreis brauner Haut wie ein einziges Riesenauge sichtbar war. Marinetta taufte ihn Polyphem.

Er fragte uns, wohin wir wollten, und schüttelte sofort den Kopf, als ich ihm sagte, wir wollten den Erg du Ténéré durchqueren, um zur Oase Bilma zu gelangen. Von dort aus wollten wir uns nach Süden wenden und bis zum Tschadsee den Grand Erg von Bilma durchqueren. Polyphem rutschte auf seinem Stuhl herum. Wie viele Kamele würden wir mitnehmen? Wieviel würden wir unserem Führer bezahlen? Er bezweifelte, daß wir die Erlaubnis zur Durchquerung des Grand Erg erhalten würden, da es zu nahe am Kampfgebiet zwischen Libyen und dem Tschad lag. Konnten wir irgendwie beweisen, daß wir den ganzen Weg von Mauretanien bis hierher zurückgelegt hatten? Der Erg du Ténéré war ein gefährlicher Ort für Fremde. Selbst für Einheimische war es gefährlich. Polyphem machte eine Stunde lang hm-hm und ah-ah und sagte immer wieder: »Ich muß an Ihre *sûreté* denken.« Ich war kurz davor, ihm zu sagen, daß wir nie über Nouakchott hinausgekommen wären, wenn wir ebenso viele Gefahren hätten durchstehen müssen, wie wir Ärger mit unbedeutenden Beamten gehabt hatten, die sich über unsere »sûreté« Gedanken machten. Am Ende schickte er uns nach Niamey, um dort die offizielle Genehmigung beim Innenministerium einzuholen.

Es wurde Dezember, bis alles geregelt war. Mit einer Busladung Touristen und bewaffnet mit einer ganzen Batterie von Dokumenten kehrten wir aus Niamey zurück. In unserem Besitz befanden sich Briefe vom britischen und vom italienischen Honorar-Vizekonsul im Niger, ein Brief des Innenministers, in dem uns sowohl die Erlaubnis zur Durchquerung des Erg du Ténéré wie des Grand Erg von Bilma erteilt wurde, und ein weiterer, der uns die Einreise in den Tschad vom Grenzposten N'Guigmi aus gestattete. Die französische Botschaft hatte uns im Namen von Hissène Habrés tschadischer Regierung in N'Djamena Einreisevisa erteilt. Wir hatten sogar die Genehmigung zum Fotografieren. Es hatte uns Tage gekostet, dieses Papierbündel zusammenzutragen, Tage schrecklichen Wartens auf Gängen und in Amtsstuben. In dieser Zeit kam ich zu dem Schluß, daß alle Regierungen die Wildnis fürchteten. Städte und Dörfer, wo die Menschen leichter zu kontrollieren waren, waren ihnen bei weitem lieber. Diese Furcht brachte uns ständig in Konflikt mit eben der Bürokratie, der wir zu entfliehen suchten.

Nachdem wir Polyphem unsere Beglaubigungsschreiben präsentiert hatten, gingen wir schnurstracks zum Kamelmarkt. Zu unserer Überraschung kaufte noch ein anderer Abendländer dort Kamele. In seiner Gesellschaft befand sich ein strahlender, kleiner schwarzer Targui in westlicher Kleidung, der sich selbst als Musa vorstellte. Er sagte, er arbeite für das Touristenbüro. »Egal, was für eine Tour ihr wollt, ich kann sie arrangieren!« sagte er. »Mein Name steht in *Africa on the Cheap*.« Musas derzeitiger Schützling war ein Engländer. Er war ein rotgesichtiger Mann, etwas jünger als ich, kurz und stämmig, mit sehr kalten Augen. Mit drei abgehackten Sätzen teilte er uns in snobistischem Tonfall mit, er beabsichtige dieselbe Route mit dem Kamel zu nehmen wie wir, durch den Niger, Tschad und Sudan. Er hatte bereits von uns gehört, so sagte er, über eine Organisation namens »Freunde der Sahara« in London. Ich sagte ihm, daß ich noch nie davon gehört hätte.

»In Afrika«, so ließ unsere neue Bekanntschaft uns wissen, »muß man immer über einen Mittelsmann arbeiten. Deswegen beschäftige ich diesen Jungen da, Musa. Es ist immer nützlich, sich Freunde unter den Einheimischen zu machen, wissen Sie.« Ich fragte ihn, wie lange er schon in Afrika sei. »Bin letzte Woche angekommen«, antwortete er. Er erklärte, seine Liebe zur Wüste sei vor ein paar Jahren entstanden, als er eine Kamelreise durch Marokko gemacht hatte. Seitdem hatte er immer zurückkehren wollen. Er schlug vor, wir sollten doch zusammen reisen, da wir ohnehin alle dieselbe Richtung hätten.

»Sprechen Sie Arabisch?« fragte ich ihn.

»Nein«, sagte er. »Aber ich habe ein *Satelliten-Navigationssystem*.« Und er gehörte zu den »Freunden der Sahara«.

»Oh, Jesus Christus!« sagte Marinetta.

In dieser Nacht aßen wir mit ihm zusammen zu Abend. Seine Unterhaltung war unterbrochen von Pausen, in denen er abschweifte, während seine Augen irgend etwas in mittlerer Entfernung fixierten. Er sprach über die Tuareg und sagte: »Das ist das *richtige* Wüstenvolk!«

»Die Söhne des Windes«, sagte Marinetta mit süffisantem Grinsen. Ich versetzte ihr einen Tritt unter dem Tisch.

»Ganz richtig«, meinte er. »Zum Beispiel gestern, als ich aus Niamey ankam. Ein Targui kam mit einem Motorrad auf mich zu und brachte mich zu Musa. Er war so freundlich und entgegenkommend, und er verlangte keinen Pfennig von mir.«

Bevor wir unsere Unterhaltung zu Ende führen konnten, trat der Targui, der ihn bei seiner Ankunft aufgelesen hatte, ein und forderte lauthals eine Entschädigung für sein Benzin.

Im Bemühen, seine Verlegenheit zu verbergen, sagte der Engländer: »Darf ich vorstellen...?«

»Bemühen Sie sich nicht«, sagte ich zu ihm. »Wir kennen uns schon.« Der gastfreundliche Targui war der Halbwüchsige, demgegenüber ich am Tag unserer Ankunft vor dem Hotel beinahe tätlich geworden wäre.

Am nächsten Tag teilte ich unserem neuen Bekannten mit, daß wir alleine reisen würden.

*

Bilma lag mehr als 450 Kilometer nordöstlich, jenseits der hyperariden Einöde des Erg du Ténéré. Jahrhundertelang hatten Salzkarawanen, die Salz aus Bilma und der kleineren Oase Fachi transportiert hatten, diese Sandflächen durchquert. Früher hatten die Karawanen sich aus Angst vor Raubüberfällen zusammengeschlossen. Heute zog jede für sich, nur an die hundert Tiere auf einmal. Wir waren bereits zu dem Schluß gekommen, daß wir für diesen ariden Streckenabschnitt fünf Kamele bräuchten. Zwei Tiere brauchte man alleine zum Transport von Futter für die anderen, denn in diesen Ergs gab es kaum Weideland. Eine weitere Woche verging, bis wir unsere Karawane zusammengestellt hatten.

Jeden Tag waren wir schon in aller Frühe auf dem Markt und inspizierten jedes Kamel, das zum Verkauf stand. Najim, der arabische Händler, der unsere Kamele gekauft hatte, half uns dabei. Er erzählte uns, sie würden nun in den Bergen des Aïr grasen, doch die zwei Kamele aus Mauretanien seien noch immer geschwächt. Fast jeden Abend führten wir wieder ein neues Kamel zum örtlichen Gehege, wo ein ehrlicher Haussa-Hirte namens Abu Bakri sich ihrer annahm. Vormittags kauften wir Berge von Vorräten ein: Zuckerkegel, Streifen getrockneten Fleisches, Sardinen- und Cornedbeef-Dosen, Reis, Makkaroni, Couscous und Kekse, Datteln aus Algerien und Butteröl aus den USA. Wir erstanden sechs neue Wassersäcke als Ersatz für die durchgescheuerten aus Chinguetti und bestellten zwei neue Packsättel, die unfachmännisch von Tuareg-Schmieden angefertigt wurden. Außerdem kauften wir eine scharfe Machete zum Holzschneiden. Unsere täglich sich vermehrenden Einkäufe sprengten bald den spärlichen Lagerraum des Hotels.

Ende der Woche hatten wir unsere fünf Kamele beisammen, es fehlte nur noch der neue Führer. Wir hatten schon einige Spekulationen über ihn angestellt. Jeder Führer war ein Abenteuer für sich und bot eine einmalige Möglichkeit, das Wesen der Sahara-Völker zu verstehen. Jeder unserer drei maurischen Führer hatte symbolisch für eine Eigenschaft der Wüste gestanden – Mafoudh für Brüderlichkeit, Moukhtar für Adel, Sidi Mohammed für Tragik. Wofür würde unser neuer Führer stehen?

Wie sich herausstellte, war es die Reihe hohen Alters. Er war ein Udungu Ag Ibrahim genannter Targui, ein Mann um die sechzig aus dem Aïr. Mit seinem haarlosen und engelhaften Babygesicht unter dem Tagelmoust sah er aus wie der Großvater par excellence. Er hatte in Algerien gelebt und sprach Arabisch sowie ein wenig Französisch. Er war ruhig, würdevoll und freundlich, und er war ein Europäer gewöhnt. »Ich bin schon zweimal mit Nsara nach Tamanrasset gezogen«, sagte er. »Aber sie haben soviel Wein getrunken! Gott helfe mir, aber die meiste Zeit waren sie nicht bei Sinnen!«

»Es wird keinen Wein geben auf unserer Reise nach Bilma«, sagte ich.

»Gut«, erwiderte der alte Mann, »denn Bilma ist die härteste Strecke von allen. Ich sollte wirklich nicht mehr dorthin gehen. Ich sollte nachts daheim bleiben. Aber ich habe noch immer kleine Kinder, für die ich sorgen muß. Also gehe ich.« Ich hatte keine Zweifel an seinen Kräften. Seine Gliedmaßen waren trotz seines Alters stark und massig. Er unterzog unsere Kamele einer Überprüfung und befand sie für gut. Dann riet er uns, zusätzlich zu unseren Girbas vier große Plastikkanister zu kaufen. Wir kamen überein, Agadez am 13. Dezember zu verlassen.

Udungu wartete am Kamelgehege auf uns, während wir unser Gepäck auf einen gemieteten Handkarren hievten. Zusammen gingen wir auf den Markt und kauften zwei Säcke Sorghum für die Kamele und fünf Ballen bestes Heu, das wir auf zwei Ladungen verteilten. Dann kaufte Udungu einen billigen Wollsweater. Das war die einzige Schlechtwetterkleidung, die er besaß.

Marinetta und ich hatten bereits unsere warmen Sachen vom Grund unserer Satteltaschen hervorgeholt. Ich hatte einen alten Nylonanorak, einen strapazierfähigen Pullover, Trainingshosen und Socken. Marinetta hatte eine neue Daunenjacke mitgenommen, warme Hosen und eine Kapuzenmütze. Jeder von uns besaß ein Paar Wüstenstiefel aus Gore-tex, die uns von der Firma Asolo zur Verfügung gestellt worden waren.

Als alles bereit war, führte der Hirte Abu Bakri die Kamele aus dem Gehege und half uns beim Aufladen. Das größte Problem stellte das zusammengepreßte Heu dar, und die Tuareg-Packsättel, im Vergleich zu den maurischen minderwertige Produkte, saßen nicht richtig. Sehr erfreut war ich allerdings über die Kamele. Sie wirkten kräftig und die meiste Zeit duldsam, lauter Kastraten mit gutgepolsterten Höckern. Eines war ein sehr altes Tier, so stark wie ein Elefant, dem jedoch ein paar Zähne fehlten. Es war ein Veteran aus den Zeiten der Salzkarawanen von Bilma, und wir nannten es Shaybani, was soviel wie »alter Knabe« bedeutet. Udungu wählte für sich ein junges, rotes Kamel, das Marinetta »Pepper«, Pfeffer, taufte, und ich entschied mich für ein sandfarbenes Tier mit ein paar unansehnlichen, aber harmlosen Schwellungen am Hals. Wir nannten es Abu Wirim, »Vater der Schwellungen«. Marinetta ritt auf einem schneeweißen Kamel, das wir Abu Nakkas tauften, »Vater des Streits«, weil es das schwierigste Tier der Truppe war, aber auch das kräftigste. Das fünfte Kamel hatte einen so unförmigen Hocker, das es bestimmt noch nie geritten worden war. Wir nannten es Abu Sanam, »Vater des Höckers«.

Wir banden die Kamele an zwei Seilen zusammen. Ich nahm ein Kopfseil, und der Führer das andere. Die beiden Heu tragenden Kamele an Udungus Seil sahen aus wie Heufuder mit Beinen. »Es ist lange her, daß ich mit einem Kamel in Bilma war«, verkündete Udungu und zog seinen Schleier für einen würdevollen Abgang hoch, »aber als ich noch ein Junge war, bin ich oft dorthin gezogen. Man vergißt es nie, wenn man einmal dort war.«

»Sagte Mafoudh das nicht auch?« fragte ich Marinetta.

»Wie lange liegt dein letzter Kamelritt nach Bilma zurück?« fragte Marinetta den Führer.

»Ungefähr zwanzig Jahre«, antwortete er.

»Gott steh uns bei!« sagte sie.

Wir passierten den Markt, wo die Menschen hinter uns hergrölten oder uns mit Beifall begrüßten, und umrundeten den Stadtrand hinter den Öltanks, die hell wie Silber glitzerten, hinter Kohorten von Eseln, die mit Brennholz aus den Hügeln beladen waren. Wir kamen an Felsen und Bäumen und Gras und noch mehr Felsen vorüber. Als die Stadt hinter uns lag, ließ Udungu seinen Schleier fallen. Das war, als ob er uns das Du angeboten hätte. Es kam einem Freundschaftsangebot gleich. Das runzlige Gesicht bot einen seltsamen Anblick, über dem Mund war es sonnengebräunt und darunter, wo es gewöhnlich vom Tagelmoust bedeckt war, rosig. Vornehme Tuareg mußten ihren Mund eigentlich immer bedecken, sogar beim Essen.

Wir schlugen unser Lager auf einer Insel aus Gras und Buschgestrüpp auf, das aus der felsigen Ebene herausstach. Marinetta kochte Reis, und wir setzten uns im Schutz unserer Heuballen, die wir gegen den kalten Nachtwind aus dem Norden aufgebaut hatten, zum Essen hin. Udungu brachte aus seiner Satteltasche einen sehr breiten Holzlöffel ähnlich einem Servierlöffel zum Vorschein. »Eh!« sagte er. »Wir Tuareg essen nicht mit den Händen wie die Araber.« Udungu aß nur wenig, und er aß mit formvollendeter Anmut. Nicht einmal die Andeutung eines unanständigen Geräusches war zu vernehmen.

Die erste Morgenstunde verbrachten wir mit der Umverteilung der Lasten, so daß die Kamele sie bequemer tragen und wir drei sie leichter bewegen konnten. Dann gingen Marinetta und ich los, um die Tiere zu holen. Es gelang uns, vier von ihnen ohne größeres Schniefen und Schnauben anzuseilen, doch als ich mich dem letzten näherte, dem roten Kamel namens Pfeffer, warf es nur einen Blick auf das Kopfseil und sprang davon. Es hatte zwar Fußfesseln an den Vorderbeinen, doch es beherrschte offensichtlich die Technik, mit den Hinterbeinen zu laufen und mit den Vorderbeinen zu hoppeln. Wenige Augenblicke später war es schon viele Meter entfernt.

Ich rief nach Udungu, und wir machten eine konzertierte Zangenbewegung, aber das Kamel schien unsere Taktik vorauszuahnen und trollte sich außer Reichweite. Ich verfluchte mich selbst, weil ich bei einem Kamel, das ich nicht kannte, die Fußfesseln nicht strenger angezogen hatte. Verzweifelt sattelte Udungu Abu Wirim und machte sich auf die Verfolgung. Listig umrundete er Pfeffer und trieb ihn geschickt in Richtung Lager zurück. Langsam schob er sich an den Ausreißer heran. Plötzlich richtete der alte Mann sich auf, ließ das Kopfseil fallen, katapultierte sich selbst im freien Fall durch die Luft und landete schwer auf dem Rücken des roten Kamels. Einen Augenblick lang klammerte er sich verzweifelt an die Haarbüschel, die aus dem Höcker hervorsprossen. Dann brüllte das Tier wütend auf und schlug aus wie ein Pferd, wobei es mit seinen gefesselten Beinen nach vorne stürmte. Udungu schwankte, dann stürzte er. Mit einem hörbaren Knacken traf er auf dem Boden auf und blieb außer Atem liegen. Das Kamel hielt hundert Meter weiter an und drehte sich um, um zurückzublicken.

Ich rannte zu dem alten Targui hinüber, verzweifelnd hoffend, er möge sich nicht ernstlich verletzt haben. Er setzte sich auf und rieb sein linkes Handgelenk. Es war übel geprellt, aber nicht gebrochen. Ich ließ ihn zwischen dem Gepäck niedersetzen und rieb eine schmerzlindernde Salbe auf die Verstauchung. Anschließend legte ich einen Verband darum. Er war ein tapferer alter Mann, dachte ich. Ich hätte nie gewagt zu riskieren, was er riskiert hatte. »Jetzt ist es zu spät«, sagte er. »Das Kamel kennt uns jetzt beide, und es wird uns nicht mehr in seine Nähe lassen. Wenn jemand anders es versuchen würde...« Wir blickten beide auf Marinetta.

»Nein!« stieß sie hervor. »Ich bin zu klein! Ich kann das nicht!«

Einige Augenblicke später sah ich, wie sie zu dem Kamel ging und es aufzäumte, als ob sie seit Jahren nichts anderes machen würde.

Dank dem roten Kamel verloren wir drei Stunden. Eine weitere Stunde brauchten wir zum Aufladen. Udungu war durch sein gestauchtes Handgelenk gehandikapt, und der Schmerz ließ ihn aufstöhnen, als wir uns mit dem Heu herumschlugen. Zusammen hievten wir die zwei Säcke mit Sorghum hoch, und Udungu brummte: »Ich hätte dieses Gewicht alleine heben können. Und jetzt schau mich an, bei Gott! Das habt ihr davon, daß ihr einen alten Mann eingestellt habt!« Die Vorratssäcke, die bis zum Platzen mit Nahrungsmitteln für viele Wochen gefüllt waren, waren ebenso schwer. Und auch die großen Kanister, die über die Heuballen balanciert werden mußten. Die Kamele erhoben sich ächzend auf die Füße. Nach einer halben Stunde pitschte ein Kopfseil. Es war das von Abu Sanam, der hinter Udungus Seil ging. Unvermittelt setzte er sich nieder, und wir konnten ihn gerade noch davon abhalten, sich auf das Heu zu kugeln. Wir banden das gerissene Seil zusammen, und während Udungu und ich uns mit dem Aufladen der Heuballen abmühten, legte Marinetta den Zügel an und ermunterte das Tier zum Aufstehen. Eine Weile lang ging alles gut. Dann fing Abu Sanam wieder zu brüllen an. Pitsch! Weg war das Kopfseil. *Waah! Waah! Waah!* machte das Kamel. Wir eilten zurück und sahen, daß das Heu nach vorne gekippt war und drohte, den Hals des armen Tieres auf den Boden zu nageln. Unter Qualen bugsierten wir die Ballen wieder nach hinten, rückten den Sattel wieder zurecht, luden wieder auf. So verging der Morgen, eine einzige Kette von Katastrophen. Kopfseile rissen, Kanister kippten und verloren danach Wasser, *tropf, tropf, tropf*, in den Sand. In der Mittagspause gab der Kochtopf seinen Geist auf und spuckte Reis und Cornedbeef in den Sand, genau in dem Augenblick, als das Essen fertig war. Wir mußten nochmals ein Feuer entfachen und von vorne anfangen, während die Kamele ruhelos unter ihrer Bürde auf der Stelle traten.

Am Nachmittag, als wir unsere neuen Kamele zum erstenmal ritten, kam es noch schlimmer. Wir trotteten schweigend dahin, bis es kalt wurde und Marinetta beschloß, ihre Socken anzuziehen. Sie beugte sich weit über den Tragesattel, um an ihre Füße zu kommen. Der durch die plötzliche Gewichtsverlagerung verschobene Sattel neigte sich unheilvoll. »Ich falle, Maik!« kreischte sie. Ich glitt zu Boden, war aber zu langsam, um sie zu erwischen, als ihr Tragegestell hinüberkippte und sie mit einem Krachen unter den Füßen des Kamels begraben wurde. Der Sattelgurt war noch um seine Beine verfangen, und als ich sie hervorzerrte, drehte es durch, schlug und drosch mit aller Wucht auf das Gewicht ein, das an seinen Beinen zog. Ich bekam das Kopfseil zu fassen, aber das war auch alles, was ich tun konnte, um es vom Durchgehen abzuhalten. Es röhrte und spuckte und schlug um sich wie ein betrunkenes Pferd, grünes Erbrochenes rann ihm aus dem Mund, und in seinen Augen stand schrecklicher Irrsinn. Es stampfte und schlug auf den Packsattel ein, bis er zu Kleinholz zersplittert war. Es hörte erst auf, als er unwiderruflich zerschmettert war. »Allmächtiger Gott!« sagte Marinetta, während sie auf die kläglichen Überreste des Sattels blickte, der sie von Chinguetti bis hierher getragen hatte. »Stell dir nur vor, ich wäre nicht rechtzeitig aus dem Weg gewesen!« Sie zitterte noch immer vor Schrecken.

Überall lagen Gepäckstücke herum. Darunter befanden sich auch die Kameras, die noch in ihren gepolsterten Etuis steckten. Marinetta überprüfte sie zitternd, doch abgesehen von einer zerbrochenen Objektivkappe waren sie unversehrt. Der einzige Reservesattel, den wir besaßen, war einer jener steilen Tuareg-Reitsättel, den ich für den Fall mitgenommen hatte, daß wir einmal schnell und unbeschwert reiten könnten. Sobald ich ihn aufgelegt und den Sattelgurt fest angezogen hatte, zerbrach er. Außer mir vor Wut blickte ich darauf und murmelte: »Diese verdammten unfähigen Tuareg-Schmiede!« Es blieb uns nichts anderes übrig, als zu Fuß zu gehen, bis wir eine Alternative ausfindig machten. Ich war erleichtert, daß Marinetta keine Verletzungen davongetragen hatte. Wie sie später dann neben der Karawane dahintrollte, mit ihrer dicken Jacke und ihrer Kapuzenmütze, sah sie aus wie ein gelber Teddybär. Eine Weile lang hielt ich ihre Hand. Sie war sehr kalt, aber so klein, weich und zart wie die eines Kindes. Eine nette Hand, dachte ich.

Wir marschierten bis nach Sonnenuntergang und errichteten unser Lager im Mondlicht. Ein eiskalter Wind fiel von Norden auf uns herab. Marinetta fror in ihrem Anorak. Ihre Periode nahte, und sie fühlte sich fiebrig. Ich gab ihr ein Aspirin und befahl ihr, im Schlafsack zu bleiben. Udungus Handgelenk schmerzte, und als ich es wieder verband, sah ich, daß es dick geschwollen war. Als ich später meine Notdurft verrichtete, entdeckte ich, daß ich flüssigen Durchfall hatte, den schlimmsten seit unserem Aufbruch aus Chinguetti.

Am Morgen erwachte ich frierend und sah den in einen orangefarbenen Schein getauchten Mond und dahinter das Flamingorosa des Sonnenaufgangs. Ich entfachte ein Feuer und weckte den alten Udungu auf. Er kauerte sich über die Flammen, wärmte seine alten Knochen und rollte sich aus Rohtabak und einer Art braunen Packpapiers eine Zigarette. Er versorgte sein Handgelenk und schneuzte sich laut zwei- oder dreimal. Es war wie das Hornsignal zum Wekken. Marinetta, die durch seine Trompetenstöße wachgeworden war, gab ihm auf der Stelle den Spitznamen *Tromboney*, Posaunist.

Während unseres Abstiegs vom Aïr-Plateau in den nächsten Tagen wurde es immer kälter. Wir trugen ständig unsere Jacken und Stiefel, und der alte Tromboney humpelte mit seiner abgewetzten Decke, in die er sich gewickelt hatte, vor uns her. Wenn wir ritten, war es noch viel kälter, also gingen wir mehr zu Fuß. Diese Regelung paßte unserem Führer nicht. Nach zwei Studen Fußmarsch sagte er immer: »Das ist zu anstrengend, bei Gott!« Dann fügte er regelmäßig hinzu: »Ich bin ein alter Mann. Ich kann nicht mehr den ganzen Tag so marschieren wie früher.«

»Du reitest, wenn dir danach ist, Onkel«, sagte ich zu ihm, aber er konnte sich nie eine entschuldigende Bemerkung verkneifen, bevor er sich in den Sattel hievte.

Vorbei waren die Tage des Ausruhens und der Mittagsrast. Nun machten wir mittags nur noch wenige Minuten halt, griffen in eine Mahlzeit, die bereits am Vorabend gekocht worden war, gefolgt von einer Handvoll Datteln. Udungu aß nur die weichen Datteln. »Ich kann die harten nicht essen«, sagte er zu mir. »Ich habe keine Zähne mehr dafür. Ich bin wie der alte Shaybani, das Kamel. Er ist ein alter Mann, und ich auch. Die Ténéré hat uns beide verschlissen.« Seine fehlenden Zähne machten ihm auch bei den Makkaroni Kummer. Ich sah ihm zu, wie er vergeblich mit seinem weichen Gaumen darauf herumkaute. »Kannst du sie nicht länger kochen?« fragte ich Marinetta. »Der arme alte Knabe kann sie so nicht essen.«

»Ich koche sie so, wie es sich gehört«, sagte sie. »*Al dente*. Versuch nicht, einer Italienerin vorzuschreiben, wie man Pasta kocht!«

Udungu war in seiner Jugend regelmäßig durch die Ténéré gezogen. Mit vierzehn hatte er seinen ersten Ritt mit dem Kamel nach Bilma gemacht. Das mußte ungefähr 1926 gewesen sein. Seitdem hatte er die ganze Sahara bereist, zuerst als Karawanenreiter, dann als Führer. Eine Erfahrung, die er mit Sidi Mohammed gemeinsam hatte, war die Kenntnis eines Gefängnisses von innen. In seinem Fall allerdings war das Gefängnis in Algerien gewesen. Er hatte einige Kamele zum Verkauf nach Libyen gebracht und nach Abschluß seiner Geschäfte wieder die Grenze nach Algerien überschritten. In Djanet hatte man ihn verhaftet. »Sie führten mich vor den Richter«, sagte er, »und der fragte mich: ›Wo ist dein Paß?‹ ›Ich kenne keine Pässe‹, sagte ich. ›Kennst du das Gefängnis?‹ fragte er mich. ›Dorthin wirst du nämlich gehen!‹ Und dorthin ging ich auch.«

»Wie war es?«

»Es war nicht so schlimm. Wir bekamen etwas zu essen. Wir bekamen Tabak. Wir mußten nichts tun, nur den ganzen Tag herumsitzen. Ich war drei Monate dort. Alle möglichen Leute waren dort – Männer, Frauen und Kinder, Araber und Tuareg, sogar ein paar Christen.«

Eine Zeitlang hatte er sich als Führer für Karawanen verdingt, die Zigaretten und andere Waren nach Norden oder Süden durch die Sahara schmuggelten. »Die Autos werden durchsucht«, sagte er, »aber um Karawanen kümmert sich niemand.« Er erzählte uns, er hätte einmal eine schwer mit Kupfer beladene Karawane mit vierzig Kamelen von Tindouf nach Agadez gebracht. Unterwegs hatte es nur wenige Weidemöglichkeiten gegeben, und bis sie Agadez erreichten, waren dreißig der vierzig Kamele tot umgefallen. »*Schschok!*« sagte er. »Einfach tot umgefallen, die armen Dinger. Und die, die überlebten, waren nie wieder die gleichen. Ha! Ha!«

Doch vor kurzem hatte er sich in Agadez zur Ruhe gesetzt. In

1. Der »Probelauf« nach Guelb Richat: Marinetta an einem Brunnenloch.

2. Maurisches Zelt aus Ziegenwolle außerhalb von Chinguetti.

3. Der erste Tag unterwegs: Einheimische beobachten wie wir die Kamele zum ersten Mal satteln. Im Hintergrund: das Haus von Sid Ahmed.

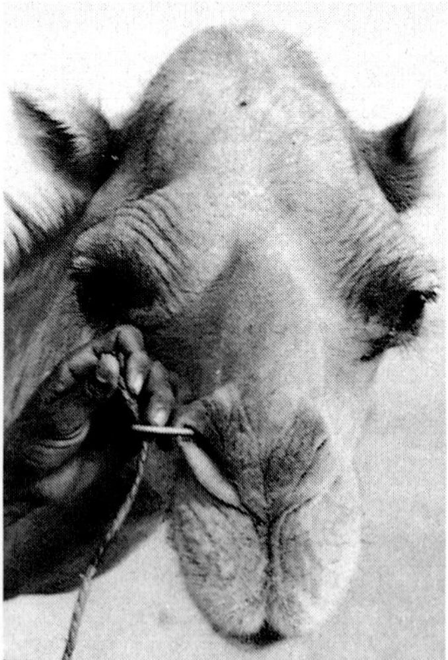

4. Der Nasenring wird eingeführt: Li'shal, das kleine Kamel aus dem mauretanischen Adrar.

5. In Talmoust verteilen wir Aspirin.

6. Schmetterlingssattel: Mafoudh bei den letzten Vorbereitungen.

7. Kirchenähnliche Struktur des Granitgesteins in der Nähe von Baatin, Mauretanien.

8. Das letzte Brunnenloch in Mauretanien: Umm Murthema.

9. Ein arabischer Berber an einem tiefen Ziehbrunnen in Mali.

10. Die Dingaber-Moschee in Tombouctou: die letzte der »Goldenen Stadt«.

11. Ein Kababish-Mann: sein ›Rosenkranz‹ hängt ihm um den Hals.

12. Li'shal ist erschöpft: Sidi Mohammeds geheimnisvoller Sack ist hinter dem Sattel befestigt.

13. Ein Berberjunge in Mali.

14. In Tombouctou: Jungen spielen im Wasser, das vom letzten Regen übriggeblieben ist.

15. Das Innere eines Tuareg-Zeltes in Tombouctou.

16. Vor dem Hotel in Agadez werden Kamele abgeladen. Der aggressive Tuareg-Jugendliche steht ganz rechts.

17. Eine Fulani-Frau in Tillia.

18. Würdevoll verzehrt ein alter Tromboney seinen Reis.

19. Am Rand der großen Wüste von Ténéré.

20. Weihnachten: Die zerfallenen Straßen von Fachi.

21. Hunderte von beladenen Kamelen: Die Salz-Karawane verläßt Fachi.

22. Auf dem Markt von N'Guigmi, Niger.

23. »Paß auf mein Bein auf, Patron!« Jibrin besteigt Pepper.

24. Eine schlammige, grüne Brühe: Jungen auf Fischfang im Wadi von Umm Hajar, Tschad.

25. Markt in Gineina: Gor'an-Mann bindet einem Kamel die Vorderbeine.

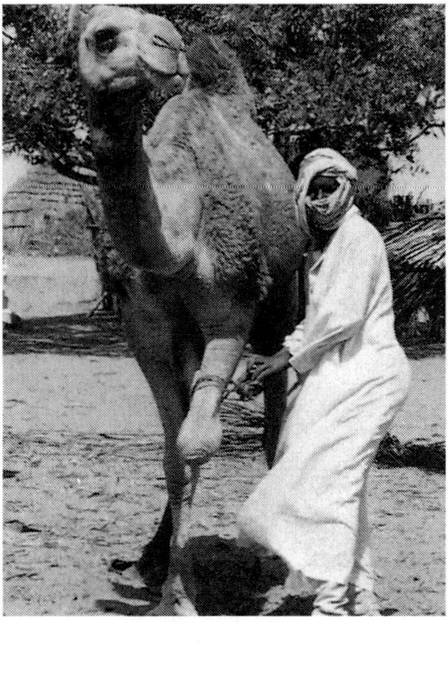

26. Die Nacht der Hyänen: Bau eines Schutzwalls aus Dornenbüschen in einem Wadi nahe Abéché, Tschad.

27. Käufer und Verkäufer auf dem Kamel-Markt von Gineina.

28. Gefährliches Gebiet: in der Nähe des Dorfes Om in Jebel Kawra, Sudan.

29. Der Markt in Kobkabiyya: Eine Frau verkauft Erdnüsse und Datteln.

30. Fur-Frau mit ihrem Kind in den Kawra-Bergen.

31. Kamele und Ziegen trinken an den brackigen Wasserlöchern bei Om.

32. Ahmed, für zwei Tage unser Kababish-Führer, füllt einen der Kanister bei Khitimai auf.

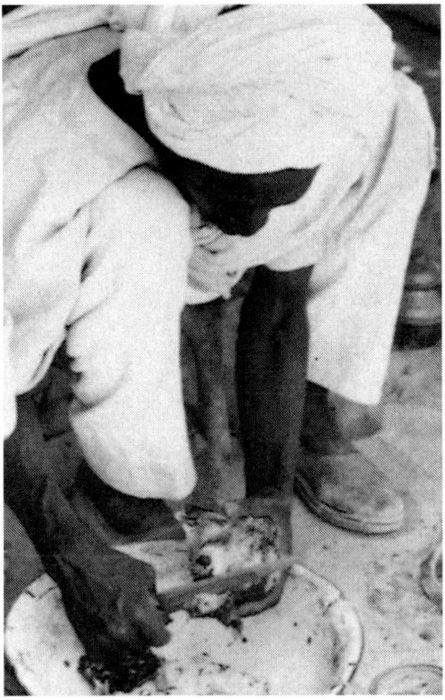

33. Ein Kababish-Araber zerlegt einen Schafskopf in Ahmeds Zelt.

34. Das letzte Brunnenloch: Wasserschöpfen bei Abu Tabara.

35. Die Spalten des aufgesprungenen Erdreiches hätten unseren Kamelen fast den Rest gegeben.

36. Das Ende der Reise: Am Ufer des Nasser-Sees. Die Aufnahme stammt von einem der ägyptischen Soldaten, die uns verhaftet haben.

fortgeschrittenem Alter hatte er noch einmal geheiratet und hatte nun sechs kleine Kinder. Er hatte eine Lizenz als geprüfter Führer erworben und war oft mit Touristen gereist, meistens mit dem Fahrzeug. Es lag schon einige Jahre zurück, daß er ein Kamel geritten hatte, sagte er. »Ich sollte wirklich nicht hier sein«, meinte er. »Für einen alten Mann ist es eine Quälerei. Aber es ist der Preis dafür, daß man kleine Kinder hat. Man muß weiterarbeiten, weil man das Geld braucht.« Udungu hatte früher Kamele und Ziegen besessen und seine Zelte in den Aïr-Bergen errichtet. Ich fragte ihn, ob er noch Kamele besäße. »Nur noch eines«, sagte er, »und das hat die Räude.«

Vier Tage später füllten wir unsere Wasservorräte im Wadi Borghat auf, in einer zwei Meter tiefen Grube. Außer einer Tuareg-Frau mit ein paar Ziegen war niemand in der Nähe. Sie hatte ein breites, urzeitliches, elementares Gesicht, wie eine Verkörperung der Sahara. Es war weder schwarz noch weiß: Ein Hauch Adel lag darüber, ein Hauch irdischer Unwissenheit, eine Prise Freude und Traurigkeit. Sie kicherte über uns, als wir unseren Kochtopf an ein Seil banden, um ihn als Schöpfeimer zu benutzen, und unsere Plastikplanen als Wasserströge ausbreiteten. Sie hatte recht. Nach zweimaligem Füllen platschte der Kochtopf in den Brunnen und schwamm dreist auf dem Wasser. Ich wollte mich gerade anseilen und mich in den Brunnen hinablassen, als Udungu mit Hilfe eines alten Holzgestells, das daneben lag, in die Grube kraxelte. Grinsend kletterte er mit dem Kochtopf in der verstauchten Hand wieder hinaus.

Die Frau ging mit einer langen Stange davon und begann, von den Talha-Bäumen Johannisbrot abzuschlagen, während die Ziegen sich um sie scharten. Sie sah, wie Marinetta die Kamera auf sie richtete, und brach erneut in Gekicher aus. Später kam sie mit einem Lederschöpfeimer zurück und half uns beim Füllen unserer Kanister. Ein messerscharfer Wind blies über den Grand Erg und prallte gegen die Dornbäume. Nachdem unsere Wasservorräte ergänzt waren, gab ich der Frau einen Zuckerblock und etwas Tee, den sie in einem verblichenen Tuchrechteck einwickelte. Ich bot ihr ein wenig Zrig an, aber sie probierte und verzog ihr Gesicht dann zu einer Grimasse. Ich fragte mich, was sie wohl von uns halten mochte.

Es wurde später Nachmittag, bis wir aufbrachen. Tromboney war dafür, die Nacht im Wadi zu verbringen, damit die Kamele grasen konnten, aber ich drängte wie immer zum Weiterziehen. »Wenn ich mit dem Auto reise, lehne ich mich einfach zurück und tue gar nichts«, grummelte er. »Kamele machen viel zuviel Arbeit, bei Gott!«

Hinter uns versank die Sonne in pinkfarbenen, sprungbereiten Drachengestalten. Der Mond ging auf wie ein Feuerauge. Kühle ergoß sich aus dem Mondlicht und strömte über die Steinplatten des Wüstenbodens. Abgesehen von den Stößen der Kamelfüße und dem Knarzen der Sättel herrschte vollkommene Stille. Oft drehte ich mich um und sah nach, ob sie noch alle da waren. Die Überreste eines Kamelskeletts starrten unheilverkündend wie ein monströses Insekt aus dem Schatten zu uns herüber. Ein wenig weiter lag ein totes Kamel, das abgesehen von den leeren Augenhöhlen noch weitgehend intakt war und nach Verwesung stank. Udungu sagte, es sei wahrscheinlich erst vor kurzem bei einer Salzkarawane ausgefallen. In dieser Nacht machten wir in einem felsigen Flußbett halt, wo einige Stacheldrahtbäume den Kamelen als Nahrung dienten. Es waren die letzten Bäume, die wir bis Fachi sahen.

Wir erwachten vom Getöse eines heftigen Windes, der aus der Nacht züngelte, an den Trommelfellen zerrte und uns mit Sand geißelte. Es war eisig kalt. Über die Senke unseres Bachbetts hinaus war nichts zu erkennen. Die Kamele waren auf der Suche nach Futter weit das Wadi hinabgezogen und drängten sich nun zum Schutz vor der Kälte dicht aneinander. Sie schnaubten unlustig, als wir die Kopfseile präsentierten, sprangen hoch und schnappten, wenn wir nach den Nasenringen griffen. Bis wir das Gepäck hochgehievt hatten, war die Sonne in einem Gestöber aus Rot und Grau aufgegangen. Wir stapften dahin, durch eine zerklüftete Landschaft voller Erhebungen und Hügelkämme, während der Sandsturm raspelnd an uns zerrte, über die Wüste fegte und stöhnte und mit seinem Klagelied über die scharfen Felsen zog wie ein Geigenbogen über eine dünne Saite. Der schmetternde Lärm prasselte auf unsere Köpfe, machte uns bis zur Betäubung benommen, flüsterte in vielerlei Zungen und erstickte unsere Sinne unter einem disharmonischen Dudelsackbrummen. Es war zu kalt, als daß man lange hätte im Sattel sitzen können, doch wenn wir zu Fuß gingen, war der mit dem Sand aufgewirbelte Staub noch schwerer erträglich. Wir wikkelten unsere Köpfe wie Mumien ein und wandten uns wie Krebse von dem zerfleischenden Sand ab.

Bald schon veränderte sich die Beschaffenheit des Bodens. Die Felsen blieben zurück, und wir wanderten auf gewellten Sandflächen. Der Wind pfiff aus dem Erg mit seinen hohlen Eingeweiden heraus. Die Kamele blieben stehen und versuchten verdrießlich, dem peitschenden Staub auszuweichen. Abu Wirin setzte sich nieder und warf seine Last ab. Udungu und ich schwankten durch den prasselnden Hagel und ächzten unter der Last der Getreidesäcke. Kaum war das Kamel aufgestanden, da sahen wir, daß die Kanister leck geschlagen waren. Wir ließen Abu Sanam niederknien und rückten die Ladung wieder ins Lot. Wenn wir direkt in den Wind blickten, stachen uns scharfe Sandnadeln in die Augen. Wir waren bereits wieder unterwegs, als die Ölkanne ein Loch bekam und zugestopft werden mußte. Als nächstes rutschten die Heuladungen nach vorne, zuerst auf einem Kamel, dann auf dem nächsten. »Dieses verdammte Heu!« fluchte ich im Wind. »Das ist die Ursache all unserer Probleme.«

»Heu ist besser als Geld in der Ténéré!« rief Udungu zurück. »Du wirst sehen! Du wirst sehen!«

Wir traten und schlugen auf die Kamele ein, bis sie aufstanden und ins Auge des Sturms hineinstolperten.

Wir marschierten stundenlang. Meine Beine zitterten vor Schwäche. Den ganzen Tag wurde es nicht wärmer. Udungu stapfte mit seiner armseligen Decke voran. Manchmal setzte er sich nieder, mit dem Rücken zum Wind, und duckte sich unter seine Decke, um eine klägliche Zigarette aus seinem braunen Papier ohne Klebestreifen anzuzünden. Nach zwei Zügen war sie verraucht. Seine Augen waren voller Sand. Einmal setzte er sich hin und griff fieberhaft danach. »Ich kann *überhaupt nichts* sehen! Ich kann *überhaupt nichts* sehen!« rief er. Er holte ein Fläschchen Antimon aus seiner Tasche und trug es mit einer Make-up-Bürste direkt auf die Augenlider auf. Die schwarz umrandeten Augen verliehen ihm für einen Augenblick das Aussehen eines Transvestiten. Dann fing der Sand an, an dem Antimon kleben zu bleiben, und bildete buschige Auswüchse wie eine Schutzbrille auf seinem Gesicht. Marinetta vergaß die Kälte und lachte zehn Minuten lang.

Die Säbelstöße des Windes machten ihre gute Laune bald zunichte. Die Erde drosch mit elementarem Zorn auf uns ein und versuchte, uns von ihrem Angesicht zu tilgen. Die Kälte drang bis ins Mark. War es wirkich erst wenige Wochen her, daß wir dieser schrecklichen Hitze ausgesetzt gewesen waren? Diese Wüste war trostlos, zu trostlos für ein menschliches Wesen. Wir bewegten uns auf einer der berühmtesten Karawanenrouten der Welt, doch es war schwer, sich vorzustellen, daß jemals vor uns ein Mensch dieses ursprüngliche Land betreten hätte. Dabei hatten andere Europäer noch Schlimmeres hier ausgestanden. 1815 beispielsweise war der britische Seekapitän James Riley hier gewesen. Er war mit einer Karawane aus viertausend Kamelen und tausend Männern unterwegs, als ein Sturm wie dieser losbrach. Hunderte von Männern und Kamelen waren einfach verschwunden. Im verzweifelten Wunsch nach Wasser hatte der Führer den Dienern befohlen, einige Kamele zu schlachten, damit die Überlebenden ihr Blut trinken konnten. Doch niemand wollte seine eigenen Kamele schlachten lassen, und die Kamelbesitzer schlugen gnadenlos gegen die Diener zurück und töteten sie und den Führer. Dann tranken sie das Blut der Leichen und der toten Kamele. Unter den Trinkern war auch Riley gewesen, der seinen Kopf in den offenen Bauch eines Kamels gesteckt und die ekelerregende Flüssigkeit getrunken hatte. Er gehörte zu den einundzwanzig Überlebenden.

Die Kamele keuchten in der Kälte. Marinetta schleppte sich hinter ihnen her und schluchzte. »Sei still!« befahl ich ihr. »Das ist die Herausforderung, deretwegen wir hier sind. Mit Weinen kommst du nicht weiter. Wenn es hart auf hart geht, legen die Harten erst richtig los!«

»Du bist nur noch ein Roboter!« kreischte sie. »Du bist zu keinem menschlichen Gefühl mehr fähig!«

»Wenn du tot bist, kannst du dir keine Gefühle mehr leisten!« warf ich zurück.

An diesem Tag marschierten wir elf Stunden ohne Pause. Am Abend fielen wir vor Erschöpfung um. In einer sandigen Erdspalte unterhalb der Haifischzähne des Azzaouager-Berges schlugen wir unser Lager auf. Sobald wir abgeladen hatten, drängten die Kamele sich zitternd vor Kälte aneinander. Auch Udungu zitterte, und er verschwand schnell im Schutz der Heuballen. Ich legte ein wenig Heu für die Kamele aus, während Marinetta die Ausrüstung zu einem

Windschutz aufschichtete. Mit den Beinen im Schlafsack bereiteten wir das Abendessen zu. Wind und Sand wirbelten aus der Leere.

Marinetta murrte über meine Herzlosigkeit und schmollte. Mitleidlos sagte ich zu ihr: »Das ist die Herausforderung, die du haben wolltest. Weinen ist eine Schande. Wo bleiben deine zusammengebissenen Zähne?«

»Das ist doch nur dein verdammter englischer Scheißdreck!« sagte sie. »Ihr Engländer findet es falsch, wenn man seine Gefühle zeigt. Mir geht es kein bißchen anders als dir, aber für uns Italiener ist es keine Schande, das zu zeigen. Zähne zusammenbeißen! Was für ein Quatsch!«

Ich erinnerte sie daran, daß sie ohne meine Hartnäckigkeit den hauchdünnen Skianorak tragen würde, den sie aus Rom für den Winter in der Sahara mitgebracht hatte. Auf meinen Rat hin erst hatte sie nach Rom geschrieben und sich die dicke Bergjacke schikken lassen, die sie nun ständig anhatte. »Was hast du denn gedacht, wohin wir gehen würden?« fragte ich sie. »Zu einer Modenschau?«

»Wenn es so wäre«, tobte sie, »dann wärst du jedenfalls der letzte, den ich mitnehmen würde. Du siehst eher wie ein Hafenarbeiter aus als wie ein Gentleman!« Dann drehte sie sich im Schlafsack um und sprach bis zum nächsten Morgen kein Wort mehr mit mir.

Beim Aufwachen waren wir halb unter dem Sand verschüttet. Als ich mich aus dem Schlafsack schälte, griff eine eisige Kälte nach mir. Ich zitterte heftig und versuchte verzweifelt, das Streichholz ruhig genug zu halten, um das Feuer anzuzünden. Auf Udungus Gesicht stand die Kapitulation vor dem Leiden geschrieben. Er sah hundert Jahre alt aus. Er hatte keinen Daunenschlafsack zum Schutz vor der Kälte; genaugenommen hatte er keinerlei anderen Schutz als die zerlumpte alte Decke mit der er seine Knochen auch tagsüber bedeckte. Er hatte auch keine Socken, und seine Füße in den Plastikmokassins waren beinahe blau. Ich gab ihm meine Reservesocken, und er zog sie dankbar an. Doch danach saß er vor dem sterbenden Feuer, hypnotisiert und halb gelähmt von dem todbringenden Wind. Marinetta stand da und beobachtete mich, zitternd und unfähig zu jeder Bewegung. Selbst die Kamele waren in einer kläglichen Verfassung und wieherten jämmerlich, als ich die Kopfseile befestigte. »Los geht's!« drängte ich die anderen. »Wir müssen weiter! Wenn wir uns nicht bewegen, werden wir hier sterben!«

Wir luden auf und stemmten uns gegen den eisigen Wind. Marinetta war gewärmt von einem Becher kochendheißen Kaffees und warf ihre Kameras über die Schulter, in der Hoffnung, ein paar außergewöhnliche Fotos von der Karawane im Sandsturm schießen zu können. Ich war froh, daß ihr Apathieanfall vorüber war. Der alte Tromboney ergriff das Kopfseil und marschierte direkt ins Zentrum des Sturms. Die Wüste war wie elektrisiert und lebendig, seufzte und heulte wie ein Todesdämon. Der Fluchchor des Windes hatte etwas Hypnotisierendes. Irgendwo lief Wasser aus, und die Kanister mußten wieder ins Gleichgewicht gebracht werden. Das Heu rutschte nach vorne. Die wandernden Heuhaufen setzten sich nieder und wandten dem Wind den Rücken zu. Die übrigen Kamele versammelten sich um sie und kauten hungrig an dem kostbaren Gras, während wir uns abmühten, es hochzuhieven. Marinetta verjagte sie mit einem Stock.

Später verlor sie eine weitere Objektivkappe und wankte in den Staub davon, um danach zu suchen. Ich drehte mich um und bemerkte, daß sie weg war, und ein plötzliches Grauen ließ mich erstarren. Durch die Sandschwaden erhaschte ich einen Blick auf die aufgeplusterten, gelben Polster ihrer Jacke und sagte Udungu, er solle haltmachen, während ich sie zurückholte. Ich rannte durch den Sand, bis ich sie fand. »Ich muß diese Objektivkappe finden!« rief sie mir zu.

»Zur Hölle mit diesen Objektivkappen!« schrie ich zurück und zog sie mit Gewalt zur Karawane zurück.

An diesem Nachmittag passierten wir eine kolbenförmige Wegmarke aus schwarzem Stahl, die uns anzeigte, daß wir den Erg du Ténéré betreten hatten. Eine Stunde später, als der Wind bereits anfing nachzulassen, sahen wir unsere erste Salzkarawane. Es waren hundert Kamele in zwei silberen Schlangenlinien wie Tausendfüßler. Ihre tentakelgleichen Beine schienen wie Meerespflanzen in der Strömung zu fließen. Drei Männer kamen durch den Sand auf uns zugeeilt. Sie wollten nichts weiter als Hände schütteln. Ich verstand ihr Bedürfnis nach menschlichem Kontakt in dieser schrecklichen Ödnis.

Bei Sonnenuntergang schlugen wir am Wrack eines ausgebrannten Autos unser Lager auf. Während wir noch abluden, hörte der Wind plötzlich auf. Nun lastete die Stille auf uns, schwer und unnatürlich nach dem abstumpfenden Geräusch des Sandes. Ich hatte noch ein geisterhaftes *schooosch, schooosch* im Ohr, wie das Rauschen des Meeres in einer Muschel. Die Stille war vollkommen. Sie wurde nur durch den alten Tromboney unterbrochen, der sich niederkauerte und ächzte: »Aaaah! Oh, Gott! Diese Schuhe bringen mich um!« Die billigen Plastikschuhe hatten rote Blasen auf den Knöcheln unter den Socken hervorgetrieben. Sie waren zu klein für seine schwieligen Füße. Er lieh sich mein Messer und schnitt das Plastik an den Fersen und am Oberteil ein. Er probierte sie wieder an und strahlte vor Zufriedenheit.

Nach dem Abendessen fragte ich ihn, ob er etwas über das Schicksal der Autobesitzer wüßte. »Gott allein weiß!« sagte er. »Es gibt viele wie dieses in der Ténéré.« Er sprach das Wort bedachtsam, fast ehrfürchtig aus. »Viele Menschen sind hier umgekommen, sehr viele. Viele sterben in der Ténéré. Die Ténéré ist die schlimmste Wüste in der Sahara. Die Regierung läßt niemanden mehr ohne Führer hindurchziehen. Kein Auto darf mehr alleine fahren, nicht nach dem, was der Frau des Préfet zugestoßen ist.« Ugundu erzählte, daß vor zwei Jahren die Frau des Préfet von Agadez in einem Landrover in die Ténéré aufgebrochen war. Bei ihr waren ein Fahrer, ihre drei Kinder und der beste Führer der Gegend gewesen. Keiner von ihnen wurde je wieder lebendig gesehen. »Jeder Führer in Agadez wurde zur Suche aufgerufen«, sagte er. »Auch ich war dabei. Man suchte sogar mit Flugzeugen; die Armee und die Polizei wurden eingesetzt. Es dauerte neun Tage, bis sie die Vermißten fanden – sie waren alle tot. Sie hatten die Hauptroute verlassen, nachdem sie die Oase Fachi passiert hatten: Keiner wußte, warum. Der Landrover war kaputt, und ihr Wasser war zu Ende. Die Leiche des Führers fand man meilenweit von ihnen entfernt. Er mußte losgezogen sein, um Wasser zu suchen, und war gestorben, bevor er welches fand. Die Frau hatte noch einige Sätze aufgeschrieben. Sie hatte die Flugzeuge gesehen, aber die sahen sie nicht. Das ist die Ténéré – ein wildes Land, bei Gott!«

Es war eine schreckliche Geschichte, und plötzlich war ich für die niedrigen Temperaturen dankbar. Im Sommer wäre es hier doppelt so schlimm. Ugundu sagte, jedes Jahr seien ähnliche Todesfälle vorgekommen, bis die Regierung eine Reihe von Wegmarken aufgestellt hatte wie die eine, die wir zuvor schon gesehen hatten. Ohne sie, so sagte er, war es fast unmöglich, sich geradeaus zu bewegen.

Bald verstand ich die Notwendigkeit von Wegmarkierungen. Die Wüste, in die wir am nächsten Tag hineinmarschierten, war vollkommen gleichförmig. Sie war ein riesiges, unermeßliches Sandmeer, das größte in der Zentralsahara, sogar noch größer als das sagenumwobene Empty Quarter Arabiens. Die Leere war niederdrückend. Nichts außer den Metallfahnen, die im Abstand von einem Kilometer aufgepflanzt waren, lenkte die Aufmerksamkeit auf sich. Es war, als würde man auf einer Wolke gehen, auf einem irrealen Nebel, der jeden Augenblick nachgeben konnte. Manchmal sahen die gesprenkelten Wellen wie Wasser aus, wie ein stiller Ozean ohne Gezeiten, der bis zum Horizont dahinwogte. In dieser unermeßlichen Weite gab es keinen Baum, keinen Felsen, keinen einzigen Grashalm.

Am Nachmittag trafen wir auf eine weitere Salzkarawane. Dieses Mal waren es etwa zweihundert Kamele. Von fern sah es aus, als würden die Tierkolonnen stillstehen. Sie wirkten bewegungslos, bis wir auf gleicher Höhe mit ihnen waren, erst dann wurden sie plötzlich dreidimensional. Es war ein seltsames Phänomen, das auf das Fehlen jeglicher Entfernungsmerkmale zurückzuführen war. Zwischen den beladenen Kamelen ritten Tuareg in weißen Gewändern. Sie sahen aus wie Aufklärungsflieger, wie sie, auf den Rücken ihrer Kamele geschweißt, durch die Schießscharten ihrer Schleier in die Leere spähten. Udungu rief ihnen etwas in Tamaschek zu, aber der stumme Sand warf die Worte leblos zurück, und die Karawane strömte unaufhaltsam dahin, bis sie vom Schlund der Ténéré verschluckt wurde.

Bis kurz vor Sonnenuntergang sahen wir kein anderes Lebenszeichen. Dann hörten wir das Knattern von Motoren, und zwei Lastwagen zeichneten sich in Stecknadelgröße am Horizont ab. Wie schon die Salzkarawane, so wirkten auch sie bewegungslos. Erst als wir an ihnen vorbeizogen, schienen sie zu beschleunigen und röhrten in einem Kilometer Entfernung. Oder waren es zwei Kilometer? Oder sogar zehn? Es gab keine Möglichkeit, die Entfernung in der Ténéré einzuschätzen. Ich erinnere mich nur noch an die jaulenden Maschinen, die über den dunklen Sand hüpften, an die Laster, die wie Caterpillars dahinkrochen, und an die Rauchschwaden aus ihren Auspuffen. Ich erinnere mich, daß der alte Udungu sagte: »Lastwagen sind nicht gut in der Ténéré. Kamele sind besser, bei Gott!«

Ich erinnerte mich, irgendwo gelesen zu haben, daß der Warentransport per Kamel hier etwa ein Siebtel dessen kostete, was motorisierte Transportmittel kosten würden. Deswegen gab es die großen Karawanen noch immer.

Wir zogen weiter im tiefen Sand, und die Schatten unserer Kamele dehnten sich vor uns aus, grausige schnakenförmige Gestalten auf der makellosen Oberfläche. Weit weg stand ein Objekt, das größer war als eine Wegmarke, in der Weite jedoch nicht zu erkennen war. Stundenlang trotteten wir vorwärts. Udungu sagte: »Ich kann nicht mehr gehen. Ich bin ein alter Mann.«

»Reite, Onkel«, sagte ich zu ihm.

Ich beschleunigte meine Schritte, um näher an das seltsame Objekt zu kommen, aber erst als ich direkt danebenstand, erkannte ich, daß es ein merkwürdiges Metallgebilde war. Es sah aus wie ein Roboter aus einem Science-fiction-Film, eine Säule aus Eisen, die aus ein paar Ölfässern herauswuchs, mit Ästen wie Laternenpfosten und zwei riesigen Kristallaugen, die blicklos über den Erg starrten. Marinetta fand, es sähe aus wie ein Totempfahl. Udungu erzählte uns, daß das der *Arbre du Ténéré* sei – der berühmte Baum der Ténéré. Bis 1975 hatte hier der einzige Baum des ganzen riesigen Erg gestanden. Einer vermutlich falschen Geschichte zufolge war er von einem Lastwagen angefahren worden. Über viele Generationen hinweg hatte der Baum Karawanen den Weg zu einem Brunnen mit Brackwasser in der Nähe gewiesen, der nun unter einem Haufen Abfall verborgen war. Das Stahlmonument war zum Gedenken an das letzte Leben in diesem Sandmeer errichtet worden und als Landmarke für die Stelle, wo die alte Karawanenpiste von Bilma auf die neue Straße nach Libyen traf.

Auch in dieser Nacht war es wieder bitterkalt, aber Marinetta stahl einige Sodomsapfeläste von der Krone und hob im Vorübergehen ein paar Stückchen Talha-Holz auf, das eine Lastermannschaft verloren hatte. Am Morgen war es frostig, aber klar. Der alte Udungu brauchte nun, wo die Kälte sich breitgemacht hatte, anscheinend länger, bis er seine Knochen in Bewegung setzte. Er machte sich sein eigenes kleines Feuerchen und starrte in die flakkernden Flammen. Auf seinem ledernen Gesicht spiegelte sich der orangefarbene Schein des Feuers wider, bis die hinter seinem Rükken aufgehende Sonne ihn zu neuen Taten antrieb. Die Kamele bibberten in einem fünf Meter entfernten Knäuel, und wir verteilten einige wenige Bündel Heu als Morgenimbiß. Sie weigerten sich, das Getreide zu fressen, das wir mitgenommen hatten. Wie der Führer vorhergesagt hatte, war ich um das Heu äußerst dankbar.

Den ganzen Tag über sahen wir keine einzige Gestalt. Das Fehlen jeden Maßstabs hatte merkwürdige Folgen. Einmal sah ich zu, wie Marinetta sich von unserer Karawane entfernte, weil sie versuchen wollte, eine Aufnahme von vorne zu machen. Wie eine Verrückte lief sie im Zickzack über den Sand und sah dabei so lächerlich aus, daß ich lachen mußte. Als ich es selbst versuchte, merkte ich, daß es ohne irgendeinen Fixpunkt unmöglich war, sich in einer geraden Linie vorwärtszubewegen. Alle Verwehungen oder Schatten auf der Oberfläche vermittelten den Eindruck einer Erhebung. Manchmal bewegten wir uns scheinbar auf einem Dünenkamm zu, der sich dann als Sandwelle von wenigen Zentimetern Höhe entpuppte. Man konnte ein Stück weggeworfenes Brennholz für ein Kamel oder ein Zelt halten, eine geschwärzte Sardinendose für ein verlassenes Auto. Einmal an diesem Nachmittag sagte Udungu: »Vor uns ist ein Lagerfeuer, bei Gott!« Wir bewegten uns auf einen rotgoldenen Fleck in eisiger Entfernung zu. Es war nur das von einem rostigen Wegzeichen zurückgeworfene Sonnenlicht.

Früh am nächsten Morgen erreichten wir den Anfang der großen Dünenkette, die sich ohne Unterbrechung bis zur Oase Fachi erstreckt. Die Dünen wirkten körperlos, ihre Farben verschwammen unter einem feinen Sandschleier, der glänzende Silber- und Goldtöne und ein metallisches Blau hervorbrachte. Sie schimmerten wie die Farben eines persischen Teppichs, beständig changierend im Sonnenlicht, ein Dynamo des Wechsels, eine Mobile aus Form, Schatten und Struktur. Alle Dünen waren durch den vorherrschenden Nordostwind parallel ausgerichtet, was bedeutete, daß wir an ihnen entlang zogen und nur selten eine überquerten. Der Sand sah aus wie garnierte Eiscreme: Die Dünen waren vollkommene Puderzuckermuscheln. Der Sand war sinnlich, wogend und üppig geschwungen wie ein weicher, cremeweißer Frauenleib. Die Sandhügel erinnerten an Rubens-Modelle, pralle Schönheiten, die sich nackt auf einem endlosen Strand rekelten.

Die Stille strahlte Harmonie aus. Die Kamele zogen in schwereloser Anmut dahin. Mit der Unbändigkeit des Sturms war auch die

Angst verschwunden, und der Anblick der Leere betäubte oder ängstigte uns nicht mehr. »Der Sand gibt einem ein Gefühl der Freiheit«, sagte Marinetta. »Er vermittelt einem ein seltsames Gefühl – ich würde am liebsten die Kleider abwerfen und nackt hindurchlaufen, mich dann mittendrin auf den Boden legen und dich lieben. Es wäre wirklich toll, im Sand zu liegen und die Dünen hinunterzukugeln und am ganzen Körper die Weichheit des Sandes zu spüren.« Ich verstand intuitiv, was sie sagen wollte. Die Leere des Sandes rührte an etwas zutiefst Sinnliches, wühlte ein uraltes Sehnen in den Lenden auf. Es war eine Art von Freiheit, die Befreiung eines unterdrückten und wilden Wesens, der sprungbereiten Bestie in den Schatten, des Tigers, der heimtückisch brennt und unter der Haut explodiert. Das Reptil, das wir im Wasser hinter uns gelassen hatten, der Hundehai, der sich in den Tiefen wärmte, die schleichende Wölfin, die in den Wäldern lauerte, sie alle wurden durch die schonungslose Wildheit der Ténéré nun an die schattige Oberfläche gelockt und gezogen.

An diesem Abend sagte Marinetta beim Errichten des Lagers: »Komm, wir stellen das Zelt auf heute nacht.«

»Es ist doch nicht so kalt«, sagte ich. »Es ist nicht kälter als sonst.«

Sie nahm ihre Brille ab und sah mich unverwandt und herausfordernd mit ihren großen Kinderaugen an. »Wer hat etwas von Kälte gesagt?«

Nach dem Essen ging Udungu zu seinem Unterstand aus Decken und Heuballen, und ich löschte das Feuer. Einige Minuten später rief Marinetta aus dem Zeltinneren nach mir, und ich krabbelte hinein und fand sie mit bis zum Kinn hochgezogenem Schlafsack. Sie trug weder Brille noch Kopftuch, und ihre weißen Zähne schimmerten leicht in der Dunkelheit. »Jetzt *ist* mir kalt«, sagte sie. Ich ließ meine Hand in die Daunenwärme ihres Schlafsacks gleiten. Sie war völlig nackt. »Hast du es vergessen?« fragte sie, als ich sie überrascht anblickte. »Das sind unsere Flitterwochen.«

Am nächsten Tag erklommen wir einen Kamm und sahen eine Cessna im Sand. Einen Augenblick lang dachte ich, sie sei soeben erst gelandet. Dann bemerkte ich, daß die Türen offenstanden, und Kriechsand sich in ihren Bauch geschlängelt hatte. Ich fragte mich, vor wie langer Zeit sie wohl abgestürzt war. Hatten die Passagiere überlebt, oder waren sie umgekommen? »Das war vor acht Jahren«, sagte Udungu. »Ein Sandsturm.« Es war erstaunlich. Der Rumpf glänzte so, als würde er gerade einen Tag hier liegen. Ich vermutete, daß der raspelnde Wüstensand ihn poliert und das Leuchten der Farben bewahrt hatte. »Wenn deine Zeit gekommen ist, dann geht es dahin«, sagte Udungu. »Kamel, Auto oder Flugzeug, es ist alles das gleiche.«

»Man kommt sich irgendwie klein vor«, sagte Marinetta. »All die fortschrittlichen Maschinen, die wir erfunden haben, kommen nicht gegen einen Wüstensturm an. Die Leute reden immer über den Sieg über die Natur, aber sie kann nicht besiegt werden. Wir sind ein Teil davon, nicht wahr? Wie kann man etwas besiegen, dessen Teil man ist? Es ist alles so ausgeglichen, Leben und Tod, Hunger und Überfluß, Regen und Dürre, daß es einen lenkenden Geist dahinter geben muß. Es ist einfach zu perfekt. In der Wüste kann man das klar erkennen. Die Wüste ist wirklich der Ort, an dem man Gott finden kann.«

Ich mußte an Mafoudh denken, der gesagt hatte: »Jeder, der glaubt, es gäbe keinen Gott, muß blind sein! Wer soll denn all *das* erschaffen haben?«

Einzig der Auf- und Untergang der Sonne markierte den Strom der Zeit. Es war eine universelle Zeit, ganz und ungeteilt. Dünen überlappten Dünen. Der Sand floß wie Wasser über Kamelspuren, Kameldung, menschliche Spuren, Reifenspuren, die Trümmer von Motorteilen, Fahrzeugwracks, die Karkasse eines Flugzeugs: Puderzuckersand, makelloser Sand, Sand mit Schwefelgelb durchsetzt, purpurroter Sand. Wir folgten unseren Wegmarkierungen und bewegten uns an der Flanke eines Hangs, hinter dem das Tal durch einen Chiffonschleier aus Sand verborgen war. Es war, als würde man am Rande der Welt reisen. War das Mafoudhs Ort, wo die Erde aufhörte und man in den Abgrund stürzte?

Plötzlich war keine Markierung mehr zu sehen. Ohne die vertraute Fahne schien das Sandmeer mit einem Mal bedrohlicher. Udungu zwang seine Kamele wortlos in die Tiefe hinab. Ich war mir sicher, daß die Markierung sich weiter oben befinden mußte, und folgte ihm nicht. Ich war unseren Führern über Tausende von Kilometern gefolgt: Warum mich plötzlich diese Widerspenstigkeit erfüllte, werde ich nie wissen. Einen Augenblick später war Udungu hinter den Dünen außer Sicht. Ich zog weiter, mit Marinetta hinter mir. Dann riß das Kopfseil. Der alte Shaybani weigerte sich, den Hang noch weiter hoch zu klettern. Vielleicht spürte das alte Kamel, daß etwas nicht stimmte. Ich mußte absteigen und mit einer Hand seinen Kiefer packen, während ich mit der anderen das Seil festklammerte. Mein eigenes Kamel wollte nicht stillhalten, und schließlich mußte ich das Seil losmachen und neu binden. Als ich wieder aufstieg, war Udungu noch immer nirgends zu sehen. Wir schleppten uns noch einige Minuten weiter. Ein schwacher, unbestimmt menschlicher Laut drang durch die Einöde. Bohrende Unruhe erfüllte mich: Es war ein Fehler gewesen, sich aufzuteilen. Jetzt blieb mir nichts anderes übrig, als mit der schweigenden Marinetta im Schlepptau weiterzumarschieren. Die nächsten zehn Minuten erschienen mir endlos: Dann sah ich ein wenig Kamelkot im Sand. Er mußte von einer Salzkarawane stammen, was bedeutete, daß das hier eine Piste sein mußte. Ich folgte ihnen einige Minuten lang und erklomm eine kleine Düne. Von dort aus sah ich die nächste Markierung, wie ein Monolith emporragend, großartig in der umgebenden Leere. Der alte Udungu bewegte sich mit seinem Kamel darauf zu. Er erwartete uns bereits, als wir dort anlangten.

»Omar!« krächzte der alte Mann. »Kennst du den Weg? Bist du ein Führer? Was hast du dir bei diesem Aufteilen gedacht? Hör zu, es ist das Aufteilen, das schuld am ganzen Ärger in der Ténéré ist. Das ist es, was die Menschen in der Ténéré umkommen läßt. Es gibt Dschinns in der Ténéré, Omar, böse Geister. Wenn ein Dschinn sich in deinem Kopf einnistet, kannst du Ost und West nicht mehr unterscheiden. Der Dschinn vernebelt dir den Kopf. Er macht dich glauben, du wüßtest den Weg, wenn du ihn nicht weißt. Warum starb die Frau des Préfet? Dschinns! Warum verließ der Führer den Weg, den er kannte? Dschinns! Warum sind so viele hier gestorben? Dschinns! Der Dschinn war in dir heute, Omar. Lach nicht über die Dschinns. Du kannst sie nicht sehen, aber sie sind da. Sie können dich leicht töten, die Dschinns!« Er blickte mich über seinen Schleier hinweg mit alten, ernsten Augen an. »Die Ténéré ist die schlimmste Wüste in der Sahara, Omar«, sagte er. »Die Ténéré ist wild!« Ich widersprach ihm nicht. Wie auch immer man es ansah, der Dschinn hatte wirklich in mir gesteckt.

Am 24. Dezember ließen sich zwei dicke schwarze Krähen im

Sand nieder, während wir das Lager abbrachen, und warteten darauf, an unseren weggeworfenen Dosen und den verschütteten Reiskörnern zu picken. Wenig später sahen wir einen schwarzen Fleck am Horizont, der die Klippen von Fachi markierte. Eingelullt vom Kameltrott trödelten wir dahin. Eine Wegmarkierung nach der anderen zog an uns vorüber. Plötzlich stand auf einer Wegmarkierung: »Fachi«. Beinahe gleichzeitig sah ich eine unscharfe Linie aus Palmen wie eine dunkle Zuluparade neben den Felsen. Wir stiegen aus der weiten Sandfläche zu einer Ansammlung von Gebäuden auf einem Erdwall hinab. Das Grün der Palmen, Akazien und Gärten schienen nach dieser Unfruchtbarkeit wie ein Wunder. Der Kontrast hätte nicht krasser sein können. Wir errichteten unser Lager an dem abschüssigen Hang, und ein uniformierter Gendarme kam, um uns zu begrüßen. Unser Aufbruch aus Agadez war über Funk durchgesagt worden, so sagte er. Der Gendarme ließ sich mit Udungu zum Teetrinken nieder. Die Dunkelheit sank. Es war Heiligabend, eine Nacht, die den Bogen zu anderen Zeiten in meinem Leben schlug, zu vergangenen und zukünftigen Abschnitten. Weihnachten. Es hatte einen heimatlichen Klang. Aber ich wußte, daß ich nirgendwo lieber wäre als hier, mit meiner Frau, mit diesem alten Targui, in dieser wunderbaren grünen Insel in der größten Wüste der Welt.

Wir erwachten vom Brummen und Scharren Hunderter von Kamelen. Eine Salzkarawane war in der Nacht zu uns heraufgekrochen, und ihre Kamele lagerten fünfhundert Meter oberhalb von uns auf der Sandfläche. Eine weitere Karawane, die kurz vor dem Aufbruch stand, lag bei den Palmhainen unterhalb unseres Lagers, mitten in einem wahren Himalaya aus Salzbrocken, Packsätteln und Heuballen.

Als ich die Augen öffnete, fand ich einen ausgebeulten Strumpf, der über meinem Schlafsack lag. Er erinnerte mich sofort an alle vergangenen Weihnachtsfeste. In dem Strumpf steckten Kekse und Datteln, eine neue Zahnbürste, ein winziges Notizbuch, die runde Kappe eines Zuckerkegels und ein Stück Seife in einer Schachtel aus dem weit entfernten Hotel Azalai in Timbuktu. Ganz unten stießen meine Finger auf ein Stückchen Holzkohle. Marinetta lachte, als ich es herausholte. »In Italien bringt der Weihnachtsmann Kohle für die bösen Kinder!« sagte sie.

Dann tauchte der alte Udungu auf, ein bartloser, nußbrauner Nikolaus. Wir schenkten ihm einen Beutel Tabak, und er strahlte. Ich wünschte, ich könnte ihm eine Schachtel Rizla-Zigarettenpapier geben.

Das schönste Geschenk von allen war Fachi. Es war das Juwel des Sandes. Jahrhundertelang war seinen bescheidenen Beriberi-Einwohnern von den räuberischen Kamelreitern der Sahara das Leben schwergemacht worden. Sie waren von falkengesichtigen Tuareg aus dem Aïr und von Arabern aus dem Fezzan überfallen worden. Tubu-Räuber, der schwarze Terror der Ostsahara, waren aus ihrer Hochburg im Tibesti ausgeschwärmt, um den Ort zu belagern. Wen wunderte es da, daß Fachi wie eine Festung gebaut war. Seine Häuser standen dicht gedrängt in gewundenen Gassen, die sich nach links und nach rechts wanden und schlängelten, um sich plötzlich auf einen unsichtbaren, von einem grünen Baum überschatteten Hof zu öffnen und anschließend wieder zu verengen und sich dem Blick zu entziehen. Die Hauseingänge bestanden aus sehr engen Schlitzen im Mauerwerk, durch die ein Mann sich nur seitlich hineinschieben konnte. Kleine Beriberi-Frauen in bunten Decken standen davor, als wir vorübergingen. Das festungsartige Straßenlabyrinth bröckelte und war überall in Auflösung begriffen, und die Palmen sprossen aus den Ritzen im Lehm hervor. Auch die große Wehrburg über der Stadt war im Zerfallen, und auf den Durchgängen darunter lag Mauerwerk verstreut. Jenseits der Honigwabe der Häuser lag die Wand der Palmengärten, und durch kleine Öffnungen darin konnte man einen Blick auf den weiten, gelben Erg du Ténéré werfen, der sich wie eine Flutwelle aufbäumte.

Nachdem wir die Altstadt erkundet hatten, gingen wir hinab, um der Salzkarawane beim Aufladen zuzusehen. Es waren etwa zweihundert Kamele, in Gruppen aufgeteilt, zwischen denen Männer hin und her eilten, Seile befestigten, Salzladungen verteilten und die Kamele zusammenbanden. Jedes Tier trug mehrere Salzsäulen, die sorgfältig in Bögen aus geflochtenen Palmfasern eingewickelt waren. Die Salzladungen hingen hoch oben am Rücken der Kamele, und über jedem Sattel befand sich ein zu einem Zylinder gepreßter Heuballen, der den Tieren auf der Rückreise als Nahrung dienen würde. Die Kamele wurden zu Zehner- oder Zwölferseilschaften zusammengebunden, und die meisten erhielten einen Maulkorb aus

Stroh, damit sie das Heu nicht auffraßen. Scharen von Beriberi-Frauen aus der Oase wimmelten mit Schüsseln und Tabletts um die Karawane herum. Sie sammelten die Tonnen frischen Kamelkots auf, die für Ziegel oder als Brennmaterial verwendet wurden. Wir standen dabei und sahen zu, wie die Karawane auf ihrem Weg nach Agadez in den Erg aufbrach, Abteilung auf Abteilung, Kolonne auf Kolonne, wie eine große Legion, bis die Landschaft von beladenen Kamelen und marschierenden Männern erfüllt zu sein schien. Ich überlegte, wie wohl die alten Salzkarawanen ausgesehen haben mochten. Das hier waren zweihundert Tiere. 1908 bestand angeblich eine einzige Karawane aus zwanzigtausend Tieren. Im Sudan war ich einmal mit einer Herde von beinahe tausend Kamelen gezogen, die die Wüste meilenweit beherrscht hatte. Zwanzigmal so viele, das schien unvorstellbar.

Wir kauften von der ankommenden Karawane eine neue Ladung Heu sowie etwas Brennholz. Einige Tubu verkauften uns zwei ihrer Sättel mit breiten Holzrahmen und hölzernem Schweif. Aus meiner Zeit im Sudan waren mir diese Sättel vertraut, und ich wußte, daß sie allem, was in der westlichen Sahara angefertigt wurde, bei weitem überlegen waren. Die Anwesenheit dieser Tubu, kleiner, schlanker, schwarzgesichtiger Männer, erinnerte mich daran, daß wir schon in wenigen Tagen die Welt der Tuareg verlassen und in die rauhere, wildere und gefährlichere Region der östlichen Sahara eindringen würden.

Vor dem Aufbruch mußten wir noch unsere Wasservorräte auffüllen. Die einzige vorhandene Wasserstelle lag in einem Palmengarten, am Fuß eines steilen Hangs, den unsere Kamele nicht hinabklettern konnten. Der Garten gehörte einem Beriberi, der einen Schöpfbaum benutzte, einen Holzmasten mit einem Gegengewicht auf einem Drehlager, der das Wasser aus einer seichten Vertiefung hochzog. Diese Schöpfbäume waren sehr alt und gingen mindestens auf die Zeit der ägyptischen Pharaonen zurück. Ich mußte die vier Kanister den steilen Hang hinaufschleppen und brach außer Atem zusammen, sobald ich auf dem Gipfel angekommen war. Udungu beschäftigte sich angelegentlich mit den Sätteln, und Marinetta kniete nieder, um mein gequältes Gesicht zu fotografieren, während ich mit dem Hang kämpfte. »Hervorragende Aufnahmen!« sagte sie.

»Tausend Dank!« keuchte ich.

Wir führten unsere Kamele aus den Palmengärten und hinter die weißen Krusten der Salinen, wo die neuangekommene Karawane sich allmählich ausbreitete. Wir bogen durch einen Engpaß in den Felsen, und wenige Stunden später befanden wir uns wieder auf den unberührten Sandflächen der Ténéré und tauchten in Dünen wie geschlagene Sahne. Das graue Felsenmassiv blieb in einem Staubschleier hinter uns zurück. Fachi war nur noch eine grüne Erinnerung, aber dieses Weihnachten würde ich nie mehr vergessen.

Am nächsten Morgen brummten zwei Autos ruhig wie glänzende, mechanische Spinnen auf der rauhen Sandkruste entlang. Eines davon hielt vor uns an, und ein Mann und eine Frau stiegen aus. Es waren deutsche Touristen, die an Weihnachten Bilma besichtigen wollten. Sie waren mit Shorts und T-Shirts bekleidet, während wir in unsere Turbane und Jacken eingemümmelt waren. Die Tür ihres Toyotas ging auf, und der Geruch heimeliger Weihnachtswärme drang nach draußen. Als wir wegritten, machte der Mann mit seiner Videokamera ein paar Aufnahmen von uns. »An Weihnachten kommen viele Christen nach Bilma«, sagte Udungu. »Die Leute aus Agadez und Bilma machen einen Haufen Geld mit den Christen an Weihnachten. Ich bin oft mit den Christen in ihren Autos gefahren. Man hat nichts anderes zu tun als zu sagen: ›Fahr rechts!‹, ›Fahr links!‹ oder ›Geradeaus!‹ Im Auto ist es nicht kalt. Die Kälte wird für einen alten Mann wie mich zuviel.«

Ich lächelte ihm zu, aber ich wußte, für mich wäre diese Reise im Auto bedeutungslos gewesen. Ich hätte die Wüste an mir vorüberziehen sehen wie auf einem Fernsehschirm, in der Sicherheit eines künstlichen Umfelds und von der Wüste getrennt durch Geschwindigkeit und ungeheure Entfernungen. Ich wußte, daß auch Reisen mit Fahrzeugen mit Gefahren verbunden waren, und ich respektierte die Expeditionen von Pionieren, für die ein Fahrzeug eine technische Herausforderung darstellte. Aber Fahrzeuge schnitten einen von jenem Gefühl der Verbundenheit mit der Erde ab, das für mich an ein religiöses Sakrament grenzte. Der langsame Gang der Kamele erlaubte uns, alles um uns herum zu sehen und zu fühlen. Wir sahen die winzigen Sandhüpfer, die ebenso winzige Spalten in der Oberfläche aushöhlten, und die kleinen Grabhügel der Wüstenspringmäuse. Wir sahen die Spuren der Karawanen, die detailliert von ihrem Verlauf erzählten. Wir sahen die Kraft, Schönheit und die ursprüngliche Sinnlichkeit der Sandweiten, spürten die Schwankungen zwischen Kälte und Wärme, erlebten ungestört von künstlichem Licht den Wechsel von Tag und Nacht. Mit einem Auto konnte man die Ténéré in fünf Tagen durchqueren, während wir siebzehn brauchten, aber nach zwei Tagen wäre das großartige Sandmeer nur noch eine verschwommene Erinnerung. Für uns gab es keinen Kontakt mit der Außenwelt, keinen einfachen Weg zur Sicherheit. Wir waren in der Sahara und Teil davon, so wie wir es immer gewünscht hatten.

Zwei Tage lang pflügten wir in einem eisigen Wind dahin. Wie eine Sense schnitt er über den Erg und dröhnte von Sonnenaufgang bis Sonnenuntergang mit dem tiefen Klang eines Motors. Oft blickten wir zurück, weil wir dachten, ein Fahrzeug käme an, aber es war nur der Wind. Der Himmel blieb blau und wolkenlos, doch der Wind peitschte mit seinem frostigen Atem auf uns ein. Er blies in auf- und abschwellenden Böen, die zwei oder drei Sekunden dauerten. Zwischen den Ausbrüchen geißelte uns die dampfige Hitze der Sonne. Dann wurde die Hitze von einem neuerlichen Aufleben der kalten Luft ausgelöscht. Wir wanderten über eine Dünenfläche, die sich wie eine Laufmasche durch das glatte Nylon des Erg zog. Marinetta trug zwei Decken und zwei Hosen und zitterte noch immer vor Kälte. Die Kamele ergriffen jede Gelegenheit, sich von der wütenden Raserei abzuwenden, setzten sich hin und zitterten so heftig, daß ich mehrmals fast aus dem Sattel geflogen wäre. Aus ihren Augen tropften Schleimtränen, während wir sie in die Kälte zwangen.

Wenn wir uns nun zum Essen hinsetzten, verschlangen wir riesige Mengen Reis und Couscous und schaufelten die Nahrung in den Mund wie Verhungernde. »Die Kälte ist nicht so schlimm«, sagte Udungu einmal, »solange man genug zum Essen hat. Im Winter braucht der Mensch Nahrung, nicht Wasser.« Ich fühlte mich fast ständig hungrig. Jeden Morgen spürte ich einen nagenden Schmerz im Magen, und oft sah ich auf meine Uhr und sagte zu mir selbst: »Es ist nicht mehr lange bis zum Essen!«

Wenn der Wind nachließ, fühlten wir uns wie erlöst. Wir rollten unsere Jacken ein, und Udungu schälte sich aus dem Kokon seiner Decke heraus und strahlte wieder durch seine kaputten Zähne und seine großen, warmen Augen in dem runzligen Walnußgesicht. In solchen Augenblicken sprachen wir über sein Leben als Kamelschmuggler nach Libyen und über seine Erfahrungen mit den verschiedenen Völkern der Sahara. »Die Araber und die Christen sind Brüder«, sagte er, »aber die Tuareg sind anders. Sie sind ein altes Volk, das schon vor den Arabern und den Nsara da war. Die Tuareg sind besser als die Tubu. Die Tubu sind Teufel. Sie kennen keine Gottesfurcht. Sie töten ohne Gnade. Nimm keinen Tubu-Führer in Bilma, Omar. Nimm einen Beriberi. Die Beriberi sind ehrbare Leute.«

Am 29. Dezember erklommen wir einen Höhenzug und erblickten die graue Spitze der Kaouar-Felsen und die Oase Bilma darunter. Früher hatten die Leute von Bilma vom Herannahen einer Karawane durch das »Singen« eines nahegelegenen Berggipfels erfahren, der das Echo zurückwarf, wann immer eine Karawane zwei Tagesreisen von dem Ort entfernt war. Niemand lauschte nun noch auf den Gipfel. Heute hatte man den Funk.

Die Oase kündigte sich unmerklich an, während wir den Kalmengürtel aus Sand durchquerten. Ein rostiger Poller aus einer früheren Generation von Wegmarkierungen lag umgestürzt wie eine nicht explodierte Bombe im Sand. Es gab Grasbüschel, gelegentlich eine Palme. Dann sprang uns mit einem Schlag die ganze graugrüne Oase in die Augen, mit den gleichen Stahlpfosten, die uns über den Erg geführt hatten und uns nun auf eine gut sichtbare Piste lotsten. Wie eine Zugbrücke führte die Piste in den Bauch des Orts. Wir kamen an einem rostigen Turm vorbei, der vielleicht einmal ein Leuchtturm gewesen war, nun aber von Graffiti bedeckt war. Dann schlossen Lehmziegelwälle und Salzplatten sich um uns. Der Erg war nicht mehr hinter uns zu sehen. Der eisige Nordwind war ausgesperrt. Die Straßen waren breit und ruhig und von Nim-Bäumen gesäumt. Wir hatten die große Ténéré überquert. Wir hatten es nach Bilma geschafft. Die Gendarmerie hob sich wie eine Zitadelle vor dem Lehmziegelmuster ab. Vor den kaputten Toren war ein Auto geparkt, und drei Abendländer in Badehosen wurden von der Polizei durchsucht.

Mu'min

Die Weißen waren Italiener, die am vorhergehenden Tag aus Djanet in Algerien eingetroffen waren und die Wüste auf einer verbotenen Piste durchquert hatten. Einer von ihnen war ein Chirurg aus Genua, ein Mann, der wohl in jedem anderen Bekleidungsstück als einer Badehose würdevoll ausgesehen hätte. Er war schlank und blondmeliert und hatte eine gleichmäßige Swimmingpoolbräune. Die anderen beiden waren Ingenieure, beide dunkelhaarig und bärtig und mit Pasta-Bäuchen, die über ihre Badehosen quollen. Der Chirurg ging auf und ab wie ein werdender Vater, rauchte eine Zigarette nach der anderen und kochte vor sich hin. Die anderen entluden unter der Aufsicht eines Gendarmen Berge von Pappschachteln. auf den Schachteln stand »Mayonnaise«, »Dosenlachs«, »Dosenananas«, »Schokolade« und andere Dinge, an die ich lieber nicht gedacht hätte.

Die Italiener grinsten über unsere ramponierten Jacken und Turbane. Einer der Ingenieure lachte laut heraus. Der alte Udungu warf einen Blick auf sie und zog dann auf der Stelle seinen Schleier bis zur Nase hoch. Der Chef der Gendarmen kam heraus, um uns zu begrüßen, und sagte, er hätte uns zwei Tage früher erwartet.

Bevor wir gingen, beklagte sich der Chirurg, daß die Polizei sie einen ganzen Tag festgehalten hätte. »Diese Afrikaner verstehen einfach nicht, was Zeit für einen Europäer bedeutet«, sagte er. Als ich ihm erzählte, daß wir sechs Tage lang in Tillia festgesessen waren, sah er todunglücklich aus. Sechs Tage hatten sie gerade für die Anreise von Genua bis hierher gebraucht, sagte er uns. Es blieben ihnen nur noch zehn Tage, um die Ténéré zu durchqueren und via Algerien zurück nach Italien zu fahren. Udungu bat mich, ihn zu fragen, ob sie einen Führer nach Agadez wollten. »Wir brauchen keinen Führer«, sagte der Chirurg. »Wir werden die Ténéré ohne Führer durchqueren, Sie werden sehen.«

Wir schlugen unser Lager in einem Dornengestrüpp vor dem Ort auf. Langsam wurde es warm, und die Kamele reckten sich und schüttelten ihre Höcker, trotteten umher und knabberten an den Dornbäumen. Ein junger Tubu namens Abba Kelle kam herbei und bot sich als Führer bis N'Guigmi an.

Er war sehr propper und ernst und sprach fließend Französisch, doch ich spürte etwas Unaufrichtiges hinter seinem affektierten Lächeln. »Ich habe schon viele Touristen nach N'Guigmi geführt«, sagte er. »Ich mag die Touristen, die Männer *und* die Frauen.« Er lächelte Marinetta charmant an. »Die Strecke nach N'Guigmi ist unproblematisch. Ich kann Ihnen nicht sagen, wie viele Sanddünen es dort gibt.«

»Es interessiert mich nicht, wie viele Sanddünen es dort gibt«, sagte ich, irritiert durch sein allwissendes Gehabe. »Haben Sie Touristen mit dem Auto oder mit dem Kamel geführt?«

»Meistens mit dem Auto«, gab er zu, »aber das ist kein Problem. Kamele oder Autos, das ist doch alles das gleiche.«

In dieser Nacht träumte ich von Abba Kelle. Ich träumte, wir säßen unter einem strahlenden Vollmond an einem Lagerfeuer. Unter unseren Blicken lösten sich die Gesichtszüge des jungen Mannes auf und zerfielen. Allmählich verwandelte er sich in einen Wolf. »Das ist kein Problem«, sagte der Wolf zu uns. »Ich mag Touristen.«

»Tut mir leid«, sagte ich, »aber wir können wirklich niemanden nehmen, der sich in einen Wolf verwandelt!«

Am nächsten Morgen saß ein Mann namens Mu'min vor der Gendarmerie und wartete auf uns. Der Chef sagte, er sei als Führer vom *sarki*, vom Stadtvorsteher, empfohlen worden. Mu'min war ein Beriberi, ein Angehöriger des seßhaften Volks der Oasenbewohner. Er war ein schlaksiger, schweigsamer Einzelgänger, der nicht gerne sprach. Sein Gesicht war so zerfurcht und wettergegerbt wie ein Salzziegel und schwarz wie Mahagoni. Er trug einen gewickelten weißen Turban und einen langen, dunklen Mantel, und seine Augen waren hinter dunklen Brillengläsern verborgen. Er sprach nur bruchstückhaft, zwischen den Zügen an seinen dicken Gauloises, Husten und Spucken. Auch der junge Abba Kelle war da, er saß in einiger Entfernung und sah dieses Mal ziemlich normal aus. Ich fragte den Polizeichef, welcher der zwei Führer besser sei, und er sagte mir: »Mu'min ist seriöser als der andere.« Ich hätte am liebsten keinen von beiden genommen, aber es war verboten, ohne Führer zu reisen. Am Ende entschied ich mich für Mu'min.

Während der neue Führer seine Habseligkeiten zusammensammelte, setzte ich mich mit Udungu nieder. Er war auf dem Markt gewesen und zeigte mir eine Tasche voller Bilma-Datteln, die er für seine Kinder gekauft hatte. »Sie wollten mich nicht gehen lassen«, sagte er. »Sie weinten, als ich ging. Sie sagten: ›Es ist zu kalt, Vater!‹ Sie hatten recht. Es ist zu kalt für einen alten Mann wie mich. Ich werde nicht mehr mit dem Kamel nach Bilma reisen – jedenfalls nicht in diesem Jahr.« Ich zahlte ihm seinen Lohn und eine kleine Belohnung, und seine alten Augen strahlten über dem Tagelmoust. Die walnußfarbige Haut legte sich wie eine ausgetrocknete Girba in tausend Fältchen.

»Es ist, als ob man seinen Großvater verlassen würde«, sagte Marinetta.

Am Nachmittag kam Mu'min mit einer Matratze, vier dicken Decken, zwei Segeltuchbahnen als Windschutz, einem Radio, einer Taschenlampe, einem Tuareg-Schwert und einem riesigen Sack voll Datteln an. Ich sagte ihm, die Datteln seien zu schwer für die Kamele, aber er protestierte, sie würden uns noch sehr von Nutzen sein. »Wir werden sie den Tubu geben, die wir unterwegs treffen«, sagte er. »Sie werden uns das Durchkommen erleichtern.« Ich brachte ihn dazu, den Sack auf die Hälfte zu reduzieren. In den zwölf Tagen, die wir bis N'Guigmi brauchten, gab er keiner Menschenseele eine dieser Datteln.

Während wir die Kamele beluden, fuhr ein Auto vorbei. Die Italiener aus Genua fuhren weiter, aber sie durchquerten nicht die Ténéré. Später hörten wir, daß man sie nach Djanet zurückgeschickt hatte. Vielleicht fuhren sie deswegen mit starrem Blick nach vorne an uns vorbei. Sie winkten nicht einmal zum Abschied.

Vor unserem Aufbruch aus der Oase mußten wir uns noch beim Polizeichef melden, der unsere Vereinbarung mit dem Führer kontrollierte und unsere offizielle Aufbruchszeit notieren wollte. In dem engen Büro standen Mu'min und ich vor seinem Schreibtisch, während er den Vertrag laut vorlas. Plötzlich machte Mu'min ein böses Gesicht und sagte: »Und was ist mit meinem Rückfahrgeld?«

»Ich zahle kein Rückfahrgeld«, antwortete ich ihm.

Sein verkniffenes Gesicht voll abgebrochener Zähne verzog sich, während er mich anstarrte. »Das ist nicht in Ordnung! Ein Führer sollte immer das Rückfahrgeld bekommen!«

»Du hättest es früher erwähnen sollen«, sagte ich.

»Ja«, stimmte der Polizeichef zu. »Du hättest beim Abschluß des Vertrags darüber sprechen sollen.«

»Wenn du deine Meinung geändert hast, will ich mein Geld zurückhaben«, sagte ich zu Mu'min.

Er tastete in seine Tasche und zog ein Bündel Francs hervor, das ich ihm als Vorschuß bezahlt hatte. Als ich die Hand danach ausstreckte, nahm sein Gesicht einen nachdenklichen Ausdruck an. Er sah auf die Scheine und stopfte sie dann wieder in seine Tasche zurück. »Gehen wir!« sagte er.

Wir lagerten eine Stunde außerhalb von Bilma, am Rand der Oase. Mu'min sagte mir, wir müßten die Kamele beim Grasen genau im Auge behalten. Wenn sie auf kultiviertes Land kämen, müßten wir eine Strafe von fünftausend Francs entrichten.

Bei Einbruch der Dunkelheit errichtete er mit seinen Segeltuchplanen einen ordentlichen kleinen Unterstand und zog sich, eingemümmelt und eingewickelt wie eine Ameisenkönigin, darin zurück. Nach dem Abendessen erzählte er mir, das wäre das neunzehnte Mal, daß er mit dem Kamel nach N'Guigmi reisen würde. Früher hatte er als Karawanentreiber gearbeitet und Salz und Datteln bis ins Yorubaland in Nigeria transportiert, eine Reise von dreißig Tagen. »Vor zehn Jahren nahm dieser Handel ein Ende«, sagte er. »Heute wird alles mit Lastwagen transportiert.« Er mochte die Yoruba ohnehin nicht besonders, so wenig wie die Tuareg. Er sprach Tubu, aber er haßte die Tubu. Und er hatte in Libyen gearbeitet und Arabisch gelernt, aber auch den Arabern gegenüber empfand er keine Sympathie. Es war offensichtlich, daß die Liste ohne unsere Anwesenheit noch länger gewesen wäre und auch Abendländer eingeschlossen hätte. Mu'min mochte überhaupt niemanden außer den Beriberi. Sie bildeten eine Minderheit in der Wüste, kultivierten Palmen und schürften Salz. Sie waren weder Sklaven noch Haratin, so erzählte er; einst waren sie ein berühmter Kriegerstamm gewesen. Sie hießen eigentlich Kanuri und waren eng mit den Kanembu am Tschadsee verwandt, die früher über die ganze Region geherrscht haben. In N'Guigmi gab es viele Beriberi, so sagte Mu'min. Wenigstens N'Guigmi schien Mu'min zu mögen.

Später kehrte er wieder in seinen Unterstand zurück und drehte das Radio an. Es war das erste Mal, daß wir in der Sahara Radio hörten. Die Stimme eines weitentfernten Fremden, die unsichtbar in unser Lager drang, erschien mir wie eine aufdringliche Störung. Kurz danach sagte Mu'min: »Im Tschad gibt es heftige Kämpfe. Habrés Männer vertreiben die Libyer aus dem Tibesti. Oh, in dem Tibesti ist jetzt der Teufel los!« Eine Weile lang zerbrachen wir uns über die Neuigkeit den Kopf, ohne zu wissen, ob sie gut oder schlecht für uns war. Die Machenschaften der großen weiten Welt außerhalb unseres kleinen Lagers schienen plötzlich furchteinflößend und unverständlich. Dann wandten sich unsere Gedanken der nächsten Tagesstrecke und der nächsten Wasserquelle zu. Erst als ich zum Tagebuchschreiben kam, wurde mir bewußt, daß Silvester war.

Seit acht Monaten waren wir nun in der Sahara. Zwei Drittel des Jahres waren wir verheiratet. Es kam mir vor, als hätten wir Chinguetti erst gestern mit Mafoudh verlassen. Es kam mir wie ein Jahrhundert vor. Die Wüste verzerrte die Zeit. Die Zeit war der Wechsel von Tag und Nacht, von Sonnenaufgang und Sonnenuntergang, der Lauf der Gestirne, das stumme Theater der Sterne. Zeit war Geburt, Kindheit, Durst und Hunger, Kampf, Krieg, Alter, Tod. Überleben. Immer weiter zu neuen Horizonten, während der Mensch überlebte, in ständigem Wandel, immer gleich.

Am nächsten Morgen überquerten wir den ersten Dünenkamm des Grand Erg von Bilma. Die Dünen waren zwanzig Meter hohe, in regelmäßigen Abständen aufeinanderfolgende Sandberge, zwischen denen sich sandige Falten erstreckten. Als wir uns auf der dem Wind zugewandten Seite den Hang hochmühten, holte Marinetta ihre Kamera heraus und rannte knipsend herum. Mu'min und ich lotsten die Karawane vorsichtig auf der Windschattenseite wieder hinab. Marinetta war nirgends zu sehen. Wir hielten die Kamele an und warteten. Fünf Minuten vergingen. Ich brannte darauf, weiterzuziehen, und die Kamele zappelten unter ihren schweren Lasten. Nach weiteren fünf Minuten erschien Marinetta auf dem Dünenkamm. Sie hatte ihre dicke Jacke und ihr Kopftuch ausgezogen und um die Taille geschlungen. Ich sah ihr zu, wie sie den steilen Hang hinabschlitterte und dort, wo sie aufgetreten war, eine Laufmaschenspur aus Muschelschalen hinterließ. Ihre pantherartigen Muskeln kontrahierten und lockerten sich beim Laufen unter dem engen T-Shirt, ihre dunklen Haare flatterten in einer üppigen Mähne hinter ihr. Ihre Augen glänzten vor Aufregung und Lebendigkeit. Sie sah außerordentlich attraktiv aus, aber eben das gefiel mir nicht. Es schien mir völlig fehl am Platze in dieser unwirtlichen Welt. »Marinetta«, sagte ich, »wir können nicht jedesmal halten und warten, bis du deine Fotos gemacht hast. Das nächste Mal werden wir nicht stehenbleiben.«

»Du gibst mir nie Gelegenheit zum Fotografieren«, keuchte sie. »Du denkst überhaupt nie an Fotos. Das einzige, was dich interessiert, ist vorwärts zu kommen!«

»Und zieh dich ordentlich an!«

»Jesus, kannst du dir nicht vorstellen, was es für eine Schinderei ist, in diesem tiefen Sand herumzulaufen?«

»Vielleicht hättest du im Bikini hierher kommen sollen. Du bist keinen Deut besser als diese Italiener aus Genua in ihren Badehosen.«

»Du bist nur ein Ausbund an britischer Prüderie. Kein Sex, bitte, wir sind doch Engländer, ha, ha!«

»Zumindest fuchteln wir nicht so mit den Händen herum wie ihr Italiener. Schau dich doch an, wenn du dich aufregst, sieht man dich noch einen Kilometer entfernt herumgestikulieren.«

»Ich kannte einmal eine Türkin, die mit einem Engländer verheiratet war. Sie sagte zu mir: ›Heirate nie einen Engländer!‹«

»Schade, daß du ihren Rat nicht befolgt hast«, sagte ich. »Ich weiß wirklich nicht, warum zum Teufel wir verheiratet sind.«

Das war natürlich eine Lüge. Ich wußte, warum wir geheiratet hatten. Ich war in sie verliebt gewesen. Ihre strenge sardische Erziehung hatte sie nicht gerade zum häufigen Partnerwechsel prädestiniert. Sie war nicht der Typ von Frau, mit dem man einfach nur zusammenleben konnte. Und meine Jahre unter den Nomaden hatten mich so chauvinistisch wie sie gemacht. Es war nur richtig, daß ein Mann heiratete, wenn er die richtige Frau gefunden hatte. Ich hatte geglaubt, sie sei die Richtige für mich. Ich war entschlossen gewesen, sie zu heiraten.

Meine Entschlossenheit hatte mich im vergangenen Januar in ein Flugzeug nach Rom geführt. Ich landete nachts in Cimpiano; die Stadt pulsierte wie elektrisiert in der Winterwärme. Ich stieg in einer Pension in der Via Nazionale ab. Die Türen waren dreißig Zentimeter dick, als ob sie einer Belagerung hätten standhalten sollen. Am nächsten Tag traf ich dort im Foyer Marinetta, sie sah angespannt und gequält aus. »Du bist verrückt!« rief sie und stieß mich beiseite, als ich Anstalten machte, sie zu küssen. Sie hatte Angst, der Hotelmanager könnte etwas bemerken.

Warmer Regen fiel in der Via Nazionale. Es war Heiligdreikönig, und die meisten Geschäfte waren geschlossen. Die Stadt wirkte verlassen, und wir wanderten fast den ganzen Tag über mit hochgeschlagenem Mantelkragen zwischen Straßen und gepflasterten Plätzen umher. Marinetta erzählte mir von ihren schlimmen Träumen über die Sahara-Tour und von den Ängsten ihrer Eltern um sie. Wir saßen zwischen eleganten Gemälden und antiken Spiegeln im Café Greco, während der Regen die Fenster verschwimmen ließ. Ich fragte Marinetta, ob sie mich heiraten wolle. Ich war auf ein »Nein« gefaßt, aber was mich umwarf, war ihr: »Ich weiß nicht.« Zwei Tage lang bummelten wir durch die vernieselten Straßen, fuhren Bus, standen in Bars herum. Sie sagte mir, sie sei nicht sicher, ob sie mich liebe. Sie konnte sich nicht vorstellen, jemals eine Ehefrau zu sein. Heiraten erschien ihr wie ein Verrat an ihren Eltern. In neunundzwanzig Jahren hatte sie noch niemals einen Freund mit nach Hause gebracht. Doch am Ende siegte meine Hartnäckigkeit. Sie sah mich düster an und sagte: »Du kommst besser mit nach Hause und erzählst es meinem Vater. Gott allein weiß, was er dazu sagen wird!«

Beim Erklettern der nächsten Dünenwand nahm die Auseinandersetzung von selbst ein Ende. Wir manövrierten die Kamele zentimeterweise wieder hinab, während ihre Beine im abrutschenden Sand zitterten. Plötzlich war ein *Waaah! Waaah! WAAAH!* zu hören, und als wir uns umwandten, sahen wir, wie Abu Nakkas, das weiße Kamel, sich im Sand abstrampelte und versuchte, sich unter den schweren Kanistern, die nach vorne auf seinen Hals gerutscht waren, herauszuwinden. Die anderen Kamele blieben stehen und sahen dem Schauspiel unruhig aufstampfend zu. Mu'min und ich rannten zu dem um sich schlagenden Tier, weil wir dachten, das Kopfseil könnte jeden Moment reißen. Das weiße Kamel spuckte giftig wie eine Kobra nach uns. Wir mußten den Sattel abnehmen und die Ladung den Hang hinuntertragen, bis wir wieder festeren Boden unter den Füßen hatten. Dann befestigten wir den Sattel mit einem Seil am Schwanz, damit er nicht noch einmal nach vorne rutschen konnte. Abu Nakkas haßte das Schwanzseil. Er wandte den Kopf und schnappte bösartig nach mir, als ich das Seil um seinen Schwanz schlang, versuchte sich aufzurichten und mir mit den Hinterläufen einen Tritt zu versetzen. Er war der aggressivste Wallach, der mir je untergekommen war. »Dieses Kamel«, verkündete Mu'min feierlich, »ist verrückt.«

Bei der nächsten Steigung rutschte der Sattel nach hinten. Die großen Kanister fielen in den Sand, und die Deckel gingen auf. Wasser spritzte über die Düne. *Yaaah! Yaaah! Yaaah!* quietschte das Kamel. Marinetta und ich brachen in schallendes Gelächter aus. Mu'min setzte ein finsteres Gesicht auf und schlug mit der offenen Hand auf das Kamel ein. *Waaah! Waaaah!* antwortete ihm das Kamel. Er schimpfte in unverständlichem Beriberi vor sich hin, während wir den Sattel aufhoben.

Auf der nächsten Dünenkette fielen die Heuballen nach vorne und nagelten Abu Sanams Kopf auf den Boden. Er heulte jämmerlich auf, und Marinetta und ich mußten wieder lachen. Mu'min brüllte auf das Kamel ein, als ob es das absichtlich gemacht hätte, um ihn zu ärgern. Wir brachten die Ladung wieder in Ordnung, aber das kratzige Heu störte das Kamel den ganzen Vormittag über und ließ Blutstropfen auf seinen Schultern austreten. Beim Aufstieg rutschte das Heu nach hinten und beim Abstieg wieder nach vorne. Schließlich fand Mu'min eine Methode, wie man es über die Schultern des Kamels hieven konnte. Ich sprach ihm meine Anerkennung für die Technik aus, und ein Schimmer der Befriedigung trat auf sein Gesicht, während er sagte: »Wir kennen uns eben mit Kamelen aus!« Zehn Minuten später zerriß der Sattelgurt, und die gesamte Heuladung wurde auf den Boden befördert. Denselben Weg nahmen Brennholz, trockene Wasserhäute, Zeltstangen und die Machete. Mu'min sah aus, als würde er im nächsten Moment in Tränen ausbrechen.

Marinetta schlug vor, wir sollten etwas essen, bevor wir uns wieder ans Aufladen machten. Wir setzten uns im Sand nieder, als sie den Topf kalter Makkaroni mit Sardinen brachte. Mu'min inspizierte jeden Löffel mit höchster Sorgfalt, entfernte das Stroh daraus und schnipste es mit grenzenlosem Abscheu in den Sand. »Du hättest das Stroh vor dem Kochen entfernen sollen«, erklärte er. Wir konnten nur mit Mühe einen erneuten Lachanfall unterdrücken.

Nach den Makkaroni aßen wir ein paar Datteln. Es waren die Datteln, die wir aus Agadez mitgebracht hatten.

Wir luden das Heu wieder auf und setzten unseren Marsch fort. Weitere Dünenkämme folgten, und überall ragten purpurfarbene Felszinnen empor. Der tiefe, gekräuselte Sand war vom Talgrund weggefegt worden und hatte ein Netzwerk von mosaikförmigen Mustern freigelegt. Der Sand ließ uns vor Anstrengung keuchen, und die Nachmittagssonne trieb uns Schweißtropfen auf die Stirn. Oft waren die im Windschatten liegenden Hänge so steil, daß wir nicht hinabsteigen konnten, und wir waren gezwungen, so lange auf schmalen Graten entlangzuziehen, bis wir eine Abstiegsmöglichkeit fanden. An Reiten war nicht zu denken. Düne folgte auf Düne, und eine Sandbarriere ging in die andere über. Manchmal waren wir in Sandlabyrinthen verloren, die furchterregender waren als alles, was ich kannte. Im Grand Erg gab es keine tröstlichen Wegmarkierungen, und ich betete, daß Mu'min den Weg kannte.

Bei Sonnenuntergang machten wir, erschöpft und ausgelaugt, halt und warfen unser Gepäck in den Sand. Die Dünen waren so steril wie Eis, und ein kalter Wind rauschte über sie hinweg wie ein Drachen. Wir ließen die Kamele im Kreis lagern, mit einwärts gewandten Köpfen und fütterten sie mit Spreu. Mu'min errichtete seinen Unterstand gegen die Kälte, und ich stellte unser offenes Zelt auf. Als wir uns zum Essen niedersetzten, entdeckte er wieder Stroh in den Makkaroni. Er holte seine Taschenlampe hervor und stellte sie im Sand auf, damit er jeden Mundvoll überprüfen konnte, bevor er ihn hineinschob. Um ihn abzulenken, sagte ich: »Am ersten Tag gibt es *immer* Probleme.«

Der Beriberi sah mich mißmutig an. Er saugte an seinen Zähnen und renkte seine gewaltigen Boxerkiefer ein. Seine gelb gesprenkelten Augen blickten mich mißtrauisch an. Er gab mir keine Antwort. Er starrte weiterhin unbewegt aus der uralten Seele der Sahara heraus und fragte wortlos: »Wer bist du? Warum bist du hierhergekommen?« Mir wurde bewußt, daß er noch nicht einmal nach unseren Namen gefragt hatte.

Am Morgen traf uns die Kälte schneidend wie eine Messerklinge. Wir blickten auf eine Sandlandschaft, die wie Polareis war. Die Kamele standen nur widerstrebend auf. Mit blaugefrorenen Fingern stocherten wir an ihren Fesseln herum und traten zurück, als sie sich zitternd auf die Füße hievten. Sie ließen einen Schauer von Urin und Dungkugeln auf uns herabregnen. Vor dem Aufladen zog Mu'min mit der Miene eines Chirurgen vor einer Operation ein Paar Handschuhe an. Die Handschuhe waren aus hellbrauner Wolle und waren mit einem Muster aus pinkfarbenen Elefanten bestickt. Sie paßten zu dem wollenen Bommelhut, den er unter seinem Kopftuch trug.

Jeden Tag wurden die Dünen noch höher. Sie erhoben sich über die elfenbeinfarbigen Sandmassen der Ebene. Oft dachte ich, die Kamele würden die abschüssigen Hänge niemals schaffen, aber sie schafften es immer, wenn auch mit zitternden Beinen und schwankenden Lasten. Und immer wieder mußten wir haltmachen. Das gehäckselte Stroh mußte weiter hinauf befördert werden; die Kanister mußten wieder austariert werden, indem man eisiges Wasser vom einen in den anderen füllte; das Brennholz ging auf, und Zweige fielen in den Sand. Lasten kippten nach vorne oder nach hinten; Kopfseile rissen; Nasenringe wurden ausgerissen, wenn in dem abrutschenden Sand mit Wucht Kamel gegen Kamel stieß. Wir trotteten über Schnörksel aus schimmerndem Silizium, durch Bögen aus orangefarbenem Chiffon und blaß cremigen Draperien. Der Grand Erg war zu unermeßlich, um ihn mit dem Geist fassen zu können, zu gesichtslos, um ihn in der Erinnerung festhalten zu können. Ohne die detaillierten Eintragungen in meinem Tagebuch wären diese Tage zu einem einzigen verschwommen und so gestaltlos wie der Erg selbst geworden. In meinen Träumen spielte die Handlung sich in weiten Hallen mit kargen Steinböden und Fenstern mit rauschenden Vorhängen ab. Es war, als würde mein Geist sich verzweifelt bemühen, die schreckensvollen Dimensionen des Sandmeeres zu erfassen und zu begrenzen.

Mu'mins Laune besserte sich nie. Er blieb schweigsam und einsilbig, fragte wenig und erzählte gar nichts. Sein Arabisch war schlecht. Anfänglich war er sehr schnell vorausgeeilt, als ob er vor etwas fliehen wollte. Doch bald schon war sein Schritt langsamer geworden. Er wurde müde, und sein linkes Knie schwoll durch den ständigen Kampf gegen den Sand an. Nach einer Stunde Marschierens am Morgen begann er zu humpeln, eine spindeldürre, surrealistische Gestalt in seinem flatternden Vampirumhang und seinem Bommelhut. Wenn ihm auch das Humpeln zu anstrengend wurde, versuchte er es mit Hüpfen. Dann ließ er mit einem bösartigen Gesichtsausdruck sein Kamel niederliegen und schnarrte Marinetta drohend an: »Madame, warum reiten Sie nicht?«

»Noch nicht«, antwortete sie daraufhin. Mu'min schwang seine schlaksigen Beine in den Sattel und trieb sein Kamel zu schrecklicher Eile an. Es war eine Demütigung für ihn, daß er vor uns aufstieg und besonders vor einer Frau, die ihm gerade bis an die Brust reichte. In der Hoffnung, wir könnten zu Fuß das Tempo nicht mithalten und würden gezwungenermaßen auch reiten, wenn er ritt, hetzte er die Kamele voran. Wir waren entschlossen, uns dieser Erpressung nicht zu beugen, und in jedem Fall waren wir inzwischen bestens durchtrainiert. Wir waren Hunderte von Kilometern marschiert. Wir weigerten uns, vor Ablauf von drei Stunden aufzusteigen, erst dann ließen wir unsere Kamele niederknien. Mu'min wartete nie, bis wir aufgestiegen waren. Er raste wie ein Verrückter über den Erg, so daß wir die Kamele im Trott laufen lassen mußten, um ihn einzuholen, und sie unnötig ermüdeten. Wenn es im Grand Erg Dschinns gab, dann hatten sie ganz bestimmt von Mu'min Besitz ergriffen.

Niemals sang oder summte er vor sich hin, wie unsere anderen Führer es getan hatten. Er erzählte nie Geschichten. Statt dessen rauchte er seine Gauloises, eine nach der anderen, hustete und spuckte sich einen ab, während er auf sein Kamel einpeitschte. In seiner Tasche war ein Loch, durch das das blaue Päckchen oft zu Boden glitt. Dann blieb mir nichts anderes übrig, als abzusteigen und es für ihn aufzuheben. Er dankte mir nie, und immer steckte er es in dieselbe Tasche zurück. Einmal tat ich so, als hätte ich das verlorene Päckchen nicht gesehen, und er war sehr wütend, als er seinen Verlust bemerkte. Danach ließ er nie wieder eines fallen.

Nach einigen Tagen schwoll Marinettas Knöchel an. Sie weigerte sich noch immer, vor der vereinbarten Zeit zu reiten. Eines Morgens trieb Mu'min die Kamele so sehr an, daß sie beinahe rennen mußte, um mitzuhalten. Als sie immer weiter zurückfiel, sah ich die Verzweiflung, die auf ihrem Gesicht geschrieben stand, und den Schmerz dahinter. Ich kannte sie inzwischen gut genug, um zu wissen, daß sie nicht nachgeben würde, bevor sie getragen werden mußte. Ich verlor die Beherrschung. »Um Himmels willen, zügle die Kamele!« schrie ich Mu'min an. »Laß sie in ihrem eigenen

Tempo gehen. Du bringst sie ja um!« Er warf mir einen mörderischen Blick zu, aber er mäßigte das Tempo.

Als Marinetta uns eingeholt hatte, kochte sie vor Wut. »Scheißtyp!« sagte sie auf italienisch zu dem Führer. Mu'min konnte so wenig Italienisch wie wir Beriberi. Aber es sah so aus, als hätte er die Botschaft verstanden.

Am 4. Januar erblickten wir die Oase Dibella zu unseren Füßen. Sie war verlassen und öde und lag in einer tiefen Sandmulde. Elfenbeindünen und die dunklen Pechnasen felsiger Klippen überragten sie im Norden. Die Bäume waren verschwommene Schattengebilde, zweistämmige Dumpalmen und der fedrige Kopfputz der Dattelpalmen waren ineinander verwoben. Dornige Talha-Büsche standen in staubigen Grüppchen zwischen Felsenauswüchsen. Mühsam bahnten wir uns den Weg in das Becken hinunter. Es war ein Ort, der der Wildnis gehörte, ein unheimlicher, spartanischer, sterbender Ort. Das Wasser in einem klaren Teich unter den Dattelpalmen war brackig. Marinetta litt bereits nach wenigen Minuten an Bauchschmerzen. Ich entdeckte ein winziges Kamel, das neben dem Teich verweste, und hoffte, es sei nicht an dem Wasser gestorben.

Während wir von den Akazien Holz abhackten, um Brennholz zu gewinnen, zeigte Mu'min auf die Überreste der Palmenhütten der Tubu. »Früher gab es viele Tubu hier«, sagte er. »Sie mußten wegziehen, als es kein Weideland mehr gab. Ein paar Dattelpalmen stehen noch, aber sie taugen nicht mehr viel.«

Wir hievten die vollen Kanister hoch und kletterten aus der Oase nach oben. Der Aufstieg war strapaziös. Unter der hochstehenden Sonne konnten wir die Steilabfälle und Kanten der Dünen nicht erkennen und liefen ständig Gefahr, mit den Kamelen hinunterzuschlittern. Am oberen Ende des Tals erreichten wir eine karminrote Dünung. Hin und wieder brach ein Felsenriff daraus hervor, pechschwarz vor dem blendenden Sand. Wir bestiegen die Kamele. Die Unermeßlichkeit der Landschaft ließ uns in eine vertraute, träumerische Stimmung fallen. Es war eine sinnliche Sehnsucht, ein wohliger Zustand zwischen Wachen und Schlafen, während die Kamele ohne Ende dahinglitten und uns wie Babys hin und her wiegten. Meine Gedanken kehrten wie schon so oft zurück zu jenen verrückten Tagen in Rom vor fast genau einem Jahr.

Marinetta hatte mich zu ihren Eltern nach Hause mitgenommen.

Sie lebten in einer komfortablen Wohnung in der Viale dei Campioni, mit Automatiktüren und polierten Marmortreppen. Ich fürchtete mich mehr vor dem Zusammentreffen mit ihrem Vater als vor der Durchquerung der Sahara. Die Tatsache, daß er von den Alliierten bei Tobruk gefangengenommen worden war und mehr als fünf Jahre in einem britischen Gefangenenlager verbracht hatte, verstärkte meine Furcht noch. General Peru war ein kleiner Mann mit einer um so beeindruckenderen Persönlichkeit. Er hatte sehr helle Augen. Er trug Tweed und eine Weste wie ein englischer Landjunker. Signora Peru war sehr schlank und ziemlich schön. Sie war tadellos gekleidet, und ihr Englisch war so makellos wie ihr Kleid.

Die Wohnung war wie vorhersehbar im Plüschstil möbliert. Indische Bilder und afrikanische Skulpturen schmückten Wände und Regale. Marinettas Bruder, ein kleiner, dunkelhaariger Arzt, begann mich schon mit Fragen zu überschütten, bevor ich überhaupt richtig saß. Als sein Artilleriefeuer verhallt war, fuhren der General und seine Frau die Infanteriegeschütze auf. Sie fragten mich nach meiner Ausbildung, nach Religion und Politik. Ich versuchte, die angebotene Schokolade zu trinken, aber meine Hände zitterten zu sehr. Nach einiger Zeit sagte ich in eine Kampfpause hinein: »Einer der Gründe für meine Anwesenheit hier ist, daß Marinetta und ich... nun ja, wir haben daran gedacht zu heiraten, und ich fragte mich, ob Sie irgendwelche Einwände dagegen haben könnten.« Einen Augenblick herrschte Stille. Hatte ich mich falsch ausgedrückt? Ich überlegte. Aber die Augen des Generals zwinkerten, als ob er sich an sich selbst in einer ähnlichen Situation erinnern würde. Danach, so dachte ich, mußte die Sahara ein Kinderspiel sein.

»Nein«, sagte der General. »Überhaupt keine.« Langsam stieß ich den angehaltenen Atem aus. Nichts konnte jemals wieder so hart sein, dachte ich.

Die Kamele trotteten über den nicht enden wollenden Erg dahin. Es herrschte völlige Stille. Im Geist pendelte ich in den schreckenerregenden Dimensionen der Sahara vor und zurück. Es kam mir vor, als seien wir schon immer hier. Ich konnte mir kein Ende dieser Reise vorstellen. Ich konnte mir nichts anderes mehr vorstellen als ein Leben in ständiger Bewegung, immer auf der Suche nach dem nächsten Weideland, der nächsten Wasserstelle. Ich rief mir meine Verantwortung für diese Frau ins Gedächtnis. Sie bildete nun meine eigene kleine Familie. Die Hunderte von Kilometern, die ich mit ihr gereist war, hatten mich weit mehr zum Nomaden werden lassen als die Zeit, die ich mit Nomaden verlebt hatte. Die Nomaden waren Familienmenschen, keine einsamen Wanderer und Entdeckungsreisenden. Die Sahara war nicht nur ein »Land der Männer«, sondern auch ein Land der Frauen. Ich erinnerte mich daran, wie Marinetta mir ihr Zimmer gezeigt hatte. In diesem Zimmer war sie vom Kind zur Frau gereift, dieses Zimmer war in ihren Träumen erschienen, wenn sie Heimweh hatte. Ihr Bett stand darin und ein Schreibtisch und ein Bücherregal mit Bildbänden. Die Regale waren voller Plüschtiere – eine Schildkröte, ein Kamel, ein Affe, verschiedene Teddybären. Wir setzten uns auf den Bettrand, und sie gab mir ein Küßchen auf den Hals und sagte: »Du bist der erste Mann, den ich je in dieses Zimmer mitgebracht hatte.« Ich fühlte mich, als wären wir bereits verheiratet.

Wir ritten bis Sonnenuntergang. Eine kalte Brise verjagte den letzten Hitzehauch. Die Sonne versank in einem Netz durchscheinender Wolken, die aussahen wie Schrammen auf dem Bauch des Himmels. Einen Augenblick lang sah es so aus, als ob sie zitternd auf dem Dünenkamm balancieren würde. Plötzlich mußte ich an die Winzigkeit des Planeten denken, auf dem wir dahinzogen. Wir waren mit einer Nabelschnur damit verbunden. Er war nicht von uns getrennt. Wir waren ebensosehr Geschöpfe der Erde wie die Felsen und der Sand, das Gras und die Bäume, die Insekten und die Vögel, die Wolken und der Regen. Unser Ursprung reichte in unergründliche Zeitalter zurück, durch die Gabelungen und Verzweigungen des Lebensbaumes bis in die Pfahlwurzel der Mutter Erde. Unsere Art würde sich immer weiter in die Zukunft verbreiten, durch weitere Billionen von Verästelungen in die Ewigkeit hineinreichen und noch ferne, zukünftige Zeiten kolonisieren. Aber die Erde war die Mutter von allem. Solche Gedanken überkamen mich oft, zusammen mit einem tiefen Gefühl der Einheit mit allen Dingen um mich herum. Es war ein primitives, sogar heidnisches Gefühl. Oder vielleicht lernte ich auch nur das wieder, was als tiefes Wissen immer schon in mir und allen Menschen schlummert. Ich kann nur sagen, daß ich einer echten religiösen Erfahrung nie näherkam als in diesem intensiven Gefühl der Einheit mit der Natur.

Die Sonne verschwand, und die Wolkenstreifen brannten in einem purpurfarbenen Feuer. Dann war der Tag zu Ende.

Am Morgen überquerten wir den Modjigo-Erg, als ein Sandsturm einsetzte. Grauer Staub wirbelte am südlichen Horizont auf. »Wind ist etwas sehr Schlimmes hier«, murrte Mu'min. Ich konnte mir vorstellen, warum. Wir steuerten die Oase Agadem an, deren Lage an einem langen Bergrücken erkennbar war. In einem Sandsturm konnte man den Felsen nicht sehen, und es bestand die Gefahr, daß wir direkt an ihm vorbeimarschierten. Als wir mittags haltmachten, war der Topf, kaum daß wir ihn geöffnet hatten, voller Sand. Mu'min stöhnte und hob seinen Umhang, um das Essen zu schützen. Aber nach dem Essen konnte ich den ganzen Tag über spüren, wie die Sandkörner mir im Magen lagen.

Beim Weiterreiten überfiel mich ein schwerer Migräneanfall. Vermutlich war er darauf zurückzuführen, daß ich jeden Morgen so lange in die Sonne starrte. Glitzernde Schneeflocken schimmerten vor meinen Augen, und wenn ich sie schloß, stachen Lichtnadeln durch meinen Kopf. Ich konnte nicht mehr scharf sehen. Wenn ich zu sprechen versuchte, kamen die falschen Worte aus meinem Mund. Der um uns wirbelnde Sanddunst vermischte sich mit den Kringeln hinter meinen Pupillen. Meine Hände wurden langsam taub, als wäre die Durchblutung unterbrochen. Verbissen klammerte ich mich an mein Kamel. Nach einer Stunde waren die sensorischen Empfindungen vorüber, und ein Schmerz wie eine heiße Nadel in meinem Kopf trat an ihre Stelle.

Der Sturm nahm noch an Heftigkeit zu. Der Sand peitschte gegen uns und häufte in den Falten unserer Kleidung und auf unseren Sätteln Miniaturverwehungen auf. Die Sandkörner durchdrangen alles. Schlimmer noch als der stechende Sand war das Gebrüll des Windes, das einen schier verrückt machte. Selbst die Kamele schienen davon zermürbt zu sein. Aufgeschreckt durch einen Ruf drehte ich mich um und sah, wie Marinettas Kamel in einem Staubnebel verschwand. Ich hatte das Kamel hinter mir im Schlepptau geführt, aber das Kopfseil war gerissen. Ich rief Mu'min zu, er solle anhalten, und während er mein Kamel festhielt, rannte ich mit klopfendem Herzen los, um sie zu suchen. Ihr Kamel war ohne Kopfseil völlig außer Kontrolle, und in einem Sturm wie diesem konnte sie binnen weniger Minuten verloren sein. Dann wäre ihr der Tod beinahe gewiß. Aber nach kurzer Zeit hatte ich sie gefunden; ich band das Kopfseil wieder an und führte sie zur Karawane zurück. Beim Weiterziehen starrte Mu'min unaufhörlich durch die weißen Dunstschwaden in die Ferne. Die Felsen von Agadem waren nirgends zu erkennen. Ungefähr um fünf ließ der Führer sein Kamel niederknien und rief mich zu sich. »Ich denke, wir sollten hier unser Lager aufschlagen«, meinte er. »Wir werden die Felsen heute nacht nicht mehr finden. Am Morgen wird der Wind nicht vor Sonnenaufgang einsetzen. Dann haben wir eine Chance, die Klippen zu sehen.«

Wir entluden die Kamele. Sie waren erschöpft und in schlechter Verfassung. Die Sättel hatten bereits üble Druckstellen auf der Haut hinterlassen. Shaybani wies den Ansatz einer Wunde am Widerrist auf. Abu Sanam, der Heuträger, blutete am Fuß. Alle waren hungrig. Nachdem wir ihnen etwas gehäckseltes Getreide zu fressen gegeben hatten, bat Mu'min mich um Medizin für sein Knie. Ich rieb es mit einer schmerzlindernden Salbe ein, doch als ich fertig war, hatte der Wind bereits die klebrige Salbe mit Sand und Stroh zugekleistert. Bei Sonnenuntergang legte sich der Wind. Ich war krank vor Migräne und all dem Sand, den ich geschluckt hatte. Ich war in Sorge, ob wir Agadem finden würden und ob wir möglicherweise an der tschadischen Grenze zurückgewiesen werden würden. Später hörte Mu'min Radio und sagte: »Die Franzosen haben eine Radarstation im Wadi Doum bombardiert. Habrés Männer haben Giftgas über Zouar abgeworfen. Mehr als achtzig Libyer wurden getötet.« In der Dunkelheit sah es so aus, als lächelte er.

Am nächsten Morgen weckte Mu'min mich auf, um mir den Felsen von Agadem zu zeigen, der wie eine graue Mauer den Erg durchschnitt. Wir brauchten vier Stunden bis dorthin, aber die Kamele wurden munter, als ob sie bereits die Vegetation riechen könnten. Wir schritten durch einen Spalt im Felsen und sahen eine vollkommene grüne Untertasse vor uns. Jenseits der Oase war der Sand hellrot und von riesigen, gipsweißen Adern durchzogen. Im Talgrund, inmitten eines Stroms aus Tiefrot und meliertem Blau, standen Tupfer von Arak-Bäumen. Die Dünen, die ins Tal hinabstürzten, sahen gefährlich abschüssig aus. Mu'min stieg ab, und sofort brachen seine Beine ein. Ich sah ihm zu, wie er sich verzweifelt bemühte, auf einem Bein den steilen Abhang hinabzuhüpfen. Sein schwarzer Umhang flatterte dabei um ihn herum. Abu Sanam scheute vor dem Abhang zurück, und wir mußten ihn am Kiefer festbinden. Als er das nächste Mal rückwärts zerrte, riß das Kopfseil. Wir mußten alle Kamele abkoppeln und sie einzeln die Dünen hinabschaffen. Mu'min mühte sich auf und ab, hüpfte wie verrückt einem Flamingo ähnlich auf seinem einen Bein und zischte vor sich hin. Als alle Kamele sicher unten waren, spannten wir sie wieder aneinander und führten sie in die Oase.

Abgesehen von den Araks gab es kaum ein Lebenszeichen. Eine drückende Stille lastete auf dem Ort. Lautlos bewegten wir uns auf der Suche nach dem einzigen Brunnen durch die Büsche. In der Ferne sah man die einstürzende und vom Sand verwehte Ruine eines alten französischen Forts. Zwei gelbköpfige ägyptische Geier schwirrten darum herum.

Das Brüllen eines Kamels ließ mich hochblicken, und ich sah vier Männer, die auf uns zuritten. Ihre Gesichter waren mit weißen Tüchern verschleiert, die aber ganz anders gebunden waren als bei den Tuareg. Sie blieben in einem Halbkreis um uns stehen. Sie gaben uns nicht die Hand. Die Männer trugen Armdolche, und an ihren Sätteln hingen dicke Knüppel. Instinktiv näherten meine Finger sich dem Griff der Machete, der aus einem Heuballen ragte. Ihr Sattelzeug war mir fremd, und ihre Kamele trugen einen seltsamen Kopfputz aus bemalten Lederriemen. Die Männer blickten uns schweigend durch die Schlitze in ihren Kopfbedeckungen an. Mu'min begann sehr ruhig auf Tubu mit ihnen zu sprechen. Während er sprach, beäugten sie uns mißtrauisch und schätzten den Zustand unserer Kamele ab. Dann zeigte einer von ihnen auf ein nahegelegenes Arak-Wäldchen, und ohne ein weiteres Wort ritten sie fort.

In dem Arak-Wäldchen lebte eine Tubu-Familie. Die Männer trugen keine Schleier wie die anderen, die wir gesehen hatten, und ohne diese wirkten sie freundlich und gewöhnlich. Es war mir rätselhaft, wie sie auf Dauer in dieser Einöde leben konnten. Es waren kleine, zerlumpte Männer mit schwarzen Gesichtern, schmalwüchsig und feingliedrig. Ihre Zelte bestanden aus Palmfasern, die zu Matten geflochten und zu ovalen Iglus mit einer Öffnung an einem Ende zusammengenäht waren. Neben den Zelten stand ein Schutzdach aus losen Palmwedeln, unter dem ein paar Frauen in leuchtend bunten Kleidern mit winzigen Kindern spielten. In einem rostigen Ölfaß wurde Wasser aufbewahrt, und auf einem wackligen Gestell aus Sodomsapfelstrunken lagen alte Sättel, eingerollte Matten, Wassertöpfe und steife Schöpfeimer.

Die Tubu besaßen einige Kamele, die unter den Arak-Bäumen grasten. Sie wurden von einem etwa fünfzehnjährigen Mädchen gehütet, das fröhlich mit ihrem Stock herumsauste, während der Wind ihr Kleid aufbauschte. Ihr Gesicht war breit und freundlich, und ihr streng geflochtenes Haar war mit einem winzigen Stoffetzen bedeckt. Ich wußte, wie zäh diese Nomadenfrauen sein konnten. Während ich in El Geneina im Sudan gelebt hatte, hatte ich oft Frauen der Gor'an gesehen, des östlichen Zweigs der Tubu. Ich erinnerte mich daran, wie sie auf ihren Kamelen auf den Markt von El Geneina geritten waren und mit ihren Armdolchen und Knüppeln ebenso gefährlich ausgesehen hatten wie die Männer.

In der Herde stolzierte ein sabbernder Kamelbulle herum; mit einer rosigen Schaumblase vor dem Mund hob er arrogant den Kopf und stellte seinen geschwollenen Hals zur Schau. Ich hatte einmal einen arabischen Jungen gesehen, dessen Arm von einem Kamelbullen in diesem Zustand beinahe abgerissen worden wäre. Ich sagte Marinetta, sie solle sich von ihm fernhalten. Das Tubu-Mädchen allerdings zeigte keinerlei Angst vor ihm und rief ihn scharf zurück, wenn er den weiblichen Tieren zu nahe kam.

Die Tubu brachten uns Becher mit warmer Kamelmilch und halfen uns beim Füllen unserer Behälter am Brunnen. Sie erzählten Mu'min, es gäbe gerade genug Gras hier, um ihre Kamele zu ernähren. Die Oase war einmal ein französischer Stützpunkt gewesen, und viele Tubu hatten hier gelagert, ihre Tiere geweidet und Palmen angepflanzt. Nun war fast alles verschwunden außer den Araks. Der Boden zwischen den Büschen war eine Sebkha aus versengter Erde, auf dem Baumtrümmer wie Knochen verstreut lagen. Nur noch wenige Palmen waren vom anfänglichen Bestand übrig.

Diese Tubu waren ein Zweig der schwarzen Saharanomaden, deren Ursprungsland sich im Gebirgsmassiv des Tibesti im Grenzland zwischen Libyen und dem Tschad befand. Um dieses Gebiet tobte nun der Kampf zwischen Hissène Habré und der libyschen Armee. Die Nomaden in den Bergen wurden Teda genannt, während die südlichen und östlichen Stämme als Gor'an bekannt waren. Im Niger hießen die schwarzen Nomaden Tubu, ein Name, der ihnen wahrscheinlich von den Franzosen gegeben worden war.

Die schwarzen Nomaden gehörten zu den kühnsten Völkern der Sahara. Von Natur aus streitsüchtig, unabhängig und zu Klanfehden neigend, war es ihnen nie gelungen, eine Einheitsfront zu bilden und den Türken und Arabern, die sie unterworfen hatten, oder später den Franzosen zu widerstehen. Einst waren sie die gefürchtetsten Räuber der östlichen Sahara gewesen, waren Tausende von Kilometern durch die offene Wüste geritten, und ihr Aktionsspielraum hatte bis zum Nil gereicht. Nun kämpfte eine Hälfte der Tubu auf seiten der Libyer, und die andere für Habré. An diesem Abend berichtete Mu'min uns, daß Habrés Soldaten fünfundsiebzig Libyer im Tibesti gefangengenommen hatten. Ein Drittel von ihnen sollte am nächsten Tag erschossen werden.

Je mehr wir uns dem Tschadsee näherten, um so mehr stiegen die Temperaturen und um so mehr Anzeichen von Vegetation waren zu sehen. Die Dünen des Grand Erg von Bilma lagen hinter uns, statt dessen bewegten wir uns nun durch einen Friedhof aus Dornengestrüpp. Die Baumstämme waren zerschmettert, krumm und grotesk verzerrt, als ob ein Tornado sie getroffen hätte. Gelbe Risse zogen sich quer über ihre stumpfe, graue Rinde, und brüchige Fasern hingen wie Fächer an den Bruchstellen, wo sie umgestürzt waren, herab. Die Fruchthülsen von Akazien lagen zerquetscht und zertreten, in die leblose salzgraue Erde gestampft, am Boden. Nicht der kleinste grüne Fleck war zu sehen. Ein eintöniges Chaos aus tödlich bleichen Formen und Schatten erstreckte sich, wohin man auch blickte. Es war eine Landschaft aus der Hölle, in der die leblosen Bäume die Form fast unvorstellbarer teuflischer Geschöpfe angenommen hatten. Sie wirkten wie riesige Skelette von Insekten, die von unsäglichen Parasiten von innen her aufgefressen und in der sengenden Sonne zurückgelassen worden waren, um dort zu verdorren.

Diese Art trostlose Ödnis war unendlich schlimmer als der leere, gestaltlose Erg. Mu'min starrte vor sich hin, als ginge er beständig in die Irre. Marinetta sagte: »Das ist die Art von Ort, wo man hinter jedem Busch und Baum einen Mörder vermutet. Ich muß immer daran denken, daß Mu'min uns nur hierher geführt hat, um uns umzubringen.« Mir ging es ganz genauso. In der leeren, offenen Wüste konnte man den Feind herannahen sehen. Die plötzliche Geschlossenheit der Landschaft nach all den Monaten der Weite führte zu einer gewissen Paranoia. Man fühlte sich verwundbar. Einmal spürte ich, wie ein unterdrückter Impuls grundlosen Grauens in mir aufstieg, eines Grauens, das einen ohne ersichtlichen Grund in Panik ausbrechen, wie von Sinnen schreien und davonrennen ließ. Es war das erste Mal seit Tidjikja vor fünf Monaten, daß ich von einem solchen Grauen gepackt wurde.

Es war jetzt sehr heiß. Die Kamele hatten Hunger. Es war kein Heu zum Füttern mehr übrig, und in dieser leblosen Landschaft gab es nichts für sie zu fressen. Abu Sanam hinterließ beim Gehen Blutpfützen im Sand. Abu Nakas kämpfte und jaulte ständig. Meine Füße waren zum erstenmal voller Blasen, und Marinettas Knöchel war noch immer geschwollen. Mu'mins Knie war so entzündet, daß er kaum noch gehen konnte. Schweigend krochen wir durch die Einöde, mit blankgefegtem und leerem Kopf. Wir marschierten und ritten mehr als zwölf Stunden am Tag.

Ich konnte an nichts anderes mehr denken als an unsere Rast in N'Guigmi, aber dahinter lauerte der tödliche Schatten des Tschad. Ich fragte mich, ob man uns an der Grenze zurückweisen würde. Ich grübelte darüber nach, ob wir, wenn wir erst einmal drinnen waren, mörderischen politischen Parteikämpfen zum Opfer fallen würden. Die Royal Geographic Society hatte uns vor einer Durchquerung dieser instabilen Region gewarnt. Quentin Crewe hatte schon 1983 geschrieben, der Tschad sei ein »abgeriegeltes Land« und die Grenze zum Sudan sei vermint. Es war enttäuschend, daß wir das Land so weit im Süden betreten mußten, buchstäblich im Sahel-Gürtel. Wenn wir jetzt zurückgewiesen wurden, wäre unser Versuch, die Sahara von Westen nach Osten zu durchqueren, gescheitert. Marinetta und ich waren entschlossen, uns um jeden Preis durch den Tschad zu schlagen. Aber wenn ich an die Gefahren dachte, die uns mit Sicherheit erwarteten, fühlte ich mich krank und elend.

Eines Morgens trafen wir auf das Lager einiger Nomaden. Es waren Schuwa-Araber mit fröhlichen roten Gesichtern. Ihre Kamele trugen hölzerne Sänften wie diejenigen, die ich so gut aus meinen

Jahren im Sudan kannte. Sie begrüßten uns auf Arabisch – nicht auf Hassanya, sondern im guten, klaren Arabisch des Ostens. Ihre vertraute Art, ihre vertrauten Gesichter, ihre wohlklingende, unverstümmelte Sprache vertrieben mit einem Schlag meine Melancholie. Der Tschad lag vor uns, aber dahinter lag der Sudan, das Land, in dem Marinetta und ich uns kennengelernt hatten. Die Ankunft im Sudan würde wie eine Heimkehr.

Zwei Stunden später gingen wir durch N'Guigmi auf die flatternde Fahne der Gendarmerie zu. Die Stadt sah mit ihren Blechdächern über den Veranden mit Moskitonetzen wie ein französischer Kolonialstützpunkt aus. Eine Gruppe kleiner Jungen saß unter einem Baum und sang in exstatischem Gemurmel Koranverse. Sie hielten mit Singen inne, um uns zu beobachten. Weiter vorne ergoß sich ein Schwall Reggae-Musik aus dem Fenster einer Villa. Der Reggae strömte in die Morgenstille und bildete einen seltsamen Kontrast zu dem Korangesang, der hinter uns ertönte.

Jibrin

Ein mächtiger Elefantenschädel stand wie ein stummer Wächter an der Einfriedung der Stadt. Er war eine Erinnerung an die Zeit, als N'Guigmi wirklich am Ufer des Tschadsees gelegen hatte. Doch die Zeit der Krokodile und Elefanten war seit langem vorüber. Im Lauf der Geschichte hatte der See sich ausgedehnt und zusammengezogen wie eine Ziehharmonika. Augenblicklich befand er sich in einer Phase der Kontraktion.

Wir wurden von den Gendarmen in düsterer Stimmung empfangen. Der schlanke, junge diensthabende Offizier fragte uns: »Beunruhigt es Sie nicht, daß letzte Woche erst zwei Menschen bei der Einreise in den Tschad getötet wurden?« Ich sagte ihm, daß uns das sehr wohl beunruhige, daß wir jedoch trotzdem weiterziehen wollten. Achselzuckend stempelte er unsere Pässe, als ob er sagen wollte: »Gott sei Dank sind es nicht *meine* Aussichten!«

Dann begleitete ein betrunkener Mann uns zum Lagerplatz der Stadt. Er versuchte ständig, seinen Arm um Marinetta zu legen, und rief mit lauter Stimme: »Madame!« Aus tiefstem Herzen wünschte ich, er möge endlich verschwinden.

Der Lagerplatz, ein Wüstenrechteck mit einem Erdwall drumherum, war leer, abgesehen von einer Bande kleiner Jungen, die wie Krähen auf den Mauern hockten. Sie spotteten über uns, während wir das Zelt aufstellten. Mu'min nahm sein Kamel und ging etwas Heu kaufen. Sobald er weg war, sagte Marinetta: »Können wir nicht alleine in den Tschad reisen? Ich habe die Nase voll von Führern.«

»Und wer soll uns in den Tschad führen?« fragte ich sarkastisch. »Du?«

»Warum nicht?« erwiderte sie. »Wir werden alleine mit den Kameraden fertig. Warum sollten wir so viel Geld für so nutzlose Leute wie Mu'min ausgeben?«

»Der nächste Führer wird besser sein«, versprach ich.

»Nein«, schmollte sie. »Es paßt mir einfach nicht. Ich hasse es, daß uns die ganze Zeit über ein Dritter beobachtet. Ich muß mich anders verhalten, und du auch. Du behandelst mich wie einen Bürger zweiter Klasse.«

»Du mußt die hiesige Kultur respektieren«, sagte ich zu ihr.

»Das hat nichts mit Respekt vor der Kultur zu tun«, entgegnete sie ärgerlich. »Das ist eine chauvinistische Schweinerei.«

Dann kehrte Mu'min zurück und überließ es mir, das neue Heu zu verteilen, während er sich in den Schatten verzog und brummte: »Gott sei gedankt, ich kann mich ausruhen! Ich habe mein Versprechen erfüllt.«

Mit Hilfe eines Mittelsmanns namens Musa verkauften wir Abu Sanam und Abu Nakkas am nächsten Tag auf dem Kamelmarkt. Er behauptete, ein Targui zu sein, machte sich jedoch nicht die Mühe, seine nagetierartigen Vorderzähne mit dem Tagelmoust zu bedekken. Er sagte, er lebe schon so lange in N'Guigmi, daß er Tamaschek vergessen hätte. Er spreche jetzt nur noch Arabisch. Der Markt wurde unter einem Wäldchen aus Sodomsapfelbäumen am Stadtrand abgehalten. Die Kamele waren wie Sardinen hineingeschichtet. In alle Richtungen schlängelten sich Karawanen aus dem Gestrüpp hinaus, die von Einheimischen in nikotinfarbigen Hemden auf kleinen Ponys begleitet wurden. Die Gesichter der Männer waren kohlschwarz und von strahlendweißen Kopfbedeckungen eingerahmt. Sie gehörten zu den Tubu, den Gor'an, den Beriberi und den schwarzen Schuwa-Arabern vom Tschadsee.

Ihre Kamele sahen neben unseren geschmeidigen Kastraten plump und lethargisch aus. Händler, Schlächter und Vermittler gingen mit flatternden, weißen Gandurahs umher. Die Frauen saßen ordentlich aufgereiht und verkauften Stücke von Erdnußkuchen und Päckchen mit Kichererbsen. Eine Frau preßte Nudelwürmer aus einer importierten Maschine. Kaffeeverkäufer balancierten Tabletts mit Bechern und heißem Wasser auf ihren Knien, daneben standen Männer, die Decken, Gürtel, Peitschen und Sättel verkauften.

Ich traf einen asthmatischen Mauren, der einen Burnus mit Kapuze trug, und sprach ihn in Hassanya an. Er war drei Wochen zu Besuch bei seinem Bruder im Niger gewesen. Als ich ihn fragte, wie es ihm hier gefiele, verengten sich seine Augen. »Hier ist jeder ein Dieb«, sagte er. »Man kann keinem Menschen vertrauen. Das ist nicht Mauretanien. Hier sind die Schwarzen stolz darauf, einen

Weißen zu bestehlen.« Ich erwähnte, daß ich Engländer sei. Er starrte mich an und sagte: »In England gibt es keine Diebe, nicht wahr?«

»Jede Menge«, sagte ich.

»Aber die Diebe sind alle schwarz, nicht wahr? Ich meine, weiße Männer würden doch nicht stehlen?« Er machte mich mit seinem Bruder bekannt, der dreißig Jahre lang Händler in N'Guigmi gewesen war. Er würde sehr bald weggehen, sagte er. Er war so zierlich wie sein asthmatischer Bruder und hatte das gleiche verzerrte Gesicht. Er kam aus Atar und war begierig, unsere Meinung darüber zu erfahren.

»Tut es Ihnen leid, daß Sie N'Guigmi verlassen?« fragte ich ihn.

»Nein, ich freue mich darauf, nach Hause zu kommen«, sagte er mir. »Hier ist jeder ein Dieb.«

Unser Mittelsmann Musa sagte uns, wir sollten warten, während er die Kamele in das Verkaufsrund führte. Es wäre nicht gut, wenn die Käufer wüßten, daß die Kamele einem Nasrani gehörten. Wir gingen herum und stampften gelegentlich mit den Füßen auf, um die Kamelzecken abzuschütteln, die aus ihren Gräben im Sand an unseren Beinen hochkrochen. Die Zecken waren allgegenwärtig. Sie waren klein, aber außerordentlich gefräßig. Ich bemerkte, daß auch alle anderen Marktbesucher aufstampften. Es war wie ein rhythmisches Scharren, ein Wiegen zu einem stummen Trommelschlagen. Selbst die Kamele machten mit und klatschten ihre flachen Polster in den Sand. Männer und Kamele scharrten und stampften gemeinsam auf diesem kleinen Flecken in der Wüste. »Es sieht aus wie ein Tanz!« sagte Marinetta.

Die einzigen Menschen, die nicht mitstampften, waren zwei Franzosen mittleren Alters. Sie waren sonnengebräunt und trugen hohe Buschstiefel und eine Art spitzer Kappen, wie sie von amerikanischen Ölarbeitern bevorzugt werden. Sie arbeiteten für eine französische Ölgesellschaft und suchten im Niger nach Öl. Sie interessierten sich für unsere Expedition und notierten unsere Namen. In diesem Augenblick kam Musa zurück und sprach mich auf Arabisch an. Als ich ihm antwortete, blickten die Franzosen überrascht auf. »Natürlich«, sagte einer von ihnen, während er auf seinen Zettel sah, »das ist nicht Ihr richtiger Name, oder? Ich meine, Sie müssen im Mittleren Osten geboren sein.« Das erinnerte mich daran, daß ich noch immer meine Gandourah und meine maurische Kopfbedekkung trug, die ich seit Agadez nicht abgelegt hatte.

»Wie man es macht, ist es verkehrt«, sagte Marinetta später. »Die Araber halten dich für einen Nasrani und die Nsara für einen Araber. Was zum Teufel bist du eigentlich wirklich?«

»Ich glaube, ich weiß es selbst nicht mehr«, sagte ich.

Wir begegneten dem schlanken Chef der Gendarmerie, der in seiner grünen Uniform tadellos aussah. Er trug schwarze, auf Hochglanz polierte Schuhe und bemühte sich verzweifelt, nicht mitzustampfen. Er fragte uns, ob wir schon einen Führer in den Tschad gefunden hätten. »Nehmen Sie keine Führer aus dem Tschad«, riet er uns. »Nehmen Sie einen aus dem Niger. Das erhöht Ihre Überlebenschancen.« Ich dankte ihm für seinen Rat. Plötzlich stampfte er heftig auf und beugte sich sogar hinab, um in seinen Schuhen zu kratzen. »Öl!« erklärte er. »Das ist das einzige, womit man sie los wird!« Ich sah hinab und entdeckte, daß meine Knöchel blutüberströmt waren und daß es von Zecken daran nur so wimmelte. Während meiner Unterhaltung mit dem Polizeichef hatte ich aus irgendwelchen Gründen Habachtstellung bewahrt.

Am 15. Januar brachen wir mit drei Kamelen und einem Führer namens Jibrin Richtung Tschad aus N'Guigmi auf. Er gehörte zu den Gor'an und war in der Kanem-Region des Tschad geboren. Seine Familie war nach N'Guigmi gezogen, als er noch ein Kind war, und nun hatte er die nigrische Nationalität. Er bezeichnete sich selbst nach Art der Haussa als »Malam« Jibrin. »Malam« bedeutete, daß er den Koran lesen und Zaubersprüche schreiben konnte, die ihn vor dem bösen Blick schützten. In einer Kartentasche an seinem Sattel führte er eine Ausgabe des Koran mit sich. Ich vermute, daß der Koran selbst als Zauber gedacht war, denn ich sah ihn nie auch nur ein Wort darin lesen. Einmal fragte ich Jibrin, ob er alles im heiligen Buch verstände. »Man muß es nicht verstehen!« sagte er überrascht zu mir. »Es sind die Worte, die zählen, nicht der Sinn!«

Unter all unseren Führern sah Jibrin am wenigsten einem Kamelmann ähnlich. Er kam in einer dicken, eleganten Gandourah und glänzenden, schwarzen Slippern an. Sein haarloses Gesicht war so glänzend und schwarz wie seine Schuhe, und sein Kopf war so glattrasiert wie eine Kanonenkugel. Als wir in der ersten Nacht wenige

Kilometer außerhalb der Stadt unser Lager aufschlugen, holte er sich seine Portion und aß sie alleine. Sofort danach ging er schlafen. Als es Zeit war, die Kamele hereinzuholen, weckte ich ihn auf, damit er mir half. »Ich habe ein krankes Bein«, war seine Antwort. »Ich habe schon die Salbe aufgetragen. Ich werde morgen helfen.« Von da an wußte ich, was auf mich zukam.

»Das ist also dein besserer Führer!« höhnte Marinetta, als sie von dem Vorfall hörte. »›Ich habe ein krankes Bein‹, was du nicht sagst! Er ist der erste Führer, der sich weigert, uns bei den Kamelen zur Hand zu gehen. Du mußt verrückt oder bescheuert sein, um einen solchen Mann zu engagieren. Wir wären ohne Führer besser zurechtgekommen.«

»Nur weiter so«, sagte ich. »Wir haben den Tschad noch nicht einmal erreicht, von wegen durchquert. Jibrin ist ein Gor'an, und die Gor'an regieren im Tschad.«

»Pah!« schnaubte sie. »Das einzige, was ich bis jetzt sehe, ist, daß wir Geld zum Fenster hinauswerfen!«

Am Morgen hockte sich Jibrin neben Marinetta, als sie ihre einfachen Waschungen verrichtete, und beobachtete sie dabei. Das machte sie sehr wütend. Alle anderen Führer, selbst der ungehobelte Sidi Mohammed, hatten zumindest ein Minimum an Privatheit respektiert, indem sie den Kopf abwandten oder sich in einiger Entfernung beschäftigten. Schließlich sagte ich zu ihm: »Mach ihr Platz, Jibrin. Du weißt, Frauen mögen es nicht, wenn man sie anstarrt.« Widerstrebend zog er sich zurück. Anstatt mir zu danken, sagte Marinetta: »Das ist also dein besserer Führer! Ich will nie wieder etwas über Führer hören!« Sie versank in eine ihrer stummen Schmollstimmungen und sagte stundenlang kein Wort mehr.

Wir überquerten das Lehmpuderbett des alten Sees. Eine Herde abgewrackter Kamele verteilte sich in dem Unterholz aus Salzbüschen. »All das war Wasser, so weit das Auge reicht«, sagte Jibrin zu mir. »Es gab Krokodile und Flußpferde und Elefanten. Hast du gestern den Schädel im Sand gesehen? Jetzt gibt es nicht einmal mehr genug Gras für die Herden hier. Sieh nur, wie mager diese Kamele sind. Anfangs trat das Wasser nur allmählich zurück, dann verschwand es mit einem Schlag. Nun ist es meilenweit weg. Früher lebten in diesem Gebiet keine Gor'an. Die Gor'an waren Nomaden aus dem Osten und Norden, und der See war Beriberi-Land. Die

Gor'an zogen erst hierher, als die Weideflächen in der Wüste zu versteppen begannen.«

Jibrin war ein amtlicher Führer. Er hatte schon Dutzende von Malen Reisende in den Tschad geführt und kannte die Strecke im Traum. Allerdings hatte er sie immer in einem Fahrzeug zurückgelegt. Ein Jahr zuvor hatte er einige Schwerlaster durch die Sandlandschaft um den alten See gelotst. »Deutsche«, sagte er. »Ich habe ihnen gesagt, sie würden es niemals schaffen mit Lastwagen. Die ganze Gegend hier ist nichts als tiefer Sand. In Lastwagen wie diesen konnte man höchstens 25 Kilometer pro Tag schaffen. Es geht ständig auf und ab. Eine Strapaze für die Achsen. Nach drei Tagen brach bei einem ihrer Lastwagen die Achse. Sie ließen den Laster einfach in der Wüste zurück. Ich frage mich, ob er noch immer da ist.«

Auf dem Rückweg hatte es einen Unfall gegeben. Jibrin saß auf dem Rücksitz eines Toyota Pickups, als die Lenkung versagte. Der Pickup hatte sich im Sand überschlagen. Jibrins Bein war zerschmettert worden und mehrfach gebrochen, und er war noch nicht ganz wiederhergestellt. »Ich habe nie eine Entschädigung bekommen«, sagte er betrübt.

»Warum hast du mir all das nicht vorher schon erzählt?« fragte ich ihn, da ich nun wußte, daß er in N'Guigmi Verschiedenes vertuscht hatte. »Du mußt verrückt sein, nach einem solchen Unfall auf einem Kamel zu reiten.«

»Ja«, gab er sorgenvoll zu, »Sie haben recht, *patron*. Aber ich brauchte das Geld. Ich habe sieben Kinder und nicht einmal eine Frau, die sich um sie kümmert. Meine Frau ist letztes Jahr gestorben.«

Am Vormittag wurden wir von drei im Salzgebüsch verborgenen nigrischen Soldaten angerufen. Sie gafften unsere Kamele an und glotzten in unsere europäischen Gesichter. »Warum fahren Sie nicht mit dem Auto?« fragte einer von ihnen. Ich mußte an Jibrins zerschmettertes Bein denken. »Sie wissen doch, daß im Tschad Krieg herrscht, nicht wahr?« fragte uns der Soldat. Auf unser mattes Nikken hin sagte er: »Also dann, viel Glück!« und ging davon. Zwei Stunden später überschritten wir die tschadische Grenze.

Zwei Jahre lang hatte ich als Lehrer in der sudanesischen Stadt El Geneina gearbeitet. Sie lag an der Grenze zwischen Sudan und

Tschad, genau auf der anderen Seite des Landes, in dem wir uns nun befanden. Oft hatte ich in diesen Jahren den Donner der Artillerie von jenseits der Grenze gehört und Tausende von Flüchtlingen gesehen, die über die Grenze strömten.

Sie hatten Geschichten von Massakern und Vergewaltigungen, von Folter, Verstümmelung und Völkermord mitgebracht. Sie hatten von unzähligen politischen Splittergruppen erzählt, die bewaffnet und verzweifelt durch das Land streunten und ziellos mordeten. Diese furchterregenden Geschichten waren mir auf unserer Reise zum Tschad viele Male wieder in den Sinn gekommen, doch nie so deutlich wie nun, als ich mich plötzlich mit meiner Frau und drei Kamelen im Land selbst befand. Der Tschad hatte sich wie eine giftige Schlange zwischen unsere Pläne einer Saharadurchquerung gestellt. Erst kurz zuvor hatte ein immer wiederkehrender Alptraum über den Tschad Marinetta am Einschlafen gehindert. Sie träumte von einem schwarzen Mann mit eiskalten Augen, der am Lauf eines Maschinengewehrs entlang auf uns hinunterblickte. Ich wußte, daß jeder Schritt in diesem kriegszerrissenen Land dem Gehen auf einem Minenfeld gleichkam. Wir würden immer auf das Schlimmste gefaßt sein müssen.

Unmittelbar nach Sonnenuntergang erreichten wir das Dorf Dabua. Ich wollte vor dem Dorf unser Lager errichten und mich erst bei Sonnenaufgang beim Grenzposten melden. Angesichts der bekannten Schießwütigkeit, die man den tschadischen Soldaten nachsagte, hatte ich wenig Lust, nachts in den Ort zu gehen. Doch Jibrin riet uns, auf der Stelle unsere Anwesenheit zu melden. Er sagte, ein Aufschub würde so interpretiert werden, als ob wir etwas zu verbergen hätten. Das Dorf sah ärmer und verfallener aus als jedes, das ich im Niger gesehen hatte.

Ein junger schwarzer Soldat im Kampfanzug kam uns mit fest umklammertem Gewehr entgegen. Ihm folgte ein Sicherheitsmann, der wie ein gewöhnlicher Einheimischer in eine Gandourah gekleidet war. Beide waren Schuwa-Araber. »Christen mit Kamelen!« rief der Soldat. »Die Welt ist wirklich seltsam. Ihr seid die ersten Christen mit Kamelen, die ich je gesehen habe.« Ein weiterer junger Mann mit Gandourah kam an und plusterte sich auf. Er stellte sich selbst als »der Chef« vor. »Sie werden mir Ihre Pässe heute nacht überlassen«, sagte er, »und morgen werden wir alles

Nötige in die Wege leiten, um Ihnen weiterzuhelfen.« Nach all den Monaten der Sorge hätte ich angesichts dieser Höflichkeit am liebsten laut herausgelacht.

Bei Tageslicht machte das Dorf beinahe einen verlassenen Eindruck. Vor dem Polizeiposten waren weder Fahnen noch sonstige Staatssymbole zu sehen. Das Büro hatte nicht einmal eine Tür, nur eine schmutzige, schwarze Decke zum Schutz vor dem kalten Wind. Innen standen eine Bank und ein Schreibtisch. Von den Lehmwällen bröckelte der Verputz ab. Ein Porträt Hissène Habrés hing hartnäkkig an einem Stück Klebeband. Ich hatte Habré einmal in El Geneina gesehen, als er auf der Flucht war. Ich war froh, daß er zurück war.

Wir waren auf ein Verhör oder wenigstens auf eine Durchsuchung gefaßt gewesen. Statt dessen überprüfte der Chef unsere Visa und trug die Einzelheiten in ein Schulaufgabenheft ein. Beim Schreiben schauderte er vor Kälte. »Sie sind die ersten Christen, die jemals diesen Weg mit dem Kamel zurückgelegt haben«, erklärte er. Er täuschte sich, aber ich verzichtete darauf, ihn zu korrigieren. Zwei Christen hatten schon 1899 diese Reise mit dem Kamel gemacht. Es waren Franzosen, und einer von ihnen hieß François Lamy. Er hatte eine Abteilung algerischer Soldaten um den Tschadsee geführt und die Hochburg des früheren Herrschers südlich davon angegriffen. Nach der Niederschlagung des Widerstands hatten die Franzosen den Tschad der Sammlung ihrer Kolonien hinzugefügt. Sie hatten eine neue Stadt gegründet und sie nach ihrem Führer Fort Lamy genannt. Heute hieß sie N'Djamena.

Der Polizeichef wies uns an, uns in Bol beim Hauptquartier der Brigade zu melden, wo unsere Pässe abgestempelt werden würden. Dann sagte er uns, wir sollten Jibrin zu ihm schicken. Der Führer tauchte mit einem Ausdruck des Jammers auf dem Gesicht wieder auf und murrte: »Er hat mir tausend Francs abgeknöpft. Angeblich ist das eine ›Transitsteuer‹, aber in meinen Augen ist es Schmiergeld.«

Wir führten die Kamele die Hauptstraße entlang, die von Häusern aus mit Lehm beworfenem Flechtwerk gesäumt war. Es war wie eine Kulissenstadt aus dem Wilden Westen. »Wir haben das erste Hindernis so mühelos hinter uns gebracht!« sagte Marinetta. »Glaubst du wirklich, das war es schon?« Wir hatten noch keine drei

Meter zurückgelegt, da rief hinter uns eine Stimme: »Hei! Wo wollt ihr hin?« Wir rührten uns nicht von der Stelle und sahen einen mageren, hungrig aussehenden Soldaten in schmutzigem Kampfanzug, der uns über den Lauf eines Maschinengewehrs hinweg anstarrte. Seine Augen waren eisig. »Wir gehen nach Bol«, sagte Jibrin zaghaft. »Wir kommen gerade vom Chef.« Der Soldat nahm Jibrin beiseite, und man hörte leises Flüstern. Dann übergab Jibrin weitere fünfhundert Francs. Niedergeschlagen gesellte er sich wieder zu uns. »Schon wieder Schmiergeld«, sagte er. »Es ist immer das gleiche. Wenn man es endlich hinter sich hat, lohnt sich die Reise nicht mehr.«

Wenige Minuten später hatte die Wüste uns wieder. Der Tag war sehr heiß. Der Boden wechselte zwischen Landzungen aus weichem Sand, die früher einmal das Ufer gebildet hatten, und dem harten, ausgetrockneten Bett des ehemaligen Sees. Man konnte sehen, wo das Wasser Senken und Mulden in den Seeboden gegraben hatte. Ich versuchte mir vorzustellen, wie dieser Ort einmal gewesen war, wie das stahlgraue Wasser über den Boden geschwappt war. Die Veränderung war schnell und vollständig über den See hereingebrochen. Das große Räderwerk der Erde drehte sich auf unfaßbare Weise. Unser Leben war nicht mehr als der Windhauch, der den Sand über der Wüste hochwirbelte.

Zur Gebetsstunde suchte Jibrin sich einen schattigen Baum und ließ sein Kamel darunter niederliegen. Mit einem Zweig und der gebotenen Gründlichkeit säuberte er eine Fläche um sich, zog sodann seine Schuhe und Socken aus und vollzog seine rituellen Waschungen mit Wasser. Er brauchte weit länger für seine Gebete als die anderen Führer, die wir gehabt hatten. Vor dem Aufsteigen bat er mich immer, sein Kamel zu halten. Er hatte verständlicherweise Angst zu fallen und sich das Bein erneut zu brechen. Seine Verletzung machte ihn zu unbeweglich, um ein guter Reiter zu sein. Sein Kamel ging seiner eigenen Wege und in seinem eigenen Tempo. »Dieses Kamel will nicht geradeaus gehen«, murrte er oft. »Es hat Angst vor Gebüsch.« Oft legte er vorsichtig eine Hand an seine Seite und sagte: »Wenn ich auf diesem Kamel reite, bekomme ich Leberschmerzen. Es wird mich noch umbringen, bei Gott!« Wenn wir einen Hügel hinabritten, lehnte er sich so weit im Sattel zurück, daß er beinahe in die Horizontale ging, und hielt sich stöhnend die Seite.

Es sah so komisch aus, daß wir uns ein Nachäffen nicht verkneifen konnten. Für einen zufälligen Beobachter müssen wir einen unglaublichen Anblick geboten haben: Drei Kamelreiter, die einer nach dem anderen einen Hügel hinabritten, sich zurücklehnten und unter jämmerlichem Stöhnen an die Seite griffen.

Jibrin fiel es schwer, mehr als zehn Minuten am Morgen zu Fuß zu gehen, besonders im tiefen Sand. Er beklagte sich lauthals, daß wir nachmittags nie Pause machten. »Das ist nicht die Art, wie die Gor'an reisen«, sagte er.

»Das ist die Art, wie die Engländer reisen«, gab ich zurück.

»Die Engländer züchten keine Kamele.«

»Die Gor'an stellen keine Autos her, aber sie fahren trotzdem damit.«

Ich kritisierte Jibrin nie wegen seiner Behinderung, aber ich fühlte mich betrogen. Er hatte seine Verletzung mit keinem Wort vor der Anstellung erwähnt, und auf einer Reise wie dieser hier konnte er sich erheblich verletzen. Unsere Führer waren im Lauf der Reise von Mal zu Mal unbrauchbarer geworden, und zum erstenmal dachte ich ernstlich daran, den Tschad alleine zu passieren. Ich hatte Jibrin nur angestellt, damit er uns bis nach N'Djamena brachte, wo wir uns die Visa für den Sudan ausstellen lassen mußten. Nach N'Djamena, so beschlossen wir, würden wir keinen Führer mehr einstellen, außer wenn es unumgänglich würde.

Jibrin versuchte seine Schwäche zu kompensieren, indem er Befehle gab. »Mach heute nacht Reis mit Sardinen«, sagte er zu Marinetta. »Halt die Kamele von den Arak-Bäumen fern«, sagte er zu mir. Ein anderes Mal wies er mich an, eine leere Wasserhaut hoch oben in einem Dornbusch aufzuhängen. »So kommen die Schakale nicht daran«, sagte er. Solche Bemerkungen ließen mich an seinem Verstand zweifeln. Und wir waren nicht die einzigen Opfer von Jibrins Anweisungen. Er neigte dazu, jeden, der uns begegnete, damit zu beglücken. Einmal trafen wir beispielsweise auf einige Araber, die eine Kamelherde auf dem Weg weiden ließen. Eines der Kamele war ein Bulle, dem Blasen und Schaum aus dem Mund traten. Ich bemerkte, daß der Bulle am Knie gefesselt war. »Schafft das Biest aus dem Weg, ihr Araber!« befahl Jibrin. »Paßt auf, daß es keinem Menschen nahekommt!« Die Araber ignorierten ihn.

Ein anderes Mal bettelte eine Frau mit einem kleinen Jungen uns um Wasser an. Sie sagte, ihr Mann sei in einem Wutanfall nach einem Streit davongestürmt und habe sie alleine zurückgelassen. »Streite nie mit deinem Mann!« befahl ihr Jibrin. Als wir später an einigen Dorfbewohnern vorbeikamen, rief er ihnen zu: »Eine Frau, die sich mit ihrem Mann gestritten hat, kommt den Weg entlang. Kümmert euch um sie und bringt sie in ihr Dorf!« Wie die Araber, so zeigten auch die Dorfbewohner keinerlei Anzeichen, daß sie ihn gehört hatten. Vielleicht war ihr Mann einer von ihnen.

Jibrin benutzte ein Stück Zweig als Kamelstock. Nie schlug er sein Kamel damit, sondern er fuchtelte ständig damit in der Luft herum, streckte seinen Arm vor und zurück und wirbelte ihn um den Kopf. Dabei summte er vor sich hin. »Entweder trainiert er seine Arme, oder er übt sich als Dirigent«, sagte Marinetta. Wann immer er einen Hund erblickte, zeigte er mit seinem Stock darauf und rezitierte mit lauter Stimme etwas. Der Hund sah in verwirrtem Schweigen zu, wie wir vorüberzogen.

Auf einem kahlen Flecken zwischen Heskanit-Gras machten wir halt. Nach dem Abladen sagte Jibrin: »Ich fühle mich müde und ein wenig krank.« Er entblößte seinen Wanst und bat mich, ihn abzutasten. Er war fett und schwabbelig. Es war nicht der Bauch eines Wüstenmannes. Ich dachte an die seildicken Muskelstränge von Mafoudh und Moukhtar und den massigen Sidi Mohammed. »Ich habe einen kranken Magen«, sagte er zu uns. »Der Arzt hat mir gesagt, ich solle keinen Kaffee oder Tee trinken und keine Kolanüsse essen.« Während ich Feuer machte, legte er sich hin. Dann ging ich davon, um nach den Kamelen zu sehen, die ein Stück vom Lager entfernt weideten. Von meinem Standort aus war das Feuer der einzige helle Punkt in der pechschwarzen Nacht, und mein Blick fiel automatisch darauf. Ich sah, wie Jibrin aufstand und sich langsam dem Feuer näherte. Er warf einen verstohlenen Blick um sich, und ich vermutete, daß Marinetta sich vom Lager entfernt hatte. Er begann, Schuhe und Socken auszuziehen. Er ließ einen nackten Fuß über dem Feuer baumeln, dann den anderen. Dann hob er seine Gandourah hoch und ließ seinen hervorquellenden Bauch von den Flammen wärmen. Schließlich hockte er sich über das Feuer, zog seine Sarouals hinunter und wärmte seinen Hintern. Dann verschwand er in der Dunkelheit. Bei meiner Rückkehr war er bereits eingeschlafen.

Später ging der Mond auf und ich holte die Kamele ins Lager und legte ihnen Fesseln an. Früh am Morgen wurde ich von einem markerschütternden Schrei geweckt. Entsetzt sprang ich aus dem Schlafsack. Mein erster Gedanke war, daß Marinetta weggegangen und in Gefahr war. Dann wurde mir klar, daß sie neben mir lag. »Was war das?« stieß sie hervor, als sie aufwachte. Wir starrten in den Mondschein. Direkt hinter der Stelle, wo die Kamele angebunden waren, sah ich einen Sekundenbruchteil das unheilvolle Aufblitzen gelber Augen. Ich packte die Machete und ging nachsehen. Plötzlich ertönte ein weiterer durchdringender Schrei, und ein großes, nacktes Tier trottete in die Dunkelheit davon. Es war eine Hyäne mit einem unförmigen Kopf und einem fetten, aufgedunsenen Körper. Es war das erste Mal, daß ich eine Hyäne in Nahaufnahme gesehen hatte. Am Morgen fragte ich Jibrin nach dem Tier. Er sagte, er hätte es nicht einmal gehört.

An diesem Morgen stießen wir auf tiefe Fußabdrücke im Sand. Sie waren erst wenige Stunden alt, und sie waren riesig. Man mußte kein besonders guter Spurenleser sein, um zu wissen, daß sie nur von einem Elefanten stammen konnten. Jibrin begann sich angsterfüllt umzuschauen. »Manchmal gibt es hier Herden von zehn oder zwanzig Tieren«, flüsterte er. »Die sind in Ordnung – aber ein einzelner Elefant ist gefährlich.«

»Warum flüsterst du?«

»Weil sie deine Stimme von weitem hören können.«

Nun war es an mir, mich umzusehen. Die Landschaft war noch immer sehr aride. Ich wunderte mich, wie Elefanten hier überleben konnten. In der vorhergehenden Nacht hatte ich meine Machete genommen, um die Hyäne zu verjagen. Ich fragte mich, was ich wohl gegen einen Elefanten ausrichten konnte.

In Liwa, wo Dutzende kreischender Schulkinder ihre Spiele im Stich ließen und uns ins Unterholz verfolgten, meldeten wir uns bei der Gendarmerie. Jibrin zahlte weitere tausend Francs an Schmiergeld. Außerhalb des Dorfes erstreckte sich eine tropenartige Landschaft. Es gab tiefe Täler voller bogenförmiger Dumpalmen, die in einem wirren Durcheinander von feuchtem Unterholz standen. Große Siyal-Bäume überragten das Dickicht mit Baldachinen, die aussahen wie massive Fallschirme, und Ästen, von denen Lianen herabhingen. Araber und Gor'an tränkten auf Lichtungen ihre

Tiere. An manchen Orten waren Elefantenherden vorbeigezogen und hatten Bäume entwurzelt und wie Strohhalme zertrümmert. Ihre riesigen Köttel lagen überall herum. Eine Horde roter Paviane schlitterte über den Weg und tauchte ins Blattwerk. Wir verließen den Wald und traten auf sanfte Wiesen mit verstreuten Dörfern hinaus. Sie standen auf goldenen Stoppelfeldern, auf denen vor kurzem die Hirse geerntet worden war. Die Hütten waren Kuppeln aus geflochtenem Rohr und hoch über den Wassermassen des Sees errichtet worden, kleine Festungen, die den wilden Tieren, der Dürre und dem Krieg trotzten.

Irgendwann im Lauf des Nachmittags ließ ein Schrei mich aufschrecken. Ich drehte mich um und sah zwei Soldaten, die auf Kamelen auf uns zuhielten. Ein dritter Soldat zu Fuß versuchte, uns von vorne abzufangen. Die Soldaten umringten uns und sahen uns mit raubgierigen Gesichtern an. Zwei von ihnen waren jung, der dritte alt, aber alle waren schwarz, schlank und adlerartig. Sie erinnerten mich an Wiesel. Der Soldat zu Fuß richtete sein Gewehr auf uns und sagte: »Ihr könnt keine Touristen sein. Die kommen nicht auf Kamelen.« Wir wagten es nicht, Arabisch zu sprechen, und antworteten nur auf Französisch. Libyer sprechen Arabisch.

Die anderen beiden Soldaten stiegen von ihren Kamelen ab. Der jüngere trug eine Pistole in einem Halfter, das schwer von seinen Hüften herabhing, als er unsere Kamele inspizierte. »Wir werden alles durchsuchen, was sie bei sich haben«, sagte der ältere Mann. »Ich wette, wir finden ein paar schlimme Dinge.«

»Öffnen Sie Ihr ganzes Gepäck«, sagte der Pistolero. »Wir suchen nach Feuerwaffen und Drogen. Es wäre besser für Sie, wenn Sie nichts Illegales dabei hätten.«

»Sie können uns in Bol durchsuchen«, protestierte ich. »Es ist nicht korrekt, daß wir mitten im Busch durchsucht werden.«

Der junge Soldat stand ganz nahe neben mir. Ich konnte die roten Adern in seinen Augen sehen. »Wir bestimmen hier, was korrekt ist«, schnappte er. »Öffnen Sie Ihr Gepäck!«

»Es ist besser zu tun, was sie sagen«, meinte Jibrin.

»Sie sprechen also Arabisch«, fiel der alte Mann ein, der mein bejahendes Nicken bemerkt hatte.

»Nur ein bißchen«, sagte ich auf Französisch. Verärgert begann ich, unsere Habseligkeiten auf dem Boden auszubreiten. Mir wurde klar, daß diese Männer uns alles stehlen konnten, was ihnen einfiel. Die größten Sorgen bereitete mir unsere Signalrakete für den Notfall. Ich dachte, sie könnten sie womöglich für eine Waffe halten. Wir waren vollkommen schutzlos. Wir waren ganz auf uns allein gestellt. Instinktiv fürchtete ich, sie würden sich an Marinetta vergreifen. Ich hoffte, ich fände den Mut zu kämpfen, wenn sie das taten.

Der junge Soldat durchwühlte Marinettas persönliche Dinge. Die Tasche mit der Signalrakete lag vor ihm. Ich sah ihm zu, wie er ein klebriges Stück Seife hochhielt, eine schmutzige Haarbürste und die zwei Paar Socken, sehr schmutzig und seit Monaten ungewaschen. Mit einiger Befriedigung sah ich den Ausdruck von Ekel auf seinem Gesicht. Er rieb sich die Hände am Ärmel ab. »Kommt«, sagte er zu den anderen, »die haben nichts.« Marinetta und ich tauschten einen Blick.

Der ältere Mann sagte: »Geht direkt nach Bol. Verlaßt die Hauptstraße nicht.« Sie sahen zu, wie wir aufluden und aufbrachen.

»Ich wünschte, wir hätten diese Signalrakete nie mitgenommen«, sagte ich zu Marinetta.

»Ja«, stimmte sie zu, »aber kannst du dir vorstellen, was passiert wäre, wenn wir ein Satellitennavigationsgerät dabei gehabt hätten?« Wir diskutierten darüber, ob wir die Signalrakete wegwerfen oder vergraben sollten, aber dann fiel mir ein, daß wir auf jeden, der uns dabei sah, selbst auf Jibrin, einen schuldbewußten Eindruck machen mußten.

Wir erreichten Bol vor Sonnenuntergang am folgenden Nachmittag. Es war auf einer Halbinsel erbaut, die von den glitzernden blauen Wassern des Sees umgeben war. Wir hatten die Stadt kaum betreten, da rief ein schmalgesichtiger Jugendlicher schon aus, wir seien Libyer. Andere Jugendliche und Kinder scharten sich um uns, sahen uns bösartig an und feuerten Fragen auf uns ab. Einer von ihnen, ein barfüßiger Heranwachsender mit einem skelettartigen Gesicht, starrte auf Marinetta und rieb sich am Unterleib. Es gelang uns, sie loszuwerden, und wir gingen durch die sandigen Straßen weiter. Aus vergitterten Fenstern zeigten Kinder auf uns, und die Menschen trippelten flüsternd an uns vorbei.

Das Brigadehauptquartier war auf einer Böschung über dem See inmitten einiger Bäume errichtet. Eine Reihe von Männern in lauter unterschiedlichen Uniformen saßen auf einer Bank davor. Sie trugen Knüppel und Pistolen. Ihre Gesichter waren unfreundliche Mahagoni-Masken, und als sie auf unsere Kamele blickten, sah ich Hohn in ihren Augen. Ein großer, spitzbäuchiger Mann mit gelben Zähnen sagte uns, wir sollten an Morgen wiederkommen.

Wir wollten unsere Kamele gerade wieder aus der Stadt hinausführen, als jemand uns von der offenstehenden Tür eines Hauses her anbrüllte, das offensichtlich eine Bar war. Er gehörte zu dem Typ junger, schmalhüftiger, wieselartiger Gesichter, die uns schon vertraut geworden waren. Er trug ungepflegte Zivilkleidung und taumelte auf wackligen Beinen zu uns herüber. Der Geruch von Bier folgte ihm. »Wohin wollen Sie?« fragte er. Ich sagte ihm, daß wir aus der Stadt hinauszögen, um nach einem Futterplatz für die Kamele zu suchen. »Nein, das werden Sie nicht«, sagte er. »Nicht, bevor Sie mir nicht Ihre Pässe abgeliefert haben.«

»Und wer sind Sie?« fragte ich.

Er starrte mich mit bösem Blick an, als hätte ich eine unvorstellbare Frage gestellt. Dann zeigte er mir eine Pistole, die in seinem Gürtel steckte. »Ich bin für Pässe zuständig, das bin ich«, sagte er. »Polizei. Sie werden diese Stadt nicht verlassen, bevor ich Ihre Pässe nicht habe.«

»Wo ist Ihr Personalausweis?« fragte Marinetta.

»Ich brauche keinen Personalausweis. Ich habe das da.« Er gestikulierte in Richtung Pistole. »Geben Sie mir jetzt die Pässe, oder Sie bekommen ernstlich Ärger.«

Jibrin hielt sich zurück. Ich blickte auf die Pistole und auf Marinetta. Widerstrebend übergab ich ihm die kostbaren Papiere. Ich wagte gar nicht daran zu denken, was passieren würde, wenn unsere Pässe in einem Land wie dem Tschad gestohlen werden würden. Sie waren unsere einzige Möglichkeit zu beweisen, daß wir keine libyschen Spione waren.

Wir errichteten unser Lager in einem Stoppelfeld. Es war mit Moskitos vom See verseucht. Jibrin hatte sein eigenes Moskitonetz, war aber zu müde oder zu faul, um Holzstützten dafür zu schnitzen. Marinetta und ich hatten nur unser Zelt. Um dem Ganzen die Krone aufzusetzen, sagte Jibrin: »Dieser Ort ist für seine Kameldiebe bekannt. Ihr solltet die Kamele besser die ganze Nacht über gut bewachen.«

»Wie wäre es, wenn du sie zur Abwechslung bewachen würdest?«

»Ich wünschte, ich könnte es, Patron«, sagte er, »aber mein Bein, du weißt...«

In diesem Augenblick gab es eine ohrenbetäubende Explosion. Wir fuhren alle drei hoch. Eine Maschine vom Typ Jaguar flog so niedrig über uns hinweg, daß ich den Piloten im Cockpit erkennen konnte. Der Lärm zerrte an unseren bloßliegenden Nerven, aber er erinnerte mich daran, daß dieses Land im Krieg lag. Auch unsere Reise war ein Krieg. Wir mußten nun all unseren Mut und unsere Ausdauer zusammennehmen, um weiterzuziehen.

Ich dachte an den marokkanischen Reisenden Ibn Battuta. Er hatte in seinem Leben 120000 Kilometer zurückgelegt, alles ohne die segensreiche Hilfe des Verbrennungsmotors. Er hatte jeden muslimischen Staat besucht, der damals existiert hatte. Ich mußte an seine Gefangennahme durch die Schwarzen denken, die ihn zum Hinsetzen gezwungen und einen Strick vor ihn gelegt hatten. »Mit diesem Strick werden sie mich fesseln, wenn sie mich töten werden«, hatte er zu sich selbst gesagt. Das Leben in der Sahara war nie einfach gewesen. Und das war es auch heute nicht.

Bei unserer Ankunft im Hauptquartier der Brigade sahen wir mit Erstaunen, daß noch weitere Touristen sich dort befanden. Zwei Landrover und ein Toyota waren davor geparkt. Einer der Rover gehörte ein paar Studenten der Universität von Edinburgh. Sie waren auf dem Weg nach Zentralafrika gewesen, aber auf die geschlossenen Grenzen des Niger gestoßen.

Die vier männlichen Studenten trugen sämtlich olivgrüne Safari-Anzüge, die wie Uniformen aussahen. Das fünfte Mitglied der Gruppe war eine ziemlich attraktive Frau mit üppiger Figur und schwarzen Haaren. Sie saß in einem Klappstuhl und sah krank aus. Die Männer hatten unerfahrene, ernste Gesichter. »Ich persönlich war gegen diese Route«, sagte einer von ihnen zu mir. Er war ein kleiner Schotte, ein wenig schüchtern, mit eckigem Gesicht und einem Flaum goldener Barthaare. »Ich wußte, dieser weiche Sand würde das Fahrzeug ruinieren.« Er zeigte mir das jämmerlich auseinandergebrochene Fahrgestell des Landrovers und sagte liebevoll: »Er ist dreizehn Jahre alt. Nun werden wir ihn wohl hierlassen müssen.«

Der Chef der Gendarmerie war derselbe Mann mit den gelben Zähnen, den wir in der letzten Nacht bereits kennengelernt hatten. Neben ihm stand der zerlumpte junge Mann, der unsere Pässe beschlagnahmt hatte. Er war mittlerweile nüchtern und lächelte uns bei unserem Eintritt in das Büro freundlich zu. Wir lächelten erleichtert zurück. Der Chef forderte uns auf, unsere Quittungen vom Kauf der Kamele vorzuzeigen, auf die er seinen Gummistempel drückte. Dann verlangte er 250 Francs für jedes Kamel und 1000 Francs für unseren Führer. Ich nahm an, es handle sich um Schmiergeld.

Eine Stunde später wurde unser Gepäck von den Gendarmen durchsucht. Drei Polizisten wühlten sich mit einer Mischung aus Neugier und Gier durch unser Gepäck. Marinetta und ich hielten den Atem an, als sie auf die Signalrakete stießen. »Das ist eine Pistole«, sagte einer von ihnen. Mein Herzschlag setzte aus.

»Nein«, sagte Marinetta mit süßem Lächeln. »Das ist eine Signalrakete für den Fall, daß wir uns in der Wüste verirren.«

»Sieht aus wie eine Pistole«, wiederholte der Polizist, aber er legte sie bereits entmutigt zurück. Unsere Seufzer der Erleichterung müssen unüberhörbar gewesen sein.

Ein anderer Soldat fingerte an einer unserer Wasserflaschen herum. »Das ist Militärgerät«, erklärte er. »Das ist illegal im Tschad.«

»Es ist nur eine Wasserflasche«, sagte ich. »Und sie ist nicht in besonders gutem Zustand.«

Der dritte Soldat starrte bereits auf die Landrover, die vielversprechendere Beute verhießen. »Ach, was haben Leute mit Kamelen schon?« sagte er. Später konfiszierten sie bei den Studenten zwei Paar »Militärstiefel«.

Vor dem Büro des Kommissars sprach mich ein fetter Mann in langer, blauer Gandourah auf Arabisch an. Er sagte, er sei Sudanese und komme aus Darfur im westlichen Sudan, einer Region, die ich bestens kannte. Er arbeite als Arabischlehrer in Bol, sagte er. Er sah nicht wie ein Sudanese aus. Ich hatte nie von dem Dorf, aus dem er zu kommen behauptete, gehört. Offensichtlich sah ich ziemlich verwirrt aus, denn er sagte schnell: »Ich bin in Khartum aufgewachsen.« Ich sagte ihm, ich hätte in Khartum gelebt und würde die Stadt gut kennen. Er wechselte sehr schnell das Thema.

Die Insassen des zweiten Landrovers waren ein fröhliches französisches Paar mit zwei Kindern. Die Kinder litten beide an einer Bindehautentzündung. Das Pärchen war reisesüchtig und auf dem Weg nach Indien; es kalkulierte für die Reise zwei Jahre. Als sie ankamen und vor dem Büro des Kommissars warteten, sagte der fette Araber zu mir: »Glauben Sie nicht auch, daß diese Französin arabisches Blut in den Adern hat?«

»Keine Ahnung«, erwiderte ich.

Der Kommissar war ein jugendlicher, attraktiver Mann. Er war sehr schweigsam. Nach einigen Augenblicken zeigte er auf das Porträt Hissène Habrés an der Wand. »Wissen Sie, wer dieser Mann ist?« fragte er. Er erzählte uns, daß er als Flüchtling mit Habré im Sudan gewesen sei. »Das gehört heute alles der Vergangenheit an«, sagte er. »Damals sind wir weggelaufen. Jetzt sind wir wieder zurück.« Er versuchte, uns etwas über die Verhältnisse im Tschad, im Vergleich zu den anderen Ländern, durch die wir gereist waren, zu entlocken. Gefahr ahnend blieben wir beide stumm. Auch er wurde still, und vermutlich überlegte er, was für ein Gewinn wohl aus zwei Kamelreitern herauszuschlagen war. Dann trat ein Mann ein und sagte zu ihm: »Neue Befehle, Kommissar. Bis morgen darf niemand das Land betreten oder verlassen.«

Der Kommissar bemühte sich, ein aufgeregtes Gesicht aufzusetzen, aber sein »*Merde*!« klang nicht überzeugend. Er wirkte vielmehr, als fände er Spaß daran. »Ich weiß nicht, ob wir Ihnen die Weiterreise gestatten können«, sagte er, bevor wir gingen. »In diesem Land herrscht Krieg, wissen Sie!« Er sagte uns, wir sollten am nächsten Tag wiederkommen.

Verwirrt gingen wir hinaus. Im Niger waren wir sechs Tage lang festgehalten worden, hatten jedoch nie daran gezweifelt, daß alles mit rechten Dingen zuging. Hier aber hatte man das Gefühl, Opfer eines Katz-und-Maus-Spiels zu sein, dessen einziges Ziel Ausbeutung war. Ich hatte das unbehagliche Gefühl, daß diese Leute fähig waren, mir alles zu rauben, Kamele, Geld, sogar meine Frau. In dieser Nacht beschlossen wir, daß wir uns unter keinen Umständen trennen lassen würden, egal was geschähe. Wir würden uns weigern, auch nur einen Fußbreit nachzugeben. Wir würden unsere Pläne nicht aufgeben. Wir würden ihnen unsere Kamele nicht überlassen. Wir würden keinen Pfennig als Bestechung zahlen. Die einzige Methode, um weiterzukommen, war der Kampf.

Am folgenden Morgen ließ der Kommissar mich alleine kommen.

Bevor ich sein Büro betrat, vergewisserte ich mich, daß Marinetta bei dem französischen Paar saß. Mir war aufgefallen, daß der fette Araber wie ein Geier herumhing.

Im Büro des Kommissars befand sich einer der britischen Studenten. Der Mann rutschte nervös auf einem Stuhl hin und her, er sah schmal und hübsch aus mit seinen hellen, blauen Augen. Auf dem Schreibtisch zwischen ihnen stand ein gewöhnlicher Kassettenrecorder mit einem zusätzlichen Verstärker, der offensichtlich aus dem Rover ausgebaut worden war. Der Kommissar bat mich, dem Studenten zuliebe aus dem Arabischen ins Englische zu übersetzen. Gleichermaßen nervös setzte ich mich neben ihn.

Der Kommissar begann die Situation zu erläutern. Bei Sonnenuntergang des vorhergehenden Tages hatte jemand (womöglich der »arabische Lehrer«?) gesehen, wie die britischen Studenten einem Funkgerät mit Antenne gelauscht hatten. Dann hatte einer von ihnen ins Funkgerät gesprochen. Als dieser »Jemand« nähergekommen war, hatten die Studenten den Apparat schnell versteckt. Die Gendarmen hatten später danach gesucht, ihn aber nicht gefunden. Er wollte wissen, wo der Sender war. Ich hörte ungläubig zu. Die Geschichte war ganz offensichtlich ein Lügenmärchen. Dennoch war ich verpflichtet, sie zu übersetzen.

Der Student, der Graham hieß, hörte mir mit wachsendem Unbehagen zu. »Das ist doch nicht möglich!« rief er aus.

»Ich weiß«, sagte ich, »aber ich übersetze nur, was er gesagt hat.«

»Es gibt kein Funkgerät«, sagte Graham zitternd. Ein anderer Mann mit einem aggressiven, bullenartigen Gesichtsausdruck kam herein und postierte sich neben dem Kommissar, während er uns feindselig ansah.

»Wenn dieses Funkgerät nicht gefunden wird, werden Sie größte Schwierigkeiten bekommen!« sagte der Kommissar.

Graham wurde rot. »Alles, was wir außer dem hier haben«, sagte er und zeigte auf den Kassettenrecorder, »ist ein Sony Walkman.«

Der Kommissar befahl ihm, loszugehen und ihn zu holen. »Ich glaube nicht, daß sie wirklich einen Sender haben«, wagte ich einzuwerfen.

»Was ist mit den beiden hier?« fragte das Bullengesicht. »Sollten wir nicht eines ihrer Kamele beschlagnahmen?«

Graham kam mit einem kleinen Sony Walkman zurück. »Das meinen wir nicht«, sagte der Kommissar. »Ich habe schon so einen.«

»Wir haben nichts anderes«, sagte Graham. »Nur dieses Autostereogerät.«

»Ach ja«, sagte der Kommissar, als ob er das Stereogerät auf dem Tisch zum erstenmal sähe. »Ich glaube, für ein normales Stereogerät hat es zuviel Power. Es könnte für andere Zwecke benutzt werden.«

»Es hat viel Power, weil der Landrovermotor so laut ist«, sagte Graham. »Es muß lauter sein als der Motor.«

»Hören Sie zu«, sagte der Kommissar, »letztes Jahr sind vierhundert Touristenfahrzeuge hier durchgekommen, und keines hatte eine so laute Stereoanlage wie dieses hier. Was zum Beispiel ist das hier, ›graphischer Entzerrer‹? Das ist keine gewöhnliche Stereoanlage! Sie könnte zum Morsen benutzt werden – Tele*graph*, sehen Sie!«

Ich sah dem Spiel, das er mit Graham trieb, beklommen zu. Ich sah zu, wie Graham kämpfte, und nichts hätte ich lieber getan, als ihm zu sagen, er solle nicht nachgeben. Ich fühlte eine intuitive Sympathie für ihn, ein Mitglied meines eigenen Volkes. Ein Mann muß seine Interessen verteidigen. Aber meine unmittelbare Verantwortung galt mir und meiner Frau, und ich fürchtete, unsere eigene Reise würde hier, in diesem düsteren Raum am Ufer des Tschadsees, zum Stillstand kommen. Ich mußte an meinen Widerstand gegen die Verhörausbildung beim SAS-Regiment denken. Das Schikanieren, der Druck, die Desorientierung, all das kam mir sehr vertraut vor. Diese Leute benutzten kaltblütig Drohungen, um dieses Ausrüstungsstück zu stehlen. Ich wußte es, und Graham wußte es. Der Kommissar wußte es ebenfalls, aber er scherte sich nicht darum.

»Ich werde Ihnen etwas sagen!« sagte er plötzlich. »Wir lassen Ihnen den kleinen Walkman. Das ist das Wichtigste für Sie. Aber die große Anlage hier behalten wir. Entweder bleibt sie hier oder Sie selbst.«

Graham dachte einen Augenblick nach. »In Ordnung«, sagte er mit so viel Würde, wie er aufbringen konnte. »Ich wußte nicht, daß die Vorschriften so streng sind.«

»Und nun, erzählen Sie keine schlimmen Geschichten über uns, wenn Sie wieder zu Hause sind«, sagte der Kommissar frohlockend vor Triumph.

»Ich werde nur die Wahrheit sagen«, antwortete Graham tapfer.

Und ich auch, dachte ich beim Hinausgehen.

Marinetta wartete draußen in der Sonne auf mich. Sie sagte, der fette Araber hätte versucht, sie alleine zu erwischen, und sie gefragt, wo sie letzte Nacht geschlafen hätte. In diesem Moment rief Jibrin uns zu sich und stellte uns einem älterem Mann in einer schicken Gandourah vor. Zu meiner nicht geringen Überraschung stellte sich heraus, daß der Mann der Préfet von Bol war. Er fragte uns interessiert nach unserer Reise und erkundigte sich dann: »Was ist das für eine Verzögerung wegen der Pässe? Sie sollten nicht seit zwei Tagen warten müssen.« Einige Sekunden später tauchte der Kommissar aus seinem Büro auf, und der Préfet rief ihn zu sich. Der Kommissar sah uns neben dem Préfet stehen und dachte vielleicht, ich hätte die Geschichte mit der Stereoanlage erzählt. Mit schuldbewußtem Gesichtsausdruck schlich er heran. »Was ist das für ein Theater mit den Pässen?« fragte der Préfet ihn. Bevor der Kommissar antwortete, schickte er uns weg. Wir warteten, und eine halbe Stunde später erhielten wir unsere Pässe zurück.

Kurz vor unserem Aufbruch sah ich, wie der Chef der Gendarmen dem französischen Paar Vorhaltungen machte, das den gesamten Inhalt seiner Abfallsäcke in einem Haufen vor dem Büro des Kommissars hingekippt hatte. Normalerweise verabscheute ich Abfall. Aber in diesem Fall schien er mir eine passende Reaktion zu sein.

Fünf Tage noch durchstreiften wir das Ufer des Tschadsees. Wir kamen durch kultiviertes Land, wo die Kolbenhirse so hoch und majestätisch stand wie ein Garderegiment. Auf den Feldern wimmelte es vor Menschen, die mit Blechdosen klapperten und heiser die angreifende Flottille von Vögeln anschrien. Zwischen den Feldern lagen gepflegte Weiler, vier oder fünf Lehmhäuser, die sich um einen Platz gruppierten. Riesige alte Bäume warfen ihren schwarzen Schatten über den glatten Boden. An manchen Stellen ragte ein Gewirr aus Dumpalmen und Akazien wie in den Regenwäldern am Äquator in den Horizont. Es gab Merikh- und Tundub-Bäume mit dicken, saftigen Trieben, zwischen deren Zweigen rote Beeren wie Weintrauben herabhingen. Goldenes Heskanit-Gras sproß aus den Spalten aufgebrochenen Lehms, der allmählich den Sand verdrängte.

Einmal stießen wir auf eine Karawane, die in Ledersäcken eingenähte Hirse transportierte. Die Araber, die die Karawane führten, erzählten uns, die Stadt Massaguet sei nur eine Tagesreise entfernt. In dieser Nacht schlugen wir unser Lager in einem dichten Wald auf. Binnen weniger Augenblicke waren die Kamele zwischen den Bäumen außer Sicht. Jibrin schnarchte schon. Ich mußte die Tiere im Unterholz aufspüren und sie beim Fressen überwachen. Der Boden war lebendig vom Getrippel Tausender von Mäusen, die über meine Füße krabbelten. Der Klang einer Trommel dröhnte durch die Bäume. Über den Speerspitzen der Bäume glänzten die Sterne heller als seit Tagen.

Am nächsten Morgen zogen wir in Massaguet ein. Das Dorf machte einen gedrückten und heruntergekommenen Eindruck und schmorte in der Hitze vor sich hin. Kinder mit aufgedunsenen Bäuchen sahen uns mit weitaufgerissenen Augen an, als wir durch das Labyrinth der Gassen gingen. Wir durchquerten die in Schlängellinien angeordneten Marktstände, an denen anscheinend als einziges Lebensmittel Sardinenbüchsen erhältlich waren.

Der Feldwebel der Gendarmerie war der flotteste Soldat, den ich bislang im Tschad gesehen hatte. Er hatte ein breites, schwarzes Gesicht, und sein Mund fiel leicht herab, als wir in unseren schmuddeligen Kleidern in sein Zimmer trabten. Auf seinem Schreibtisch standen zwei unbenutzte Granaten als Dekoration. Es war deutlich zu sehen, wie sehr er sich um Fassung bemühte. Die Gründlichkeit, mit der er unsere Pässe studierte, wirkte anfänglich sehr professionell, bis er Marinetta anblaffte: »Sie sind nur 157 Zentimeter groß?« Er kniff den Mund zusammen und zog die Augenbrauen hoch, als sei diese Tatsache höchst verdächtig.

»Ich bin sehr klein«, kicherte sie. »Das ist nicht mein Fehler.« Plötzlich wurde mir klar, daß die Zahl wahrscheinlich das einzige an dem Paß war, das er verstand. Ihre Antwort war zuviel für ihn, und er stand auf und befahl einem Soldaten, uns zu bewachen, dann trottete er hinaus.

Der Soldat war klein und walzenförmig und hatte nur ein Auge. Sein Gesicht war von roboterhafter Ausdruckslosigkeit. Seine Kappe war weit über sein gesundes Auge herabgezogen, und er trug einen Kampfanzug, der offensichtlich für einen schlankeren als ihn gemacht war. Er stand betreten neben uns und deutete dann auf ein

Poster an der Wand. Es zeigte eine Gruppe bärtiger libyscher Soldaten, wahrscheinlich die, die vor kurzem in Tibesti gefangengenommen worden waren, die in Ketten durch die Stadt geführt wurden. Einer der Libyer sah so unbehaglich drein wie ich, dachte ich.

Mit einem Ausdruck der Erleichterung erschien der Sergeant wieder. Er befahl dem Soldaten, uns zum Büro der Sicherheitspolizei zu bringen. Wir ließen die Kamele vor ein paar zerfallenden Ziegelsteinbauten, die um einen Hof angeordnet waren, niederliegen und luden ab. Ein alter Mann in einer schwarzen Gandourah fragte uns aus. Er hatte ein düsteres, braunes Gesicht und silbrige Bartstoppeln. Meistens sprach er in Gor'an mit Jibrin, aber einmal fragte er mich auf Arabisch: »Ist diese Frau Ihre Ehefrau oder Ihre Tochter?« Nachdem wir ihm alles erklärt hatten, sagte er zu uns: »Sie werden jetzt folgendes tun. Sie werden die Kamele hier bei uns lassen. Sie werden unter Bewachung nach N'Djamena fahren und dort den Chef der Sicherheitspolizei aufsuchen. Ihm können Sie alles erklären. Machen Sie sich bereit. Heute geht ein Transport in die Hauptstadt ab.«

Nachdem wir unser Gepäck in ihrem Lager verstaut hatten, legte sich Jibrin im Schatten eines Strohdachs hin, stöhnte und behauptete, er hätte Fieber. Ich gab ihm eine Dosis Chloroquin und ein paar Aspirin. In der Ecke des Hofs befand sich eine Toilette, ein Loch im Boden hinter einer Mattenwand. Wir gingen hinter das Mattengerüst, um unsere westliche Kleidung anzuziehen. Seit unserem Aufbruch aus Agadez vor dreiundvierzig Tagen hatten wir unsere Kleider nicht mehr gewechselt. Meine Hände waren mit dicken Schwielen übersät, meine Finger von tiefen Furchen durchzogen, von Feuerasche verbrannt und von Steinen und Pflanzen zerkratzt. Mein Gesicht war von der Sonne geröstet, ausgenommen der rosige Streifen quer über meinem Kopf, wo das Kopftuch gewesen war. Ich sah Marinetta zu, wie sie ihre Latzhose anzog. Ihre Muskeln waren nun so hart wie die eines Athleten. Ihre Haut hatte da, wo sie der Sonne ausgesetzt gewesen war, einen tiefen Bronzeton angenommen. Vorbei der Anschein rührender Unschuld, den ich in ihrem Büro in Khartum als erstes wahrgenommen hatte. In ihren Augen lag das wilde Feuer einer starken Frau.

Wir waren gerade mit dem Umziehen fertig, als jemand rief, der Transport sei angekommen. Wir sammelten unsere wenigen Besitztümer ein und gingen hinaus. Der sogenannte Transport war ein Sattelschlepper, auf dessen Ladefläche sich an die fünfhundert Menschen Schulter an Schulter drängten. Jibrin stöhnte von neuem. »Mit so etwas können wir nicht fahren!« sagte er. Ein junger, pausbäckiger arabischer Soldat mit einer Kalaschnikow erschien und machte uns nach dem Aufsteigen ein winziges Fleckchen frei. Unsere Beine hingen gefährlich über die Seite hinab. Jibrins Leidensbecher war voll. Er hatte noch immer Fieber, und sein Bein schmerzte in dieser gequetschten Lage. Wahrscheinlich starb er auch vor Angst, das Fahrzeug könnte sich überschlagen, was bei den Hunderten von Passagieren durchaus möglich schien. Hinter uns stießen und schoben und boxten die Leute aufeinander ein, schnatterten auf Arabisch und Gor'an und beklagten sich über ihre verlorenen Sitzplätze. Als das Fahrzeug losruckelte, begann eine alte Frau, Marinetta ihre knochigen, schwarzen Finger in den Rücken zu bohren. Die Frau hatte ein grauenhaftes Gesicht. Ich sagte ihr, sie solle aufhören, aber sie ignorierte mich und fing an, obszöne Bemerkungen auf Arabisch von sich zu geben. Die Männer lachten, sahen aber verlegen aus.

N'Djamena war nur etwa sechzig Kilometer von Massaguet entfernt. Die Sonne begann zu sinken, und dann glitzerten die Lichter der Stadt unheilvoll durch die Dunkelheit. Der Sattelschlepper kam rüttelnd an einem Kontrollposten zum Stehen, und die Passagiere kletterten hinunter und begannen ihr Gepäck zum Durchsuchen zu öffnen. Wir mußten in einen wartenden Landrover umsteigen. Langsam wurde es ernst. Überrascht konstatierte ich, daß der Landrover uns auf der Straße absetzte und unser Bewacher uns aufforderte, ein Taxi ins Hauptquartier der Sicherheitspolizei zu nehmen – auf unsere Kosten selbstverständlich. In diesem Moment stellte ich mich quer. »Warum sollen meine Frau und ich die Nacht auf einem Polizeirevier verbringen?« fragte ich. »Das ist unmöglich. Wir sind keine Spione oder Kriminelle, und wir haben Visa für dieses Land. Das einzige, was wir getan haben, ist, daß wir auf Kamelen eingereist sind, und das ist kein Verbrechen.« Ich bestand darauf, daß wir in ein Hotel gehen und ordentlich schlafen würden. Am nächsten Morgen würden wir dann ins Hauptquartier der Sicherheitspolizei kommen. Unser Bewacher war sehr jung und offensichtlich nicht daran gewöhnt, Entscheidungen zu treffen. Er schwankte, und am Ende überredete ich ihn. Wohin schließlich sollten wir gehen, so sagte ich, wenn er doch unsere Pässe hatte.

Das Hotel hieß Hôtel du Lac und wurde von einem nervösen Kanembu betrieben. Zuerst wollte er nichts von uns wissen. Dann brachte er unseren Bewacher dazu, beim Hauptquartier anzurufen und sich zu vergewissern, daß alles seine Richtigkeit hatte. Er führte uns in ein Zimmer ohne Möbel mit einer Matratze am Boden. Er lächelte bedauernd. »Der Krieg«, seufzte er. »Vor dem Krieg gab es hier Touristen. Nun ja, so spielt das Leben. Gott ist großmütig.«

Vor dem Schlafen durchsuchte unser Bewacher unsere Habseligkeiten und nahm unsere Messer mit. Ich fragte mich, was wir seiner Ansicht nach wohl damit anstellen wollten. Er saß mit der Kalaschnikow auf den Knien vor unserem Zimmer und bereitete sich auf eine lange Nachtwache vor. Jibrin streckte sich neben ihm aus. Drinnen lagen wir schwer angeschlagen auf unserer Matratze. Eine Jaguar flog über die Stadt und ließ sie unter dem dröhnenden Motorengeräusch erbeben. Kurz bevor ich einschlief, hörte ich, wie der Metallriegel an unserer Tür vorgelegt wurde.

Durch das Land der wilden Tiere

Das Hauptquartier der Sicherheitspolizei war eine dunkle Zitadelle aus einem Alptraum. Man konnte sich gut vorstellen, daß sich hinter der zerbröckelnden Fassade rattenverseuchte Verliese, Folterbänke und Ketten verbargen. Ein Mann in zerlumpten Kleidern und ungeschnürten Stiefeln saß am Tor. Liebevoll wiegte er eine Maschinenpistole auf den Knien.

Das Gebäude selbst war hinter hohen Steinmauern errichtet, die von Einschußlöchern aufgefressen wurden. Es war wuchtig und kaputt, voller enger Gänge, in denen namenlose Gestalten schweigend an uns vorbeistapften. Reihen von Sperrholztüren waren vom Fett vieler Hände verschmiert. Nachdem wir eine Stunde in einem Gang auf dem Boden gehockt hatten, wurde Jibrin in ein Büro gerufen. Die Tür fiel hinter ihm ins Schloß. Jemand befahl uns grob, wir sollten im Hof warten.

Dort gab es eine Schulbank. Sechs oder sieben Soldaten in roten Baretts polterten um uns herum. Es waren Teenager mit der ganzen Arroganz von Jugend in Uniform. Sie spielten Karten und riefen einander in kreischendem Gor'an etwas zu. Danach veranstalteten sie einen Ringkampf und bewarfen sich mit Erdklumpen. Einer von ihnen ergriff seine Waffe und richtete sie auf einen anderen. Sie schienen beide betrunken zu sein.

Acht Stunden saßen wir auf dieser Bank. Niemand sprach mit uns oder rief uns nach innen. Die Soldaten schlurften Tee und machten sich über ein Linsengericht her, aber niemand bot uns etwas an. Jibrin erschien nicht wieder. Einmal tauchte ein großer, stämmiger Mann in einer sehr sauberen Gandourah aus dem Gebäude auf, gefolgt von einem Soldaten, der offensichtlich sein Leibwächter war. Unsere Soldaten stellten ihre Albereien ein und salutierten, während der Mann in eine Peugeot-Limousine stieg. Dann nahmen sie ihre Blödeleien wieder auf.

»Was meinst du, was Jibrin über uns erzählt?« fragte Marinetta. Die Soldaten starrten sie an, als wollten sie sie schweigend zwingen, den Mund zu halten. Aber sie hatte nur meine eigenen Befürchtungen zum Ausdruck gebracht. Mit außerordentlicher Deutlichkeit erinnerte ich mich an die abschätzigen Bemerkungen, die ich über den Kommissar in Bol gemacht hatte. Jibrin hatte die nigrische Staatsangehörigkeit, gehörte aber wie die herrschende Elite im Tschad zu den Gor'an. Er war einer von ihnen. Im Laufe der Stunden ließ ich mir die möglichen Folgen dieser Gefangenschaft durch den Kopf gehen. Nichts, was ich hier gesehen hatte, flößte mir Vertrauen ein. Wenn die Dinge sich zu unseren Ungunsten entwickelten, konnten wir bestenfalls hoffen, daß man uns ins nächste Flugzeug nach Europa setzte, dachte ich. Schlimmstenfalls wurden wir der Spionage verdächtigt, voneinander getrennt und ins Gefängnis geworfen. Die Vorstellung einer Trennung nach all den Strapazen, die wir zusammen durchlitten hatten, war unerträglich. Ich war außer mir vor Entsetzen, wenn ich daran dachte, daß Marinetta auf Gedeih und Verderb so zartfühlenden Soldaten wie diesen hier ausgeliefert sein könnte. Dann wäre es für uns beide noch besser, so dachte ich, wenn man uns abführte und erschoß.

Einmal stand ich auf, um meine Pfeife aus dem Rucksack zu holen. »Hinsetzen!« blaffte einer der Soldaten. »Rührt euch nicht von der Stelle, wenn man es euch nicht sagt!« Er sah aus wie sechzehn. Als ich mich hinsetzte, fing er an, den anderen zu schildern, wie er einmal einen Mann erschossen hatte.

Die Sonne brannte auf uns herab. Die Soldaten zogen sich in den Schatten eines zusammengefallenen Schutzdachs zurück. Der stämmige Mann kam in seinem Peugeot zurück, und die Soldaten stürzten aus dem Schatten hervor, um zu salutieren. Als er uns übersah, versanken Marinetta und ich noch tiefer in Niedergeschlagenheit. Unser Rücken schmerzte von der inzwischen ungewohnten Anstrengung, auf einer Bank zu sitzen. Wir waren hungrig und durstig. Wir hatten schon fast ein Stadium erreicht, in dem wir uns wünschten, jemand möge endlich anfangen, uns Fragen zu stellen, egal wie brutal, nur damit wir daran erinnert wurden, daß wir menschliche Wesen waren.

Ungefähr um zwei Uhr kam ein Mann in einem graublauen Safarianzug mit einem Papierfetzen in der Hand an die Tür. Er befahl uns zu sich. »Geht!« sagten die Soldaten.

Der Mann überreichte mir feierlich das Papier und sagte: »Hier ist es.« Ich blickte auf das einzelne Blatt hinab. Es war die Genehmigung, den ganzen Tschad auf dem Landweg bis zur sudanesischen Grenze zu durchqueren. Es war vom Innenminister höchstpersönlich unterzeichnet.

Als wir wie schockiert aufblickten, sagte der Mann: »Bleiben Sie auf der Hauptstraße. Weichen Sie weder nach rechts noch nach links ab. Melden Sie sich bei allen Polizeiposten auf dem Weg. *Bon voyage*!« Als wir mit Jibrin und unserem Bewacher aus Massaguet hinter uns aus dem Hof trotteten, reizte es mich nur zu sehr, eine äußerst obszöne Geste zu den Soldaten im roten Barett zu machen. Aber ich verkniff es mir.

Jibrin trennte sich eilig von uns vor dem Tor und humpelte mit seinen wenigen Habseligkeiten und seinem Koran in der Kartenschachtel davon. Der junge Araber aus Massaguet war nicht so leicht loszuwerden. Er hatte Anweisung, wie Leim an uns zu kleben. Wir wußten, was wir als nächstes zu tun hatten. Wir würden schnurstracks zur UNICEF-Zentrale eilen. Zufällig lag sie nur ein Stück weiter unten an derselben Straße, und wir hatten sie auf dem Weg hierher bereits bemerkt. Sobald die blaue UN-Flagge in Sicht kam, pflügte Marinetta wie ein Bulldozer darauf zu. Der Wächter mußte große Schritte machen, um sie einzuholen. Wir kamen kurz vor der Schließung in dem Büro an. Im Hof standen lauter abfahrbereite Fahrzeuge mit laufendem Motor. Ein Strom von Angestellten ergoß sich aus den Glastüren. Wir suchten verzweifelt nach einem freundlichen Gesicht, als jemand sagte: »Gütiger Gott! Hallo!« Es war Pamela Clifton, eine schlanke, elegante Engländerin, die wir ein Jahr zuvor in England kennengelernt hatten. Sie war eine der Stützen des Londoner Pressebüros der UNICEF gewesen. Nun war sie als Informationsbeauftragte für die UNICEF im Tschad tätig. Innerhalb weniger Minuten hatte sie alles in die Hand genommen und den Soldaten mit vollendeter Diplomatie weggeschickt. Als sie uns zu sich nach Hause einlud, war das die willkommenste Einladung, die ich in den letzten neun Monaten gehört hatte.

Die Wände von Pamelas Haus waren wie die aller Häuser in N'Djamena mit Einschußlöchern gespickt. Dahinter und hinter einem tschadischen Portier versanken wir in der daunenweichen Üppigkeit eines Sofas und schluckten Glas auf Glas eines frischen Mangosaftes hinunter. Die Klimaanlage surrte hinter uns. Der

Raum war fröhlich eingerichtet, und in einer Ecke stand ein Bücherschrank voller englischer Bücher.

Pamelas Stimme hatte etwas Beruhigendes an sich. Sie war klein und sehr gepflegt, und ihre kornblonden Haare waren kurzgeschnitten und modisch frisiert. Ihr Mund öffnete sich leicht und schnell zu einem Lächeln, und ihre blauen Augen blickten ständig wachsam und erregt. »Sie können Ihnen wirklich keinen Vorwurf daraus machen, daß sie so überempfindlich sind«, sagte sie. »In dem Land herrscht Krieg, und vergessen Sie nicht, daß es eines der ärmsten auf der Welt ist.« Das Durchschnittseinkommen im Tschad lag bei neunzig Dollar pro Jahr, so sagte sie uns. Das Land hielt sich fast ausschließlich dank riesiger Dollarspenden der Vereinigten Staaten über Wasser. Dennoch führten sie den Krieg gegen die weitaus reicheren Libyer mutig und hartnäckig. Der Vorstoß, der Habrés Männer vor kurzem im Norden gelungen war, war durch einen Seitenwechsel vieler Tubu zustande gekommen. Ihr Führer Goukouni Oveddei, der einst auf Seiten der Libyer gekämpft hatte, war inzwischen in Mißkredit geraten. Das hatte Habré die Chance eröffnet, die libysche Armee aus dem Norden zu vertreiben. Französische Einheiten waren eingeflogen worden, spielten aber nur eine defensive Rolle. Wir dankten unseren Schutzengeln für diesen Wechsel des Kriegsglücks. Ohne ihn hätten wir niemals die Erlaubnis erhalten, den Tschad mit dem Kamel zu durchqueren.

N'Djamenas Wunden waren Folge der Schlacht, die 1985 zwischen den Parteigängern Habrés und Oveddeis getobt hatte. Man sah kaum ein Gebäude, das nicht von Artillerie beschädigt oder von Kugeln durchsiebt worden war. Die rivalisierenden Armeen hatten tonnenweise Blei verschossen. Als allerdings Habré schließlich die Stadt übernommen hatte, waren die Vereinten Nationen eingezogen, um beim Aufräumen der Trümmer zu helfen. Einer der ersten westlichen Männer in der Hauptstadt nach dieser Schlacht war der UNICEF-Vertreter Ulf Kristoffersson gewesen. Er war ein charmanter Schwede mit einer Figur wie ein olympischer Gewichtheber, den Marinetta und ich im Sudan kennengelernt hatten.

Ulf begegnete uns zufällig am nächsten Morgen in einer schnittigen Mercedes-Limousine, auf deren Kühlerhaube der UN-Wimpel flatterte. Selbst Ulfs muskelbepackte, massige Gestalt wirkte in dem ausladenden Sitz aus blauem Samt zwergenartig, als er uns bat einzusteigen. Der Wagen roch nach neuem Leder. Die Tür fiel fast geräuschlos zu. »Ich fahre nicht gerne mit diesem Auto«, erklärte Ulf, »aber ich bin auf dem Weg zum Präsidenten. Wenn man keine Show abzieht, dann halten sie das für Schwäche. Dann verliert man seine Verhandlungsstärke.« Ich habe nie etwas für Autos übgriggehabt, aber die wenigen Minuten in diesem Schlitten, der sich vorsichtig seinen Weg durch die engen Straßen von N'Djamena bahnte, erschienen mir nach beinahe viertausend Kilometern auf dem Kamel wie ein Traum.

Ulf überraschte uns mit der Bemerkung, auch er interessiere sich für Kamele. Er hatte die Absicht, eine Herde zu kaufen. Die Kamele sollten von UNICEF-Angestellten benutzt werden, um abgelegene Orte in der tschadischen Wüste zu erreichen. Er hatte sogar schon einen Minikühlschrank bestellt, der per Kamel transportiert werden konnte und zur Aufbewahrung wertvoller Impfstoffe auf langen Reisen dienen sollte. »Er hat noch ein paar Kinderkrankheiten«, sagte er, »besonders die Solarzellenbatterie.« Später sahen wir ein Foto von einem von Ulfs Kamelen. Es trug den ledernen, mit Troddeln versehenen Kopfschmuck der Tubu, und auf seinem Hals war in ganzer Länge das Wort UNICEF eingebrannt.

Ulf setzte uns an der sudanesischen Botschaft ab, wo wir den Gesandten mit Generalvollmacht, Nureddin, kennenlernten. Er kam aus Wadi Halfa im Norden des Sudan, war aber einem Briten so ähnlich, wie es ein Afrikaner nur sein konnte. Seine offensichtliche Gutmütigkeit war herzerwärmend. »Es ist zu gefährlich, ausgerechnet jetzt durch den nördlichen Sudan zu reisen«, sagte er. »Es hat neue Entwicklungen gegeben.« Die neuen Entwicklungen waren die Libyer. »Sie könnten einen Lastwagen zum Nil nehmen«, schlug er vorsichtig vor. Ich zeigte ihm den Brief, den ich von der sudanesischen Botschaft in London erhalten hatte. Er seufzte und erklärte sich bereit, uns Einreisevisa auszustellen, sofern wir schriftlich bestätigten, daß wir die volle Verantwortung übernähmen. »Sie sollten ein Gewehr mitnehmen«, sagte er. »Gerade jetzt gibt es im Sudan nicht wenige böse Menschen.« Als die Visa eintrafen, waren deutlich lesbar die Worte »Mit Kamelen« darübergeschrieben.

Der Mann, der für die Koordination des Wiederaufbaus im Tschad verantwortlich war, hieß François Tissot. Er war Schweizer und lebte mit seiner Frau Susan in einem Palast in den Außenbezirken der Stadt. Tissot war Direktor der Abteilung für Entwicklungshilfeprogramme der Vereinten Nationen, die als Zahlmeister für die anderen Bereiche fungierte. Er lud uns ein, am Tag vor unserer Abreise bei ihm zu Abend zu essen.

Er war ein hochgewachsener, zynischer Mann mit einem trockenen Humor und einer Gelassenheit, die das Ergebnis von dreißig Jahren Hochstimmung, Niedergeschlagenheit und Rückschlägen war. Er und seine attraktive Frau hatten beinahe überall in Afrika gelebt. Susan Tissot fesselte uns durch ihre Schilderung Ugandas unter der Herrschaft Idi Amins. Ich fragte François, wie die UN-Hilfe funktionierte, und er erklärte mir, jedem Land stünde ein gewisser Kreditrahmen zu, der hauptsächlich von seiner Armut abhing. »Aber es gibt auch einen ethischen Faktor«, fügte er hinzu. »Im Fall des Tschad unterstützen wir Hissène Habré, weil Libyen eindeutig in ein fremdes Land eingedrungen ist.«

Beim Abendessen ließen wir uns an einer wundervollen Tafel aus massiver Eiche nieder, die für zwanzig Personen bemessen war. Marinetta schien auf der anderen Seite dieser polierten Holzfläche so weit von mir entfernt zu sein, daß wir einander kaum sprechen hörten. »Wir haben diesen Tisch aus Tansania mitgebracht«, sagte Tissot. »Nicht gerade eine Leichtigkeit, ihn herumzuschleppen, das kann ich Ihnen versichern!« Mir schien es allein schon eine außerordentliche Meisterleistung, einen solchen Gegenstand überhaupt in dieses abgeriegelte Land gebracht zu haben. Während wir Pizza und Eis aßen, erfüllte mich von neuem das Gefühl zu träumen. Es schien kaum möglich, daß wir erst vor vier Tagen im Sand aus einem rußgeschwärzten Topf gegessen hatten.

Jibrin wartete in einer neuen weißen Gandourah vor dem UN-Gebäude auf uns. »Zahl mich aus, Patron«, verlangte er von mir. »Ich habe genug von diesem Ort.« Ziemlich widerwillig händigte ich ihm sein Geld aus; ich mußte daran denken, wie wenig Arbeit Jibrin im Vergleich zu unseren anderen Führern geleistet hatte. Ich war versucht zu sagen: »Nie haben so arme Leute so viel Geld für so wenig Arbeit gezahlt«, aber dann dachte ich an Jibrins zerschmettertes Bein und seine sieben mutterlosen Kinder in N'Guigmi. Die zehn Tage mit uns mußten eine wahre Folter für ihn gewesen sein. Ich machte ihm nicht einmal mehr einen Vorwurf für seinen Betrug: Von seinem Standpunkt aus hatte er das Richtige getan. Ein Mann muß zuerst an sich selbst denken. Und eigentlich hatten wir ihm viel zu verdanken. Er hatte so wenig gearbeitet, daß Marinetta und ich bis ins letzte Detail Experten im Umgang mit den Kamelen geworden waren. Als Führer war Jibrin eine hervorragende Vorbereitung darauf gewesen, wie es ohne Führer wäre.

Die Tür des Lagerraums in Massaguet öffnete sich knarzend, und ein Lichtstrahl fiel in die Dunkelheit. Drei Gestalten kauerten zwischen unserem Sattelzeug und unserer Ausrüstung. Das Licht hinterließ gelbe Flecken auf ihren zerlumpten Hemden und ihren grauen Gesichtern, und sie zwinkerten und kniffen in der ungewohnten Helligkeit die Augen zusammen. Der alte Sicherheitspolizeichef sagte mir, sie seien Verbrecher, die beim Diebstahl von Kleidern auf dem Markt erwischt worden wären. Sie seien hier eingesperrt, bis über ihr Schicksal entschieden wurde. Die grauen, niedergedrückten Gesichter sahen uns stumpf zu, während wir unsere Sachen wegräumten. Plötzlich war ich sehr froh, daß wir noch in dieser Nacht aufbrachen.

Unsere Kamele hatten auf den Feldern rund um Massaguet geweidet, und während wir darauf warteten, daß der Hirte sie holte, kauften wir auf dem Markt Vorräte ein. Ein junger Sicherheitsoffizier bestand darauf, uns zu begleichen. Wie die meisten anderen war auch er sicher nicht älter als zwanzig. Ich vermutete, daß praktisch jeder, der älter war, gegen die Libyer kämpfte.

Hassan war ein sehniger, nervöser Mann, ungestüm, impulsiv und offensichtlich ein heller Kopf. Er war als Flüchtling in Nigeria gewesen und sprach Englisch und Haussa ebensogut wie Französisch und Arabisch. Er sagte, die »Sûreté« sei »wie die CIA«, aber schon nach kurzem fiel die romantische Fassade in sich zusammen, und er gab zu, daß er sich über die Zukunft Sorgen machte. Er war ein Kanembu, sagte er, kein Gor'an, und gehörte nicht zur herrschenden Oberschicht. »Wenn man keine Freunde an einflußreichen Stellen hat, kommt man nirgendwo hin«, sagte er. »Wenn der Krieg vorüber ist, wird das das zentrale Problem werden.« Auf unserem Rückweg zum Büro enthüllte uns Hassan den wahren Grund seines Interesses an uns: Konnten wir ihm einen Job bei den Vereinten Nationen besorgen? »Man kommt nie auch nur in die Nähe, ohne jemanden zu kennen«, sagte er. »Wenn man einen weißen

Mann sehen will, muß man zuerst an einem schwarzen vorbeikommen.« Ich überlegte, ob diese Redensart aus der Kolonialzeit stammte.

Die Kamele sahen nach ihrer Ruhepause erholt aus. Während wir sie hastig beluden, wiederholte der Chef: »Sie sollten einen Führer nehmen. Es gibt jede Menge Banditen im Tschad. Es gibt Umstürzler und Rebellen, und alle haben sie Gewehre.« Wir blieben hart. Auf unserer Genehmigung stand nichts von einem Führer. Nach Jibrin hatten wir das Gefühl, wir würden alleine besser zurechtkommen.

Eine große Ansammlung von Leuten folgte unseren Kamelen zum Stadttor, wo ein nach Bier stinkender Soldat wieder einmal unsere Pässe überprüfte. Jenseits der hölzernen Barriere standen in brütender Dunkelheit niedrige Akazien. Der Soldat hob den Schlagbaum, wobei er sich unbeholfen auf das schwere Ende stützte. Hassan sah uns mit schweren Lidern skeptisch zu. »Hüten Sie sich vor wilden Tieren und wilden Männern!« rief er uns zu. Dann entschwand das Lichtgeflecht hinter uns.

Die Stadt mit ihren Waffen und ihrer Polizei war nur noch ein verschwommener Erinnerungsschimmer am unermeßlichen Wüstenhimmel. Zikaden vibrierten im Dornengestrüpp. Ratten und Eidechsen huschten umher. Die Nacht, der flüsternde Busch, die Schatten der Sterne und der letzte weiße Rand des Tages fügten sich zu einem Ganzen, das plötzlich gefährlich wirkte. »Es ist ein bißchen unheimlich«, sagte Marinetta. Die sudanesische Grenze lag mehr als neunhundert Kilometer weiter östlich. Es war, als wären wir allein in der ganzen, unendlichen Weite der Wüste.

Die Arbeit war nun, da wir nur noch zu zweit waren, härter, aber wir wurden dafür mit einem neuen Gefühl von Freiheit belohnt, das dem Umstand entsprang, daß kein Dritter uns den ganzen Tag lang beobachtete. Nach der furchterregenden Erfahrung unserer Festnahme und unserer kurzen Gefangenschaft in N'Djamena waren wir einander nähergekommen. Ich wußte, daß wir es ohne Führer bis zum Nil schaffen könnten, aber ich bezweifelte, daß einer es ohne den anderen schaffen würde. Es kam nicht in Frage, daß einer von uns alleine weitergehen würde: Wir würden es zusammen durchstehen oder gar nicht. Manchmal dachte ich, daß diese Gefühle eine rohe, eine unbehauene, eine Wüstenabart von Liebe sein mußten.

Während der nächsten Tage arbeitete Marinetta mit einer Entschlossenheit, die ich zuvor nur sporadisch an ihr wahrgenommen hatte. Sie schlug sich mit Kanistern herum, die selbst für einen kräftigen Mann schwer gewesen wären, und zerrte auf ihrer Seite an den niederdrückenden Vorratssäcken. Wenn die Kamele beladen waren, übernahm sie im Wechsel mit mir die Führung und ging immer so lange zu Fuß wie ich. Wenn ich mit Führen an der Reihe war, trieb sie die Kamele von hinten an, schwang ihren kleinen Stock und schnalzte, um die Tiere zu ermuntern. Wir kamen nun schnell voran, schneller als mit beinahe jedem Führer. Es war selten, daß wir an einem Tag weniger als 45 Kilometer zurücklegten.

Mittags machten wir im Schatten eines Baumes halt und aßen die Überreste des vorhergehenden Abendessens. Es war wieder heiß geworden. Der Winter hatte ein abruptes Ende genommen, seitdem wir nach Süden zogen. Wieder tranken wir reichlich Zrig. Sobald das Licht zu verblassen begann, suchten wir nach einem Platz so weit wie möglich von der Straße entfernt. Ich wußte, daß Hassans Bemerkungen über »böse Männer« kein Scherz gewesen waren. Wir luden die Kamele ab und bildeten eine winzige Insel in der Wüste, legten ihnen dann Kniefesseln an und schickten sie zum Weiden los. Wir bauten unsere Ausrüstung wie eine dreiseitige Festung gegen die vorherrschende Windrichtung auf. Unsere Sättel bildeten die Burgmauer, und jede Satteltasche und jeder Behälter hatte seinen Platz auf den Zinnen. Im Innern dieser Querencia breiteten wir unsere Unterlage aus und darüber die Decken. Wenn dann die Dunkelheit undurchdringlicher wurde und die Kamele unter den verkümmerten Bäumen umherwanderten, ließen wir uns auf den Decken nieder, und Marinetta machte Tee. Wir tranken jeder einen ganzen Becher voll, kochendheiß und sehr süß mit Trockenmilch. Das war das angenehmste Erlebnis des Tages.

Nach dem Tee, den wir auf unserem Gaskocher zubereiteten, sammelte ich Brennholz zum Essenkochen. Feuermachen war eine riskante Sache in diesem unsicheren Land. Ein Lagerfeuer war wie ein Leuchtfeuer, es zog Feinde und unerwünschte Gäste an. In der zweiten Nacht hinter Massaguet verließ ich das Lager, um nach den Kamelen zu sehen, während Marinetta das Abendessen kochte.

Plötzlich hörte ich sie rufen: »Maik! Schnell, komm zurück!« In den langen, flackernden Schatten standen drei Männer und beobachteten sie. Ihre gedrungenen Gestalten warfen häßliche Schatten auf den Sand, und ihre Gesichter leuchteten dämonisch im Feuerschein. Jeder von ihnen trug einen Speer mit einer blattförmigen Klinge und einem Heft, das auch den größten noch überragte. Die Männer standen bewegungslos da und starrten Marinetta an, als ich aus der Dunkelheit auftauchte. Abgesehen von dem Messer, das ich nun immer bei mir trug, hatte ich keine Waffe. Ich schüttelte jedem von ihnen die Hand, aber als sie Anstalten machten, sich niederzulassen, schlug ich mit fester Stimme vor, weiter weg wäre ein besserer Platz für ein Lager. Aus der Nähe besehen hatten die Männer einfache Bauerngesichter. Höchstwahrscheinlich waren sie gewöhnliche Einheimische. Aber ich hatte genug vom Tschad gesehen und gehört, um zu wissen, daß man besser kein Risiko einging.

Nach diesem Vorfall benutzten wir so oft wie möglich unseren Gaskocher. Er strahlte nur wenig Licht aus und war leicht hinter unserem Gepäck zu verstecken. Vor und nach dem Essen ging ich zu den Kamelen und wieder zurück. Die Überwachung der Kamele war ein Dauerproblem, besonders wenn der Mond nicht schien. Ich versuchte sie nicht aus den Augen zu lassen, was bedeutete, daß ich ihnen folgte und sie ins Lager zurücktrieb, wenn sie sich zu weit entfernten. Sie erforderten viel Mühle, zogen im Zickzack hierhin und dorthin oder verschwanden mit ihren Köpfen unter den Ästen dornengespickter Bäume. Oft verfing sich ein Nasenring in den Dornen, und das Kamel stand jaulend da und wartete, bis ich es erlöste. Bei hellem Mondlicht allerdings war mir eine gewisse Erholung vergönnt. Ich konnte die Kamele mit Hilfe eines Fernrohrs, eines großzügigen Geschenks eines Freundes in N'Djamena, vom Lager aus im Auge behalten.

Wenn das Essen fertig war, rief Marinetta mich zu sich. Wir aßen immer Reis oder Makkaroni, mit den gleichen alten Sardinendosen oder getrocknetem Fleisch. Wir aßen mit Tuareg-Löffeln, die wir im Niger erstanden hatten, und schaufelten das Essen aus dem Topf heraus, der uns seit Chinguetti begleitet hatte. Er hatte schon als Trinkgefäß gedient, als Waschschüssel, als Schöpfeimer und Wassertrog für die Kamele ebenso wie als Kochgerät. Der ursprüngliche Silberglanz war schon seit langem in eine glatte, rußschwarze Patina übergegangen, doch auch nach diesen Tausenden von Kilometern hatte er seine Form bewahrt. Dieser Topf war noch mehr als ein alter Freund für uns: Er war unser Zuhause.

Nach dem Essen verbrachten wir eine halbe Stunde beim Schein der Taschenlampe mit unseren Eintragungen ins Reisetagebuch. Wenn das erledigt war, trieben wir zusammen die Kamele ins Lager, so nah heran, daß wir sie berühren konnten, und banden ihnen für die Nacht die Knie zusammen. Sie bildeten die vierte Mauer unserer kleinen Kasematte in der Wildnis. Erschöpft krochen wir dann in unsere Schlafsäcke, und erst dann, als letzte Handlung des Tages, zündete ich meine Pfeife an. Diese wenigen Tabakzüge, während ich in der Grabesstille saß und dem Spucken der wiederkäuenden Kamele lauschte, schienen die Mühen des ganzen Tages aufzuwiegen.

Wir hatten zwar Anweisung, die Hauptstraße nie zu verlassen, aber wenn am Horizont Häuser erschienen, dann machten wir häufig einen Bogen um sie. Die meisten Dörfer hatten einen oder zwei Gendarmen, darunter viele Analphabeten, deren Angst vor uns sich als größeres Hindernis entpuppen konnte als unsere Angst vor ihnen. Es gab nur wenige Fahrzeuge auf der Straße, aber einmal rumpelte ein Militärkonvoi an uns vorbei, zehn oder zwölf Dutzend Schwerlaster, jeder mit einer Ladung Wachposten mit Schrotflinten obendrauf. Die Wachposten machten mit ihren ins Gesicht gezogenen Kopfbedeckungen und ihren vom Staub gebleichten Kampfanzügen einen verwegenen Eindruck. Der Konvoi machte irgendwo weiter vorne halt, und wir verließen auf der Stelle die Straße, umgingen ihn im Halbkreis und gelangten weiter vorne wieder auf die Straße. Das letzte, was wir brauchen konnten, war eine Auseinandersetzung mit dem Militär. Ein anderes Mal hörten wir Gewehrfeuer und sahen einige Jeeps, die an der Straße geparkt waren. Ein Trupp Soldaten feuerte über die Straße hinweg in den Busch auf der anderen Seite hinein. Ich verspürte keinerlei Bedürfnis herauszufinden, worauf sie schossen, obwohl mir die Straßenmitte ein seltsamer Platz für Zielübungen schien.

Hin und wieder mußten wir notgedrungen ein Dorf betreten, um Wasser zu finden. Am dritten Februar erblickten wir die Siedlung Ngoura. Sie lag inmitten einiger schlapper Dornenbäume, geduckt unter einem grauen Schieferbrocken. Eine Holzbarriere und ein Schild mit der schiefen Aufschrift: »Halt!« versperrte den Weg. Daneben stand eine Blockhütte, auf der verschlafen die tschadische Flagge flatterte. Ein Teenager mit Gewehr und in der Uniform eines Gendarmen kam uns entgegen. Er trug kaputte Sandalen und borstiges Haardickicht anstelle eines Käppis. Mit vor Angst weit aufgerissenen Augen näherte er sich uns. Ich holte unsere Pässe hervor, und der Junge schnalzte mit den Fingern danach, wobei er uns auf Armeslänge von sich fernhielt. Dann verschwand er wieder in der Blockhütte. Sofort stürzte ein Haufen Eingeborener heraus, als ob jemand eine Granate unter sie geworfen hätte. Sie umzingelten uns wie die Geier, ein Meer grauer Gesichter und schmutziger Gandourahs, das schnatterte: »Sind das Araber oder Christen?« Schließlich bahnte sich ein etwas respektabler aussehender Gendarm, der unsere Papiere hatte, seinen Weg durch die Meute. Er sprach uns auf Französisch an. »Sie reisen in den Sudan?« fragte er.

»Ja, aber wir brauchen Wasser für die Kamele.«

»Das Kamel ist ein sehr ausdauerndes Tier«, sagte der Mann. »Es kann sehr lange ohne Wasser gehen.«

Einen Moment lang fing ich Marinettas Blick auf. Ich sah weg. »Gibt es hier in der Gegend irgendwelche Brunnen?« fragte ich.

Das Wasser wurde aus einem tiefen Bohrloch hochgepumpt und in einige Betonbecken daneben geleitet. Es war zu bitter für uns, aber die Kamele schluckten es durstig. Einige Araber tränkten zwei plumpe Ponys. Die Männer hatten dumpfe, braune Gesichter und trugen riesige Speere und Armdolche.

»Woher kommt Ihr?« fragte einer von ihnen.

»Aus Mauretanien«, sagte ich.

»Ist das nicht das Land von Moukhtar Ould Daddah?« fragte er. »Die Menschen dort sind Araber, nicht wahr?«

»Ja, aber mein eigenes Land ist Großbritannien«, sagte ich, um Verwirrungen zu vermeiden.

Der Araber legte sein Gesicht in Falten. »Wo ist das?« fragte er.

Im Dorf saßen schlanke Frauen vor den Türen ihrer aus einem einzigen Raum bestehenden Lehmhütte. Entlang der Hauptstraße verkauften kleine Mädchen Trinkwasser in irdenen Krügen. Ein Mann grillte auf einem Holzkohlenbecken ein sehr mageres Hühnchen. Wir kauften das Huhn und Wasser, und während wir uns zum Essen hinhockten, bildeten die kleinen Mädchen eine Kette, um unsere Wasserkanister aufzufüllen.

Dörfer wie dieses unterbrachen die Monotonie der ariden Landschaft, durch die wir Stunde um Stunde und Tag um Tag dahintrotteten. Es war eine Steppe aus rotem Sand, spärlichen gelben Gräsern, Büscheln grauen Stechginsters und dornigen Bäumen und den merkwürdigen Doppelstämmen der Dumpalmen, die wie bogenförmige Riesenblumen aussahen. Einmal rannten wir mitten in eine Kudu-Herde, die von Arabern auf Pferden getrieben wurde. Das Vieh strömte wie ein vielfarbiger Ölteppich über die Straße, braun und golden, schwarz und weiß. Die Männer waren klein und dunkel, sie trugen verknotete Turbane, und an ihren Sätteln schwangen Bündel von *assagai*, Wurfspießen. Wir sahen Männer auf Kamelen, die zu fünft oder zu sechst in einer Staubwolke dahinpreschten, mit entschlossenen, dunklen Gesichtern unter ihren Kapuzentüchern.

Ganze Familien waren unterwegs: Reihen von Kamelen trugen wurmstichige alte Sättel und grobe Satteltaschen aus Kuhhaut. Kinder ritten auf Ochsen mit Ringen durch die Nüstern, und Frauen sprengten auf Kohorten von grauen Eseln dahin – hübsche, muskulöse Frauen, nackt von der Taille aufwärts, die feste Brüste und schmale, kupferfarbene Schultern entblößten.

Diese Menschen gehörten größtenteils zu den Baggara, Viehzucht treibenden Arabern, die in Afrika zwischen dem Tschadsee und dem Nil verbreitet waren. Ihre Zelte, die wie die der Tubu aus geflochtenen Palmfasern hergestellt waren, bildeten bunte, einem Iglu ähnliche Tupfer in der Landschaft und konnten leicht an den Rauchsäulen ihrer Lagerfeuer ausgemacht werden.

Je länger die ständige Angst vor den Behörden wie vor Banditen an uns fraß, um so mehr reduzierte sich unsere Existenz auf die Ebene des reinen Überlebenskampfes. Wir kamen uns vor wie ein Einsatzkommando hinter den feindlichen Stellungen, dem jede Bewegung tendenziell feindlich erscheint. Nach zwölf Stunden Marsch schlossen wir einander jeden Tag zur Feier unseres Überlebens fest in die Arme. Aber der Abend brachte kaum Entspannung. Die Kamele mußten vor Dieben bewacht werden, und das Kochen mußte in aller Heimlichkeit geschehen. Tausenderlei Aufgaben mußten erledigt werden: Zerrissene Säcke mußten geflickt, Sättel wieder ausgepolstert, Seile angezurrt und Fußfesseln repariert werden. Immer lauschten die Ohren in der Nacht auf das leiseste Geräusch, den weichsten Fußtritt, ein momentanes Einhalten im Mahlen der Kamele. Unsere Sinne wurden so geschärft wie die gejagter Tiere. Lange bevor wir einen Feuerschein sahen, rochen wir Holzrauch. Lange bevor sie näherkamen, machten wir die winzigen Gestalten von Kamelen in der Landschaft aus. Wenn wir am Abend einen Lagerplatz auswählten, suchten wir den Boden nach menschlichen und tierischen Spuren ab und untersuchten sogar systematisch mit Hilfe eines Fernrohrs die Umgebung, um sicherzugehen, daß niemand in der Nähe uns auflauerte. Wenn wir beim Teetrinken oder Essen Stimmen hörten, was mehrmals der Fall war, hielten wir inne und versuchten, die Gestalten in der Dunkelheit zu erspähen. Wir entspannten uns erst wieder, wenn sie gegangen waren.

Nachts schliefen wir mit geschärften Sinnen, unsere kläglichen Waffen neben uns. Das leiseste Geräusch ließ uns auf der Stelle hochschrecken. Oft wurden die Kamele hungrig und entfernten sich bis zu hundert Meter weit. Dann blieb mir nichts anderes übrig, als aufzustehen und sie beim Schein der Taschenlampe ins Lager zurückzubringen. Selten nur kamen wir in den Genuß einer durchgeschlafenen Nacht, aber dennoch waren wir noch vor Tagesanbruch auf den Beinen und beluden die Kamele für einen weiteren Tagesmarsch. Marinetta ertrug nun alles ohne die geringsten Klagen. Ihr rotes Gesicht nahm einen neuen Ausdruck ermatteter Entschlossenheit an. Wir wußten beide, daß wir es in den Sudan schaffen mußten.

Wenn wir zum Mittagessen haltmachten, plagten uns die Zecken. Marinetta brachte den ledrigen, kleinen Tierchen einen besonderen Abscheu entgegen. Sie waren ausgesprochen gerissen. Wenn man das Gelände rund um einen Baumstamm inspizierte, dann war nichts von ihnen zu sehen. Dann, just wenn man sich zum Essen hinsetzte, brach die Erdkruste auf, und eine Abteilung Blutsauger marschierte heraus. Nichts konnte sie von ihren Kamikaze-Überfällen abhalten. Sie krabbelten an unseren Beinen hoch und tauchten in die Nähte unserer Sandalen. Sie erklommen die steile Wand des Kochtopfs und seilten sich ins Essen ab. Sie blieben mir immer ein Rätsel. Ich wußte, daß sie jahrelang ohne etwas zu fressen überleben konnten. Aber warum waren sie unter manchen Bäumen heimisch und unter anderen nicht? Wie spürten sie die Anwesenheit eines Warmblüters? Ich überlegte mir, daß es nur Vibrationen einer bestimmten Größenordnung sein konnten, warum aber dann diese Verzögerung vor ihrem Erscheinen, wenn das zutraf? Sehr häufig trieben sie uns aus dem Schatten ins heiße Sonnenlicht hinaus, und ein paar besonders hartnäckige Exemplare folgten uns sogar dorthin.

Nachts waren wir so ausgepowert, daß wir uns kaum noch rühren konnten. Seit unserem Aufbruch aus Agadez im Dezember hatten wir insgesamt gerade acht Tage »Pause« gemacht. An beinahe jedem anderen Tag waren wir täglich zwischen zehn und zwölf Stunden marschiert. Die ständige Anstrengung selbst an den Tagen der »Ruhe« hatte unsere Kräfte aufgezehrt. Meine Haut glühte heiß wie Holzkohle von der ständigen Sonneneinstrahlung. Oft überkamen mich lähmende Migräneanfälle, verbunden mit Übelkeit und Herzklopfen, als ob die arbeitenden Teile meines Gehirns außer Kontrolle geraten wären. Vor meinen Augen erstand ein Geflecht glitzernden Lichts, das mich desorientierte. In solchen Phasen konnte ich nur noch reiten oder gehen, und Marinetta übernahm die Führung der Karawane. Wenn ich mich ans Tagebuchschreiben machen wollte, waren die Ereignisse des Tages bereits zu einem Potpourri zusammenhangsloser Bilder verschmolzen. Ein Dorf verschwamm mit dem nächsten, verloren in einer öden, schwarzen und trostlosen Landschaft, die sich über alles erstreckte und jedes Gebilde, das der Mensch auf ihrer Oberfläche geschaffen hatte, zwergenhaft klein erscheinen ließ. Der einzig bedeutsame Akt eines jeden Tages war der Moment, in dem ich unsere Position auf der Karte markierte und die Entfernung ausrechnete, die uns noch immer vom Sudan trennte.

Der Sudan wurde unser gelobtes Land, und der Tschad löste sich auf in einen Härtetest. Während die Erschöpfung wie Gift an uns zehrte, wurden wir immer paranoider. Jede Gestalt oder Menschenansammlung hinter uns wurde zum Verfolger. Ein Hirte mit einem Speer bat uns um Wasser; während ich die Schüssel aus unserem Wassersack füllte, sagte ich Marinetta, sie solle ihn beobachten, und stellte mir die ganze Zeit über vor, wie diese Lanze sich zwischen meine Schulterblättern bohrte. Als wir weiterzogen, folgte uns der Mann, wobei er seinen Speer wie ein Gewehr über der Schulter balancierte. Gingen wir schneller, so tat er desgleichen. Wenn wir auf einen anderen Pfad überwechselten, wechselte er mit uns. Wenn wir haltmachten, hielt er auch. In unserer Paranoia wurde er zu einem Feind, den wir um jeden Preis abschütteln mußten. Wir bestiegen unsere Kamele und trieben sie unbarmherzig an. Noch immer blieb die hartnäckige Gestalt hinter uns und schritt beharrlich mit ihrem Speer hinterher. Die Kamele hechelten, während wir ihnen die Peitsche gaben. Staubwolken wie Musselin stiegen in der Luft hinter uns auf. Jedesmal, wenn ich den Kopf umwandte, sagte Marinetta: »Er kommt noch immer näher!« Ich hörte die Bedrängnis in ihrer Stimme. Ich fühlte innerlich die gleiche Panik aufsteigen. Der Mann war in unseren Köpfen längst als Bandit verurteilt und verdammt, und nichts schien uns so wichtig zu sein, wie ihn loszuwerden. Eine Stunde vor Sonnenuntergang befanden wir uns in einem Wald aus Dumpalmen. Wir bahnten uns mühsam unseren Weg unter den bogenförmigen Wedeln. Sie erinnerten mich mehr an Malaysia als an die Sahara. Schließlich entschwand der Mann unseren Blicken. Wir zogen weiter, bis die Sonne zwischen den Bäumen im Hintergrund unterging. Weit abseits der Straße errichteten wir an einem versteckten Ort unter einem niedrigen Palmengebüsch unser Lager.

Gerade als wir uns zum Teetrinken hinsetzen wollten, hörte ich Stimmen. Sie kamen offenbar ganz aus der Nähe. »Scht!« flüsterte Marinetta, als ich meinen Tee absetzte. Es waren die Stimmen zweier Männer, und ich konnte das Knarzen eines Kamelsattels in der Dunkelheit hören. Ich nahm das Fernrohr und kroch wie ein Leopard aus dem Lager. Marinetta lag schweigend zwischen unserem getarnten Gepäck. Unsere Kamele weideten etwa hundert Meter weiter weg in den Büschen. Ich suchte mit den Augen den Wald ab. Zwei Kamelreiter bewegten sich verstohlen und offenkundig auf der Suche nach etwas durch den Palmenhain. Ich konnte das bleiche Mondlicht auf ihren knorrigen Gesichtern sehen und die Hefte ihrer Speere, die an ihren Sätteln festgebunden waren. Ich fragte mich, warum sie nicht die Straße nahmen. Plötzlich ließ einer der Reiter sein Kamel niederliegen und glitt davon. Ich dachte, sie hätten womöglich unsere Tiere erspäht. Dann, während ich zusah, hockte der Mann sich hin und urinierte. Danach führte er sein Kamel am Zügel und sie kamen bis auf wenige Meter an unser Lager heran. Erleichtert beobachtete ich, wie sie in den Palmwedeln verschwanden.

Unsere Kamele waren durstig und in jämmerlicher Verfassung. Ihre Füße waren aufgerissen durch den harten Untergrund, und der alte Shaybani hatte eine schlimme Wunde, die sich infiziert hatte und ekelerregend roch. Unter den Dumpalmen gab es nur wenig zu fressen für sie, aber ich wagte es nicht, sie weiter wegwandern zu lassen. Unter diesen Bäumen wären sie binnen weniger Minuten verschwunden. Ich mußte ihre Fesseln straffer anziehen und sie beständig im Auge behalten. Nach kurzer Zeit mußte ich dann die Fesseln lösen, die Kopfseile anlegen und sie ein Stück weiter führen, um sodann wieder die Fesseln anzulegen. Es war eine peinlich genau zu befolgende Prozedur, die Stunden zu dauern schien. Die ganze Zeit über sehnte ich mich danach, mich auf meiner Decke auszustrecken. Einmal hielt ich inne, um Marinetta am Feuer zuzusehen. Sie backte Brot, klopfte den Teig in flache Laibe und backte sie auf unserem Blechteller. Der köstliche Geruch von frischem Brot zog durch die Nachtluft. Der flackernde Feuerschein spielte über ihr in seine Aufgabe versunkenes Gesicht, auf dem sich eine unglaubliche Geduld und Entschlossenheit malten. Niemand, so dachte ich, konnte zäher sein als diese kleine, gewöhnliche, außergewöhnliche Frau. Ich war plötzlich und unwiderruflich froh, daß sie meine Frau war.

Am frühen Morgen trafen wir in der Stadt Ati ein. Es war die Hauptstadt der Region; hier brauchten wir noch einen weiteren Stempel, wenn wir nach Osten in die Provinz Wadai weiterziehen wollten. Die Stadt war gesäumt von neugesetzten Mesquite-Bäumen. Die Offiziere an den Straßensperren lächelten uns zu und schüttelten uns die Hände. Wir gingen an einem breiten Boulevard entlang, der überschattet wurde von einem gigantischen Laubbaldachin, bis wir zum Büro der Sûreté kamen. Der Wachposten kontrollierte unsere Genehmigung und schickte uns zum Polizeikommissar weiter.

Dieser war ein schüchterner Mann, der seiner dunklen Hautfarbe nach aus dem Süden stammen mußte. Er sprach Französisch und gab vor, kein Arabisch zu können. Er war sympathisch und sprach voll Zuneigung über die drei UNICEF-Krankenschwestern, die in der Stadt arbeiteten. Er stempelte unsere Pässe beinahe auf der Stelle und wollte sie uns gerade überreichen, als sein Gesicht sich umwölkte. Die Hand mit den Pässen hielt mitten im Schwung über dem Schreibtisch inne. »Sie sollten besser noch ein Wort mit dem Préfet wechseln«, sagte er. »Es ist nur eine Formalität, aber er hat es gerne, wenn man ihn auf dem laufenden hält.«

Sobald wir das Büro des Préfet betraten, wurde mir klar, daß uns Ärger bevorstand. Er hatte ein breites, dunkles Gesicht und war mit peinlicher Sorgfalt in einen Safarianzug mit steifem Kragen und Krawatte gekleidet. Ein strenger Nasenzwicker zierte das Ende einer leicht adlerartigen Nase. Er verzog sein Gesicht beim Gedanken an die Anstrengung, uns die Hände zu schütteln. Als wir uns hinsetzten, musterten uns die umschatteten Augen von Kopf bis Fuß. Sorgfältig faltete er unsere Genehmigung auseinander. Er schien davon unbeeindruckt zu sein. Als ich ihm das Empfehlungsschreiben von Ulf Kristofferson zeigte, der uns in N'Djamena zu Hilfe gekommen war, tat er unübersehbar verächtlich. »Wir können Ihnen nicht erlauben, mit dem Kamel weiterzureisen«, sagte er. »Wir haben es mit einem Problem der Sûreté zu tun. In diesem Land herrscht Krieg.« Ein kalter Angstschauer rann mir das Rückgrat hinab. Der Mann sah aus, als meinte er, was er sagte. Die sudanesische Grenze lag nur zwölf Tagesmärsche entfernt. War es möglich, daß wir nun gestoppt wurden, nach allem, was wir erlitten hatten?

»Nein«, fuhr er fort. »Was ist, wenn Sie vom Feind gefangengenommen und als Geisel gehalten werden? Dann gibt es noch das Problem mit den Räubern unterwegs. Nein, das ist unmöglich.«

»Wir hatten bis jetzt aber keine solchen Probleme«, entgegnete ich.

»Sie waren nicht im Tschad«, antwortete er, dann besah er sich unsere schmutzigen Kleider genauer. »Ich denke, Sie sind *Intellektuelle*. Sie halten das alles für ein Spiel.«

»Sehen Sie«, sagte ich, »wir haben die Erlaubnis des Innenministers persönlich, bis in den Sudan zu reisen.«

Er studierte erneut die Genehmigung, wobei er den Nasenzwikker kraftlos hochhielt. »Auf dieser Genehmigung«, sagte er triumphierend, »steht kein Wort von einem Kamel.«

Der Kommissar blinzelte uns in seinem Büro bedauernd zu. Er muß sich schuldig gefühlt haben angesichts der Tatsache, daß wir bereits gesehen hatten, wie unsere Pässe gestempelt wurden. »Es tut mir leid«, sagte er, »aber mir sind die Hände gebunden.« Dann ließ er die Bombe platzen: »Sie werden nach N'Djamena zurückfahren müssen.«

Ich lief dunkelrot an. Ich mußte mich sehr anstrengen, um meine Wut zu bezähmen. Ich konnte es einfach nicht glauben. Mein erster

Impuls war kämpfen. »Was ist, wenn wir uns weigern?« fragte ich ihn.

»Das wäre sehr ungeschickt«, sagte er, »aber diese Möglichkeit werden Sie gar nicht in Betracht ziehen, nicht wahr? Sie werden mit einem Bewacher fahren.«

Das war's also, dachte ich, nach einer solchen Entfernung, nach sieben Monaten Marsch. Das war das Ende der Straße.

Auf dem Lastwagen befanden sich keine weiteren Passagiere außer uns, einem Soldaten namens Musa und drei Ziegen, die mit Stricken an das Fahrgestell angebunden waren. Jedesmal, wenn der Laster über eine Fahrrinne rumpelte, purzelten die Ziegen übereinander und strangulierten sich dabei beinahe. »Wenigstens sind sie noch schlimmer dran als wir«, erklärte Marinetta, während sie dreißig Zentimeter von der Bastmatte hochgeschleudert wurde, die uns als Sitzgelegenheit diente. Der einzige Unterschied, den ich sehen konnte, war der Strick.

Die drei Tage dieser Reise zurück nach N'Djamena räumten meine letzten noch vorhandenen Zweifel darüber aus, daß Motorfahrzeuge keine idealen Transportmittel in Afrika sind. Wir wurden durchgerüttelt und durchgeschüttelt wie Rasseln, bis uns die Knochen wehtaten; wir wurden von der Sonne verbrannt und den ganzen Tag über von den Abgasen erstickt. Unser Bewacher Musa war ein Araber von entwaffnender Freundlichkeit mit sehr großen Ohren und hervorstehenden Zähnen, die ihm ein humorvolles Aussehen verliehen. Marinetta taufte ihn bald Topogigio nach dem italienischen Pendant zur Mickey Mouse. An der Maschinenpistole, die er trug, war allerdings nur wenig komisch, abgesehen davon vielleicht, daß sie total verrostet war.

Jedesmal wenn wir in einem Dorf hielten, durch das wir gekommen waren, scharten sich die Menschen um uns und fragten: »Wo sind eure Kamele?« Dann sahen sie auf Topogigio und seine Maschinenpistole und waren schließlich davon überzeugt, daß wir letztlich eben doch gefährliche ausländische Spione gewesen waren.

Am Tor vor dem Hauptquartier der Sûreté saß der Mann mit den zerlumpten Kleidern und ungeschnürten Stiefeln. Er grinste anzüglich beim Anblick unserer kleinen Prozession.

Wir warteten zwei Stunden in einem Gang, dann wurden wir zum Direktor für nationale Sicherheit gerufen. Er war ein junger, hübscher, gesprächiger Typ. Er trug ein rotschwarzes Hemd oder *batikh* und lächelte uns über den Schreibtisch hinweg an. »Aus Ati ist eine Nachricht über Sie eingetroffen«, sagte er. Ich zeigte ihm verärgert unsere Genehmigung. Sein dunkles, hübsches Gesicht verzog sich zu einem breiten Grinsen, dann warf er den Kopf zurück und lachte. »*Il n'a pas compris!*« grinste er. »Er hat nichts verstanden! Es liegt ein Irrtum vor. Wann möchten Sie wieder nach Ati zurück? Sofort! Warum bleiben Sie nicht übers Wochenende hier? Tanzen Sie nicht gerne?« Er muß die Antwort auf unseren grimmigen Gesichtern abgelesen haben, denn er rief nach einem kahlgeschorenen Polizeikommissar und wies ihn an, einen Brief an den Kommissar in Ati zu schreiben.

Zwei Stunden später warteten wir noch immer darauf, daß der Polizeibeamte sein Frühstück beendete. Dann rief er uns zu sich ins Büro und sagte: »Sie werden von hier nach Ati mit dem Lastwagen fahren. Dann werden Sie Ihre Kamele verkaufen und mit dem LKW in den Sudan reisen.«

In meinem Kopf drehte sich alles. Marinetta sah ihn mit offenem Mund an. Ich klammerte mich an den Schreibtisch und versuchte, meine Gefühle zu beherrschen. »Wir werden *nicht* mit dem Lastwagen fahren«, sagte ich ihm, so ruhig ich konnte. »Wir haben die Erlaubnis, mit dem Kamel zu reiten. Wir werden nur mit dem Kamel weiterreisen.«

Der Beamte sah mich in aufrichtiger Überraschung an. Dann stand er auf und stürzte aus seinem Büro. Wir saßen da und warteten, zu elend und verwirrt, um auch nur ein Wort zu wechseln. Ich kann mich nicht erinnern, wie lange wir so warteten, nur daß es das nervenaufreibendste und quälendste Warten der ganzen Reise war.

Dann kam der Polizeikommissar zurückgeeilt. Wir warteten mit angehaltenem Atem, während er sich hinsetzte. »Es tut mir leid«, sagte er. »Es liegt ein Irrtum vor. Sie werden bis Ati mit dem Lastwagen fahren. Dann können Sie die Reise *mit dem Kamel* fortsetzen.« Eine halbe Stunde später drückte er mir einen braunen Umschlag in die Hand. Marinetta und ich sahen uns an. Dann ballten wir beide spontan siegestrunken die Fäuste. Dieser Brief war unsere Eintrittskarte in den Sudan.

Im UNICEF-Gebäude sah François Tissot uns mit der verträumten Andeutung eines Lächelns an und bat uns in sein Büro. Wir sanken in seine Ledersessel und tranken Kaffee aus einer Thermoskanne. Tissot rief einen Mann namens Schiller herein. Er hatte lange graue Haare und einen riesigen Backenbart. Entweder der Name oder der Backenbart erinnerte mich an Albert Schweitzer.

»Ich bin sicher, Mister Schiller kann etwas für Sie tun«, sagte Tissot, »nicht wahr, Mister Schiller? Inoffiziell, natürlich.« Schiller nickte zustimmend. Zehn Minuten später hatte er arrangiert, daß wir in einem Wagen der Vereinten Nationen mit einem einheimischen Fahrer nach Ati zurückfahren konnten.

»Und schreiben Sie das ja *nicht* in Ihrem verdammten Buch!« sagte Tissot.

Wir füllten unsere Wasservorräte in Umm Hajar im Schlick einer erbsengrünen Flüssigkeit, die von den Regenfällen noch übrig war. Nackte Kinder planschten in dem trüben Wasser, andere angelten mit rechteckigen Netzen nach Fischen. Ein Araber namens Yasin eskortierte uns durch das Dorf. Er war ein gebildeter Mann vom Stamm der Baggara und arbeitete an einem OXFAM-Projekt in Umm Hajar mit, das eine zentrale Wasserstelle für die Viehzucht treibenden Araber war.

Yasin erzählte, daß es unter den Baggara drei Rangstufen gebe: diejenigen, die Vieh und Kamele züchteten, diejenigen, die Viehzucht und Ackerbau betrieben, und diejenigen, die nur Vieh hatten. Die Rinder waren alle vom Kudu-Typ mit kurzen Hörnern, die der Dürre seinen Worten nach besser standhielten als die Langhornrinder, die wir im Niger gesehen hatten. Aber viele Nomaden gingen zur Kamelzucht über, weil die Sahara jedes Jahr unerbittlich näherrückte. »Die Regenfälle in diesem Jahr waren nicht so schlecht«, sagte Yasin, »aber die Hälfte der Hirseernte ist einer Mäuse- und Heuschreckenplage zum Opfer gefallen.« Die Heuschreckenplage sei die schlimmste seit Jahrzehnten gewesen, und die Straßen waren schwarz vor Grashüpfern gewesen.

Ein belgischer Mitarbeiter der Hilfsorganisation namens Pierre erzählte uns, er hätte einen Heuschreckenschwarm gesehen, der so dicht gewesen war, daß er die Scheibenwischer einschalten mußte. »Sie brüten in der Nähe des Tschadsees«, sagte er. »Die Eier können drei Jahre befruchtet im Sand liegen. Die Dürre hat die natürlichen Feinde der Heuschrecken wie Ratten und Vögel getötet. Als der Regen einsetzte, schlüpften die Grashüpfer mit reichlich Nahrung und ohne Feinde aus den Eiern aus. So kommt es zu einer Plage!«

Pierre war halb Flame und sah mit seinem kurzen Haar und seinem propperen Bärtchen wie ein französischer Kavallerieoffizier aus dem 19. Jahrhundert aus. Ironischerweise war er nach Afrika gegangen, um dem Militärdienst zu entgehen. »Das hat alles seine Ordnung«, sagte er. »Wenn man selbst eine Stelle findet und sie zweiundzwanzig Monate lang behält, dann ist man nicht mehr wehrdienstpflichtig.« Nach dieser Zeit beabsichtigte er, sich mit seiner kamerunischen Frau in Yaoundé niederzulassen. Seine Frau war Brauerin und arbeitete für die *Brasseries Cameroun*.

Wir verließen Umm Hajar in sengender Hitze und errichteten unser Lager vor Sonnenuntergang inmitten gelber Stoppelfelder. Im Gras bemerkten wir zwei lange Gräben, wo starke Tiere den Sand ausgehoben und daneben aufgehäuft hatten. »Was war das?« fragte Marinetta.

»Wahrscheinlich Ameisenfresser«, erwiderte ich.

Unmittelbar nachdem wir unser Lager aufgestellt hatten, in den letzten grauen Schatten vor der totalen Finsternis, erstarrten wir vom furchterregenden Kreischen und Kichern von drei oder vier Hyänen. Es klang so, als seien die Tiere ganz in der Nähe, und ihr Gakkern und Krähen hörte sich beinahe wie die hämische Schadenfreude eines zutiefst bösartigen menschlichen Wesens an. Dann erstarb der Lärm, und Stille senkte sich herab. Die nur wenige Meter entfernten Kamele hatten zu grasen aufgehört und blickten nervös um sich. »Oh, Gott!« rief Marinetta aus. »Wir haben das Lager genau auf der Spitze eines Hyänenbaus errichtet!«

Sie erzählte mir von einem Film, den sie einmal gesehen hatte. Es war um einen exklusiven Spielklub gegangen, in dem reiche Kunden um enorme Einsätze spielten. Die, die ihre Schulden nicht begleichen konnten, verschwanden auf mysteriöse Weise. Ein Schuldner, der eine Schuld nicht beglichen hatte, versuchte zu entkommen. Man hörte den hohlen Klang seiner Schritte in den verlassenen nächtlichen Straßen. Dann holte ihn eine große, schwarze Limousine ein, und ein Schlägertrupp packte ihn. Das nächste, was man sah, war ein dunkler Keller und die gelben, glitzernden Augen hungriger Hyänen. Der Mann wurde schreiend durch eine Falltür geworfen, und die Hyänen stürzten sich auf ihn. Das letzte, was man hörte, waren seine Todesschreie, während die Tiere seine Knochen zermalmten.

»Mach dir keine Sorgen«, sagte ich zu Marinetta. »Hyänen greifen keine Menschen an. Sie sind Aasfresser.«

Ich fühlte mich nicht so selbstsicher, wie ich zu klingen versuchte. Der Glaube, Hyänen seien reine Aasfresser, war ein Mythos. Weil sie Angst vor dem Licht haben und nur nachts jagen, haben bis zur Erfindung der Infrarotfotografie nur wenige Leute sie beim Töten gesehen. Dann hatte eine weibliche Zoologin einen grausigen Film gedreht, in dem gezeigt wurde, wie Hyänen wilde Tiere in Tansania angriffen und töteten. Es war ein Film, den ich nie vergessen hatte. Dann war da noch das Beispiel des britischen Biologen, der nachts im Serengeti-Nationalpark mit dem Landrover unterwegs war. Nachdem ihm das Benzin ausgegangen war, hatte der Mann beschlossen, zu Fuß zu seinem Lager zurückzumarschieren. Er wußte, daß Hyänen in der Nähe waren, verließ sich aber darauf, daß sie nie einen Menschen angreifen würden. Während er seines Weges ging, begann ihm ein Rudel Hyänen zu folgen. Dem Biologen wurde langsam unbehaglich zumute, und er ging schneller. Die Hyänen kamen immer näher, und schließlich sprang eine von ihnen ihn an. Von Entsetzen gepackt hatte der Mann einen fast übermenschlichen Sprung auf einen Baum gemacht, und die Hyäne hatte nur seine Shorts erwischt. Bis zum Morgengrauen hatten die Biester sich um den Baun geschart, dann waren sie verschwunden. Als man am nächsten Tag die Sprungweite maß, stellte sich heraus, daß es beinahe ein olympischer Hochsprungrekord war.

Genau um ein Uhr morgens wurden wir durch einen Schrei, der uns das Blut in den Adern gerinnen ließ, geweckt. In einem Dornbaum keine fünf Meter entfernt lauerte ein dunkler Schatten. Hinter uns, auf halber Höhe, erfaßte meine Taschenlampe das Glühen goldgelber Augen. Ich packte die Machete, und Marinetta griff nach ihrem Stock. Unsere Kamele hatten das Kauen eingestellt; eines von ihnen, Pepper, war auf der Suche nach mehr Gras vom Lager weggewandert. Wir riefen und schlugen auf Teller und Töpfe. Der dunkle Schatten verschwand aus dem Dornbaum. Während Marinetta die Taschenlampe auf das glühende Augenpaar richtete, machte ich in

Windeseile ein Feuer. Die Augen zogen sich in die Finsternis zurück. Als das Feuer brannte, ging ich los, um Pepper näher zum Lager zu führen. Die Augen erschienen nicht wieder, aber wir unterhielten das Feuer bis zum Morgengrauen.

Den ganzen nächsten Tag über ging uns der Gedanke an Hyänen nicht aus dem Kopf. »Ich habe diese ganze Reise nicht gemacht, um von einer Hyäne aufgefressen zu werden«, sagte Marinetta.

»Keine Angst«, sagte ich zu ihr. »Die alten Forschungsreisenden machten sich gar nichts aus Hyänen.«

»Die alten Forschungsreisenden hatten ganze Armeen von Dienern und Gewehren dabei, die einem Elefanten den Garaus hätten machen können«, sagte sie. »Wir aber haben nur uns beide und eine Machete.«

»Und unsere Signalrakete«, antwortete ich.

»Bah!« sagte sie.

Mittags hielten wir wie üblich im Schatten eines Dornengebüsches an. Ein paar Minuten später kam ein Hilux-Pick-up voller Soldaten in Kampfausrüstung die Straße entlanggefahren. Sobald sie uns erblickten, hielt der Fahrer an, und die Soldaten sprangen herunter. Sie rannten mit ihren Knarren auf uns zu. Ihre Gesichter waren grimmig und unfreundlich, ihre Kampfanzüge schmutzig und zerfetzt. Ich hoffte, es wären regierungstreue Truppen und keine Rebellen. Marinetta und ich stellten uns in Verteidigungsposition vor unsere Kamele. Die Männer umringten uns drohend.

Ich war nervös, gleichzeitig aber auch verärgert, weil ihnen nichts Besseres einfiel, als offensichtlich wehrlose Menschen zu bedrohen. »Wollen Sie unsere Pässe sehen oder was?« fragte ich eine Spur zu brüsk.

Ein Junge mit der Visage eines Kleinkriminellen überprüfte unsere Papiere. »Welche Nationalität haben Sie?«

»Britisch und italienisch.«

»Die Briten und Italiener sind unsere Freunde«, sagte er und gab uns die Dokumente zurück.

»Wer braucht noch Feinde, wenn er solche Freunde hat?« sagte ich, aber erst, als der Laster sich in sicherem Abstand befand.

Als wir bei Sonnenuntergang unser Lager aufstellten, waren keine Hyänengeräusche zu vernehmen. »Gott sei Dank!« bemerkte Marinetta.

Nach dem Essen ging ich die Kamele holen, und bei meiner Rückkehr fand ich Marinetta, die mit der einen Hand die Machete und mit der anderen die Taschenlampe umklammerte.

»Was ist los?« fragte ich.

»Da!« stieß sie hervor. »Da bewegt sich etwas im Gebüsch!«

»Quatsch!« sagte ich, und genau in diesem Augenblick hörte man einen unheilvollen, knurrenden Laut, *ugh! ugh! ugh!*, und eine massige Gestalt bewegte sich in zehn Meter Entfernung aus dem Gebüsch. Sofort ertönte ein Ruf, und der Vorhang der Finsternis wurde von einem durchdringenden Lichtstrahl zerrissen. Ein Hund bellte und raste hinter unserem Lager in die Bäume. Der starke Lichtstrahl kam direkt auf uns zu und blendete uns. Ich nahm Marinetta die Machete aus der Hand. »Wer ist da?« schrie ich.

Hinter der Taschenlampe kamen zwei arabische Jungen zum Vorschein. Einer hielt die Lampe und einen Knüppel, der andere einen riesigen Speer. »Haben Sie die Hyäne nicht gesehen?« fragte einer von ihnen. »Wir sind hinter der Hyäne her.« Der Junge erzählte mir, sie kämen aus einem Baggara-Lager ganz in der Nähe und würden jede Nacht von Hyänen geplagt, die Lämmer, Kinder oder sogar Kälber rissen.

»Haben Sie das Gebell nicht gehört?« fragte er. »Das sind die Hirten und ihre Hunde. Sie schlafen nie hier. Man weiß, daß es hier Hyänen gibt, große sogar. Es sind die schlimmsten in Wadai.«

»Greifen sie auch Menschen an?«

»Ja. Das ist schon einige Male passiert. Sie haben vor überhaupt nichts Angst außer vor Licht und Feuer. Aber Sie sollten nicht so im Freien übernachten. Bleiben Sie in einem Lager oder Dorf. Die Hyänen greifen auch Kamele an.«

In dieser Nacht ließen wir das Feuer zum zweiten Mal bis zum Morgen brennen.

Am nächsten Tag durchquerten wir eine sandige, fast baumlose Ebene. Am Horizont tauchten bucklige Felsen auf. Ganz unvermittelt begannen uns Militärfahrzeuge zu überholen. Zuerst kamen zwei Jeeps mit hohen Funkantennen, dann einige Dreitonner, dann Schwerlaster. Die Fahrer waren Franzosen, die ohne Hemd und insektenäugig hinter ihren schwarzen Sandschutzbrillen hervorblickten. Manche von ihnen starrten uns verblüfft an. Andere fuhren vorbei, ohne einen Blick auf uns zu werfen. Es gab Militärkräne und

Bagger und Jeeps, die mit aufgepflanzten Maschinengewehren für den Kampf in der Wüste ausgerüstet waren. Ich vermutete, daß es sich um eine französische Kolonne mit Ziel Abéché-Region handelte, wo vor kurzem eine militärische Frühwarnstation eingerichtet worden war. Die Kolonne zog neunzig Minuten lang an uns vorbei.

Ihre Hinterlassenschaft war auf der ganzen Ebene verstreut: Streichholzheftchen, leere Dosen und haufenweise Mineralwasserflaschen aus Plastik. Ich blieb stehen, um sie mir genauer anzusehen. Das Mineralwasser war »Made in France«; unglaublich, so dachte ich, daß sie ihr eigenes Wasser den ganzen langen Weg mitgebracht hatten. In diesem Moment machte Marinetta einen Satz und stieß ein Freudengeheul aus. Sie hatte eine noch ungeöffnete Sparpackung Militärtoilettenpapier gefunden. »Das wird bis zum Nil reichen!« sagte sie.

Am Nachmittag rückten die Hügel näher. Es waren knorrige Granitkarbunkel, rosa und grau mit weißen Streifen, die sich terrassenförmig über einer Ebene aus verkümmertem Gras, rotem Sand un wenigen Bäumen erhoben. Wir schlugen schon früh das Lager auf, müde vom ständigen Schüren des Feuers in der vergangenen Nacht. Später brachte ich die Kamele herein. Das Feuer war am Verlöschen, und ich wollte gerade meine Pfeife anzünden, als Marinetta zischte: »Die Kamele haben aufgehört zu kauen!« Sie hatte recht. Sie waren still und starrten gegen die Windrichtung auf etwas, das keiner von uns zu sehen vermochte. »Was ist das für ein Geräusch?« stieß Marinetta mit angehaltenem Atem hervor. Deutlich erkennbar näherte sich uns ein rhythmisches Heulen, ein klagender Laut.

»Es klingt, als ob eine Ziege schlachtet würde«, sagte ich.

»Eine Ziege, meine Güte!« kreischte Marinetta und stand auf. »Das ist eine Hyäne, und sie kommt geradewegs auf uns zu!«

Ich schaltete meine Taschenlampe ein und sofort erblickte ich das Glühen mandelförmiger, golden schwelender Augen einen Steinwurf hinter den Kamelen. *Ugh! Uuugh! Ugh!* erscholl das schauderhafte Heulen aus der Finsternis. »Sie kommt!« flüsterte Marinetta. Ich packte die Machete. Sie folgte dem Tier mit dem Strahl der Taschenlampe, während es wachsam um uns herumschlich, nah genug, damit wir seine Ausmaße sehen und seine schweren Fußtritte hören konnten. Es hatte einen aufgedunsenen Bauch und einen riesigen, schwarzen Kopf. »Mein Gott!« keuchte Marinetta. Es war die größte Hyäne, die wir je gesehen hatten.

Die Hyäne machte kehrt, um sich in Windrichtung zu stellen, und schnupperte abschätzend in die Luft. Ich sah direkt in ihre höllischen Augen, und eine Sekunde lang war ich überzeugt, sie würde angreifen. Wie durch einen langen Tunnel sah ich in die ferne Vergangenheit des Höhlenmenschen zurück, erfüllt von der gleichen instinktiven Angst, die schon meine Urvorfahren gefühlt hatten: vor dem Dunkel der Nacht, dem offenen Busch, dem wilden Tier. »Nimm die Signalrakete!« schrie ich.

Marinetta wühlte fieberhaft in der Satteltasche. »Sie ist nicht hier!» jammerte sie.

»Sie ist verdammt noch mal schon da!« fluchte ich, während ich hinter unserer Gepäckbarrikade die Machete hochhielt. Schließlich gab sie mir die Signalrakete und ich legte eine Patrone ein. Ich spannte den Abzug und ließ los. Es gab ein entsetzliches, trockenes Klicken. Nichts geschah.

»Sie kommt!« jammerte Marinetta erneut. Ich zog ein zweites Mal am Abzug. Wieder hörte man ein Klicken. »Schnell!« drängte Marinetta mich. Beim dritten Mal ertönte das ersehnte *bang!*, und die Nacht wurde durch die leuchtende Krone eines tiefroten Feuerscheins zurückgedrängt. Die dunkle Masse der Hyäne verschmolz mit der Finsternis.

Minutenlang suchten wir das Schlachtfeld nach irgendwelchen Anzeichen von Bewegung ab. Dann umarmte Marinetta mich fest. Ich konnte spüren, daß sie am ganzen Körper zitterte. »Was ist, wenn sie zurückkommt?« fragte sie. »Vielleicht sind es noch mehr!«

»Wir werden einen Zaun bauen«, sagte ich, »eine Verteidigungsanlage. Du bringst das Feuer wieder zum Brennen!«

Zwei Stunden lang machte ich mit der Machete Ausfälle in die Dunkelheit und hackte jeden Busch im näheren Umkreis um. Marinetta schürte das Feuer und bestrich die Umgebung mit der Taschenlampe. Ich schlug Holz, bis meine Hände blutig und voller Blasen waren, und eilte dann mit dicken Ästen für das Feuer und langen, dornigen Strünken, die wir zu einer Umfriedung um unsere winzige Verteidigungsanlage zurechtbogen, ins Lager zurück. Es gab nur wenige Bäume, und jedesmal mußte ich mich weiter hinauswagen. Einmal sah ich ein reizvolles Stück Holz vor einem im Sand klaffenden Loch. Ich wich lieber zurück, jeden Moment auf das Erscheinen eines aufgedunsenen Tiers gefaßt. Schließlich hatten wir genug Holz, um das Feuer am Brennen zu halten. Hundemüde setzten wir uns hinter unserer Barriere hin.

Marinetta fragte: »Du wirst nicht schlafen, oder?«

»Nein, nein!« antwortete ich. »Wir werden abwechselnd Wache halten. Immer zwei Stunden lang. Wache schieben, wie bei der Armee. Ich bin als erster dran.«

Zehn Minuten später war ich, wohl unter lautem Schnarchen, über dem Gepäck zusammengesackt. Marinetta weckte mich auf. »Soweit zu deiner Wache!« sagte sie. »Du bist längst tot.«

Am späten Nachmittag kamen wir durch Abéché und erhielten dort einen weiteren Stempel vom zuständigen Kommissar. Wir führten die Karawane aus der Stadt hinaus in pechschwarze Dunkelheit. Jeeps mit grellen Scheinwerfern überholten uns und drängten die Kamele von der Straße hinunter. Zweimal mußten wir anhalten, um die Ladung wieder zurechtzurücken. Plötzlich rief eine Stimme scharf: »Halt!«, und das schreckliche, metallische Klicken eines Gewehrs, dessen Hahn gespannt wird, war zu hören.

»Oh Gott!« keuchte Marinetta. »Jetzt werden sie uns erschießen!«

Ich rief in die Dunkelheit, daß wir Touristen seien, und eine Minute später rannten wir beinahe in zwei tschadische Soldaten hinein, die nervös ihre Gewehre auf uns richteten. Sie empfahlen uns, wir sollten diese Nacht in der Nähe des Wachposten verbringen. Die Straßen würden von Banditen und Hyänen unsicher gemacht, so sagten sie. Beim Wachposten gäbe es zwar für die Kamele nichts zu fressen, aber zumindest auch keine Hyänen.

Am 17. Februar erreichten wir das Regenwasserbecken von Adré, wo ein paar Einheimische ihre Kamele tränkten. Die Gesichter der Einheimischen wirkten vertraut auf mich, und ich war sicher, daß ich einem von ihnen schon zuvor begegnet war. Dann fiel es mir wieder ein: Ich hatte ihn oft auf dem Markt von Geneina gesehen, als ich vor Jahren dort Lehrer gewesen war. Offensichtlich erkannte er mich nicht. Er begutachtete unser seltsames Sattelzeug und die Nasenringe unserer Kamele. »Diese Kamele sind sehr müde«, bemerkte er. Ich blieb stumm. Agadez hätte ihm nichts gesagt, das wußte ich. Ich rief mir selbst in Erinnerung, wie weit diese Kamele gekommen waren: Vor beinahe zweieinhalb Monaten hatten wir Agadez verlassen. Timbuktu und Chinguetti waren im Nebel der Zeit irgendwo jenseits davon entschwunden.

Wir durchquerten ein Wadi voller niedriger Arak-Bäume. Auf der anderen Seite trafen wir auf eine gebückte alte Frau, die Brennholz sammelte. Sie hatte ein freundliches Gesicht. »Sind wir hier im Tschad oder im Sudan?« fragte ich sie.

»Eh! Wir sind im Sudan!« Sie strahlte uns an.

Als sie weg war, ließen wir die Kopfseile fallen, umarmten uns und preßten unsere abgemagerten Körper aneinander. »Gott sei Dank!« flüsterte Marinetta.

»Wir haben es geschafft!« stieß ich unter Küssen hervor.

Viertausendneunhundert Kilometer Wüste lagen hinter uns. Wir waren im Sudan. Der Alptraum war vorüber.

Durch das Land der Banditen

Als ich mich zum ersten Mal in Geneina niederließ, wies man mir ein Haus in der Nähe der Grenzstation zu. Es gehörte zu einem langen, rechteckigen Gebäudekomplex drei Kilometer außerhalb der Stadt, in dem hauptsächlich Einwanderer wohnten. Auf der tschadischen Seite wurde der Komplex von einer Akazienhecke begrenzt, in deren Mitte sich ein Tor und ein Wachhäuschen befanden. Das Tor hatte einen Schlagbaum, der immer offen war. Auf der gegenüberliegenden Seite sah man eine unbefestigte Sandpiste, die über die Ebene in den Tschad führte. In den zwei Jahren, die ich dort verbracht und in denen ich meine ersten täppischen Versuche mit Kamelen gemacht und mein erstes Buch geschrieben hatte, hatte dieses Tor eine geradezu mystische Bedeutung angenommen. In meinen Augen war es nicht mehr und nicht weniger als das Tor zur Sahara. In meinen Träumen sah ich, wie ich eines Tages von der tschadischen Seite aus vor diesem Tor auftauchte, nachdem ich die ganze Strecke vom Atlantik bis hierher mit dem Kamel überwunden hatte.

Das Tor hatte auch noch in anderer Hinsicht Symbolwert. Es war der Punkt, an dem das frankophone Nordafrika endete und das anglophone Afrika begann. Vorbei die Länder des CFA-Franc, der Péfets und Gendarmes. Hier gab es das Pfund, Bezirkskommissare und die gute, altmodische britische Polizei. Ich hatte mich immer darüber geärgert, daß die Franzosen in ihrer Arroganz so getan hatten, als würde die Sahara an den Grenzen ihrer Kolonien enden, während die Briten in ihrer Arroganz die Regionen innerhalb ihres Einflußbereichs mit einem anderen Namen bezeichnet hatten. In Wahrheit war alles Sahara, vom Atlantik bis zum Nil, und das Tor nach Geneina spiegelte nichts anderes wider als die Kolonialgeschichte.

Dennoch waren wir einigermaßen aufgeregt, als wir uns am Morgen des 28. Februar mit unserem kleinen Gefolge aus erschöpften Kamelen auf jener Sandpiste dem Grenzposten näherten, auf der ich in meiner Vorstellung schon vor so vielen Jahren dahingezogen war.

Der erste Schock war, daß von der Dornenhecke außer einigen Baumstümpfen nichts mehr existierte. Das Tor stand noch an Ort und Stelle, wenn auch das Mauerwerk rissig war und abbröckelte, und der alte Schlagbaum zeigte noch immer, in senkrechter Stellung verrostet, nach oben. Aber die Straße führte nicht mehr hindurch. Statt dessen bog linkerhand eine neue Straße ab, die zu ein paar glitzernden, neuerbauten Ladengeschäften mit Artikeln für den täglichen Bedarf der Entwicklungshelfer führte. Das »Tor zur Sahara« war wie eine Gedenkstätte inmitten eines von der Dürre versengten und verbrannten Landes seinem Schicksal überlassen worden. Ich jedenfalls führte die Karawane von der neuen Straße weg und durchschritt das alte Tor.

Der Hauptmann an der Paßkontrolle entschuldigte sich vielmals. »Ich fürchte, Sie werden morgen noch einmal kommen müssen wegen Ihres Stempels«, sagte er, »denn der Stempel ist im Safe eingeschlossen, und ich habe den Schlüssel verloren.« Witzelnd zogen wir in die Stadt weiter, an dem Haus vorbei, in dem ich gelebt hatte und beinahe an Malaria gestorben wäre, an der Schule vorbei, an der ich zwei Jahre lang unterrichtet und den Sudan lieben gelernt hatte. Einige Schüler lehnten an der Wand neben dem Schuleingang und warteten auf den Unterrichtsbeginn. Zum ersten Mal seit viertausendneunhundert Kilometern bewegte ich mich auf vertrautem Terrain. Mafoudh fiel mir ein, der gesagt hatte: »Du wirst an die Stelle kommen, wo die Erde endet«, und ein anderer Mann, ein Engländer, der geschrieben hatte:

Wir werden nicht ablassen zu forschen
Und am Ende all unseres Forschens
werden wir anlangen, wo wir begonnen haben
Und diesen Ort zum ersten Mal kennen.

T. S. Eliot,

Der Bezirkskommissar ließ uns mit typisch sudanesischer Gastfreundschaft im Rasthaus der Stadt übernachten. Die einzigen anderen Gäste waren drei Quäker, Entwicklungshelfer, die an diesem Tag aus Khartum eingetroffen waren. Sie hatten eine strapazenreiche Reise hinter sich. Eine der Frauen war schwer erkrankt, und die anderen, ein Paar namens Wright, sahen blaß und erschöpft aus. Annie Wright erzählte uns, sie seien gekommen, um ein Aufforstungsprojekt in dem nahegelegenen Dorf Assirni, in dem Tausende von taschadischen Flüchtlingen hausten, auf die Beine zu stellen. »Wir haben keine Ahnung von Aufforstungsprojekten«, sagte sie, »aber wir werden es lernen.« Sie hatten vor, sich ein eigenes Haus zu bauen und Arabisch zu lernen. Sie wollten hierbleiben. Annie zeigte mir ein Foto des malerischen Cottage in Yorkshire, das sie mit ihrem Mann Howard geteilt hatte. Er war ein großer, knorriger Mann mit Bürstenschnitt und hatte in Halifax mit pakistanischen Einwanderern gearbeitet. Annie war sanft und schwarzhaarig und hätte ohne weiteres Krankenschwester sein können. Sie hatte in einer Kinderkrippe unterrichtet und einen Kurs für erwachsene Frauen durchgeführt. Sie hatten ihr reizendes Cottage verkauft und alle Brücken hinter sich abgebrochen. Sie waren hier, um ihr Leben für ein Butterbrot den Flüchtlingen aus dem Tschad und den Bäumen zu widmen. Ich bewunderte ihren Mut und kam mir klein vor neben ihnen.

Projekte wie dieses waren im Westsudan, wo die Jahre der Dürre die Bäume gefällt, die Hirseernte verbrannt und das Weideland zerstört hatten, hochwillkommen. Von alten Freunden hörte ich, die Dürre sei auch in El Geneina schrecklich gewesen. Tausende entwurzelter Flüchtlinge seien wie Gespenster um Brotkrumen bettelnd auf den Straßen entlanggezogen und hätten die Mülltonnen nach eßbaren Überresten durchwühlt. Viele hatten sich einfach in einem Hauseingang zusammengerollt und waren gestorben. Einzig die Luftbrücke der Europäischen Gemeinschaft, die mit Hercules-Maschinen tonnenweise Lebensmittel herbeigeschafft hatte, hatte die Situation gerettet. In diesem Jahr waren die Regenfälle ergiebiger gewesen, aber für den Wiederaufbau der Provinz war eine Menge Geld erforderlich.

Wir füllten unsere Lebensmittelvorräte auf und tauschten den alten Shaybani gegen einen nervösen, sudanesischen Kamelbullen. Nach meinen Erfahrungen mit der Geduld und Ausdauer eines Wallachs hätte ich einen solchen vorgezogen, aber die Sudanesen reiten nur auf ausgewachsenen Bullen. Die Sicherheitspolizei schüttelte den Kopf über unsere geplante Reise nach El Fasher. Es lag dreihundertneunzig Kilometer weiter östlich, jenseits einer der wildesten Regionen des Sudan. Seit jeher gab es in diesem Gebiet Probleme mit Banditen, aber seit der Dürre und dem Bürgerkrieg im Tschad hatte das Banditenwesen epidemische Ausmaße angenommen. Erst vor wenigen Tagen, so erzählte man uns, hatte eine Bande eine Herde angegriffen, die in den Kawra-Bergen weidete, und den Besitzer erschossen. Bei der Polizei hieß es, man könne nicht für unsere Sicherheit garantieren.

Tagelang zogen wir dann über wogende Sanddünen, gingen Siedlungen aus dem Weg und versteckten uns nachts in Wadis und sandigen Niederungen, die hinter Bäumen verborgen waren. Jeder Tag begann mit dem ersten Sonnenstrahl und endete bei Sonnenuntergang. Die Kamele ließen uns kaum zur Ruhe kommen, und Abu Wirim machte uns ständig Sorgen. Eine Schürfwunde, die im Tschad als kaum wahrnehmbarer Schnitt am Widerrist begonnen hatte, hatte sich zu einer schlimmen Entzündung entwickelt. Er war abgemagert und erschöpft, und die Haut an seinen Füßen war schmerzhaft dünn geworden. Wir ritten überhaupt nicht mehr auf ihm, aber trotz seiner leichten Last kam er morgens nur mühsam auf die Beine. Ich bezweifelte, daß er alt genug werden würde, um El Fasher zu erreichen. Ich machte Marinetta Vorwürfe, weil sie nicht bereit gewesen war, ihn in Geneina zu verkaufen, sondern ihn mit nach El Fasher nehmen wollte, wo wir einen besseren Preis für ihn erzielen würden. »Wenn er tot ist, werden wir überhaupt nichts für ihn bekommen«, sagte ich eingeschnappt.

Wir füllten unsere Wasservorräte in einem Wadi bei Tojuk an einem seichten, von Kriechpflanzen gesäumten Graben auf. Das Wasser war schlammig und leicht brackig. Bei unserer Ankunft befand sich niemand am Brunnen, als wir jedoch das Wasser mit unserem Kochtopf hochzogen, umringten uns einige Araber. Einer von ihnen, ein alter Mann mit einem buschigen Bart, fragte uns: »Seid ihr Pilger auf dem Weg nach Mekka?« Ich antwortete, wir seien auf dem Weg nach Ägypten. »Gott allein ist allmächtig!« rief er aus. »Aber habt ihr nicht zuviel Wasser?«

»Vielleicht wollen sie ein Bad nehmen?« kicherte ein junger Araber auf einem Kamel.

»Nein, nein!« sagte ein dritter. »Wer Wasser hat, hat Gottes Segen. Man soll immer Wasser nehmen, wenn man kann.«

An diesem Abend schlugen wir unser Lager in der Nähe des Wadi Barei auf, eines gewaltigen Streifens riesiger Heraz-Bäume, der den Norden vom Süden der Provinz Darfur trennte. Abu Wirim war den ganzen Tag über sehr wackelig auf den Beinen gewesen, und kurz vor Sonnenuntergang brach er so heftig zusammen, daß der Nasenring die Nüstern durchriß und Fetzen blutiger, nutzloser Haut hinterließ. Ich hatte das schon seit einiger Zeit kommen sehen. Ich fürchtete, daß man den Ring nicht wieder festmachen konnte, ohne ein neues Loch durch die Nüstern zu stechen. Nach verschiedenen Versuchen banden wir ihn schließlich am Kiefer fest. Doch selbst dann weigerte er sich noch aufzustehen. Das Licht in seinen Augen war verloschen, nur jener undurchdringliche Schimmer war geblieben, der vom Nahen des Todes kündete. Wie die Verrückten zerrten wir am Seil und traten auf ihn ein. Mir war klar, daß er mit Sicherheit hier eines einsamen Todes sterben würde, wenn es uns nicht gelang, ihn auf die Beine und zum Grasen zu bekommen. Nomaden, das wußte ich, tun beinahe alles, um ein erschöpftes Kamel von der Stelle zu bewegen, notfalls machen sie ihm sogar buchstäblich Feuer unterm Hintern. Wir fluchten und schrien das arme Tier an, bis es sich schließlich zitternd auf die Beine stemmte. Es taumelte noch einen halben Kilometer dahin, dann fanden wir einen Lagerplatz mit spärlichem Gras. Er rührte sich erst von der Stelle, als wir seinen Sattel abgeladen hatten. Ich fragte mich, ob er beim Morgengrauen noch am Leben sein würde.

Am nächsten Tag war er allem Anschein nach in etwas besserer Verfassung. Wir kamen durch das Dorf Birka Sayra, wo ein freundlicher Polizeibeamter ihn zu einem lächerlich niedrigen Preis kaufte. »Es ist ein Risiko«, sagte der Polizist. »Er ist nur noch Haut und Knochen. Ich werde ihn häppchenweise mit Salz und Getreide füttern. Aber Gott allein weiß, ob er überleben oder sterben wird.«

Wir umrundeten den Grat von Barei, wo Dutzende von Nomadenfamilien mit ihren Herden ihr Lager errichtet hatten. Viele von ihnen waren auf dem Rückweg von ihren Winterweidegründen im Norden und unterwegs zu den bewässerten Feldern, wo sie den Sommer verbringen würden. Einmal hatten wir das Glück, einen ganzen Araberklan auf Wanderschaft zu sehen. Als erstes erblickten wir ein Meer von Kamelen, die durch das abgestorbene Gestrüpp wogten. Sie wurden von kleinen Jungen angetrieben, die nichts als zerrissene, graue Hemden am Leibe hatten und auf dem Rücken riesiger Kamelbullen ohne Sättel entlangrutschten. Dann kam die Ziegenherde, und eine halbe Stunde später folgte die Prozession der Pferde und Kamele, die die Familienmitglieder trugen. Wir sahen

Verbände von sieben oder acht Kamelen, die auf ihrem Rücken Sänften wie kleine Kabinen trugen. Wir sahen die dunklen Gesichter von Frauen, die daraus hervorstarrten, manche jung, weich und schön, andere verbraucht, hager und hart. Wir sahen die nickenden, braunen Köpfe kleiner Kinder, die sich an ihre Mütter klammerten. Wir sahen Kamele, die mit eingerollten Betten aus Palmfasern und geschwärzten Kochtöpfen beladen waren, mit Wasserkrügen in Holzgestellen, säuberlich aufgeschichteten, fadenscheinigen Dekken, Trinkflaschen und geflochtenen Körben, Kesseln und Bratpfannen, kniehohen, aus Baumstämmen ausgehöhlten Mörsern, verbeulten Truhen mit Vorhängeschlössern, Ranzen aus Kuhhaut, die mit der Zeit speckig geworden waren, Netzsäcken mit Holzkohle, gebogenen Firststangen für die Zelte, Feldbetten und Hängematten und zugespitzten Holzpfählen. Als diese wandernden Weihnachtsbäume von Kamelen schließlich vorübergewankt waren, sahen wir Männer auf munteren Ponys, die Wurfspeere und Gewehre bei sich trugen. Wieder eine Stunde später materialisierten sich dann einige dunkle Kommas am Horizont zu einer weiteren Abteilung des Klans, der auf seiner immergleichen Bahn ächzend dahinzog: von Weide zu Wasserstelle, von Wasserstelle zu Weide, Jahr für Jahr, Generation für Generation.

Kobkabiyya war eine Kleinstadt am Fuß der Kawra-Berge. Zufällig war bei unserer Ankunft Markttag, und ein paar Kamele standen zum Verkauf. Wir erstanden noch einen nervösen Bullen, mit einer nach unten gebogenen Schnauze, die ihm ein merkwürdig dümmliches Aussehen verlieh. Auf dem Markt waren Scharen von Arabern, kleine, stramme Männer mit verknoteten Kopfbedeckungen. Überall hörte man Gerüchte über Banditen in den Kawra-Bergen, und ein Einheimischer ging so weit zu behaupten: »Wenn ihr ins Kawra-Gebirge geht, werdet ihr nie wieder herauskommen.«

Bei Sonnenaufgang verließen wir die Stadt; die hohen Berggipfel ragten aus den Dunstschleiern empor. Überall auf den niedrigeren Hängen waren Kamelherden verstreut. Als es heißer wurde, verdampfte der Nebel, und die Felsen rückten ins Blickfeld, eine Symphonie aus Form und Größe. Es gab massive Blöcke und sanfte, schwellende Rundungen, geriffelte Vulkankegel und nadelscharfe Felsspitzen. Mit jedem Schritt schlossen die Berge sich enger um uns zusammen, was nach dem endlosen Anblick weiter Ebenen eine regelrechte Klaustrophobie in uns auslöste. Der Weg schraubte sich immer höher hinauf und durchquerte Wadis, die vom Laubwerk von Mango- und Limonenbäumen eingehüllt waren. An den Hängen standen Büsche und merkwürdige, kaktusähnliche Pflanzen mit roten Blüten. Wir sahen eine Affenhorde, die zwischen den Bäumen spielte. An den steilen Hängen über uns klebten die verlassenen Dörfer der Fur-Bergbewohner, nach denen dieses Gebiet, Darfur, benannt war. Wir stiegen in ein Tal hinab, durch das sich ein wasserloser, mit weißen und blauen Felsbrocken geschmückter Fluß schlängelte. Plötzlich sagte Marinetta: »Schau!« Ihre scharfen Augen hatten die Gestalten dreier Männer ausgemacht, die in einiger Entfernung unter einem Dornbaum standen. Ich holte mein Fernglas hervor. Es konnte kein Zweifel bestehen, daß die drei Männer uns mit größtem Interesse beobachten.

Plötzlich machte das neue Kamel, das das momentane Nachlassen unserer Aufmerksamkeit gespürt hatte, einen Ausbruchsversuch. Ich lehnte mich mit allen Kräften mit dem Kopfseil zurück, da begann das Kamel aus heiterem Himmel unter Knurren und Spucken mit seinem Hinterkopf nach mir zu stoßen. Ich hatte so etwas noch nie bei einem Kamel erlebt, und eine Sekunde lang war ich starr vor Staunen. Dann sprang ich aus dem Sattel und bekam das Tier unter Kontrolle.

»Maik!« rief Marinetta flehentlich. »Die Männer kommen auf uns zu!« Mit einer wütenden Anstrengung zerrte ich das Seil zwischen den Zähnen des Kamels hindurch und zog es fest um seine Kiefer zusammen. Beinahe im Laufschritt setzte ich mich in Bewegung und mühte mich verzweifelt, die Entfernung zwischen der Karawane und diesen stetig dahinziehenden Gestalten zu vergrößern. Marinetta schaukelte hinter mir und stieß alle paar Sekunden ein »Jesus Christus!« hervor.

Wir tauchten einen felsigen Abhang hinab, durchquerten ein Wadi und kletterten auf der anderen Seite den gewundenen Pfad wieder hoch. Es war Mittag. Durch die Felsen noch verstärkt, knallte die Hitze nun herunter und bedeckte meinen Körper mit Schweißtropfen. Bald schon mußte ich, das wußte ich, anhalten und etwas trinken. Der Weg verbreiterte sich unter einigen niedrigen Büschen, und ein paar Minuten später versperrte uns eine Kamelherde den Durchgang. Es waren auch weibliche Tiere darunter, und sowie der Bulle aus El Geneina sie gewittert hatte, fing er an zu knurren und den Hals zu krümmen, das Vorspiel für Paarungsverhalten. Einen Augenblick später nahm ein riesiger, muskelbepackter Bulle seine Herausforderung an und schritt drohend hinter einem Busch hervor. Er war völlig unbehindert und stand wie ein feuerspuckender Drache mitten im Weg, hob seinen Kopf und musterte uns mit böswilligen, schwarzen Augen. Wie zur Warnung blies er seine widerwärtige Mundblase heraus und geiferte, wobei er einen Schaumschwall auf die Felsen spuckte. Unser Bulle, der noch nicht ganz geschlechtsreif war, wimmerte kläglich, und Marinetta zitterte auf seinem Rücken. Wir wußten, daß geschlechtsreife Bullen wie die Wilden auf Kamele mit Reitern losgingen.

Ich machte einen Augenblick halt und holte unsere neue Geheimwaffe hervor. Es war ein zweieinhalb Meter langer Speer, den wir in Geneina gekauft hatten. Vorsichtig hielt ich das Kopfseil mit der linken Hand fest und hielt den Speer auf den feindlichen Bullen gerichtet. Ich schob mich ins Gebüsch und machte einen Halbkreis um ihn herum, ohne ihn auch nur eine Sekunde aus den Augen zu lassen. Der Bulle beobachtete uns argwöhnisch. Dann, gerade als ich dachte, wir hätten es geschafft, taumelten zwei weibliche Kamele vor uns. Unser Kamelbulle gurgelte von neuem. »O Gott! Laß mich runter!« jammerte Marinetta, die wie ich fürchtete, der große Bulle würde den Weibchen zu Hilfe kommen. Ich schlug einem der weiblichen Tiere mit dem Schaft des Speers hart auf das Hinterteil. Die beiden brachen in hektische Aktivität aus und ergriffen in wilden Sprüngen die Flucht. Wir rasten den Abhang hinab. Als wir zurückblickten, sah ich, daß der Bulle das Interesse verloren hatte und zum Grasen zurückgekehrt war.

Nach einer Stunde hielten wir an, um zu trinken. Marinetta stieg ab und ging neben mir zu Fuß weiter. Wir schritten schweigend dahin, als sie plötzlich schrie: »Maik! Die Männer haben Pepper geschnappt!« Ich blickte mich ungläubig um und sah, daß das rote Kamel nicht mehr bei uns war. Es stand mehr als hundert Meter hinter uns und wurde von einem Araber mit rotem Kopftuch festgehalten. Ich erkannte das Kopftuch sofort. Es gehörte zu einem der Männer, die wir unter dem Dornbaum gesehen hatten.

Das Blut gefror mir in den Adern. Ich sagte Marinetta, sie solle die anderen Kamele halten und mir folgen. Ich war mir nur allzugut darüber im klaren, daß wir uns mitten in einem der berüchtigten Banditengebiete des Sudans befanden. Zögernd und froh über den Speer in meiner Hand ging ich auf den Mann zu. Während ich noch ging, tauchten hinter den Felsen zwei weitere Araber auf, die eine kleine Herde trieben. Ich wappnete mich und ging direkt auf sie zu. Ich wollte gerade zu einem: »Was habt ihr mit meinem Kamel vor?« ansetzen, als Meister Rottuch sprach. »Ihr solltet lernen, eure Kamele besser anzubinden«, sagte er. »Ihr habt Glück, daß wir hinter euch waren. Sonst hättet ihr dieses wohl nie wieder eingefangen.« Der Araber hatte ein häßliches, witziges Gesicht. Er trug Shorts, eine weiße Gandourah und eine ärmellose Weste. Er grinste mich an. Ich begriff auf der Stelle, daß Peppers Kopfseil sich gelöst hatte und daß er zurückgefallen war, ohne daß wir es bemerkt hatten. »Danke!« hörte ich mich sagen.

Wir banden das Kamel wieder an und marschierten eine Weile dahin. Die beiden Männer mit der kleinen Herde trieben ihre Tiere vor uns her den Weg hinab. »Was macht ihr hier?« fragte der Araber. »Ihr solltet nicht auf eigene Faust durch dieses wilde Land ziehen. Es gibt hier Leute, die behaupten könnten, ihr hättet Kamele und einen Haufen Geld. Sie würden euch nicht am Leben lassen.«

»Wenn irgend jemand uns anrührt, wird die Regierung ihn für den Rest seiner Tage verfolgen«, brüstete ich mich, denn ich hielt es für ratsam, ein paar Samen der Angst auszustreuen.

»Die Regierung!« Der Araber spuckte aus. »Die kommt nie aus der Stadt heraus. Sie hat Angst vor den Banditen. Die Banditen haben bessere Waffen als die Polizei, und sie sind schneller. Die wird euch nichts helfen, bei Gott!« Er sagte, er und seine Brüder seien Kamelhändler und hätten ihre Kamele in Kobkabiyya gekauft. Sie brachten sie nach El Fasher, wo sie einen guten Preis dafür erzielen würden. »Fast jedesmal, wenn wir diesen Weg nehmen, haben wir Ärger mit Banditen«, sagte er. »Sie führen ein hartes Leben und schlafen in den Wadis. Die meisten von ihnen sind aus dem Tschad!« Als ich beiläufig sagte, wir seien auf dem Weg nach Ägypten, sagte er: »Geht nicht nach Ägypten. Nehmt ein Flugzeug nach Khartum. Das ist das Beste für Leute wie euch.«

Er holte seinen Bruder ein, und kurz vor Sonnenuntergang bogen sie vom Weg ab zu einem ihrer Verstecke. Wir zogen noch in ein sandiges Flußbett hinein, das von dichtem Laubwerk überschattet wurde. Steile Klippen mit Buschstoppeln ragten aus dem Wadi empor. Wir hörten den Klang von Äxten und sahen ein halbes Dutzend Fur-Frauen, von denen manche in Schärpen Babys auf dem Rücken trugen, zwischen den Büschen beim Holzhacken. Der Weg führte uns nach oben in ihr Dorf. Als wir näherkamen, sahen wir ein Gewimmel von Ziegen, die von den Hochweiden getrieben wurden. Wir führten die Karawane durch die eingepfählten Straßen, an denen sich bienenstockartige Hütten aufreihten, und ließen die Tiere am Platz niederliegen. Später fragten wir den Dorfvorsteher, ob wir die Nacht hier verbringen könnten. Er wies uns einen Platz auf einem breiten Felsplateau am Fuß der Bergwände zu. Ein paar kleine Jungen brachten uns gelbe Strohgarben für die Kamele. Die Kinder sagten uns, das Dorf heiße Om.

Bei unserem Aufbruch am Morgen sagte der Dorfvorsteher: »Wenn ihr Banditen trefft, habt ihr einfach Pech gehabt. Es gibt nicht so viele, wie es immer heißt. Gott schütze euch!« Wir schritten auf dem felsigen Weg unterhalb eines gewaltigen, von senkrechten Rillen durchzogenen, ebenholzschwarzen Kegels. Mittags passierten wir die salzige Quelle, ebenfalls unter dem Namen Om bekannt, wo die Nomaden der Kawra-Region ihre Herden tränkten. Das Wasser ergoß sich silbern in ein flaches Becken in den Felsen, und Hunderte von Ziegen und Kamelen scharten sich drumherum. Mit knirschenden Schritten durchquerten wir Wadis mit glitzernden, blauen Steinen und Schluchten, in denen grüne Schößlinge sich wie Pickel aus dem Boden schoben. Allmählich wurden die Hügel flacher. Der Weg führte bergab. Am späten Nachmittag erreichten wir ein weiteres Dorf mit Bienenstockhütten, wo wir von einem Dorfbewohner mit Wollhut begrüßt wurden. »Hier gibt es keine Banditen«, versicherte er uns. »Es ist nicht wie in Om. Es gibt reichlich Weideland zwischen hier und El Fasher. Laßt euch Zeit und genießt es.«

Zwei Tage später erblickten wir den Gürtel grüner Tabakfelder, der El Fasher umschließt. Die Dünen oberhalb der Tabakfelder waren voller Menschen und Hütten. Eine Frau verkaufte uns Heu für die Kamele und fragte uns, woher wir kämen. Ich sagte ihr: »Aus Mauretanien«, aber als wir mit dem Heuaufladen begannen, hörte ich einen Mann sagen: »Lügner! Sie können nicht aus Mauretanien kommen. Das ist zu weit weg!«

Der scharfe Geruch von Tabak erfüllte die Luft. Der Weg durch die Felder war ein Labyrinth aus engen Gäßchen. Von irgendwoher drang das röhrende Motorengeräusch von Lastwägen über die Felder. Mitten im Labyrinth brach die Nacht herein, und es schien kein Mond. Ich hatte große Angst, ein Lastwagen könnte uns mit aufgeblendeten Scheinwerfern in einer dieser engen Gassen in die Enge treiben und unsere nervösen Kamele ihr Heil in wilder Flucht suchen lassen. Einzig Pepper war friedfertig: Er hatte den ganzen Weg seit Agadez mit uns zurückgelegt und schritt noch immer kräftig aus. Wehmütig dachte ich daran, wie wir ihn am ersten Tag mit Udungu beinahe verloren hatten und wie der alte Targui von seinem Rücken gestürzt war. Was die anderen Kamele anging, so war es, als sei man mit einer Kiste hochexplosiven Plastiksprengstoff unterwegs. Der geringste Lärm und jeder unerwartete Lichtstrahl ließen sie durchgehen. Stundenlang gingen wir so dahin, Marinetta führte mit der Taschenlampe in der Hand. Ich bildete die Nachhut, in ständiger Bereitschaft, jeden Lastwagen, der sich näherte, aufzuhalten. Wir hatten Glück: Es kam keiner. In dieser Nacht lagerten wir auf einem winzigen, unbebauten Fleckchen in einem Tabakfeld. Wir waren fünfzehn Stunden marschiert. Ich schrieb in mein Tagebuch: »El Fasher. Von hier aus habe ich meine erste Reise mit Wüstennomaden unternommen. Das war 1978, vor sieben Jahren. Daß ich jetzt hierher zurückkomme, mit der ganzen Sahara hinter mir, erscheint mir wie eine Pilgerwanderung. Im Augenblick bin ich zu müde, um mehr darin zu sehen als einen weiteren x-beliebigen Lagerplatz. Marinetta, du bist wundervoll!«

Er saß im selben Restaurant am selben Tisch wie damals vor drei Jahren, als ich ihn das letzte Mal gesehen hatte. Er trug eine reinweiße *djellabiya*, weiße Lederschuhe und ein reinweißes, perfekt drapiertes Kopftuch. Er war Engländer, aber einem Sudanesen so ähnlich, wie es einem Engländer möglich war. Er hieß eigentlich Rabi', aber ich nannte ihn so, wie ich ihn kennengelernt hatte, Rob Hydon.

Rob kam aus Reading. Er war ein gebildeter Mann, Rechtsanwalt, und hatte in einer Bank und als Manager einer Ölhandelsgesellschaft gearbeitet. Er war nie glücklich gewesen in England. Sein kaputtes Familienleben hatte in der Auflösung seiner Ehe gemündet. Er war wie ich als Lehrer in den Sudan gekommen, mit der Absicht, ein neues Leben zu beginnen. Seit sieben Jahren fast lebte er nun im Sudan, und seit fünf Jahren war er Muslim.

Die sudanesische Sonne hatte Rob nicht gebräunt. Sie hatte ihn ganz im Gegenteil aschgrau gelassen. Seit unserem letzten Zusammentreffen hatten sich neue Linien in seinem Gesicht eingegraben. Rob lud uns zu sich nach Hause ein. Er hätte auch die Kamele genommen, wenn wir sie nicht bereits auf dem Markt verkauft hätten. Er stand im Begriff, nach Khartum aufzubrechen. Das Erziehungsministerium hatte den schändlichen Verrat begangen, alle Verträge mit Englischlehrern in der Provinz Dafur zu beenden. Die Lehrer waren Freiwillige und erhielten ohnehin nur einen Hungerlohn, aber für Rob konnte diese Veränderung gar nicht noch ungelegener kommen. Er hatte gerade einem jungen sudanesischen Mädchen, einer seiner Schülerinnen, einen Heiratsantrag gemacht und hatte allen Grund zu der Annahme, daß sein Antrag günstig beschieden werden würde.

»Ich mußte sie im Büro fragen, zwischen den Stunden«, erzählte er mir. »Das ist der einzige Ort, wo ich mit ihr alleine sprechen kann. Ich sagte ihr: ›Hör zu, ich werde jetzt nicht lange drumherum reden, denn in einer Minute werden alle wieder hier sein. Ich will dich heiraten!‹ Weißt du, was sie darauf antwortete? ›Ich habe nichts dagegen, Professor.‹ Stell dir das einmal vor! Ich ging mit einem sudanesischen Freund zu ihrem Vater, und der Vater erzählte mir, sie sei mit einem Cousin verlobt. Das sagen sie immer. Sie sagte mir, sie sei an dem Cousin nicht interessiert, also habe ich noch gute Chancen. Am Ende hören sie immer auf das Mädchen, weißt du.«

Marinetta war von der muslimischen Methode nicht überzeugt. »Es ist, als würde man eine Frau im Katalog aussuchen!« sagte sie.

*

Der Polizeichef trug ein grünes Buschhemd, dessen Kragen mit silbernen Sekretärvögeln verziert war, dem Staatssymbol des Sudan. Sein kleiner Mund war fest zusammengepreßt, als ob er normalerweise ein Gebiß trüge, das nun aus irgendeinem Grund fehlte. »Das kommt überhaupt nicht in Frage«, sagte er. »Sie können unmöglich mit dem Kamel durch Darfur reisen. Das ist ein Sicherheitsproblem.«

Ich erklärte ihm, ich hätte einen Brief des sudanesischen Botschafters in London, in dem uns die Erlaubnis gewährt wurde, den Sudan mit dem Kamel zu durchqueren. Ein Polizeibeamter konnte sich doch sicherlich nicht über die Anordnung eines Botschafters hinwegsetzen?

»Dieser Brief ist ein Jahr alt«, sagte der Beamte.

»Elf Monate«, korrigierte ich ihn. »Solange sind wir schon in der Sahara unterwegs.«

»In der Zwischenzeit hat es neue Entwicklungen gegeben«, sagte er. Ich wußte schon, was er damit meinte. Oberst Gaddafis Schatten war überall.

Marinetta schlug vor, wir sollten uns an die Vereinten Nationen wenden. Sie hatten uns in der Vergangenheit geholfen, und wir hofften, sie könnten auch dieses Mal etwas für uns tun. Der Leiter des Entwicklungshilfeprogramms der UNO in El Fasher war ein Texaner namens Bob Siddell. Mit seiner Brille und den ordentlich gekämmten, silbernen Haaren sah er gepflegt und verschmitzt aus. »Früher war ich in der Ölbranche«, sagte er, »aber die Gesellschaft machte pleite. Irgendwie fehlt mir das Ölgeschäft aber trotzdem.« Bobs Krieg war der Koreakrieg gewesen, in dem er als Nachrichtenoffizier für General Westmoreland tätig gewesen war. Er sprach fließend Japanisch, und auch sein Arabisch machte Fortschritte. Bobs Aufgabe in El Fasher bestand darin, die Verwendung der 76 Millionen Dollar zu kontrollieren, die von der italienischen Regierung für die Provinz Darfur gespendet worden waren. Ich bat ihn, die Zahl zu wiederholen. »76 Millionen Dollar«, sagte er. Das Geld sollte zum Bau einer neuen Straße zwischen El Fasher und Geneina eingesetzt werden, zur Bohrung von hundert neuen Brunnen und zum Wiederaufbau beziehungsweise zur Renovierung von zehn Krankenhäusern. Weitere Projekte betrafen den Bau von Lagerhäusern für Samenvorräte für den Fall einer zukünftigen Dürre und den Aufbau von Projekten für die Bauern. Ich erklärte Bob unser Problem. »Ich werde tun, was ich kann«, versprach er uns.

Als wir am nächsten Tag in seinem Büro anriefen, sagte uns Bob, daß er mit dem zuständigen Mann gesprochen habe. »Ich sagte ihm, ihr wäret Briten und Italiener, und der Sudan würde derzeit eine Menge Hilfe aus beiden Ländern erhalten. Er sagte, selbst wenn er euch die Genehmigung, nach Norden zu reisen, erteilen wollte, so könnte er das nicht. Nur Khartum hat das Recht dazu.« Mein Mut sank, Khartum war sechshundert Kilometer entfernt, und bald schon würden wir in die heiße Jahreszeit geraten. Unser Geld war mittlerweile knapp, und wir mußten den Nil vor dem Hochsommer erreichen, oder wir kämen in ernstliche Schwierigkeiten. Ich erklärte Bob das alles, der wissend lächelte wie die Edamer-Katze aus Alice im Wunderland. »Er sagte allerdings auch, die Polizei könnte nicht viel unternehmen, wenn ihr *ohne* Genehmigung aufbrecht, sobald ihr die Stadt hinter euch gelassen habt. Die einzigen Sperrbezirke sind Kutum und Mellit.« Marinetta und ich sahen einander an. Wir hatten grünes Licht.

An diesem Abend hielten wir in Robs Haus eine Zweierkonferenz ab. Rob war nach Khartum aufgebrochen und hatte uns großzügigerweise gestattet hierzubleiben. Der Weg nach Mellit und Kutum, beide nördlich von El Fasher gelegen, war uns versperrt. Mellit lag auf unserer planmäßigen Route, was uns dazu zwang, durch die Lybische Wüste nach Ägypten zu ziehen. Nun wurde uns klar, daß diese Strecke voller Probleme steckte. Wir beschlossen, uns nach Nordosten in die Nachbarprovinz Kordofan zu wenden. Dort befanden sich, direkt hinter der Provinzgrenze, die Lager der Kababisch, einer Konföderation arabischer Stämme, bei denen ich gelebt und unter denen ich viele Freunde hatte. Im Land der Kababisch wären wir vor jedem Zugriff sicher.

Die vordringlichste und schwierigste Aufgabe bestand nun darin, die Stadt zu verlassen, ohne daß wir dabei gesehen oder angehalten wurden. Wenn die Polizei uns innerhalb ihrer Grenzen erwischte, wäre sie verpflichtet uns einzusperren, um das Gesicht zu wahren. Wir hatten auf dem Markt von El Fasher drei neue Kamele gekauft und eines nach dem anderen im Schutz der Dunkelheit zu Robs Haus geschafft. Wir hatten sie vor dem Kauf sorgfältig geprüft, um sicherzugehen, daß sie friedfertig und nicht aus der Ruhe zu bringen waren. Wir füllten unsere Nahrungsvorräte auf und kauften einen neuen Satz Wasserhäute und einen neuen Sattel.

Am 23. März waren wir lange vor dem Hellwerden auf den Beinen. Wir brauchten zwei Stunden, um die neue Last richtig auszutarieren. Als die drei neuen Kamele fertig beladen waren, sagte ich zu Marinetta, sie solle das Hoftor zur Straße aufmachen. Sie atmete tief ein, und quietschend öffnete sich das Zinktor. Sie spähte auf die Sandstraße hinaus, die zum Markt führte. Sie sah nach links und nach rechts und winkte mir dann zu. »Los! Es ist niemand zu sehen!« sagte sie. Ich führte die Kamele auf die Straße hinaus. Dann ging es unter ständigem Schauen nach links und rechts zum Marktplatz, wo Frauen in bunten Kleidern zwischen den Marktständen Haufen von Limonen und Orangen aufschichteten. Der warme Geruch von tierischem Dung lag in der Luft. Männer auf Eseln trotteten über den Sandplatz. Ein paar Ziegen streunten umher und schnupperten an den Schalen des Vortags. Wir gingen geradewegs über den Platz, jeden Moment darauf gefaßt, daß man uns anhielt. Niemand nahm auch nur die geringste Notiz von uns. Wir schlängelten uns zwischen den hölzernen Ständen hindurch und tauchten in die abschüssige Gasse, die, wie ich wußte, direkt in die Wüste führte.

Kaum hatten wir die Gasse betreten, da rief Marinetta: »Maik! Da kommt ein Lastwagen voller Polizisten!« Ich dachte erst, sie mache einen Witz, und sah mich um. Ein verbeulter Commer-Laster mit einem halben Dutzend Polizisten in grünen Jacken folgte uns. Eiskalt hielt Marinetta ihre Hand hoch und rief dem Fahrer zu: »Halt! Halt!« Der Mann lächelte sie an und brachte den Lastwagen zum Stehen. In Windeseile drängte ich die Kamele in eine kreuzende Gasse. Als der Laster vorbeischaukelte, winkten die Polizisten uns fröhlich zu.

Wenige Augenblicke später ließen wir die Stadt hinter uns und fanden uns auf einer weiten, welligen, bernsteinfarbenen Ebene wieder, die mit Grün verbrämt war. Am Rande der Ebene erblickten wir die gemeißelten, schwarzen Flanken der Wilma-Berge, deren dunkle Silhouette sich vor dem blutroten Himmel des Sonnenaufgangs abzeichnete. Jenseits dieser Berge, sieben Tagesreisen durch die Wüste entfernt, lag die Grenze von Kordofan. Dahinter befanden sich die vertrauten Lager der Kababisch, bei denen ich drei der besten Jahre meines Lebens verbracht hatte.

Am Rande der Dunkelheit

In der Nähe von Umm Gozayn überquerten wir die Grenze von Kordofan und wandten uns dann nordwärts Richtung Umm Sunta, wo At Tom Wad Hassan, der Führer der Kababisch-Araber immer seine Zelte aufgeschlagen hatte. Marinetta fand die Aussicht, einen richtigen arabischen Stammesführer kennenzulernen, aufregend. »Ich kannte einmal einen arabischen Prinzen«, erzählte sie. »Das war in Somalia. Er war ein Saudi – ich hatte in der Zeitung etwas über ihn gelesen.« Sie hatte ihn bei einer Konferenz getroffen, und er hatte sie sympathisch gefunden, weil sie Arabisch sprach. Einige Tage später fand sie sich mit einer Einladung in seine Palastgemächer in einem Wagen mit Chauffeur auf dem Weg zu ihm wieder. »Kannst du dir das vorstellen?« fragte sie. »Es war wie ein Traum. Ein Mann, der alles besaß, sogar sein eigenes Flugzeug, lud *mich* zu sich ein!«

»Wie war er?«

»Anfangs war er sehr nett – ziemlich romantisch. Er sagte ein Gedicht für mich auf. Dann fing er an, über Sex zu sprechen. Er sagte, es sei widernatürlich, daß eine Frau wie ich keinen Freund hätte.«

»Was hast du gesagt?«

»Daß ich mit meinem Leben durchaus glücklich sei. Ich interessierte mich nicht für Sex. Es war die romantische Vorstellung, einen Prinzen zu kennen, der mir gefiel. Weißt du, was er zu mir sagte, bevor ich ging? Er sagte, daß er nicht glücklich sei, obwohl er genug Geld besäße, um sich alle Wünsche zu erfüllen. Er sagte, Geld sei viel reizvoller, solange man es nicht habe. ›Wenn man es besitzt, bedeutet es nichts mehr‹, sagte er. ›Was zählt ist, es zu bekommen.‹«

Das sagte alles, dachte ich.

Scheich At Tom gehörte nicht zu dieser Art von Prinzen. Er war der angestammte Scheich oder *nazir* der Kababisch-Konföderation, des größten Nomadenstammes im Sudan. Seine Zelte waren nach Familienverbänden angeordnet und stachen wie frische, weiße Sahnescheiben aus den dunklen, metallischen Käfigen der Akazien im Wadi Umm Sunta hervor. Sowie wir im Camp angekommen waren, wurden wir von alten Freunden umringt. Unser Gepäck wurde von fremden Händen abgeladen, die Kamele wurden gefesselt und unter den Büschen zum Weiden gebracht.

Der Nazir war etwa in meinem Alter, ein großer, stämmiger Mann mit breitem Gesicht, der ebenso bezaubernd wie tobsüchtig sein konnte. Er war ein Diplomat, allgemein beliebt und respektiert bei seinem Volk, ein fähiger Führer und ein gerechter Vermittler. Er hatte das Nazirat erst vor zwei Jahren von seinem Vater geerbt und war der Enkel von Sir Ali Wad At Tom, einem der drei Sudanesen, die je unter der britischen Kolonialherrschaft zum Ritter geschlagen wurden. At Tom empfing uns würdevoll und mit echter Herzenswärme. Während wir bei ihm saßen, kam fast jeder im Lager zur Begrüßung zu uns. Viele der Bewohner waren alte Bekannte und Reisegefährten von mir, die neugierig auf »Omars Frau« waren. Einer meiner engsten Freunde, Juma' Wad Sinniin, sagte zu mir: »Jetzt bist du ein ganzer Mann, Omar!« Er hatte oft zu mir gesagt, ein Mann ohne Frau sei nicht vollständig.

Auch der Scheich hatte geheiratet, seitdem ich ihn das letzte Mal gesehen hatte, ebenso wie mehrere jüngere Männer meiner Bekanntschaft. Heiraten waren hier offenbar nach dem Tod von Scharen von Kindern und alten Leuten während der Dürre in Mode. Die Araber machten sich über mich und die ehelichen Pflichten lustig und fragten mich, ob meine Frau schon schwanger sei. Als ich antwortete: »Nein!«, schüttelten sie ihre Köpfe und sagten: »Das ist kein Wunder, so, wie ihr gereist seid. Ihr hattet keine Zeit dafür, bei Gott!«

»Entweder das oder sie waren zu müde!« witzelte ein anderer.

Keiner von ihnen fand unsere außergewöhnliche Reise überraschend. Ein Teil des Stamms war maurischer Abstammung; sie alle waren zu Fuß oder auf Kamelen von Mauretanien hierher gekommen. Die Mauren hießen hier Shenagta, eine Verballhornung des Wortes Chinguetti. Die meisten hatten auf dem Weg zu den heiligen Städten Mekka und Medina in Saudi-Arabien, auf der Pilgerreise, die für jeden frommen Muslim Pflicht ist, den Sudan durchquert. Sie alle hatten eine Kababisch-Frau geheiratet und sich zufrieden in einem Dorf im Norden des Lagers des Nazir niedergelassen.

Scheich At Tom befahl, daß ein Schaf zu unseren Ehren geschlachtet wurde. Wir waren ausgehungert, und es schien uns Stunden zu dauern, bis das Fleisch fertig war. Wir saßen auf Betten aus Seilen im großen Gästezelt des Nazir. Die Araber saßen mit überkreuzten Beinen um uns herum oder lehnten sich in ihrer typischen, halb schüchternen Art auf den Hüften liegend und mit zur Seite geneigtem Kopf an die Wände. Ihre Gesichter waren sowohl schwarz wie braun und spiegelten ihre gemischten afrikanisch-arabischen Vorfahren wider, manche waren so verhutzelt wie Pergament mit buschigen Schnurrbärten und staubgrauen Kopftüchern. Ein Paar muskulöse Salukis, eine Windhundart, lagen ausgestreckt an der Eingangsöffnung. Von weiter weg drangen das aufgeregte Schnattern von Frauenstimmen und eine Geruchsmischung aus Holzrauch, gebratenem Fleisch, Urin und Dung herein, eine tröstliche, wohlvertraute Duftkonstellation. Einige Diener brachten uns Gläser mit rotem Tee. Das Gefühl des Friedens war beinahe mit Händen zu greifen, das Gefühl, daß alles seine Ordnung hatte, eine durch zeitlose Tradition geheiligte Ordnung. Es tröstete mich, daß sich seit der großen Dürre nur wenig verändert hatte. Doch ich erfuhr bald, daß diese heitere Gelassenheit eine Illusion war.

Die Kababisch sahen der Zukunft pessimistisch entgegen. Ihre Hauptklage war, daß die amerikanischen Getreidelieferungen, die sie bis vor kurzem erhalten hatten, nun aufgehört hatten. Auch in diesem Jahr hatte es nur wenig geregnet. »Die Engländer sagten bei ihrem Abzug, dieses Land würde in wenigen Jahren unbewohnbar werden«, sagte der Nazir, »und sie hatten recht. Es ist fast unmöglich, hier noch zu leben.«

Ein anderer Freund, Salim Wad Musa, erzählte mir: »Wenn die Regenfälle in diesem Jahr nicht gut ausfallen, wird es mit Sicherheit wieder eine Hungersnot geben.« Ich fragte ihn, wie sich das OXFAM-Programm zur Aufstockung des Viehbestands entwickelt hätte, das in der Region gestartet worden war. Sein Ziel war gewesen, armen Nomadenfamilien, die während der Dürre ihr ganzes Vieh verloren hatten, Ziegen und Schafe zur Verfügung stellen. »Sie geben jeder Familie sechs Schafe und vier Ziegen«, sagte Salim. »Nach einem Jahr nehmen sie die Tiere zurück, und die Familie kann die Jungen behalten. Damit wollen sie einen Anreiz zur Aufzucht der Tiere geben. Aber das funktioniert natürlich nicht. Am Ende essen die Familien sie auf.«

»Woher willst du das wissen?«

»Weil man keine Tiere aufziehen kann ohne Weideland, und das kann auch das OXFAM-Projekt nicht bieten. Nur Gott kann für Weideland sorgen. Dann braucht man Geld, um Salz für die Tiere zu kaufen und einen oder zwei Esel zum Wasserholen.« Neunzig Prozent der Esel der Kababisch waren in der großen Dürre verendet. »Am Ende werden sie sie essen«, wiederholte Salim. »Was die Araber brauchen, ist Regen.«

Wir wurden durch die Ankunft des Essens abgelenkt. Ich hatte Marinetta bereits gewarnt, daß als erstes das Herz, die Leber, die Lunge und die Nieren roh angeboten wurden, in den Augen der Araber eine ausgesuchte Delikatesse. Als aber die Platte mit dem rohen Fleisch vor uns abgesetzt wurde, sah ich, wie einen Augenblick lang ein Ausdruck des Ekels ihr Gesicht überzog, »Komm schon«, sagte ich hastig auf Englisch zu ihr, während sich erwartungsvolle Gesichter uns zuwandten, »sie warten darauf, daß wir zu essen anfangen.«

Sie schluckte und nahm ein großes, schleimiges Stück Leber von der Platte. Ihre Hand zögerte einen Sekundenbruchteil, dann schob sie es entschlossen in den Mund und kaute mit sichtlichem Entsetzen. »Köstlich!« rief sie aus.

Danach brachten die Diener Platten mit geröstetem Fleisch und dampfendem Hirsebrei, und wir aßen, bis wir nicht mehr konnten.

Unter der schmalen Sichel des Mondes verließen wir Umm Sunta und marschierten zwei Stunden nach Norden auf das Dorf der Shenagta zu, jener Mauren, die sich unter den Kababisch niedergelassen hatten. Die Kamele glitten in der Dunkelheit hinter uns her. Sie waren nun schwer beladen und schleppten Säcke voll Sorghum, Mohrenhirse, die ihnen in der vor uns liegenden Wüste als Nahrung dienen würde. Die drei Kamele waren ausgewachsene männliche Tiere und waren von Gor'an-Nomaden an der Grenze zum Tschad gezüchtet worden. Das größte und kräftigste Tier hieß Wad An Neijma oder »Sohn der Sterne«. Marinetta hatte ein rüstiges Tier namens Wad As Suf oder »Sohn der Fur« gewählt. Das dritte Kamel wurde Galil Al 'Agl genannt, was soviel bedeutete, wie daß es das Hirn eines Einfaltspinsels hatte. Ein Chor bellender Hunde kündete von der Nähe des Dorfs der Shenagta. Wir verbrachten die Nacht in dem Wadi in der Nähe und füllten bei Sonnenaufgang dort unsere Wasservorräte auf.

Das Dorf wurde von einer weißen Stuckkuppel beherrscht, die das Grab eines Marabut namens Feki Ibrahim markierte. Er war 1940 von Mauretanien hierher gekommen. Die Mauren am Brunnen waren hellhäutiger als die Kababisch, trugen aber die gleichen nikotingelben Hemden und Kopfbedeckungen. Wir überraschten sie, indem wir Hassanya sprachen. »Wo habt ihr das gelernt?« fragten sie.

Ein Maure mit Namen Talib lud uns in sein Geschäft zum Teetrinken ein. »Roter Tee, nicht grüner wie in unserem alten Land«, sagte er entschuldigend. Ich schätzte ihn auf sechzig; seine Augen waren von Krähenfüßen eingerahmt, und seine Haare waren silberweiß. Er gehörte zum Stamm der Laghlal, was ihn zu einem entfernten Verwandten von Mafoudh machte. »Ich bin 1948 mit dem Kamel hierher gekommen«, erzählte er uns. »Wir haben vierzehn Monate gebraucht bis El Obeid. Von dort aus zogen wir nach Mekka.«

Ich fragte ihn, warum so viele Mauren sich hier niedergelassen hatten, anstatt nach Mauretanien zurückzukehren. Die Landschaft war sehr ähnlich – in der Tat hätte dieser Ort an jeder beliebigen Stelle in der südlichen Sahara liegen können. »Das lag daran, daß die meisten von uns Marabuts waren«, sagte Talib. »Im Sudan gab es nur wenige Marabuts, also hatten wir ein gutes Auskommen.« Zuerst hatten sie Zauber verkauft und religiöse Dienste verrichtet; später hatten sie ihr Tätigkeitsfeld erweitert und auch Handel und Geschäfte betrieben. Ich fragte mich, warum sie diese lange Pilgerwanderung von der Westsahara bis nach Mekka auf sich genommen hatten, wo die Reise doch für Muslime, die nicht über die nötigen Mittel verfügten, nicht zwingend vorgeschrieben war. »Der Herr belohnt diejenigen, die in seinem Namen Opfer bringen«, sagte Talib. »Eine solche Reise ist mit vielen Entbehrungen verbunden: Aber in Entbehrungen liegt *baraka*!« Dieses Wort benutzen Muslime, um die magischen Kräfte Gottes zu bezeichnen.

Während wir unsere Girbas und Kanister wieder aufluden, riet Talib uns: »Sagt niemandem, daß ihr nach Ägypten zieht. Das Leben ist hier nur Staub!« Und mit dieser Bemerkung im Ohr führten wir unsere Kamele über das Buschland auf die geschwungene Kruste des Djebal Hattan zu, des großen Plateaus, das den Horizont nach Norden begrenzte.

Das Sonnenlicht glasierte die Oberfläche der Staubschüssel, und die Hitze tropfte wie heißes Fett herab und kochte unser Hirn unter den dicken Kopftüchern. Der Weg war gesäumt von Brunnen, an denen Gruppen von Arabern Wasser für ihre drängelnden, stampfenden Kamele hochzogen. Rechterhand lag Djebel Hattan und ließ das öde Buschland zwergenhaft klein erscheinen. Im Nordosten ragte der Schattenwall eines anderen Plateaus empor, des Djebel Meidob. Dort war die Heimat einiger schwarzer Nomaden, die über Generationen hinweg erbitterte Feinde der Kababisch gewesen waren. Die zwei Bergmassive standen sich wie grimmige Zitadellen gegenüber, die sich gegenseitig das Niemandsland im Tal dazwischen streitig machten.

Die Hitze brach unvermittelt über uns herein und machte uns benommen und niedergeschlagen. An diesem Morgen verloren wir nicht nur eine meiner Sandalen, sondern auch eine unserer unschätzbar wertvollen neuen Girbas aus El Fasher. Selbst die Kamele kamen ins Schwitzen. Der Nil war noch immer fast tausend Kilometer entfernt, die ägyptische Grenze noch mindestens sechzehnhundert. Wir hatten die Grenzen normalen menschlichen Durchhaltevermögens bereits seit langem überschritten. Wenn die Hitze so anhielt, konnten wir von Glück reden, wenn wir überlebten.

Am Nachmittag trafen wir drei Araberjungen, die Schafe hüteten. Sie baten uns um Wasser, und als ich ihnen etwas abzapfte, fragte mich einer von ihnen: »Ist dein Land weit weg?«

»Ja, sehr weit«, antwortete ich.

»Wirst du bis morgen dorthin kommen?« fragte er nach.

»Nur wenn ich ein Flugzeug nehme«, sagte ich.

»Kannst du die Kamele nicht im Flugzeug mitnehmen?« fragte er mit entwaffnender Naivität.

Bald nach den ersten Sonnenstrahlen erreichten wir den Bohrbrunnen von Greywit. Dort stießen wir auf einen Friedhof aus Sätteln und Kamelsänften, die wie zu einem Scheiterhaufen aufgetürmt waren; sie waren von Nomadenfamilien zurückgelassen worden, die während der Dürre in die Städte geflohen waren. Ich vermutete, daß die meisten von ihnen nie zurückgekommen waren. Der Brunnenkopf war umringt von Scharen schöner Mädchen, die Wasserhäute trugen und in die Stahltröge tauchten. Die Mädchen waren kaffeebraun und hatten gefettete, geflochtene Haare, die durch Lederriemen und Kaurischnecken geviertelt waren. Die jungen Männer waren hager wie Wölfe und hatten wilde Haarbüschel auf dem Kopf. Die älteren Männer trugen Kopfbedeckungen und dicke Ledergürtel. Ich fragte nach einem Führer, der mich über den Djebel Hattan bis zum nächsten Brunnen nach Khitimai bringen konnte. Ein Araber namens Ahmed meldete sich. Er hatte ein rundes, fröhliches Gesicht und sah sehr ehrlich aus. Auf einem kleinen Esel reitend nahm er uns mit in sein Lager, während sein kleiner Sohn ihm auf einem mit fünf oder sechs abgewetzten Wasserhäuten beladenen Kamel folgte.

Sein Zelt war aus weißer Baumwolle und hatte ein Dach aus Kamelwolle. Wir luden in gebührender Entfernung ab und begrüßten seine Frau und seine Tochter. Die Frau war mit ihrem geschmeidigen Körper und ihren pechschwarzen Locken noch immer sehr attraktiv, obwohl man bei diesen Arabern das richtige Alter nur schwer schätzen kann. Offensichtlich stellten wir die Araber vor das gleiche Problem. Ahmeds hübsche Tochter, ein kleines Mädchen von etwa zehn Jahren, war ganz bezaubert von Marinetta. Das Mädchen hatte ein mandelförmiges Gesicht und kurze, samtige Zöpfe. Ihre Gliedmaßen unter dem schwingenden Blumenkleid sahen kräftig aus. Später fragte mich Ahmed, ob meine Frau schon geschlechtsreif sei. Er sah schockiert aus, als ich ihm sagte, daß sie nur drei Jahre jünger war als ich. »Mein kleines Mädchen wollte sie zur Spielkameradin nehmen!« sagte er.

Im Zeltinnern drängten wir uns alle auf dem Bett zusammen, einer Matte aus Palmfasern, die durch Häute verbunden waren und auf in den Boden getriebenen Pflöcken ruhte. Knäuel gekämmter Ziegenwolle hingen wie Flitter von der Decke herab, und darunter stand ein Holzgestell, auf dem drei Säcke Getreide lagen. Das Getreide war alles, was die Familie bis zu den nächsten Regenfällen zum Leben hatte.

Ahmed sagte, er besäße ein paar Ziegen und wenige Schafe, zwei Esel und ein Kamel zum Wasserholen. »Im ganzen Jahr hat es hier noch nicht geregnet«, sagte er. »Alles, was noch an Weideland hier übrig ist, ist zwei Jahre alt.« Ich fragte ihn nach dem amerikanischen Getreide. »Sie hätten nie damit aufhören sollen«, sagte er. »Viele Leute sind noch nicht wieder auf die Beine gekommen.«

Eine Frau namens Amni kam, um zu fragen, ob sie sich uns bis nach Khitimai anschließen könnte. Sie war nicht alt, aber sie war vollkommen ausgemergelt, die Haut um ihren Mund war straff gespannt, ihre schwarzen Haare waren grau geworden. Sie blickte gierig auf Marinettas Ohrringe und sagte: »Diese Frau ist mit Gold behängt.« Ein sechzehnjähriger Junge kam an. Er hatte vor kurzem geheiratet, und Amni forderte ihn auf, alle Tiere aufzuzählen, die er zur Hochzeit geschenkt bekommen hatte. Sie zählte mit den Fingern mit, während er eins nach dem anderen auflistete.

Ein anderer Jugendlicher erschien und bat Ahmed um einen Sack Getreide. »Es ist nicht zu verkaufen«, sagte Ahmed zu ihm. »Nimm einen und gib mir einen zurück, wenn deine Familie es sich leisten kann. Sack gegen Sack, mehr will ich nicht.«

Ahmeds Frau hatte zur Feier des Abschieds einen Ziegenkopf gekocht. Ahmed zog das saftige Fleisch vom Schädel, den Ohren, Augen, Nasenhäuten und der Zunge ab. Am besten schmeckte das Hirn, aber man mußte den Schädel zertrümmern, um dranzukommen. Ich fragte Ahmed, ob es in der Gegend Banditen gäbe. Er erzählte mir, daß während der großen Dürre manche Leute Tiere gestohlen hätten, um Nahrung für ihre verhungernden Familien zu beschaffen. Nun standen die Dinge besser, und die Hauptgefahr drohte derzeit von den Meidob. Angeblich brachen sie nachts mit nichts außer Gewehren und Wasserhäuten in Banden aus den Bergen hervor, um Raubüberfälle zu begehen. Viele Menschen waren schon erschossen oder verwundet worden. Vor wenigen Tagen erst seien einige Kababisch zum Djebel Meidob aufgebrochen, um eine Räuberbande zu verfolgen. Sie waren noch nicht zurück. »Wir machen nie Feuer unterwegs«, sagte Ahmed, »nicht solange wir in Sichtweite der Meidob-Berge sind. Die Meidob kommen an wie die Geier.« Ich konnte die Angst in seiner Stimme hören.

Bei Sonnenaufgang brachen wir auf, Marinetta und ich mit unseren drei Kamelen, Ahmed rittlings auf seinem langsamen Esel und Amni auf einem dürren Kamel mit verrenktem Hinterfuß. Amni sah sehr arm aus und bettelte Marinetta beim Reiten ununterbrochen an. »Wenn du mir nichts gibst, werde ich dir Ärger machen«, beharrte sie.

Ahmed sah verlegen aus. Später erzählte er mir, daß die Dürre sie halb verrückt gemacht hätte. »Die Frauen mußten all ihr Gold verkaufen, alles, was sie geerbt hatten«, sagte er. »Jetzt haben sie nichts mehr, und das treibt sie zum Wahnsinn!«

Wir ritten bis Mitternacht und schlugen unser Lager unter der Wand des Hattan auf. Es war gefährlich, hier am Fuß der Berge zu lagern, aber Ahmed sagte, es sei zu dunkel, um den Paß zu erklimmen. Er verbot uns strikt, ein Feuer zu machen; das hatten wir ohnehin nicht vorgehabt.

Bei Tagesanbruch zogen wir zum Paß hinauf, und oben angekommen stießen wir auf eine Ansammlung von Kamelen und einen Hirten. Er gehörte zu Ahmeds Klan und begrüßte uns herzlich. Er ließ es sich nicht nehmen, uns eine Schüssel Kamelmilch anzubieten. An seinem Kamel war eine Kalaschnikow befestigt. Als Gegenleistung für die Milch fragte er nach Neuigkeiten über die Verfolgergruppe, die in die Meidob-Berge geritten war.

Die Oberfläche des Plateaus war steinig und durchzogen von Wadis und ausgetrockneten Wasserlöchern. An einem der Becken hatte sich eine arabische Familie verkrochen. Sie hatten keine Zelte. Ihre Gewehre, Girbas und Kochutensilien hingen an Bäumen. Wir machten bei ihnen halt, und sie bereiteten Tee zu. Die Araber waren hungrig und hatten nichts zu essen: Sie füllten ihre Bäuche einzig mit der Milch ihrer Kamele. Alle neun Tage tränkten sie ihre Herde am Brunnen von Khitimai, und in der Zwischenzeit lebten sie hier in Hattan.

Wir stiegen auf und ritten ins Tal von Khitimai hinab. Soweit das Auge reichte, dehnte sich die Ebene aus, pergamentartig und tot. Nachmittags machten wir Pause unter einem Dornbaum und ließen die Kamele weiden. Weder Ahmed noch Amni hatten je zuvor Milchpulver gesehen; mißtrauisch schlürften sie unseren gewohnten Zrig. »Es ist wie Kuhmilch«, lautete Amnis Urteil. Wir aßen Reis und Dörrfleisch, denn keiner der Araber hatte je von Sardinen gehört.

Als wir später die Kamele holten, näherte sich uns ein Reiter. Es war ein wachsamer Araber mit Gewehr und Wasserhaut. Nachdem er uns begrüßt hatte, schätzte er mit einem Blick unser Lager ab und ritt davon. »Der Mann flößt mir ein ungutes Gefühl ein«, erklärte Ahmed. »So reist nur ein Bandit: mit einem Gewehr und einer Girba. Die Meidob sind nicht die einzigen Räuber hier.«

Am Nachmittag stießen wir auf eine Kamelherde, die von einem

Araberjungen von den Brunnen weggetrieben wurde. Ahmed ritt zu ihm, um sich nach Neuigkeiten zu erkundigen. »Er sagt, wir sollen uns den Brunnen nicht nachts nähern«, erzählte er danach. »Es sind böse Menschen dort. Besser, wir bleiben heute nacht bei den Arabern und ziehen erst morgen zum Brunnen.« Nach mehr als fünftausend Kilometern ließ ich mich nicht so leicht von meinem Vorhaben abbringen, und ich bestand darauf, bis zu den Brunnen zu reiten. Es war schon spät, als wir Lagerfeuer erblickten und das dumpfe Stampfen der Esel auf dem Sand hörten. Amni ritt zu ihren Verwandten und nahm zwei unserer Reservesäcke mit. Ein Sack war gar nichts, das wußte ich, aber Ahmed war wieder peinlich berührt. Wir schlugen unser Lager am Brunnen auf, wo sich einige Araber zu uns gesellten. Marinetta war erschöpft und legte sich sofort schlafen.

Später beging ich den Fehler, sie zum Essen und Teetrinken aufzuwecken. Mit einem Ausdruck schieren Entsetzens fuhr sie hoch, als sei sie von etwas gebissen worden. Sie starrte mich mit aufgerissenen Augen an, als würde sie mich nicht erkennen, und blickte verständnislos auf Ahmed und die vom Feuer beschienenen Gesichter der anderen Araber. Ich sah, wie ihre Hände zitterten. Sie versuchte beim Teekochen zu helfen, aber ihre Bewegungen waren unkoordiniert. Sie sah mich weiterhin an, als sei ich ein Ungeheuer. Nachdem wir uns in unserer kleinen Höhle hingesetzt hatten, sagte sie: »Ich fühle mich, als hätte ich den Kontakt zur Realität verloren. Ich habe vergessen, wer Ahmed ist. Ich habe sogar eine Minute lang vergessen, wer *du* bist. Es war, als ob alle um mich herum Fremde wären.« Diese Unterhaltung flößte auch mir Angst ein. Tief in uns wohnte etwas weit Furchterregenderes als Banditen oder Hyänen. Es war die Angst vor der Auflösung des eigenen Selbst.

Unsere Niedergeschlagenheit wuchs noch am nächsten Morgen, als wir beim Auffüllen entdeckten, daß einer unserer Kanister ein Loch hatte. Wir packten die drei verbleibenden neuen Wasserhäute aus und mußten zu unserem Entsetzen feststellen, daß sie unbrauchbar waren. Zwei davon waren im Gebüsch von Dornbäumen durchlöchert worden, und die dritte riß wie Papier beim Versuch, sie zu öffnen. Wir flickten den Kanister notdürftig mit geschmolzenem Plastik zusammen und kauften bei den Arabern am Brunnen eine neue Wasserhaut. Wir füllten unsere sämtlichen Wasserbehälter.

Dann sagten wir Ahmed Lebewohl, und ein Araber vom Brunnen führte uns in die Sandebene hinaus und zeigte uns die Richtung zum Wadi Howar, wo wir nach fünf Tagesreisen den nächsten Brunnen finden würden. Der Mann sagte uns: »Von hier bis zum Wadi Howar werdet ihr keine Menschenseele sehen. Niemanden. Niemand wird erfahren, ob ihr am Leben seid oder dort draußen sterbt.«

Diese Worte blieben mir den ganzen Tag im Gedächtnis haften, während wir nach dem Kompaß über die eintönigen Sandhügel zogen. Niemand würde wissen, ob wir lebendig oder tot waren. Niemand. Es war niemand da außer Marinetta und mir, und uns konnte man kaum noch als getrennte Lebewesen zählen. Die unendliche Leere lastete wie ein Stein auf uns. Die abgrundtiefe Erschöpfung hatte unsere Wahrnehmung der Leere verändert. Die Freiheit, die wir in der Ténéré gefühlt hatten, hatte sich mit Grauen gepaart. Wir unterlagen keinerlei Einschränkungen. Wir hätten alles tun können, wir konnten uns jeder Perversion hingeben, uns nackt ausziehen und ohne Beobachter im Sand kopulieren, einander die Kehle durchschneiden, verstümmeln und ermorden. Es war nicht die Wüste selbst, die uns Angst einflößte, sondern jene rohe Kraft jenseits aller Vernunft in uns, die sich womöglich ihrer Zügel entledigen und wie von Sinnen mit der Urgewalt eines Höhlenwesens über diesen Sand des Nichts fegen würde. Das einzige, was mich am Laufen hielt, war meine Verantwortung Marinetta gegenüber. Sie hielt mich am Leben mit ihrer Schwäche und ihrer Stärke, ihrem bedingungslosen Glauben an meine Fähigkeit, sie in Sicherheit zu bringen.

Am folgenden Morgen durchquerten wir das Wadi Mafarit, einen breiten Keil aus Bäumen inmitten einer tiefen Kluft. Das Wadi war von zwei Krähen bewohnt, die krächzend um uns herumhüpften. Ich hatte das Grauen des Vortags überschlafen und war wieder gehobenerer Stimmung. Bald sahen wir die Klippe von Galb el Ba'ir, der Südspitze des Tegaru-Massivs, dem wir drei Tage lang folgen würden. Am Spätnachmittag hatten wir bereits den Schatten des Plateaus erreicht. Nach den leeren Sandweiten kamen uns die Felsen wie lebendige gute Geister vor. Wir krabbelten über Geröllhalden aus Kies und größeren Blöcken und fanden eine sandige Stelle, wo wir unser Lager aufschlugen.

Wir hatten gerade mit dem Kochen begonnen, als ich plötzlich zwei Lichter erspähte. Sie waren so gelb wie Hyänenaugen und schienen sich auf uns zuzubewegen. Aber in Tegaru gab es keine Hyänen – höchstens menschliche. »Es sind zwei Männer mit Taschenlampen«, sagte Marinetta. »Sie suchen nach uns!« Erbittert zog ich die Möglichkeit eines Banditenüberfalls in Betracht. Hier in der offenen Wüste gab es keine Menschen und keine Dörfer, wo wir Hilfe suchen konnten. Wir waren vollkommen alleine. Niemand würde erfahren, ob wir lebten oder tot waren. Nicht einmal die Behörden würden Nachforschungen anstellen. Wir sollten ja gar nicht hier sein.

Schnell erstickte ich das Feuer und nahm meinen Speer zur Hand. Die bloße Tatsache, daß ich eine Waffe hatte, vermittelte mir ein primitives Selbstvertrauen. Ich betrachtete die Lichter mit dem Fernglas, was mir auch nicht weiterhalf. Sie kamen nicht näher. Die Kamele bewegten sich leicht in ihren schmalen Sandgruben. Die Wüste war so still wie das Meer. »Es können keine Männer mit Taschenlampen sein«, sagte ich zu Marinetta. »Sie müßten schon längst hier sein.« Während wir zusahen, schienen die Lichter eine seltsame Spaltung durchzumachen. Jedes spaltete sich in zwei getrennte Zellen auf. Immerhin bewegten sie sich jetzt schneller, und innerhalb eines Augenblicks wechselte die gesamte Perspektive. Anstatt etwas Kleines ganz in der Nähe zu sehen, sah ich nun etwas Großes ganz weit weg. »Gütiger Gott!« rief ich. »Es sind Lastwagen!« Wir hatten meilenweit entfernt die Scheinwerfer zweier Fahrzeuge beobachtet, und ihre beiden Scheinwerfer waren zu einem verschmolzen. Dabei hatten wir im Geist bereits in allen Einzelheiten ein Szenario voller Banditen mit üblen Absichten entworfen.

»Ich habe mir sogar schon überlegt, was ich tun würde, wenn sie dich umbringen und mich zu vergewaltigen versuchen«, sagte Marinetta.

Ich sah zu, wie die Lichter in der Dunkelheit verschwanden, und mir war klar, daß der Feind nicht mehr länger die Wüste war. Der Feind waren wir selbst.

Der Tegaru war unser einziger Feind in der Wildnis. Seine blauen und orangefarbenen Zinnen waren uns von Sonnenaufgang bis Sonnenuntergang ein tröstlicher Begleiter. Wir ritten über felsigen Grund, auf dem die Überreste prähistorischer Siedlungen verstreut lagen. Wir sahen Billionen von Knochensplittern und zerbrochenen roten Tongefäßen und hoben viele Steinäxte aus Diorit auf. Ich fragte mich, wer wohl die Hersteller dieser Steinwerkzeuge gewesen sein mochten. Waren es Jäger, Nomaden oder seßhafte Bauern gewesen? Marinetta hob eine andere Art von Relikt auf, das sie gefunden hatte: Es war die Messingpatronenhülse einer modernen Kugel. »Es ist, als ob man ein Geschichtsbuch läse«, sagte sie. »Steinwerkzeuge verwandelt in Kugeln. Die Menschen erfinden immer wieder neue Arten, Dinge zu tun, aber im Grunde verändern sie sich nicht, oder?«

In der Windstille des Tages phantasierten wir über die Zukunft. Marinetta erzählte mir von ihrem Traum, sauber und parfümiert zu sein und ihr teuerstes Kleid zu tragen. »Wir werden uns beide schick anziehen«, sagte sie, »und eine Flasche Champagner trinken. Dann wirst du mich in einen Nachtklub ausführen. Wir werden eng umschlungen in einer dunklen Ecke tanzen und du wirst mich auf den Hals küssen.«

»Und dann?«

»Dann wirst du mich nach Hause bringen, und wir werden noch mehr Champagner trinken. Wir werden uns vor einen offenen Kamin setzen.«

»Und dann?«

»Dann wirst du langsam die Knöpfe meines Kleides aufmachen... Den Rest kannst du dir selbst ausmalen.«

Ich sah sie an, ihr vom Sand vernarbtes Gesicht, ihr langes Hemd und die Sarouals, die zerfetzt und von unzähligen Flecken vergilbt waren, und mußte lachen. Die Welt, über die sie gesprochen hatte, schien zu keinem von uns zu passen.

Wir folgten den Rillen im Fels, die im Lauf der Jahrhunderte von Kamelkarawanen eingemeißelt worden waren. Hier und da stießen wir auf Reifenfetzen und ausrangierte Motorteile, Ölfilter und gebrochene Federungen. Wir überquerten ein gekräuseltes Sandmeer, gelegentlich unterbrochen von Baumkronen. Ein kalter Wind blies aus Norden. Der Himmel überzog sich mit beunruhigenden Wolken, und plötzlich geschah ein Wunder. Silbriger Regen fiel auf den Sand und traf wie mit einer Billion winziger Klingen auf den ausgetrockneten Boden. Im Osten bildete sich ein perfekter Regenbogen über dem Plateau. Marinetta starrte wie in Trance, mit Tränen in den Augen, darauf.

Bei Sonnenuntergang errichteten wir unser Lager auf dem Sandmeer. Der Schauer hatte nur wenige Minuten gedauert, und der weiche Sand war noch immer trocken. Nach dem Essen lehnten wir uns im Mondlicht zurück. »Die Unermeßlichkeit dieses Orts macht mir wirklich Angst«, sagte Marinetta. »Aber sie ist auch schön. Es ist wie eine verzauberte Welt – die Farben, der Regenbogen, die Stille. Es ist, als würde ein Bann darüber liegen. Ich kann einfach nicht glauben, daß es wirklich nichts und niemanden hier gibt. Immer wieder suche ich den Horizont nach einem Menschen oder einem Kamel ab, aber ich sehe nie jemanden.«

»Wir sind alleine«, sagte ich lächelnd, »so wie es zwei Leute in den Flitterwochen auch sein sollten.«

»Das müssen die seltsamsten Flitterwochen der Geschichte sein«, antwortete sie. »Jede Menge Zeit, aber kein Flittern.« Sie lachte. Es war dasselbe liebenswerte, erfrischende Lachen, das ich in ihrem Büro in Khartum gehört hatte. Es machte mich auf der Stelle wieder rundum verliebt in sie.

»Vielleicht können wir dagegen etwas unternehmen«, sagte ich und krabbelte zur ihr. Ihr Körper fühlte sich an manchen Stellen hart an, an anderen weich wie der Wüstensand. Sehr langsam begann ich sie auf den Hals zu küssen und schob meine Hand unter ihr Hemd.

»Was passiert als nächstes in deiner Phantasie?« fragte ich sie.

»Den Rest mußt du dir selbst ausmalen«, sagte sie.

Ein paar Minuten später lagen unsere Kleider um uns herum in der Wüste verstreut. Die Kamele gluckten friedlich in der großen Stille, sahen alles, hörten alles.

Wir waren jetzt Wilde. Es gab keine Scham mehr, nichts, was wir voreinander verborgen hätten. Unsere Körper und Seelen paßten, unbeirrbar von einem einzigen Ziel besessen, zueinander wie angegossen. Es gab keine Grenze mehr zwischen uns, keine Möglichkeit der Verstellung. Wir waren nicht mehr Michael und Mariantonietta, sondern zwei Phantasiegestalten nach unseren eigenen Vorstellungen, die zotige Lieder über den unfruchtbaren Sand grölten und Geschichten über ihre Abenteuer erfanden. Die Kamele, die schweigend dahintrotteten und unsere winzige, halbverrückte Welt über die Leere hinweg zur nächsten Wasserquelle trugen, waren unsere treuen Gefolgsleute.

Die Sonne übergoß den sich kräuselnden Sand mit Farben. Das

Plateau zerbarst und brach auf zu Haufen schwarzer Felsblöcke, die wie Hüte aufeinanderhockten. Der Erg wich der Schotterebene. An manchen Stellen gab es Grashügel und randvoll mit rosafarbenem Sand gefüllte Becken. An den Umrissen der Berge entlang schlängelten sich Sandadern in glitzernden Meeresfarben wie Türkis und Seesternorange. Der schwarze Umhang der Berge färbte sich malvenrot, als die Sonne höherstieg. Es gab Bäume aus rotem Holz, die bei der geringsten Berührung auseinanderbröckelten. Dieser Wald war schon vor langer Zeit gestorben. Kurz vor Sonnenuntergang stiegen wir zu Fuß über einen Kamm. Die Kamelfüße hinterließen eine deutliche Laufmaschenspur im samtweichen Sand. Auf der anderen Seite des Hügels fanden wir uns in einem Amphitheater aus Stein eingeschlossen, in dem die einzige Bewegung die unserer grotesken, dehnbaren Schatten war, die vor uns auf der Erde geworfen wurden.

Kein Weg schien aus diesem Rund hinauszuführen. Wir versuchten es in der einen Richtung, dann in einer anderen. Felsen, die aussahen, als seien sie nur wenige Meter entfernt, rückten in die Ferne, wenn wir uns darauf zubewegten. Wir machten kehrt und wandten uns dem Weg zu, den wir gekommen waren, aber der Hügel hinter uns war nicht wiederzuerkennen. Auf dem harten Boden waren keinerlei Spuren zu sehen. Ich fühlte, wie Panik in mir aufstieg, und kämpfte um meine Selbstbeherrschung. Der Kompaß lag in meiner Hand, und mein Kopf klickte mit distanzierter Präzision. Wenn wir von der roten Nadel abkamen, würden wir uns in diesem Labyrinth verlieren. Wir gingen zurück zu einem Grat, der in meinen Augen keine Ähnlichkeit mit dem hatte, den wir – vor wie vielen Stunden? – überschritten hatten. Hundemüde nach dem Tagesmarsch stapften wir weiter. Nichts wirkte vertraut, und bald würde die Sonne untergehen und uns in der Nacht unserem Schicksal überlassen. Wir kletterten über den Kamm und blickten in eine Ebene hinab, die ganz anders aussah als die, die wir am Morgen so unbekümmert durchquert hatten. Nichts paßte zusammen. Die Sonne balancierte am Rande der Wüste und verharrte dort in der Schwebe. Ohne Kompaß hätte ich geschworen, daß ich diesen Wüstenabschnitt nie zuvor gesehen hatte. Die Formen und Umrisse, die sich meiner Erinnerung eingeprägt hatten, hatten sich verändert. Ein anderes Licht, ein anderer Blickwinkel, eine andere Stimmung hatten uns eine neue Dimension, eine neue Welt eröffnet. Wir waren nicht auf einer Reise durch Felsen und Sand, sondern durch eine Illusion, ein in ständigem Wandel begriffenes Wunder.

Dann, im letzten Aufglühen des goldenen Lichts, stieß ich auf ein Geflecht in den Sand eingestanzter Kamelabdrücke. Ich fragte mich, wem sie wohl gehören konnten, und mein erster Impuls war, mich umzusehen. Dann sagte eine mir fremde Stimme in meinem Inneren: »Es sind deine, du Dummkopf!« Wir waren an den Ausgangspunkt zurückgekehrt.

Wir waren zu desorientiert und müde, um zu versuchen, die verlorenen Stunden wieder aufzuholen. Marinetta saß wie eine Jammergestalt über ihrem Kochtopf. Die zusätzliche Anstrengung, die uns unser Irrgang in dem Felslabyrinth gekostet hatte, hatte uns unmenschlich erschöpft. Wir bewegten uns gefährlich nahe am Rande jener Dunkelheit, von der es kein Zurück mehr gibt. Marinetta begann zu weinen. »Ich weiß nicht, was mit mir los ist«, schluchzte sie. »Ich habe die ganze Zeit über seltsame Gefühle. Ich höre die Schritte von Menschen hinter mir, aber wenn ich mich umdrehe, ist niemand da. Dann sehe ich Ungeheuer, die sich in den Felsen verstecken. Das Schlimmste ist das Gefühl, daß in mir selbst ein Monster lauert, das herauskommen will. Ich habe Angst, ich könnte mich in einen Werwolf verwandeln und dir die Kehle durchschneiden und die Kontrolle über mich verlieren.«

Unwillkürlich schauderte ich und sah in die flackernden Flammen. Der Tag war eine ernüchternde Lektion über das Verhältnis von Realität und Irrealität gewesen. Ich zweifelte nun daran, daß es wirklich eine Grenze zwischen beidem gab. Während ich die Flammen betrachtete, die die Nacht zurückdrängten, schienen sogar sie von einer böswilligen, lebendigen Kraft erfüllt zu sein.

Der Tag graute zu einem Horror aus Sonne und Sand. Wir ließen die letzten Brocken des Plateaus hinter uns und zogen in die schreckliche, gähnende Leere des Sandes hinaus. Seltsame silbrige Lichter zwinkerten wie Augen über dem Erg. Vom ersten Moment dieses Tages an hielt ein Dämon des Schreckens mich gepackt. Es war eine Angst ohne Sinn und Verstand. Sie kam irgendwoher tief aus den verborgenen Abgründen meines Geistes. Ein Drachen der Frucht hatte mein ganzes Leben lang in mir gelauert, und nun stieg er an die Oberfläche auf. Irgendeiner aus der fünften Kolonne in mir revoltierte offen gegen meinen Willen, weiterzugehen. Meine

Stimme schien von woanders zu kommen, von weither. Es war nicht ich, der sprach. Mein Herz klopfte, und mein Körper wurde von unvermittelten Adrenalinstößen geschüttelt, die mich dazu zwangen, wie manisch durch die Wüste zu fliehen. Die Welt war irreal und finster geworden. Es war, als ob Udungus Dschinns sich wie die Geier um meinen Geist zankten, dessen psychische Abwehrmechanismen durch die extreme Erschöpfung zusammengebrochen waren.

Ich konnte mit Marinetta nicht über meine Gefühle sprechen, aber ich vermutete, daß es mir so erging wie ihr in der vorhergehenden Nacht: Es war das Gefühl, daß ein fremder Eindringling sich in meinem Inneren eingenistet hatte.

Das Wadi Howar lag noch einen Tagesmarsch entfernt. Die Stunden flossen in grauenerregender Leere dahin. Der Sand schien sich in Flammen und Rauch zu verwandeln. Manchmal gab es felsige Auswüchse, bizarre, aufgedunsene, karminrote und ockerfarbene Säulen. Am Horizont tauchten verlockend glitzernde Feuchtigkeitsdiamanten auf. Ab dem Nachmittag packte mich eine andere Angst: Wir hielten uns zu sehr östlich. Ich fürchtete, wir könnten das Wadi vollkommen verfehlen. Ich hielt an und holte den Kompaß hervor. Ich hatte den Brunnen von Ghobeishi sorgfältig markiert, denn ich wußte, daß er unter mehreren Brunnen auf der Südseite des Wadis am leichtesten zu finden war. »Wenn wir hier einen Fehler machen, werden wir sterben«, sagte ich zu Marinetta. Das war keine Übertreibung. Buchstäblich Hunderte von Männern waren im Lauf der Jahre in dieser Wildnis gestorben, auch in jüngster Zeit. Erst vor zwei Jahren waren vierzig Männer auf ihrem Zug nach Libyen vom Weg abgekommen und in dieser Wüstenei umgekommen.

Marinetta sah mich ruhig an. Sie zeigte keinerlei Anzeichen der panischen Angst des Vortags mehr. Es war, als ob sie in der Nacht eine neue Stärke gefunden hätte. »Gott wird für uns sorgen«, sagte sie. Es war das erste Mal, daß ich hörte, wie sie ihren Glauben verkündete. Da verstand ich, woher ihre neugewonnene Stärke rührte.

Ihre Ruhe verlieh mir neuen Mut. Ich überwand mich und suchte die Landkarte ab, um die Felserhebungen in der Nähe zu identifizieren. Ich nahm eine Standortbestimmung nach dem Koordinatennetz von dort bis Ghobeishi vor. Mir war klar, daß das ein riskantes Spiel war: Es gab scharenweise Felserhebungen, und nicht alle waren auf der Karte verzeichnet. Wenn ich diese hier falsch identifiziert hatte, wäre der gesamte Kurs falsch. Ich überprüfte es zweimal. Dann richtete ich den Kompaß aus, und wir wandten uns um, um der leeren Wüste entgegenzutreten.

Wir wichen den ganzen Nachmittag nicht mehr vom Kurs ab, nicht einmal, als die frischen Spuren zweier Kamele unseren Weg kreuzten. Es waren die ersten Spuren, die wir seit fünf Tagen gesehen hatten, und wir waren beide versucht, ihnen zu folgen, doch wir wußten, daß das ein fataler Fehler sein konnte. Stunde um Stunde verging, und ich fühlte, wie dasselbe Grauen wieder am Rande meines Bewußtseins aufglomm. Die Kamele schritten entschlossen aus, und wir verstummten. An diesem Tag gab es keine Witze oder zotigen Lieder, nur zwei sehr schweigsame Wesen, die darum beteten, nicht zu sterben.

Kurz vor Sonnenuntergang sagte Marinetta: »Riechst du nichts?« Ich atmete tief ein. Ein leichter, aber unverkennbarer Duft von blühenden Akazien lag in der Luft. Dann bemerkte ich, daß die Kamele von Fliegen übersät waren, den kleinen Fliegen, die in den Wadis brüten. Etwas später kletterten wir auf eine Anhöhe hinauf und sahen unter uns eine Reihe von Bäumen und den Felsbuckel eines Hügels. Es war Ghobeishi. Es war, als ob ein Gnadenakt Gottes uns direkt hierher geführt hätte, auf einem Kurs, den wir von einer geradezu willkürlich auf der Landkarte gewählten Wegmarke aus eingeschlagen hatten.

Adam

Der Nil lag nur noch zehn Tagesreisen entfernt, aber als wir am nächsten Morgen aufwachten, hätten es ebensogut noch hundert sein können. Wir lagen in unseren Schlafsäcken, starrten zum Himmel und achteten gar nicht darauf, ob der Treibsand uns unter sich begrub und für immer ein Sandgrab über uns aufhäufte. Mein Körper fühlte sich hohl und geschunden an. Meine Nerven lagen bloß. Schließlich rafften wir uns auf, machten Feuer, tranken Kaffee und beluden die Kamele.

Hinter dem Streifen verwüsteten Grüns namens Wadi Howar erstreckte sich die gottverlassenste Steinwüste der südlichen Sahara. Ein einziger Brunnen, Abu Tabara, befand sich in dieser Einöde. Ich hatte den Brunnen vor zwei Jahren von Osten aus aufgesucht und war dabei dem Verdursten näher gewesen als auf irgendeiner anderen meiner vielen Reisen. Der Brunnen lag in einem weiten Gebiet voller windzerfressener Felsen, und es war unmöglich, ihn aus der Ferne zu erkennen. Ich wußte, daß ich einen Führer brauchte, um ihn von der Westseite aus zu finden.

Wir entfernten uns nicht einmal einen Kilometer vom Lagerplatz. Auf dem Kamm einer Düne, zwischen grünen Araks, sahen wir menschliche Gestalten mit Kamelen und Ziegen und eine winzige Schutzhütte. Ein Araber schlitterte die Düne hinab, um uns zu begrüßen. Froh, endlich eine andere Menschenseele zu sehen, rannte ich ihm entgegen, und wir umklammerten einander die Hände wie zwei verirrte Fremde in der Einsamkeit. »Wer ist dieser andere Mann?« fragte er und zeigte auf Marinetta.

»Das ist kein Mann«, sagte ich zu ihm mit einem Anflug von Stolz. »Das ist meine Frau.«

Wir ließen uns unter ein paar Arak-Bäumen nieder, und die Frau des Arabers brachte uns frische Kamelmilch. Der Araber, dessen Name Ja'adallah war, schlug vor, wir sollten seinen Schwiegervater Adam als Führer nehmen. »Kennt er Abu Tabara?« fragte ich.

»Aber sicher!« erwiderte Ja'adallah.

Adam hatte eine näselnde Stimme, undurchdringliche Augen und viele fehlende Zähne. Sein Gesicht mochte früher einmal streng und aristokratisch gewesen sein, aber die Mächte der Wüste hatten es nun mit einem Netz von Linien durchzogen. Er hatte fast sein ganzes Leben in diesem verlassenen Wadi verbracht. Er war nie bis nach Umm Sunta gekommen und hatte nie die Familie des Nazir kennengelernt. Die einzigen Städte, die er je gesehen hatte, lagen am Nil, und das war viele Jahre her. Die einzigen anderen Abendländer, die er kennengelernt hatte, waren einige Archäologen gewesen, die in der Nähe Ausgrabungen durchgeführt hatten. »Gott allein weiß, wonach sie gesucht haben«, sagte er. »Sie hoben den Sand aus und schaufelten ihn in Säcke, als sei er etwas Wertvolles. ›Wenn dieser Sand wertvoll ist‹, sagte ich zu einem von ihnen, ›dann werden wir alle reich sein.‹« Sein Körper war fast bis zum Skelett abgemagert, aber die Jahre in dieser harten Welt hatten ihm eine elastische Kraft verliehen. Seine erfahrenen grauen Augen sahen aus, als ob sie durch Jahrzehnte windgepeitschten Sandes getrübt worden seien. Sein T-Shirt hatte eine Kruste aus Staub und Schweiß und war an vielen Stellen zerrissen. Er besaß einen Wollhut und zwei Plastiksandalen, die nicht zusammenpaßten: Eine war rot, die andere blau.

Er freute sich, daß ich Engländer war. »Als die Engländer noch dieses Land regierten, war alles billig und in Hülle und Fülle vorhanden«, sagte er. »Für fünfzig Piaster konnte man ein Pfund Tee kaufen. Nach dem Abzug der Engländer stieg der Preis auf ein Pfund fünfzig. Dann wurden es drei Pfund. Ich sagte zu dem Händler: ›Wie kann der Preis an einem Tag von einem Pfund fünfzig auf drei Pfund steigen?‹ Er sagte: ›Ihr Araber mit euren Dickschädeln! Eines Tages wird er neun Pfund kosten, und eure Kamele werden tausend kosten!‹«

Adam war als Kind ins Wadi Howar gekommen, in den Tagen Sir Ali Wad At Toms. Seine Familie stammte aus dem Südosten. »Damals lebten im Wadi Howar keine Araber«, erzählte er. »Es gab zuviel Ärger durch Überfälle der Gor'an. Dann schickten die Engländer Autos und Soldaten, um mit ihnen fertigzuwerden, und die Gor'an flohen. Das waren die ersten Autos, die ich gesehen habe. Jetzt sieht man überall welche.« Ich fragte ihn, wie ich alle unsere Führer gefragt hatte, ob er das Auto oder das Kamel vorziehe. »Hm«, sagte er, »Kamele sind für Männer, Autos sind für Kinder.«

Kamele waren die *raison d'être* für Araber wie Adam. Ohne Kamele wären sie nicht in der Lage, an diesem abgelegenen Ort zu überleben. »Als wir zum ersten Mal hierherkamen, gab es im ganzen Wadi nur einen Brunnen«, fuhr Adam fort, »aber die Araber machten sich an die Arbeit und hoben zwei oder drei andere aus, und die Kamele lernten, Arak-Blätter zu fressen. Gott ist großmütig. Der Arak lebt weiter, wenn andere Bäume sterben. In den Jahren der großen Dürre verließen alle die Wüste außer uns. Unsere Kamele blieben am Leben, weil sie Arak-Blätter fraßen. Sie sind noch immer in guter Verfassung, bei Gott!«

Die Kamele, die wir unter den Arak-Bäumen weiden sahen, waren alle fett und gesund. Sobald wir unseren Tieren die Fußfesseln angelegt hatten, stürmte ein großer, weißer Bulle an, um unsere Truppe herauszufordern. Wad An Neijma blubberte ein wenig als Antwort, aber das größere Tier spuckte und schlabberte nach besten Kräften und blies seine Mundblase auf, bis unsere Tiere sich in einen anderen Arak-Hain zurückzogen. Der Bulle stolzierte zu seinen Weibchen zurück. Eine von ihnen hatte vor kurzem ein flauschiges, weißes Fohlen geboren, das einen Meter hoch auf spindeldürren, wackligen Beinchen stand. Als Marinetta es zu fotografieren versuchte, eilte das Muttertier herbei und stellte sich schützend über das Kleine.

An diesem Nachmittag füllten wir unsere Wasservorräte an einem nahegelegenen Brunnen. Dort warteten nervöse Kamele in Gruppen auf das Tränken. Ein Kreis von zerzausten Jugendlichen wechselte sich paarweise beim Heraufhieven des sandigen Wassers ab. Ich reihte mich unter ihnen ein. Wasser spritzte in die rostigen Hälften von Ölfässern. Die Kamele drängten sich Schulter an Schulter und sogen das Wasser ein, sie hoben die Köpfe und schüttelten ihre schwabbeligen, nassen Lippen. Ein warmer, süßer Geruch nach Staub und Dung, der angenehme Geruch von unbehandeltem Leder hing in der Luft. Die Araber plauderten und lachten; einer von ihnen ließ versehentlich einen Schöpfeimer in den Brunnen fallen. Die anderen johlten schadenfroh. Der Junge sah verlegen vor sich hin und machte sich auf die Suche nach einem anderen Eimer. Die Kamele brüllten und heulten, und die geschlechtsreifen Bullen gingen aufeinander los und mußten mit Peitschen getrennt werden. Ein Staubschleier erhob sich über dem kleinen Brunnen, diesem Eiland voller Leben in der Weite der Wüste. Brunnen waren in der Sahara vor allem eines: ein Symbol des Lebens. Ich wußte, daß wir nicht mehr viele sehen würden.

Am nächsten Morgen führte Adam uns durch die Dünen zu den phantastischen Bergen von Rahib am östlichen Ende des Wadis. Die schwarzen Umrisse der Hügel und die bernsteinfarbene Glasur, die sie überzog, ließen sie wie Zeichnungen auf einem Vorhang im Bühnenhintergrund aussehen. Die Kamele schritten nach ihrem Ruhetag in den Arak-Wäldchen zügig aus. Schwaden des schweren Dufts von *sallam*-Bäumen trieben über uns hinweg. Die Kamele scherten aus der Marschrichtung aus, um dem süßen Geruch nachzugehen. Adam sagte, der letzte gute Regen im Wadi Howar liege achtzehn Jahre zurück. »Wenn es einmal richtig regnet, dann reicht das Weideland im Osten bis zum Nil«, sagte er. »Die ganze Wüste blüht!«

In Rahib trafen wir auf ein hübsches Mädchen namens Fatna, die mit Butter geölte Haare und Kränze mit Kaurischnecken um den Hals trug. Sie lächelte uns mit elfenbeinfarbenen Zähnen an und half uns beim Füllen unserer Girbas. Sie waren mittlerweile in schlechtem Zustand, aber Adam sagte, sie würden ausreichen, wenn wir sie in Abu Tabara auffüllen würden. Als sie voll waren, ritten wir in die offene Wüste hinaus.

Wir schlugen unser Lager bei einem felsigen Hügel mit Namen Dabbat An Nahas oder »Kesselpaukenhügel« auf. Adam erzählte uns, daß man manchmal aus dem Inneren das Dröhnen einer großen Trommel hören könne. »Das passiert immer, bevor jemand stirbt«, erklärte er. »Man kann es meilenweit entfernt hören. Selbst der Boden erbebt.« Ich fragte ihn, was seiner Meinung nach dahintersteckte.

»Es ist der Trommler des Todes!« sagte er schaudernd.

In dieser Nacht blieb der Trommler des Todes stumm.

Am nächsten Tag flammte ein anderer Hügel am Horizont auf. Beim Aufstieg entdeckten wir ein verborgenes Dickicht völlig abgestorbener Dornbäume. Weiter vorne würde es nur wenig Brennholz geben, und Adam riet uns, soviel wie nur möglich zu sammeln. Nach dem Essen schenkte Adam Marinetta eine Ledertasche aus Gazellenhaut. Sie nahm das Geschenk begierig an und sagte: »Das ist etwas ganz Besonderes! Solche Dinge kann man in meinem Land nicht kaufen.« An diesem Nachmittag bat Adam Marinetta um ihre

Decke. Er besaß keine Decke, sagte er. Und eine Decke wie die konnte man in *seinem* Land sowieso nicht kaufen.

Wir erklommen eine riesige Düne, die sich an eine Felsenschlucht lehnte, und bahnten uns durch einen Spalt in den Hügeln den Weg in ein Becken aus glitzernden mineralischen Salzen. Die Rillenmuster von Kamelspuren überkreuzten sich in allen Richtungen. Gelegentlich ragte eine Granitkuppe über die Ebene, die sich nach Osten ausdehnte, bis sie mit dem meerblauen Himmel verschmolz. Wir bewegten uns über die Ebene wie Ruderboote, die auf einem Ozean aus friedlichen Träumen dahintreiben. Wir ritten weiter, bis die Sonne herabprasselte und die Schatten sich ineinanderschoben und neben den Bäuchen der Kamele zusammenschrumpften.

Adam saß unbehaglich auf dem Brennholz und kaute wie ein Wiederkäuer auf seinem Tabak. Er kaute den ganzen Tag und machte schnalzende Geräusche, um die Kamele anzuspornen. Er sagte, er habe das erste Mal Tabak gekaut, um seine Kopfschmerzen loszuwerden. »So habe ich es mir angewöhnt«, sagte er, »aber jetzt ist es so, daß ich immer Kopfweh bekomme, wenn ich damit *aufhöre*.«

»Macht es dich nicht durstig?« fragte ich.

»Nein«, antwortete er. »Es hilft gegen den Durst. Einmal ritt ich mit einigen Familienmitgliedern vom Wadi Howar nach Dongola. Wir hatten kein Wasser: nur Kamelmilch und Tabak. Nach einigen Tagen wurde die Kamelmilch sauer. Dann löscht sie den Durst nicht mehr. Es war einzig der Tabak, der uns aufrechterhielt.« Er sagte, es hätte zehn Tage gedauert, bis sie eine Oase erreicht hätten. »Es gab ein paar Araber dort, und sie boten uns Kamelmilch an. ›Behaltet eure Kamelmilch!‹ sagten wir zu ihnen. ›Gebt uns nur Wasser!‹«

»Gott sei Dank bist du am Leben geblieben!«

»Ja. Aber die Araber können Durst besser ertragen als andere Menschen«, fuhr er fort. »Ich habe so viele Stadtmenschen gesehen, die mit dem Kamel nach Libyen gezogen sind und nicht einmal wissen, was Durst ist. Sie nehmen zu wenig und trinken zuviel.« Er erzählte mir die Geschichte einiger Kamelreiter, die im letzten Jahr auf ihren erschöpften Tieren nach Ghobeishi gekommen waren. Sie waren an der libyschen Grenze von den Grenzposten zurückgeschickt worden. Die Männer hatten ihre Kamele im Wadi Howar gelassen und einen Lastwagen, der zum Nil unterwegs war, bestiegen; er war in der Nähe von Abu Tabara zusammengebrochen. »Achtzehn Menschen sind dabei verdurstet«, sagte Adam, »und einer der wenigen Überlebenden war ein Araber, ein Mitglied unserer Familie. Er konnte nicht sprechen, als man ihn fand, und sein Mund konnte kein Wasser aufnehmen. Wie ich hörte, hat man ihm mit einem Schlauch Flüssigkeit in die Venen gepumpt. Er blieb am Leben, bei Gott! Er war ein wahrer Sohn der Araber.«

Einmal stießen wir auf ein Paar Oryx-Hörner, die fest in die Erde gerammt waren. Sie waren mehr als der Beweis für die Geschicklichkeit eines unbekannten Jägers. Sie waren ein Requiem für ein vergangenes Zeitalter. »Die Oryx-Antilopen sind heute alle weg«, sagte Adam, »aber in meiner Jugend, zu Zeiten der Engländer, gab es eine Menge davon. Die Engländer haben uns Glück gebracht, siehst du.« Ein anderes Mal zeigte er auf eine Anhöhe namens Zalat Az Zabit, »Die Offiziersanhöhe«. »Sie wurde nach einem englischen Offizier benannt«, sagte Adam. »Er liegt dort begraben.« Die Geschichte ging so, daß ein junger britischer Leutnant eine Abteilung Kamelreiter von einer Oase in der Nähe zum Nil führte. Dann war ein schrecklicher Sandsturm aufgekommen, und der Führer war in Panik geraten und hatte sich geweigert, weiterzumarschieren, obwohl es der Kolonne schon an Wasser mangelte. Am Ende hatte der Leutnant den Führer erschossen. Darauf hatte der Feldwebel den Leutnant für verrückt erklärt und ihn erschossen. Der Leutnant wurde bei der Anhöhe begraben.

»Glaubst du, daß der Leutnant verrückt war?« fragte ich Adam.

»Die Wüste kann seltsame Dinge bewirken«, sagte er. »Nur die Araber können in der Wüste leben.«

Am 12. April erblickten wir in der Ferne einen doppelköpfigen Felsen. »Das ist er!« schrie Adam. »Das ist Abu Tabara!« Eine Stunde später war seine Hochstimmung verflogen. Er versank in Schweigen. Ich zog meinen Kompaß zu Rate. Der doppelköpfige Felsen schien abseits des Kurses zu liegen. Plötzlich brach Adam sein Schweigen. »Ich glaube nicht, daß er es wirklich ist«, sagte er.

Marinetta und ich starrten ihn alarmiert an. »Du *glaubst* nicht!« rief ich aus. »Du meinst, du bist dir nicht sicher, wo er ist.«

»Nicht schon wieder!« stieß Marinetta aus. »Oh Gott, nicht schon wieder!« Als die Sonne sank, befanden wir uns in einer Landschaft modellierter Felsen, in der das Sonnenlicht sich zu einem Muster langer Schatten brach. Die Felsblöcke wurden größer, bis sie auf allen Seiten die Sicht begrenzten. Sie waren wie nächtliche Traumgeschöpfe, die sich immer enger um uns schlossen und hinter unsere Augenwinkel wanderten, wenn wir den Kopf abwandten.

Schließlich kampierten wir in einer Mulde aus Sand und Felsbrocken unter einem Granitstumpf. Adam ließ sich schwer in den Sand fallen. »Ich habe es vergessen, Omar«, sagte er. »Es ist zwanzig Jahre her, seit ich das letzte Mal hier war, verstehst du.«

Ich lächelte und unterdrückte meinen Ärger. »Jeder macht einmal einen Fehler«, sagte ich, »auch der Sohn eines Arabers.« Aber mir war überdeutlich bewußt, daß ich zum letzten Mal mit einer so unglaublichen Naivität den Geschichten über die außerordentlichen Fähigkeiten der Araber gelauscht hatte. »Wenn wir ihn morgen nicht finden, werden wir nach Rahib zurückkehren müssen«, sagte ich zu ihm.

»Nein«, protestierte er. »Wir können den Nil noch immer erreichen.«

Ich wußte, daß er das Gesicht verlieren würde, wenn wir zu ihm nach Hause zurückkehrten, und daß er sich Sorgen um sein Geld machte. Aber ich wußte auch, daß es unmöglich war, den Nil zu erreichen: Unser Wasser würde niemals so lange reichen. »Adam«, sagte ich, »zum Nil sind es noch sechs Tage, vielleicht sieben. Unser Wasser reicht noch für zwei. Du magst ein Araber sein, aber du bist keine Gazelle. Du mußt immer noch trinken. Jeder muß das.«

Später erklomm ich den Granitstumpf und suchte die Wüste in der Hoffnung, die Spuren eines Lagerfeuers zu entdecken, mit meinen Fernrohr ab. Ich gab sogar einen Schuß mit der Signalrakete ab und betete, er möge jemanden aufstören. Aber unter dem ganzen flüsternden Baldachin der Wüste rührte sich nichts.

Zurück im Lager fand ich Adam, der im Sand las. Er zog mit Handteller und Daumen Muster und blickte forschend auf das Ergebnis. Das war die bevorzugte Art des Zukunftdeutens unter den Arabern.

»Was siehst du?« fragte ich ihn.

»Wir werden morgen auf Menschen treffen«, sagte er. »Der Sand sagt, daß wir Menschen treffen werden.«

»Werden wir den Brunnen finden?«

»Ich weiß nicht, ob wir den Brunnen finden, aber wir werden Menschen sehen.«

Sowie es hell wurde, machte Adam sich zu Fuß auf den Weg, um nach Kamelspuren zu suchen, die uns einen Hinweis auf die Lage des Brunnens geben könnten. Ich sah zu, wie seine langen, knochigen Füße Spiralen auf dem sanft gekräuselten Sand aufwirbelten. »Oh Gott!« seufzte Marinetta. »So nahe am Nil, und jetzt das!«

Ich legte meinen Arm um sie. »Es tut dir doch nicht leid, daß du hier bist, oder?« fragte ich.

»Nicht im geringsten, Maik«, sagte sie. »Und es gibt niemandem, mit dem ich lieber hier wäre.«

»Ist dir eigentlich klar, daß du mir nie gesagt hast, daß du mich liebst?« sagte ich.

Sie blickte mich mit ihren großen, sanften, braunen Augen an, als wollte sie gleich in Tränen ausbrechen. Dann sah ich Adam über die Dünen zurückkommen und ließ sie los.

»Es ist alles in Ordnung«, sagte Adam. »Ich habe Kamelspuren im Sand gefunden.« Doch die Kamelspuren, die er gefunden hatte, führten uns nirgendwohin. Sie waren alt und schlängelten sich zwischen die Felsbrocken hinein und wieder hinaus, ohne eine Richtung preiszugeben. Nachdem wir eine Stunde lang nach Süden gezogen waren, erklommen wir einen anderen großen Turm aus Sand und Fels. Adams Blick strich über die Wüste. »Nichts!« sagte er. Ich suchte Osten, Westen und Süden mit dem Fernglas ab. Plötzlich hielt ich inne und trat zurück. Ich hatte die winzige Gestalt eines weidenden Kamels erspäht. Dann entdeckte ich noch eines und noch eines. Fünf Kamele weideten mehrere Kilometer entfernt auf Grasbüscheln. Es war keine Spur von einem menschlichen Wesen in ihrer Umgebung zu sehen. »Kamele werden um diese Jahreszeit alle neun Tage getränkt«, sagte Adam. »Das bedeutet, daß sie bis zu fünf Tagesmärschen vom Brunnen entfernt sein können.«

Nun herrschte allgemeine Ratlosigkeit. Sollten wir zu den Kamelen ziehen? Sollten wir am Kurs des Vortags festhalten? Adam wußte keinen Rat und sagte, er sei zu jedem Versuch bereit. Wir verfolgten unsere Spuren zurück und zogen dann eine Stunde lang in östlicher Richtung weiter. Es war Vormittag, und die Sonne brannte schon herab, ließ einen Dunstschleier über dem Sand aufsteigen und die Felsen ausdampfen. Wir gelangten an den Rand des Felslabyrinths und erblickten eine flachere Ebene, die sich ostwärts erstreckte und in der sich ein orangefarbener Hügel mit drei Spitzen erhob. Ich war mir sicher, daß ich diesen Hügel bereits bei meinem letzten Besuch, von Osten kommend, gesehen hatte. Das deutete darauf hin, daß Abu Tabara irgendwo hinter uns lag.

Wir ließen die Karawane kehrtmachen und gingen ohne große Hoffnung nach Südwesten. Wir überquerten einen Kamm nach dem anderen, und jedesmal dachten wir: »Jetzt könnten wir ihn sehen!«, nur um wieder auf die gleichen nackten Felsen und leblosen Formen zu stoßen. Wir sahen Kameldung. Einmal war ich sicher, ich hätte Holzrauch gerochen, aber Adam schüttelte den Kopf. Wir sahen Zweige farnartiger Tamarisken, die aus Spalten und Ritzen hervorwuchsen. Ich schritt mit dem Fernrohr voraus. Marinetta trippelte mit ihrem großen Zoom-Objektiv, das sie wie eine Waffe hielt, hinterher. Die aufgetürmten, vom Wind gemeißelten Felsbrocken blickten wie höhnische Riesen und Dämonen auf uns herab. Dann verschwanden die Felsen, und wir gelangten an den Rand einer grauen Ebene, die sich nach Süden erstreckte. Abu Tabara konnte nicht in dieser Richtung liegen.

Mittlerweile war es fast Mittag. Wir waren seit Tagesanbruch auf den Beinen, ohne Pause und ohne etwas zu trinken. Mein Mund war wund und rauh wie Schotter. »Das reicht!« sagte ich. »Wir werden nach Rahib zurückmarschieren müssen.« Adam dirigierte die Kamele widerstrebend nach Westen. Ich war ebenso niedergeschlagen. Das war erst das zweite Mal auf unserer Reise, daß wir umkehren mußten. Daß Abu Tabara unser letzter Brunnen war, machte die Sache doppelt ärgerlich. Zögernd bewegten wir uns über den Sand.

Dann, ohne Vorwarnung, rief Marinetta: »Maik! Da drüben!« Ich wandte mich um und sah direkt hinter uns die ferne Gestalt eines Kamels und die Silhouette eines Mannes, der Wasser aus einem unsichtbaren Brunnen hochzog. »Das muß Abu Tabara sein!« sagte ich. »Wir haben ihn gefunden!« Dann küßte ich Marinetta. Es war das erste Mal, daß ich sie vor einem Führer küßte.

Der Mann am Brunnen hielt inne, als er uns näherkommen sah, und sobald wir uns die Hände geschüttelt hatten, hielt er den ledernen Schöpfeimer hoch und goß das Wasser aus, so daß wir es trinken konnten. Es war kühl, kühl, kühl. Es war das köstlichste Wasser, das ich je getrunken hatte. Das Wasser ergoß sich aus dem Eimer und rann in eisigen Strömen unter mein Hemd. Das Sonnenlicht verfing sich darin, zersplitterte die Flüssigkeit in kostbare Edelsteine und tanzte darauf wie ein Geist. Der Araber sagte, er hätte uns vorüberziehen sehen und gedacht, wir würden auf direktem Weg nach Rahib gehen. Deswegen hatte er uns nichts zugerufen. Plötzlich wurde mir klar, daß wir in die entgegengesetzte Richtung gegangen waren. Der zufällige Blick Marinettas nach hinten hatte uns wahrscheinlich das Leben gerettet. Von so kleinen Zufällen hängt Leben oder Tod ab.

Der Araber war schwarz und hatte ein knubbeliges Gesicht. Sein Hemd, seine Sarouals und sein Kopftuch waren so sandfarben, daß sie eine mühelose Tarnung gebildet hätten, wären seine Gesichtszüge nicht so schwarz gewesen. Drei weitere Araber und eine attraktive Frau mit zwei kleinen Kindern befanden sich in einem kleinen Zelt in der Nähe. Das Zelt war ein Rechteck aus Kamelhaar, das gerade eben den fünf Erwachsenen und zwei Kindern, aufrecht und eng aneinander gedrängt, Platz zum Sitzen bot. Kein einziger Baum stand am Horizont. Den einzigen anderen Schatten warfen einige riesige, schrägstehende Felsbrocken, die an ihrer Basis von Schattenovalen umgeben waren. Die Kamelsänfte der Frau lag zusammen mit ein paar mottenzerfressenen Decken und einigen Seilen und Wasserhäuten außerhalb des Zeltes. Andere Sättel und Satteltaschen waren in Felsspalten hineingestopft. Die Araber waren klein und ungekämmt, sie hatten zerzauste Haare und Stoppelbärte. Sie trugen Gewehre und Dolche und um den Hals rosafarbene Holzperlen.

Zwei von ihnen setzten sich mit uns im Schatten des Granitbrokkens nieder. Ich fragte sie, warum sie an einem solchen Ort lebten, wo ihnen nicht einmal ein Baum Gesellschaft leistete. »Das ist der wahre Platz für einen Araber!« antwortete einer von ihnen. »Hier gibt es keine Menschen. Es ist ruhig. Es gibt kein Kommen und Gehen, und man muß sich keine Gedanken über Diebe machen.« Die Hartgräser, die hier wuchsen, waren ein gutes Futter, so sagte er, und die Araber brauchten die Kamele nicht einmal zu hüten. Sie ließen sie einfach umherwandern. Alle neun Tage tauchten sie unfehlbar am Brunnen auf.

Wenig später erhielten wir Anschauungsunterricht in diesem Punkt. Plötzlich ertönten Rufe: »Die Herden! Die Herden!«, und zwei junge Männer sprangen hoch und eilten zu den Brunnen. Verwundert über die plötzliche Hektik folgten wir ihnen und sahen, wie ein Trupp von Kamelen schwankend aus der Wüste nahte und an dem irdenen Wassertrog neben dem Brunnenrand zusammenströmte. Die Araber trieben sie aus Angst, sie könnten den zerbrechlichen Trog zertrümmern, mit Stöcken zurück. Sie ließen nur zwei oder drei Tiere auf einmal an die Tränke und tunkten Stücke roten Steinsalzes in das Wasser, während die Tiere tranken. Das Steinsalz stammte von einem geheimen Ort in der Nähe. Es folgten zwei Stunden besessener Arbeit, während derer die Araber sich beim Hochziehen des Wassers und Füllen des Trogs abwechselten. Angesichts der auf die Köpfe brennenden Sonne schien es eine unmenschlich harte Arbeit zu sein, aber ich dachte daran, daß sie nur alle neun Tage getan werden mußte. Den Rest der Zeit über mußten diese Araber ihre Energie auf das bloße Überleben verwenden.

Später, nachdem wir alle unsere Girbas gefüllt hatten, machten die Araber Tee für uns. Die Frau tauchte aus dem Zelt auf und sammelte ein Tablett voll harten Kameldungs um den Brunnen herum ein. Brennholz war hier ein Luxus, erklärte sie. Das Feuer benötigte einen erstaunlichen Haufen Dung und eine Menge Pusten und Blasen, damit es nicht ausging. Aber der Tee, der eine halbe Stunde später gereicht wurde, war köstlich.

Am späten Nachmittag verließen wir den Brunnen und ritten zwei Stunden über die Ebene. Als wir unser Lager errichteten, sagte Adam: »Ich habe dir doch gesagt, wir würden auf Menschen stoßen, oder etwa nicht? Ich habe es im Sand gelesen. Wenn wir deinem Kurs gefolgt wären, wären wir jetzt schon auf dem Rückweg nach Rahib. Ich sagte, wir werden heute auf Menschen stoßen.« Das wurmte mich ein wenig, obwohl ich zugeben mußte, daß meine Kursbestimmung mit dem Kompaß nicht so genau wie wünschenswert gewesen war.

»Es gibt nur einen Menschen auf der Welt, dem wir zu verdanken haben, daß wir diesen Brunnen gefunden haben«, sagte ich zu Adam, »und das ist meine Frau. Und sie ist *keine* Tochter der Araber.«

Beim Erwachen schwoll die Sonne wie eine Perle über den Hügeln an. Es herrschte vollkommene Windstille, kein Hauch sorgte für Kühlung. Die Zeit der großen Hitze war angebrochen. Adam sah schrecklich aus und sagte mir, seine Augen hätten ihn die ganze

Nacht über gequält. Den größten Teil des Tages über ritt er mit geschlossenen Lidern, was mich dazu zwang, ständig den Kompaß zu Hilfe zu nehmen. Es war, als würde die glühende Sonne die Farben der Landschaft ausbleichen, bis nichts mehr übrigblieb als ein Helldunkel aus Grau und Schwarz. Wir zogen durch ein Science-fiction-Panorama zerklüfteter, zerbröckelnder Felsenköpfe. Der Mittag überraschte uns auf einer endlosen Ebene, auf der sich eine einzige, pilzförmige Erhebung von einem Meter Höhe befand. Wir ließen die Kamele vor dem Felsen niederliegen und aßen in dem schmalen Schattenstreifen.

Am Nachmittag zogen wir über die Ebene weiter. Es war eine Mondlandschaft, ein zeitloses, bizarres Reich des Zwielichts. Marinetta brütete schweigend in der sengenden Hitze. Ich beobachtete sie besorgt, denn ich wußte, daß extreme Temperaturen die Stimmung so leicht umschlagen ließen, wie man ein Streichholz entzündet. Mitte des Nachmittags bat sie mich um ein paar Datteln. »Sie sind aus«, sagte ich zu ihr. »Wir haben sie gestern aufgegessen.«

»Ich habe gar keine bekommen gestern!« rief sie. »Warum hast du mir keine aufgehoben?«

»Es waren kaum noch welche übrig«, sagte ich unbestimmt, und mir fiel ein, daß ich Adam ein paar gegeben hatte. »Wie auch immer, sie sind aus.«

»Du erbärmlicher, gieriger Bastard!« rief sie. »So bist du also in Wirklichkeit! Ich hätte dich nie heiraten sollen!«

»Aha, jetzt sind wir wieder bei diesen alten Geschichten angekommen.«

»Ich weiß, daß du mich nur geheiratet hast, weil du mich für reich hieltest. Du willst nur, daß ich dir nach der Expedition ein Leben in Luxus biete.«

Ich wußte mittlerweile, daß es keinen Sinn hatte, in diesen obsessiven Stimmungen mit ihr zu sprechen. Den Rest des Tages hüllten wir uns in Schweigen. Der folgende Tag war unser erster Hochzeitstag. Jene erbärmlichen Tage in Paris lagen genau ein Jahr zurück. »Nichts hat sich geändert«, murrte Marinetta vor sich hin. »Wie dem auch sei, es wird keine weiteren Hochzeitstage mehr geben. Alles, was ich mir jetzt noch wünsche, ist meine Freiheit.«

Am Abend bildeten sich bei Sonnenuntergang ein paar flache Wolkenkleckser. Adam sagte, das bedeute Hitze.

Seine Vorhersage erwies sich als zutreffend. Am nächsten Tag war die Hitze vom ersten Sonnenstrahl an erdrückend. Wir quälten uns eine steile Böschung hinauf und bahnten uns unseren Weg über eine Oberfläche, die mit scharfen, kleinen Steinen gespickt war. Die Felsen schnitten den Kamelen die Füße auf und zerkratzten sie, so daß sie nur widerstrebend voranschritten. Wir überkletterten harte Bodenfalten und gelangten in ein Gebiet mit niedrigen Dünen, die sich schnell um uns schlossen, ein glitzerndes Puzzle aus funkelndem Silizium. Wir marschierten nach links und nach rechts, um einen Weg durch sie hindurch zu finden, und die Kamele wurden durch den steilen Anstieg auf dem abrutschenden Land noch mehr erschöpft. Wir mühten uns eine Anhöhe hinauf und sahen die Wüste, die sich vor uns ausdehnte wie ein Gewebe in blendenden Farben. Es schien unmöglich, daß in dieser Leere ein riesiger Fluß existieren sollte.

In dieser Nacht kampierten wir zwischen den Dünen, und am nächsten Morgen erreichten wir festeren Grund. Wir ritten über eine sandige Ebene, die mit vulkanischen Rhomben und Trümmern aus versteinertem Holz geschmückt war. Vor Millionen von Jahren hatte sich hier vielleicht ein Dschungel befunden, ein Dschungel, in dem es vor jagenden Reptilien, Säugetieren und Insekten, die sich mit Zähnen und Klauen bekämpften und in ihrem erbitterten Kampf ums nackte Dasein Leben für Leben zerstörten, nur so gewimmelt hatte. Diese Geschöpfe waren unsere Vorfahren.

Am späten Nachmittag überquerten wir einen Graben, der einst ein Fluß gewesen sein mochte. Die seltsame Formation kam mir von einer früheren Reise her bekannt vor. Oder war es ein früheres Leben? Ich versuchte mich zu erinnern, und eine Sturzflut von Bildern überschwemmte mein Bewußtsein – meine merkwürdige Vorahnung in Tidjikja, der Strom seltsamer Träume, der mir durch die ganze Weite der Sahara gefolgt war. Es war, als ob dieser Ort ein Feuerwerk aus Gefühlen und Erinnerungen entfachte, als ob alle Vergangenheit und Zukunft sich hier verdichtete, als ob Bewußtes und Unbewußtes, Traum und Wirklichkeit hier zusammenträfen. Alles Suchen schien hier zu kulminieren. Fast erwartete ich, in der Mitte des Grabens tot umzufallen, doch statt dessen hörte ich, während wir daraus emporkletterten, das leise Ächzen des Windes, das einen bevorstehenden Sandsturm ankündigte.

Ein Schwall heißer Luft drückte uns zur Seite, und wir ließen uns aus dem Sattel fallen und banden die Kamele zusammen. Das Raspeln und Zischen des Sandes erfüllte die Luft. Ein Pfeifen wie das Ausatmen geschundener Lungen war zu vernehmen. Staubspiralen züngelten aus der Wüste hoch und schrubbten uns ab wie mit neunschwänzigen Katzen. Eine Decke aus aufgewühltem, grauen Sand legte sich schwer auf uns, und wir kämpften uns wie Betrunkene durch ihre Falten. Marinetta umklammerte, die Augen auf die hin und her pendelnde Nadel gerichtet, ihren Kompaß, während ich die Kamele führte. Das Staubnetz zog sich eng um uns zusammen und betäubte uns wie scheuernde Watte. Ich riß die Kopfseile nach rechts und links, um die Kamele zum Kurshalten zu zwingen. Adam folgte wenige Meter dahinter mit seinem Kamel.

Wir bissen die Zähne zusammen, um unsere letzte Schlacht mit der Wüste zu bestehen, die all ihre Kräfte aufbot, um uns abzuschütteln. Wir bewegten uns wie Krieger, jeder Muskel angespannt, alle Sinne geschärft, bis die Nacht die dichten Strähnen herabprasselnden Staubes zu dunklen Schwaden schwärzte. Wir warfen unser Gepäck von uns. Adam nahm eine Decke und ging auf der Stelle zu Boden wie ein Tier, das in Erdhöhlen lebt. Marinetta und ich tauchten in den Sturzbach des angewehten Sandes, fesselten die Kamele und bauten unser Schutzdach auf. Die Baumwolle klatschte und wurde uns aus den Händen geschlagen. »Mein Gott!« schrie Marinetta. »Das ist der wildeste Sturm, den ich je erlebt habe!« Ich hielt die Lederseile zwischen meinen Zähnen fest und zerrte an dem Baumwollstoff, damit er weit genug reichte. Das Peitschen und der Aufruhr des Sandes waren wie ein Rausch. Es war, als ob alle wilden Kräfte der Erde entfesselt wären. Der peitschende Wind ließ uns nach Luft schnappen. Wir warfen uns in unseren kläglichen Unterstand, umklammerten einander und fühlten, wie die gleichen Kräfte durch unsere Adern strömten. Wir wühlten uns unter die Kleider des anderen, zerrten sie weg und vereinigten unsere Körper in der Wildheit der Nacht. Wir umschlangen einander, seufzten und ächzten und weinten in dem Mahlstrom wie zwei schwarze Dämonen, die in der Dunkelheit der Welt miteinander rangen. Eine rasende, rücksichtslose Besessenheit trieb uns an, während wir die Frustrationen austobten, die sich auf sechstausend entbehrungsreichen Kilometern aufgestaut hatten. Ein glühender, purpurroter Blitz zerteilte das Gewölbe der Nacht, aber es fiel kein Regen.

Als wir beim ersten Tageslicht unter den Sandverwehungen hervorrobbten, herrschte vollkommene Stille.

Wir luden auf und kletterten eine steinige Böschung hoch. Von ihrem Gipfel aus zeigte Adams knochiger Finger auf eine grüne Linie. Dann war wie ein Wunder das quecksilbrige Aufblitzen von Wasser zu sehen. Gelbe Kuchenberge erstreckten sich jenseits des silbrigen Wassers bis zum Rand des Horizonts. »Diese Hügel gehören schon zur Nubischen Wüste«, sagte Adam. »Dort endet die Sahara.«

Ich kann mich kaum noch entsinnen, wie wir die Kamele durch den Lärm und den Geruch und das Getümmel von Ed Debba den Steilhang hinabbugsierten. Ich erinnere mich daran, daß ich Marinetta an der Hand nahm und sie unsere kleine Karawane durch Straßen führte, auf denen die Menschen stehenblieben, um uns anzustarren.

Ich erinnere mich, daß jemand rief: »Hei, die Kamele da werden euch beißen!« und daß eine Schar Kinder sang: »Christen mit Kamelen!« Ich erinnere mich deutlich an den großartigen, kühlen Strom des Nils, der schweigsam, grau und uralt mit tröstlichem Fließen durch die rauhe Kehle der Wüste rann. Die Kamele unterbrachen das gekräuselte Muster der Wellen, und die Luft war erfüllt von ihren Trinkgeräuschen. Marinetta und ich hielten uns an den Händen und blickten auf das unglaubliche Sakrament des Wassers. Ich zog meine maurischen Sandalen aus. Es waren die, die ich vor 252 Tagen, in einem anderen Leben in Chinguetti gekauft hatte. Diese Sandalen waren durch die größte Wüste der Erde gegangen.

Ich blickte noch einmal auf sie herab, dann warf ich sie in die wirbelnden Wasser.

Im Bauch der Steine

Wir hatten den Nil erreicht, doch unsere Reise war noch nicht zu Ende. Ursprünglich hatten wir geplant, bis nach Kairo zu reisen. Das war nun unmöglich, denn die heiße Jahreszeit war bereits weit fortgeschritten. Aber wir waren entschlossen, nicht aufzugeben, bevor wir die ägyptische Grenze erreicht hatten.

Die Polizei in Ed Debba teilte unsere Begeisterung nicht. »Ihre Visa sind abgelaufen«, sagte ein dicker, mißmutiger Sicherheitsbeamter, der uns am Nil ansprach. Das war nicht richtig, wie ich ausführte. Die Gültigkeit der Visa begann mit dem Datum der Einreise, nicht mit dem der Ausstellung. Das brachte ihn vollends auf. Er führte uns ab zu dem baufälligen Polizeirevier am Ufer. Er war wütend über uns und fragte: »Was machen Sie mit diesem Mädchen?«

»Das ist meine Frau«, sagte ich, »also sprechen Sie mit etwas mehr Respekt von ihr, wenn ich bitten darf!«

»Ah! Erzählen Sie mir bloß nicht, Sie wären verheiratet!« höhnte der Dicke. »Sie sieht so jung aus, daß sie Ihre Tochter sein könnte!« Ich biß mir auf die Lippen. Die Sudanesen sind die nettesten Leute in Afrika, aber dieser war ein Beispiel für das, was aus den nettesten Leuten wurde, wenn sie erst einmal »Sicherheitsbeamte« waren. »Sie müssen sich auf der Polizei in Dongola melden, in der Provinzhauptstadt«, sagte er zu uns. »Erzählen Sie denen Ihre Geschichte.« Er schickte uns mit unseren Pässen und ohne Bewacher davon.

»Den Teufel werden wir!« sagte Marinetta.

Wir verkauften Galil Al'Agl auf dem Markt und zahlten Adam die achthundert sudanesischen Pfund aus, die wir ihm schuldeten. Es war sicher die größte Summe, die er jemals für einen Ritt durch die Wüste auf einem Kamel erhalten hatte, aber auf seinem Gesicht spiegelte sich keine Freude.

Er steckte das Geld schnell ein. »Erzähl' niemandem etwas davon, Omar«, bat er mich, »sonst werden alle sich bei mir Geld leihen wollen.« Später kehrte er mit nichts als zwei Pfund Tabak in einer Plastiktüte vom Markt zurück.

»Ist das alles, was du dir gönnen willst?« fragte Marinetta. »Warum kaufst du dir nicht eine Decke oder ein neues Paar Schuhe?«

»Wenn ich eine neue Decke kaufe, wird es heißen, ich sei reich, und alle werden Geld von mir wollen«, klagte er. »Und diese Schuhe halten noch eine Menge aus.« Er blickte auf seine Sandalen hinab, eine blaue, eine rote. »Ich will so schnell wie möglich von hier weg«, sagte er. »Ich mag dieses ganze Kommen und Gehen nicht, all diese Leute, die einem nur Geld abknöpfen wollen.« Er hatte seit zwanzig Jahren keine Stadt mehr gesehen. Ich bezweifelte, ob er je wieder eine sehen würde.

Am 21. April brachen wir Richtung Ägypten auf, genau ein Jahr nach dem Tag unserer Landung in Nouakchott in Mauretanien, als wir haarscharf der totalen Katastrophe entgangen waren. Wir verbrachten eine geruhsame Woche mit dem Ritt durch die Dörfer aus Adobeziegeln Obernubiens, wo fetter, grüner Weizen auf den Feldern wogte und dicke Palmen den Weg beschatteten. Wir füllten unsere Wasserhäute mit Flußwasser und kampierten des Nachts draußen in der Wüste. Wir machten einen großen Boden um Dongola und entfachten unser Lagerfeuer versteckt in Felsschluchten. Im Dorf Mosho schlichen wir uns zur toten Stunde am Spätnachmittag auf den Markt, um einen Sack Sorghum für die Kamele zu kaufen. Keiner der Dorfbewohner schien sich über unsere Reise nach Ägypten zu wundern.

Nördlich von Mosho ergießt sich der Nil in jene verschlungenen Schluchten und Klammen, die man den »Bauch der Steine« nennt. Der Charakter des Landes und der Menschen verändert sich. Die Dörfer sind abgelegen, eingeschlossen von Gipfeln und Granitklötzen und nur durch schmale Pfade, die sich durch die Hügel winden, miteinander verbunden. Oft ist es schon schwierig, sich dem Fluß mit dem Kamel auch nur auf zwanzig Kilometer zu nähern. Wir folgten statt dessen dem alten Handelsweg, auf dem die sudanesischen Kamelmänner ihre Herden nach Ägypten trieben. Der Weg war gut markiert durch Kamelspuren und Knochenhaufen von Kamelen, die unterwegs das Zeitliche gesegnet hatten.

Das Dorf, dem ich um jeden Preis aus dem Weg gehen wollte, war Hamid. Dort, im letzten größeren Dorf am Westufer des Nils, hatte die sudanesische Grenzpolizei ihren Stützpunkt. Ich hatte schon früher in Hamid Ärger gehabt und wollte dieses Mal kein Risiko eingehen. Einige Kilometer südlich des Dorfes dirigierten wir unsere Kamele in die offene Wüste hinein. Wenige Augenblicke später tauchten zwei Eselsreiter aus den Palmgärten auf und machten sich auf den Weg nach Norden, Richtung Hamid. Ich sah, wie sie sich beim Reiten nach uns umwandten. Leute, die direkt vor der Grenze in die Wüste abbogen, mußten auf jeden verdächtig wirken, dachte ich. Ich stellte mir vor, wie dem Polizeimeister in Hamid die Nachricht zugetragen wurde: »Zwei Fremde, die auf Kamelen in die Wüste reiten!« Ich malte mir aus, wie die Landrovermotoren aufheulten und die Gendarmen aufgeregt mit ihren alten Gewehren hineinsprangen. Ich hörte das Fahrzeug schon durch die Wüste rasen, um uns zu verhaften.

Eine Stunde lang bewegten wir uns, vom Dorf aus unsichtbar, in einer tiefen Furche zwischen den Felsen. Dann fiel die Furche plötzlich ab, und wir erblickten den Turm der Moschee von Hamid, der wie ein Fernrohr über der Wüste schwebte. Man konnte sich nur allzu leicht vorstellen, wie verborgene Augen uns aus seinem Inneren heraus beobachteten. Unser einziger Vorteil war, daß die Sonne hinter uns unterging und jeden Beobachter mit ihrem grellen Schein blenden würde.

Die Dunkelheit verhalf uns zur Unsichtbarkeit. Wir fanden eine Senke, die mit weichem Sand ausgelegt war, und ließen die Kamele niederliegen. Ein Dreieck aus Feuersteinen und einige Stücke übriggebliebenen Brennholzes erwarteten uns wie das rücksichtsvolle Geschenk der früheren Benutzer. Während ich das Feuer entfachte, hoffte ich, daß kein neugieriger Einheimischer es riechen und unsere Anwesenheit der Polizei melden würde.

Wir schliefen ungestört, und am Morgen brachen wir in Richtung des Flusses Sagiet Al'Abd auf. Wir mußten unsere Girbas füllen, bevor wir uns in das felsige Land vor uns aufmachten. Am Flußufer lag eine Anhäufung formloser Lehmziegel, die einmal eine Festung gewesen war. Ein Schild mit der Aufschrift: »Antike Fundstelle – bitte nichts entfernen!« lag umgekehrt im Sand. Auch der Zaun aus Holz und Draht darum herum war eingestürzt. Marinetta wollte die Pfähle zum Feuermachen verwenden.

Wir stapften durch den weichen Sand und hielten Ausschau nach einem Spalt in der Hecke aus Dornbäumen und Tamarisken, die das steile Flußufer vor uns verbarg. Etwas weiter hinten fanden wir eine Lichtung zwischen den Bäumen, durch die wir zum Wasser hinabsteigen konnten. Ich kletterte die sandige, abbröckelnde Böschung hinunter. Halb unten angelangt, erstarrte ich. Unter einem Dornbaum lag ein verhutzelter alter Mann mit einem langen Hemd und einem um den Kopf gewickelten Tuch. Er schlief tief. Vielleicht war er auch tot. Ich machte gar keine Anstalten, es herauszufinden, sondern stürzte zu den Kamelen zurück und brachte Marinetta zum Schweigen, bis wir weiter weg waren. Es hatte etwas sehr Unheimliches an sich, an einem so einsamen Ort einen schlafenden Mann zu finden. Irgendwie erinnerte mich das an die Geschichten aus Tausendundeiner Nacht.

Eine halbe Stunde lang eilten wir noch weiter, bis wir am gegenüberliegenden Ufer das Dorf Abri erblickten. Seine gelb verputzten Häuser leuchteten hell durch die Bäume. Die Böschung fiel hier sehr steil ab, aber irgend jemand hatte einen Pfad durch das Dickicht zum Ufer freigelegt. Wir ließen die Kamele im Schatten einiger Akazienbäume niederlegen, und ich trug unsere leeren Girbas und Kanister zum Fluß hinunter. Während ich dort hockte, konnte ich die sudanesische Flagge über dem Polizeirevier in Abri tanzen sehen. Ich hoffte aus tiefstem Herzen, daß kein neugieriger und scharfsichtiger Polizist über den Fluß blicken und den Araber mit dem unpassend roten Gesicht sehen würde. Ich füllte sämtliche Gefäße und tauchte meine von der Reise zerschundenen Füße in das kühle Naß. Dann hievte ich die leichteste Girba den steilen Abhang hinauf. Es war eine fürchterliche Schinderei. Meine nassen Füße glitten im Sand aus, und ich stolperte nach rechts und nach links beim Versuch, die unförmige Ziegenhaut im Gleichgewicht zu halten. Als ich die Böschung endlich erklommen hatte, keuchte ich heftig.

Es war ausgeschlossen, die schwereren Girbas alleine hinaufzuschleppen. Ich rief nach Marinetta, und wir bugsierten sie Meter für Meter unter Ächzen und Stöhnen vorwärts, in der ständigen Furcht, irgend jemand könnte uns sehen. Wir rutschten aus und strampelten uns ab, schnitten uns die Füße an scharfen Holzsplittern auf, fluchten und schwitzten. Meine Arme schmerzten, und meine Beine brannten wie Feuer. Es kam mir so vor, als sei das Hochschleppen dieser Wasserbehälter den Abhang hinauf die schwierigste Aufgabe der ganzen Reise. Schließlich hatten wir sie alle oben. Wir brachen zusammen und genehmigten uns völlig erschöpft eine kleine Pause. Im selben Augenblick sah ich einen Mann in einer weißen Gandourah, der den Fluß in einer Schlammfurt überquerte. Er sah mager und entschlossen aus. »Schnell!« zischte ich Marinetta zu. Nie hatten wir so schnell aufgeladen, wie wir nun diese Wasserbehälter verstauten. In weniger als fünf Minuten waren wir aufgestanden und auf dem Weg in die Wüste. Als ich mich umsah, untersuchte der Mann in der weißen Gandourah gerade unsere Spuren.

Bald war der Fluß nicht mehr zu sehen. Wir folgten einer Fährte aus Kamelskeletten, die immer zahlreicher wurden, je mehr wir uns einem natürlichen Tor in einer Felswand näherten. Der Durchgang war ein Beinhaus für Kamele. Manche lagen mit auf die Schulter zurückgeworfenem Kopf im Sand. Andere saßen noch. Einige von ihnen waren von den Hirten absichtlich zu grausigen Figuren gruppiert worden, die mit leeren Hinterköpfen und ihren vom Wind polierten Eckzähnen den Durchgang bewachten. Einer der Kamelschädel war über die mumifizierten Überreste eines großen Nubischen Geiers gesteckt.

Wir verbrachten die Nacht in der Nähe des Durchbruchs und befanden uns beim Erwachen in einem Wunderland voller Kuppen und Bergspitzen. Die Felsen waren Haifischgebisse, die über die Leere hinweg bedrohlich zu uns hin aufgerissen waren, Stücke grauen Gruyères, die vom Zahn der Zeit angefressen waren, Wagenburgen aus Häusern und Zelten und Planwagen. Am Horizont erblickten wir aufeinanderfolgende Hügelterrassen, eine feinabgestimmte Palette aus grauen, schwarzen oder silbrigen Schattierungen, die mit gezackten Rändern ineinandergriffen. Mittags hörten wir ein Geräusch wie das Dröhnen eines Flugzeugs. Ich ging immer weiter, aber kein Flugzeug überflog uns. Ich blieb stehen und lauschte genauer. Es klang wie das Bumbum einer großen Trommel, die pausenlos, Schlag auf Schlag geschlagen wird. Kein Wind ging. Der Fluß konnte es nicht sein, er war zu weit weg, als daß wir ihn hören konnten. Plötzlich wurde mir klar, was das Geräusch war. Es war der Trommler des Todes.

Am Nachmittag durchschritten wir ein weiteres natürliches Tor und sahen unter uns, blauer als blau, wie eine Vision aus einem Traum, den Nil. Wir kamen in ein Dorf, das an einem Strand aus

Schwemmsand lag, der sich bis zum Wasser erstreckte. Das Dorf war verlassen. Die Menschen, die hier gelebt hatten, hatten es wahrscheinlich aufgegeben, als mit dem Bau des Assuan-Staudamms der Nil in diesem Gebiet über die Ufer getreten war. Weiter unten krümmte und wand sich der Fluß durch hohe Klippen aus nubischem Sandstein, dessen Maserung wie Adern im Fels hervortrat.

Wir schlugen unser Lager unter einigen Tamarisken auf und führten die Kamele zum Trinken. Während sie an dem Grasteppich schnüffelnd umherstreunten, saß ich auf einem Felsen und rauchte eine Pfeife. Zwei Ibisse strichen über mich und zogen am wolkenlos blauen Himmel ihre Kreise. Silberfischchen sprangen aus dem Wasser, und als ich meine Füße hineintauchte, konnte ich sie knabbern fühlen. Fast war es, als würde der Fluß mir etwas zuflüstern. Es war der schönste, der friedvollste Platz, den ich je gesehen hatte.

Marinetta zog ihre Kleider aus und badete nackt, bis zu den Oberschenkeln im Wasser stehend. Sie sah fröhlich aus, spritzte Wasser über ihre dunklen Haare und die glatte Haut ihres Körpers. Genau in diesem Augenblick bemerkte ich weit weg auf der anderen Seite des Flusses eine flimmernde Bewegung. Durch das Fernglas sah ich einen Mann, der am anderen Ufer auf einem Esel ritt. »Zieh dich an!« rief ich Marinetta zu, ohne nachzudenken. »Da kommt jemand!«

Sie spritzte noch mehr Wasser über sich und kicherte. »*Ich* kann niemanden sehen!« sagte sie. »Und überhaupt, was spielt das jetzt noch für eine Rolle!« Ich zuckte die Schultern und kehrte zu meiner Pfeife zurück.

In dieser Nacht schlugen wir unser Lager in weichem Wüstensand in der Nähe von Lamulay auf. Wir fühlten uns beide nach dem Bad im Nil wie geläutert. Nach dem Essen sagte Marinetta: »Es ist doch komisch, daß Sauberkeit solche Lust auf Sex macht, nicht wahr?« Dann zog sie zum zweiten Mal an diesem Tag ihre Kleider aus. Wenn es in dieser Nacht irgendwelche Eselsreiter gegeben hat, dann haben wir jedenfalls nichts von ihnen gesehen.

Am folgenden Morgen fanden wir uns inmitten einer weiten Fläche aus grauer Erde, die durch die Sonneneinwirkung zu einem Gewirr aus Erdspalten aufgebrochen worden war. Anfangs waren die Spalten noch so schmal, daß man über sie hinwegsteigen konnte, bald aber wurden sie immer breiter, bis sie einen Meter und mehr maßen. Die Kamele hatten bereits wunde Füße und weigerten sich, noch einen Schritt zu machen. Ich wollte gerade zu Marinetta sagen, wir sollten umkehren, als Wad An Nejma den Halt verlor. Er jaulte auf, als seine flachen Hufe auf die zerklüftete Erde trafen, aber einen Moment später war sein Fuß fest eingeklemmt. Ich betete zu Gott, daß seine Beine nicht gebrochen waren. »Geh zurück!« sagte ich zu Marinetta. Dann verlor auch ihr Kamel das Gleichgewicht und stürzte in die Erdspalten.

»O Gott!« stöhnte sie verzeifelt. »Da werden wir sie nie wieder herausbekommen!« Ich mußte zugeben, daß es sehr so aussah, als seien wir am Ende.

Alles Schieben, Ziehen und Schlagen würde die Kamele keinen Zentimeter von der Stelle bewegen. Der spröde Boden war so trügerisch wie ein Sumpf, ständig bröckelte er und riß auf. Wir hatten genug damit zu tun, selbst das Gleichgewicht zu halten. Langsam, Stück für Stück, luden wir ab. Wir beförderten das schwere Gepäck zu den Wurzeln einiger Tamariskenbüsche hinter uns. Es war eine Knochenschinderei. Die Kamele keuchten und wimmerten und machten in regelmäßigen Abständen Versuche, sich selbst zu befreien, mit dem Ergebnis, daß sie sich noch mehr im Boden verkeilten. Wir zerrten und zerrten an den Kopfseilen, bis ihre plumpen Füße herausquollen und sie zitternd auf den schmalen Leisten zwischen den Spalten zu stehen kamen.

Noch immer ging es weder vorwärts noch rückwärts weiter. Ich nahm die Axt und begann, mir einen Weg durch die aufgesprungenen Blöcke freizuschlagen, die zerbrachen wie Porzellan. Es war eine langsame, Kräfte zehrende Anstrengung, aber allmählich wurden die Grate zwischen den Spalten niedriger und die Zwischenräume höher, je mehr sie sich mit Erdklumpen füllten. Ich brauchte eine Stunde, um einen sehr schmalen Pfad auf festerem Grund und Boden zu präparieren. Dann mußten wir die Kamele wieder beladen und wegführen. Wir blieben stehen, um den Schaden zu begutachten. Beide Kamele hatten tiefe Schürfwunden an den Füßen, und Wad An Nejmas Vorderfuß war geschwollen wie ein Ballon. Eine Girba war durchlöchert, und zwei Satteltaschen waren zerrissen.

Der festere Grund bot uns nur eine kurze Ruhepause. Es folgten noch mehr dieser merkwürdigen Flächen voller Erdspalten, und jedesmal, wenn wir wieder auf eine stießen, mußten wir stehenbleiben und uns mit der Axt einen Pfad hineinmeißeln. Das dauerte stundenlang, und den ganzen Tag über bewegten wir uns nur stoßweise vorwärts. Schließlich kamen wir an eine Art Insel, auf der auf festem Grund eine Hütte aus Palmfasern stand. Dort lebten vier Nubier, die Fische dörrten und den harten Boden kultivierten. Die Männer waren aus Halfa Jadid im östlichen Sudan hierher gekommen.

Die Vorfahren dieser Männer hatten seit den Zeiten der Pharaonen an diesem Abschnitt des Nils gelebt. Als mit dem Bau des Assuan-Staudamms der Nassersee entstanden war, hatte das Wasser viele ihrer alten Dörfer zusammen mit ihren Pflanzungen und Palmengärten unter sich begraben. Tausende von Nubiern wurden gewaltsam in die neue Stadt Halfa Jadid umgesiedelt, die nach ihrer alten Hauptstadt Wadi Halfa benannt war. Die Männer sagten, in den letzten Jahren sei der Wasserstand wieder gesunken, so daß ein Teil des ursprünglichen Landes wieder freigelegt worden war. Jene ausgedehnten Flächen aufgeborstener Erde befanden sich dort, wo der Boden anfänglich vom Wasser bedeckt und nun der Sonne ausgesetzt war. Die Sonne hatte den feuchten Schlamm ausgedörrt, bis er zersplitterte wie Glas. Auf festen Grund zwischen diesen Flächen stieß man immer dort, wo sich früher Landzungen und Buchten befunden hatten: an den Stellen, die nicht vom Wasser bedeckt gewesen waren. Die Nubier waren entschlossen, das Land ihrer Vorfahren wieder zu kultivieren. Ich fragte sie, warum sie das harte Leben hier dem in ihrer neuen Heimat vorzögen. »Zu viele Leute!« sagte einer von ihnen. »Hier kann man frei atmen!«

Wir tranken Tee mit den Männern, und später zeigten sie uns die Richtung, in der Semna lag, wo wir wieder auf den alten Handelsweg stoßen würden. »Seid auf der Hut in der Nähe der Grenze«, rieten sie uns. »Dort sind jetzt neue sudanesische Grenzpatrouillen unterwegs, und die halten jeden an, der nach Ägypten will.«

Am folgenden Tag marschierten wir zwölf Stunden lang und legten doch nur acht Kilometer zurück. Es gab keine Möglichkeit, die riesigen Ausbuchtungen aufgeborstener Erde zu durchqueren, und es kostete uns Stunden, sie zu umgehen. Wir versuchten es mit Abkürzungen, indem wir über felsige Hänge kletterten, aber die Kamele mit ihren wundgescheuerten Füßen jaulten und stemmten sich gegen das Seil. Bald schon schmerzte mein Rücken von der Anstrengung, sie vorwärts zu zerren. Unter Qualen nur kamen wir voran. Einmal stießen wir auf eine Schlucht zwischen den Hügeln, die vor Tamarisken geradezu erstickte. Ich mußte uns praktisch den Weg mit Machetenhieben freimachen. Ein Holzsplitter bohrte sich tief in Marinettas Fuß, und sie schluchzte vor Schmerz. Kurz vor Sonnenuntergang erreichten wir die Spitze einer Felsklippe, von der aus wir weit unter uns das Band des Nils und die Flußbiegung bei Semna sehen konnten.

Wir stiegen in einem Flußbett hinab und schlugen uns noch bis zu einer schmalen Felsbank am Flußufer, wo wir unser Lager aufschlugen. Wir konnten uns kaum noch bewegen. Ich fühlte mich krank und fiebrig vor Anspannung; mein Körper wurde von Hitze- und Kälteschauern geschüttelt. Meine Beine fühlten sich an, als würden sie brennen, und mein Nacken schmerzte. Meine Hände waren von dem ständigen Zerren am Kopfseil mit Blasen übersät. Sogar der Appetit war mir vergangen. Die Flußböschung war überzogen mit Stechpflanzen und einer Bohnenart, die die ganze Nacht hindurch Knallgeräusche von sich gab. Gleich nach Einbruch der Dunkelheit tötete ich zwei Taranteln.

Am Morgen, als wir die steilen, sandigen Randberge des Tals erklommen, ging es uns besser. In einem Engpaß fanden wir einen Kamelpfad und die unförmige Masse eines Kamelskeletts. Es war das erste Skelett seit zwei Tagen, und es bewies, daß wir wieder auf der alten Handelsstraße waren. Ich tanzte drumherum. Den restlichen Tag über folgten wir Gerippen und Feuersteinen, und am Abend kampierten wir in der Nähe eines großen Wadis. Das erste, was wir am Morgen darauf erblickten, waren frische Kamelspuren, zusammen mit den unverkennbaren Abdrücken von Militärstiefeln. Das konnte nur von einer sudanesischen Grenzkontrolle stammen.

Als ich den Horizont mit dem Fernglas absuchte, erspähte ich etwas weiter vorne ein weißes Zelt mit einem davor geparkten, getarnten Lastwagen. Das Lager war eineinhalb Kilometer entfernt, aber die Sonne stand nun vor uns, was den Beobachtern einen Vorteil verschaffte. Durch das Fernglas sah ich, wie dunkle Gestalten sich um das Zelt bewegten. »Komm«, sagte ich zu Marinetta. »Wir wollen uns nicht jetzt noch aufhalten lassen.« Mittlerweile waren unsere Visa wirklich abgelaufen.

An diesem Tag marschierten wir vierzehn Stunden lang. Schließlich spürte ich, wie die Entfernung sich bemerkbar machte. Mein Körper signalisierte mir, ich solle langsamer machen und mich ausruhen, Signale, die ich seit Wochen ignoriert hatte. Ich fühlte mich nun nicht mehr müde; ich fühlte mich körperlich krank, von seltsamen Fieberschauern geschüttelt und von einem Dauerschmerz gepeinigt. Nach Sonnenuntergang schaffte ich es noch, die Kamele von allem Gepäck zu befreien, dann brach ich zusammen und kroch in meinen Schlafsack.

Mir war seltsam kalt. Schüttelfrostanfälle packten mich. Meine Zähne klapperten. Ich frage mich verständnislos, ob ich Malaria hätte, wies die Idee aber von mir. Marinetta machte Feuer und kochte das Abendessen. Sie brachte es mir und half mir beim Essen. Ich nahm einen Mundvoll und wurde von heftiger Übelkeit ergriffen. Ich krabbelte in meinen Schlafsack zurück. Marinetta kniete sich über mich, wiegte mich in ihren Armen und sah besorgt aus. »Komm schon, Maik«, flüsterte sie sanft. »Du mußt etwas essen. Wenn du nichts ißt, wirst du sterben. Weißt du noch, was du immer gesagt hast? Wenn es hart auf hart geht, werden die Starken erst stark!«

»Ich habe dich im Stich gelassen«, sagte ich von Kummer erfüllt.

Plötzlich begann sie zu weinen. »Nein, das hast du nicht«, schluchzte sie. »Du hast mich nie im Stich gelassen. Wir sind schon ein ganzes Leben lang zusammen. Ich könnte dich jetzt nicht verlassen. Nie mehr. Ich liebe dich, Maik!«

Ich war fast siebentausend Kilometer gegangen, um von der Frau, die ich liebte, diesen Satz zu hören.

Am Morgen überquerten wir den Kamm eines Gebirgszugs und erblickten zu unseren Füßen den mit Pelikanen und Reihern gesprenkelten Nassersee. Oberhalb des Zuflusses stand, halbverborgen auf dem Gipfel einer Hügelkuppe, ein Militärzelt mit einer Funkantenne. Bei unserem Näherkommen schlenderten uns zwei dunkle Gestalten, gefolgt von einem bellenden Hund, entgegen. Es waren ägyptische Grenzpolizisten.

Die Männer waren freundlich und luden uns in ihr Zelt ein, wo sie Tee für uns machten und uns selbstgebackenes Brot anboten. Der Chef der Patrouille schickte eine Nachricht über unser Eintreffen an sein Hauptquartier in Abu Simbel. Marinetta und ich entspannten uns, saßen auf dem Feldbett und warteten auf den nächsten Funkkontakt. Gegen Mittag stotterte das Funkgerät, und der Patrouillenführer hörte einige Augenblicke zu. Dann legte er die Kopfhörer hin und sagte ruhig: »Ich fürchte, Sie müssen zurückgehen.«

»Zurückgehen!« Ich fühlte, wie mir das Blut ins Gesicht schoß. Marinetta stand vor Entsetzen der Mund offen. »Wir werden sterben, wenn wir zurückgehen«, sagte ich. »Sie sehen, in welcher Verfassung die Kamele sind. Sie sind am Ende, und wir sind es ebenso.«

»Wir haben unsere Anweisungen«, sagte der Soldat. »Es ist illegal, die Grenze zum Sudan ohne eine Sondergenehmigung zu passieren.«

»Wir haben Visa.«

»Ja«, sagte er mit einem neuerlichen Blick auf unsere Pässe. »Aber sie sind vor sechs Tagen abgelaufen.«

Beinahe eine Stunde lang diskutierten wir über die Angelegenheit. Ich bestand unnachgiebig darauf, daß wir nicht in den Sudan zurückkehren konnten. Unsere sudanesischen Visa waren abgelaufen, und selbst wenn wir überlebten, würden wir in Kürze von den Sudanesen wegen illegaler Einreise verhaftet werden. Der Soldat, dessen Name Hassan war, sagte, er würde beim nächsten Funkkontakt die Frage noch einmal beim Hauptquartier aufwerfen. Aber als die Zeit für den Anruf kam, waren die Bedingungen zu schlecht für eine Kontaktaufnahme. »Sehen Sie«, sagte Hassan, »Sie können die Nacht ebensogut bei uns verbringen, und wir werden morgen einen Kontakt herstellen.« Dann fügte er hinzu: »Schließlich können wir Sie nicht erschießen, oder?«

Kurz vor Sonnenuntergang gingen Marinetta und ich zum See, um uns zu waschen. Das Wasser war eiskalt. Lange Zeit saßen wir schweigend da und sahen zu, wie die Sonne über den plätschernden Wellen unterging. Es herrschte ein paradiesischer Frieden.

»Hast du das ernst gemeint, was du letzte Nacht gesagt hast?« fragte ich Marinetta.

»Ich werde es immer ernst meinen«, sagte sie. »Danke, daß du mich mitgenommen hast, Maik!«

Plötzlich fühlte ich, wie sich ein Gefühl von Traurigkeit auf mich senkte, und ich sehnte mich zurück nach der Schönheit, die wir gesehen hatten, nach den Hindernissen, die sich uns entgegengestellt und die wir gemeistert hatten, nach den Menschen, die wir getroffen hatten. Es mochte in der zivilisierten Welt allerlei nette Sachen geben, auf die man sich freuen konnte. Aber nichts davon würde uns je so in seinen Bann ziehen, wie die Wüste es getan hatte.

Als wir wieder ins Lager zurückkamen, gaben die Soldaten uns Huhn mit Reis zu essen. Danach sagte Hassan: »Ihr solltest am Morgen eure Kamele beladen und nach Abu Simbel aufbrechen. Sagt niemandem, daß wir euch gehen ließen. Sagt, daß ihr euch irgendwie durchgeschlagen habt. Wenn ihr hierbleibt, werden sie uns zwingen, euch zurückzuschicken.« Für einen Soldaten, so dachte ich, war Hassan ein außerordentlich vernünftiger Mann.

Am nächsten Tag stapften wir zwölf Stunden durch endlose Schluchten aus Fels und Sand, bis wie endlich Abu Simbel erblickten. Wir hatten die Hoffnung fast schon aufgegeben, unser Ziel zu erreichen, als wir die weiße Kuppel des Flughafentowers über die hügeligen Felsen sahen. In unserem Kopf verschmolzen wieder Momente unserer Marathonreise quer über einen ganzen Kontinent. Das war das Ende der Reise, 271 Tage, neun Monate nach unserem Aufbruch aus Chinguetti. Wir hatten den längsten Marsch vollendet, den je ein Abendländer in der Sahara gemacht hatte.

Wir hielten vor der Stadt an, um westliche Kleidung anzuziehen, denn wir wußten, daß uns das einen besseren Empfang sichern würde. Dann führten wir unsere müden Kamele auf der Teerstraße zum Polizeirevier. Die jungen Polizisten dort scharten sich um uns, luden unter großem Getöse unsere Kamele ab und schossen sogar Fotos. Als wir uns mit ihnen hinsetzten, kam eine Busladung Touristen vorbei. Ich konnte einen flüchtigen Blick auf weiße Gesichter, graue Haare und saubere Kleidung werfen. Mir wurde bewußt, daß wir seit zwei Monaten keinen Weißen mehr gesehen hatten. Das waren die normalen Leute aus unserer Welt, dachte ich, nur wenige Tage von ihren Häusern und Büros entfernt. In diesem Augenblick erschien sie mir gänzlich fremd.

Ein junger Offizier kam mit einem giftigen Lächeln an und stellte erneut fest, daß unsere Visa abgelaufen waren. Er brachte einen älteren Offizier des Grenznachrichtendienstes sowie einige andere Männer mit, die eine Art Gerichtssitzung abhielten. Am Ende sagte der Offizier: »Sie müssen zurückgehen.«

Da spielte ich meine letzte Trumphkarte aus. »Ich bin Schriftsteller«, sagte ich, »und Ihr Land ist bei Touristen sehr beliebt. Wenn

Sie uns zurückschicken und uns irgend etwas zustößt, dann würde Ihr Land in der Öffentlichkeit sehr schlecht dastehen.«

Die Offiziere hörten höflich zu, dann gingen sie weg. Später rief der Offizier des Grenznachrichtendienstes uns zu sich. »Sie wollen nach Assuan, Mister? Morgen werden Sie nach Assuan reisen. Sie werden die Kamele bei uns zurücklassen. Sie werden von der Polizei und dem Militärnachrichtendienst verhört werden. Wenn sie einwilligen, werden Sie Ihren Einreisestempel bekommen.«

»Ich danke Ihnen vielmals«, sagte ich.

Wir verbrachten die Nacht zwischen den Stapeln unserer Ausrüstung auf dem Polizeirevier. Die Kamele mahlten draußen auf ihren Körnern, und am Morgen kam ein einheimischer Hirte und nahm sie mit. Ich sah zu, wie sie davonhumpelten, und fühlte mich irgendwie schuldig, weil ich sie gezwungen hatte, uns so weit zu tragen.

Wir nahmen die wenigen Dinge mit, die wir tragen konnten, und ließen all das zurück, was nun nutzlos war, aber zehn Monate lang unser Zuhause gewesen war: den Kochtopf, die Milchschüssel, die Becher, die guten, alten Girbas, die Axt, die Machete und all die anderen Habseligkeiten, die uns in unserer Adam-und-Eva-Welt so lebenswichtig erschienen waren.

Der Polizist, der uns zum Bus bringen sollte, wartete schon. Es war ein mit Franzosen vollgestopfter Touristenbus. Sie sahen wohlgenährt und verschlafen aus, wie zufriedene Schmusetiere. Die Luft war geschwängert mit ihren widerwärtigen Parfums und dem Geruch von Sonnenöl. Was für eine Ironie, dachte ich, daß wir eine solche Reise ausgerechnet inmitten einer Busladung von Touristen beenden sollten. Jahre hatte ich damit zugebracht, nach den alten Zeiten und geheimen Orten zu suchen, aber am Ende entging niemand und nichts dem Wandel.

Der Bus glitt auf einer glatten Asphaltstraße durch die Wüste. Die Touristen drehten verschlafen die Köpfe, um den Anblick der glitzernden, körperlosen, bernsteinfarbenen Ebene, der zupackenden, felsigen Klauen der Hügel in sich aufzunehmen. Auch wir drehten uns um, um einen letzten Blick auf die Sahara zu werfen. Für jeden von uns im Bus hatte die Wüste eine eigene Bedeutung. Für mich war sie eine Leere, der wir Leben eingehaucht hatten, eine Arena, in der wir ein unglaubliches Spiel auf Leben und Tod aufgeführt hatten. Nun verwandelte sie sich wieder in das zurück, was sie immer gewesen war: eine Illusion.

Der Bus gewann an Tempo. Die Hand meiner Frau tastete nach meiner, und die kleinen, zarten Finger schlossen sich um meine größeren. Die Sahara hatte nur wenige Spuren an dieser Hand hinterlassen. Sie war genauso wie an dem Tag, als ich einen goldenen Ring über einen der Finger gestreift und versprochen hatte, daß ich sie immer beschützen würde. Sie war so klein und weich und zart wie die eines Kindes. Eine nette Hand, dachte ich.

Danksagung

Die Reise, von der in diesem Buch die Rede ist, wäre ohne die Hilfe und den guten Willen einer ganzen Reihe von Menschen nicht zustande gekommen. Mein besonderer Dank gilt folgenden Personen:

In London: Martin Soames, früher bei Penguin Books, für seine anfängliche Unterstützung; Anthony Coff, meinem Agenten, und seiner ehemaligen Assistentin Suzanne P. Breen, die das fast Unmögliche fertigbrachten, uns Geld in die Sahara zu schicken; Lady Ewart-Biggs vom britischen INICEF-Komite für ihre Erlaubnis, unsere Filme mit der UNICEF-Post zu befördern; Nick Cater und Caroline Penn für ihre erfolgreiche Mobilisation der Medien; Professor Harry Penn von den SOAS (School of Oriental and African Studies) für seinen Rat beim Erlernen des Tamaschek; Nigel und Shane Winser vom Expeditionsberatungszentrum für ihre Hinweise; John Garvey für seine langjährige Freundschaft; Omar Alim von der sudanesischen Botschaft für seinen begeisterten Beistand; all denen, die auf meine Briefe geantwortet haben, einschließlich Geoffrey Moorhouse, Geschwaderführer Tom Sheppard, Ken und Julie Slavin, Jean Abdallahi und Ted Edwards.

In Paris: Philippe Davide und seiner Familie für ihre Hilfe und Gastfreundschaft; Professor Théodore Monod für seinen Rat und seinen Zuspruch.

In Nouakchott: Charles und Mariana Habis, ohne deren Hilfe es womöglich keine Expedition gegeben hätte; Abbas vom USAID-Büro; den Freiwilligen des Peace Corps Nancy Lock, Cathy Chilson und Karen Targerson für ihre Freundlichkeit; Lelio Bernardi, Mr. Jacomini, David Fletcher, Malik Sene; Pater Istifan Stirnemann und seinen Kollegen von der Katholischen Mission.

In Niamey: Dem UNICEF-Vertreter Mr. Bashizi; Giovanni Di Cola von der UNICEF für seine Gastfreundschaft; Auda für seine

Hilfe bei den Verhandlungen mit den Behörden des Niger; dem britischen Honorar-Vizekonsul Mr. A. Santoni.

In N'Djamena: Pamela Clifton für ihre große Freundlichkeit; Bob Reitmayer für das großzügige Geschenk des Fernglases; Ulf Kristoffersson, dem UNICEF-Vertreter, für seine Unterstützung; François und Susan Tissot vom UN Development Programme, der Entwicklungshilfeplanung der Vereinten Nationen, für die Leihgabe eines Autos für unsere Rückfahrt nach Ati; Arthur Holdbrook von der UNDP für die Beförderung unserer Filme nach Rom; allen anderen Mitarbeitern der UNICEF und des UNDP im Tschad für ihre freundliche und hilfsbereite Aufnahme.

In Ati: Den Krankenschwestern von UNICEF/INTERAID Maurie-Laure Glandor, Eva Hensel und Margrit Kapelli für die Aufnahme von uns und unseren Kamelen in ihrem Haus.

In El Geneina: Dem Distriktkommissar für seine Erlaubnis, im dortigen Gästehaus zu wohnen; Mohammed Zakkaria für seine bekannte Hilfe und Großzügigkeit.

In El Fasher: Rob »Rabi« Hydon dafür, daß er uns sein Haus zur Verfügung stellte; Bob Siddell vom UNDP für seine Intervention bei den Behörden in unserem Interesse.

In Ägypten: Den vier Mitgliedern der Militärpatrouille in Djebel Ussa, ohne deren Entgegenkommen wir vielleicht nie das Ende dieser Reise erlebt hätten; Abdal Sayyid vom Grenznachrichtendienst in Abu Simbel, der die Behörden davon überzeugte, uns bleiben zu lassen; dem Geschäftsführer des Cleopatra Hotels in Assuan für seine Großzügigkeit und Gastfreundschaft.

In Stamford: Ms. Susan Wheatley für das Tippen des Manuskripts; Dr. Mitchell für seinen Rat bei der Zusammenstellung unserer Medikamente.

In London: Dem Team von Cetaprint für seine Geduld bei der Herstellung der Fotos; Eleo Gordon, die das Buch um Klassen verbessert hat!

Schließlich möchte ich meinen Eltern für ihre beständige Unterstützung danken und für ihren Mut, uns in einem außergewöhnlich heißen Sommer in Kairo zu treffen. General Peru und seiner Frau gilt mein tiefer Dank nicht nur für ihre Unterstützung und die Erlaubnis, dieses Buch in ihrem Landhaus auf Sardinien zu schreiben, sondern auch dafür, daß sie der Welt die tapferste Frau, die ich je kennengelernt habe, meine Frau, geschenkt haben. Sie war beim Schreiben dieses Buches immer an meiner Seite, so wie auch auf den knapp siebentausend Kilometern durch die größte Wüste der Welt. Dieses Buch ist ihr gewidmet.

Michael J. Asher

Frazione Agnata, Gallura, Sardinien
1. Oktober 1987

TUNISIA
MOROCCO
ALGERIA
LIBYA
EGYPT
W. SAHARA
Goulimime
Kedyet Ijil
MAURITANIA
Atar
Chinguetti
Adrar
Jouf
Tijikja
Tichit
Walata
Nouakchott
Taudenni
MALI
Tombouctou
Ras Al Ma
Azouagh
Tamanrasset
Djanet
Ghat
TIBESTI
AÏR
Ténéré
Agadez
In Gall
Tillia
Fachi
Bilma
Dibella
Agadem
NIGER
N'Guigmi
Bol
N'Jamena
Messaguet
CHAD
Ati
Umm Hajar
Abéché
Adré
Gineina
El Fasher
Umm Sunta
Omdurman
Khartoum
Rahib
Abu Tabara
Ed Debba
Dongola
Abri
Wadi Halfa
Abu Simbel
Aswan
SUDAN
SENEGAL
GAMBIA
BISSAU
GUINEA
SIERRA LEONE
LIBERIA
Niger River
IVORY COAST
BURKINA FASO
GHANA
TOGO
BENIN
NIGERIA
CENTRAL AFRICAN REPUBLIC